플라톤전집 V

/

Theaitetos
Philebos
Timaios
Kritias
Parmenides

플라톤전집 V
테아이테토스 / 필레보스 / 티마이오스 / 크리티아스 / 파르메니데스
플라톤의 다섯 대화편
—
제1판 1쇄 2016년 5월 30일
제1판 3쇄 2024년 2월 20일
—
지은이 – 플라톤
옮긴이 – 천병희
펴낸이 – 강규순
—
펴낸곳 – 도서출판 숲
출판신고 – 2004년 3월 4일 제2014–000045호
주소 – 경기도 파주시 돌곶이길 108–14
전화 – (031) 944–3139 팩스 – (031) 944–3039
E–mail – book_soop@naver.com
—

ISBN 978–89–91290–71–6 93100
값 38,000원
—
디자인–씨디자인

플라톤전집 V

/

Theaitetos
Philebos
Timaios
Kritias
Parmenides

테아이테토스
필레보스
티마이오스
크리티아스
파르메니데스

플라톤의 다섯 대화편

/

플라톤 지음
천병희 옮김

소크라테스의 죽음과 서양 철학의 출발

/

옮긴이 서문

플라톤(기원전 427년경~347년)은 관념론 철학의 창시자로 소크라테스, 아리스토텔레스와 더불어 서양의 지적 전통을 확립한 철학자이다. 아버지 쪽으로는 아테나이의 전설적인 왕 코드로스(Kodros)로, 어머니 쪽으로는 아테나이의 입법자 솔론(Solon)으로 거슬러 올라가는 부유한 명문가에서 태어난 그는 당시 여느 귀족 출신 젊은 이들처럼 정계에 입문할 작정이었다.

그러나 펠로폰네소스 전쟁(기원전 431~404년)에서 아테나이가 패하면서 스파르테가 세운 '30인 참주'들의 폭정이 극에 달하고, 이어서 이들을 축출하고 정권을 잡은 민주제 지지자들에 의해 스승인 소크라테스가 기원전 399년에 사형당하는 것을 본 28세의 플라톤은 큰 충격을 받는다. 그래서 정계 진출의 꿈을 접고 철학을 통해 사회의 병폐를 극복하기로 결심을 굳힌 그는 철학자가 통치가가 되든지 통치자가 철학자가 되기 전에는 사회가 개선될 수 없다는 확신을 품게 된다.

이 사건이 있은 뒤 이집트, 남이탈리아, 시칠리아 등지로 여행을 떠났다가 아테나이로 돌아온 플라톤은 기원전 387년경 영웅 아카데모스(Akademos)에게 바쳐진 원림(園林) 근처에 서양 대학교의 원조라고 할 아카데메이아(Akademeia) 학원을 개설한다. 그리고 시칠리아에 있는 쉬라쿠사이 시의 참주들을 두 번 더 방문한 것 말고는 연구와 강의와 저술활동에 전념하다가 기원전 347년 아테나이에서 세상을 떠난다.

플라톤은 50년이 넘는 기간에 소크라테스가 대담을 주도하는 20편 이상의 철학적 대화편과 소크라테스의 변론 장면을 기술한 『소크라테스의 변론』(*Apologia Sokratous*)을 출판했는데, 이것들은 모두 지금까지 전해온다. 그 밖에도 13편의 서한이 있지만, 과연 플라톤이 썼는지를 두고 논란의 여지가 많다.

플라톤의 저술은 편의상 초기작, 중기작, 후기작으로 구분한다. 『소크라테스의 변론』, 『크리톤』(*Kriton*), 『이온』(*Ion*), 『뤼시스』(*Lysis*), 『라케스』(*Laches*), 『카르미데스』(*Charmides*) 등으로 대표되는 초기작에서는 소크라테스가 주역을 맡아 대담자들이 제시한 견해들을 검토하고 폐기한다. 『프로타고라스』(*Protagoras*), 『고르기아스』(*Gorgias*), 『메논』(*Menon*), 『파이돈』(*Phaidon*), 『파이드로스』(*Phaidros*), 『국가』(*Politeia*), 『향연』(*Symposion*), 『테아이테토스』 등으로 대표되는 중기 대화편에서는 소크라테스가 여전히 주역을 맡지만, 플라톤이 혼불멸론과 형상(形相 idea eidos) 이론 같은 자신의 견해를 제시하며 소크라테스의 견해를 해석하고 부연한다. 『필레보스』, 『티마이오스』, 『크리티아스』, 『소피스트』(*Sophistes*), 『정치가』

(*Politikos*), 『법률』(*Nomoi*) 등으로 대표되는 후기 대화편에서는 소크라테스와 함께 혼불멸론과 형상 이론이 뒷전으로 물러나고 철학적·논리적 방법론에 관심이 집중되고 있다.

이 번역서는 플라톤의 다섯 대화편 『테아이테토스』『필레보스』『티마이오스』『크리티아스』『파르메니데스』를 한데 묶은 것이다.

『테아이테토스』에서는 사형당하기 직전의 노철학자 소크라테스가 당시 10대 소년이던 아테나이의 기하학자 테아이테토스와 지식의 본성을 논한다. 소크라테스는 자기 역할은 남들이 자신의 생각을 분만할 수 있게 도와주는 산파 구실을 하는 것이라고 주장하며 테아이테토스가 자신이 지식이라고 알고 있던 것을 제시하게 한다. 하지만 소크라테스에 의해, 모두 만족스럽지 못한 것으로 밝혀진다. 여기서 소크라테스는 프로타고라스의 상대주의를 철저히 비판하면서도 형상 이론을 내세우지는 않는다.

『필레보스』에서는 소크라테스와 다른 대담자들이 인간의 삶에서 즐거움의 가치를 평가하기 위해 즐거움의 본성을 여러 각도에서 분석한다.

『티마이오스』에서는 퓌타고라스학파의 철학, 천문학, 우주론에 조예가 깊은 남이탈리아 출신의 정치가 티마이오스가 우주의 기원을 수(數) 개념을 도입해 체계적으로 설명한다. 그에 따르면 우주를 창조한 신 또는 데미우르고스(demiourgos)는 흙·공기·물·불을 사용하여 물질계를 만들었는데, 이것은 형상(이데아)의 세계에만 존재하는 이상적인 우주의 유일한 복제품이라는 것이다. 데미우르고스는 또한 이 요소들을 배합하여 우주의 혼과 하급 신들과 별들을 만들었는데, 인간의 불멸하는 혼은 데미우르고스가 만들었지만 인간의 사멸하는 몸은 이 하급 신들이 만들었다는 것이다. 또한 동의하기 어렵지만, 비굴하고 불의한 삶을 살다 간 인간들은 처음에는 여자로 환생하여 생식과 출산의 사슬에 매여 괴로워하다가 다음에는 하등 동물로 환생하여 오직 몸을 위해서만 살아간다고 한다. 키케로가 번역했다는 『티마이오스』는 남아 있지 않고 기원후 5세기 초에 칼키디우스(Chalcidius)라는 사람이 『티마이오스』의 전반부를 라틴어로 번역했는데, 이것이 12세기까지 서유럽의 기독교 철학, 특히 신(新)플라톤학파 철학에 큰 영향을 끼친 것으로 알려져 있다.

『크리티아스』에서는 기원전 9500년경의 문명국 아틀란티스 섬의 전설을 생동감 있게 소개하고 있다.

『파르메니데스』에서는 청년시절의 소크라테스가 감각의 세계와 지성의 세계를 연결해주는 형상 이론(이데아론)을 옹호하지만 노(老)철학자 파르메니데스는 그런 연결은 존재하지 않는다고 말한다. 후반부에서는 파르메니데스가 아리스토텔레스라는 젊은이와 이른바 '하나'(一者)에 관하여 일문일답식 대화를 주고받는다.

20세기 영국의 철학자 화이트헤드(A. N. Whitehead)는 플라톤이 서양 철학사에 지속적으로 큰 영향을 끼친 것을 두고, 서양 철학사는 플라톤 철학에 대한 각주의 역사라 해도 과언이 아니라는 취지의 말을 한 적이 있는데,* 그의 이런 주장에 이의를 제기하는 사람은 별로 없는 듯하다.

플라톤의 저술들이 2천 년 넘는 세월을 모두 살아남을 수 있었던 것은 물론 그의 심오하고 체계적인 사상 덕분이겠지만, 이런 사상을 극적인 상황 설정, 등장인물들에 대한 흥미로운 묘사, 소크라테스의 인간미 넘치는 아이러니 등으로 재미있고 생동감 넘치게 독자들에게 전하기 때문일 것이다. 플라톤이 그리스의 최고 산문작가 중 한 사람으로 평가받는 것도 그 때문일 것이다.

나는 더 많은 독자들에게 플라톤을 소개하기 위해 난해한 직역과 지나친 의역은 피하고 되도록 알기 쉽게 원전의 의미를 전달하고자 했다. 그러나 플라톤의 말뜻을 정확히 이해하고 난삽한 문장을 읽기 좋은 우리말로 옮기는 것은 그리 쉬운 일이 아니다. 그런 의미에서 더 나은 이해를 위해 플라톤 번역은 끊임없이 시도되어야 할 것이다.

2016년 5월

천병희

＊ A. N. Whitehead, *Process and Reality: An Essay in Cosmology*, Corrected Edition (New York: Free Press 1985) p. 39. "The safest general characterization of the European philosophical tradition is that it consists of a series of footnotes to Plato."

주요 연대표

(이 연대표의 연대는 모두 기원전)

469년 소크라테스 태어나다

451년 알키비아데스 태어나다

450년경 아리스토파네스 태어나다

445년경 아가톤 태어나다

431년 아테나이와 스파르테 사이에 펠로폰네소스 전쟁이 벌어지다

427년경 플라톤 태어나다

424년 델리온에서 아테나이군이 패하다

423년 소크라테스를 조롱하는 내용의 아리스토파네스의 희극『구름』이 공연되다

404년 펠로폰네소스 전쟁이 끝나고 스파르테가 지원하는 '30인 참주'가 아테나이를 통치하다

403년 '30인 참주'가 축출되고 아테나이에 민주주의가 부활하다

399년 소크라테스가 재판을 받고 사형당하다

387년경 플라톤이 아카데메이아 학원을 창설하다

384년 아리스토텔레스 태어나다

347년 플라톤 죽다

차 례

일러두기

1. 이 번역서의 대본으로는 옥스퍼드 고전 텍스트(Oxford Classical Texts) 중 J. Burnet이 교열한 *Platonis Opera*, 5 vols., Oxford 1900~1907을 사용했다. 단, 『테아이테토스』의 대본으로는 옥스퍼드 고전 텍스트 중 E. A. Duke, W. F. Hicken, W. S. M. Nicoll, D. B. Robinson, J. C. G. Strachan이 교열한 플라톤 전집 1권(1995년)을 사용했다.

『테아이테토스』의 현대어 번역 중에서는 M. J. Levett(Hackett Publishing Company Indianapolis 1997), F. M. Cornford(Yale University Press 1997), H. N. Fowler(Loeb Classical Library, Harvard University Press 1921), J. McDowell(Oxford World' Classics 2014), R. Waterfield(Penguin Classics 2004), B. Jowett(Oxford 1953)의 영어 번역과 정준영의 우리말 번역('정암학당 플라톤 전집' 2013)을 참고했다.

『필레보스』의 현대어 번역 중에서는 D. Frede(Hackett Publishing Company Indianapolis 1997), R. Hackforth(Cambridge University Press 1972), W. R. M. Lamb(Loeb Classical Library, Harvard University Press 2006), S. Bernadete(The University Chicago Press 2009), R. Waterfield(Penguin Classics 1982), B. Jowett(Oxford 1953)의 영어 번역과 Otto Apelt(Hamburg 2004)의 독어 번역, 박종현의 우리말 번역(서광사 2004)을 참고했다.

『티마이오스』의 현대어 번역 중에서는 D. J. Zeyl(Hackett Publishing Company Indianapolis 1997), D. Lee(Penguin Classics 2008), F. M. Cornford(Macmillan/Library of Liberal Arts 1959), A. E. Taylor(Routledge 2013), R. Waterfield(Oxford World' Classics 2008), R. G. Bury(Loeb Classical Library, Harvard University Press 1929), B. Jowett(Oxford 1953), P. Kalkavage(The Focus Philosophical Library 2001)의 영어 번역과 Otto Apelt(Hamburg 2004)의 독어 번역, 박종현·김영균의 우리말 번역(서광사 2000)을 참고했다.

『크리티아스』의 현대어 번역 중에서는 D. Clay(Hackett Publishing Company Indianapolis 1997), D. Lee(Penguin Classics 2008), A. E. Taylor(Routledge 2013),

R. Waterfield(Oxford World' Classics 2008), R. G. Bury(Loeb Classical Library, Harvard University Press 1929), B. Jowett(Oxford 1953)의 영어 번역과 Otto Apelt(Hamburg 2004)의 독어 번역, 이정호의 우리말 번역('정암학당 플라톤 전집' 2007)을 참고했다.

『파르메니데스』의 현대어 번역 중에서는 M. L. Gill/ P. Ryan(Hackett Publishing Company Indianapolis 1997), R. E. Allen(Yale University Press 1997), H. N. Fowler(Loeb Classical Library, Harvard University Press 1939), A. K. Whitaker(Focus Philosophical Library 1996), B. Jowett(Oxford 1953)의 영어 번역과 Otto Apelt(Hamburg 2004)의 독일어 번역을 참고했다.

2. 플라톤에 관한 자세한 참고문헌은 R. Kraut(ed.), *The Cambridge Companion to Plato*, Cambridge University Press 1992, pp. 493 ~ 529와 C. Schäfer(Hrsg.), *Platon-Lexikon*, Darmstadt 2007, pp. 367 ~ 407을 참고하기 바란다.

3. 본문의 좌우 난외에 표시되어 있는 126a, b, c 등은 이른바 스테파누스(Stephanus, Henricus 프랑스어 이름 Henri Estienne, 16세기 프랑스 출판업자) 표기를 따른 것으로 아라비아 숫자는 쪽수를, 로마자는 문단을 나타낸다. 플라톤의 그리스어 텍스트와 주요 영어 번역, 독어 번역, 프랑스어 번역 등에서는 스테파누스 표기가 사용되고 있어, 이 표기가 없는 텍스트나 역서는 위치를 확인할 수 없어 참고 서적으로서의 가치가 거의 없다고 해도 과언이 아니다.

4. 설명이 필요하다고 생각되는 부분에는 간단하게 주석을 달았다.

5. 원전의 너무 긴 문단은 적당한 길이로 나누었다.

6. 『필레보스』와 『티마이오스』의 소제목들은 각각 Hackforth와 D. Lee의 것을 따랐다.

T h e a i t e t o s

테아이테토스

지식에 관하여

테아이테토스 차례

액자 대화의 등장인물
에우클레이데스(Eukleides) 메가라인.
테르프시온(Terpsion) 메가라인.

본대화 대담자
소크라테스(Sokrates 기원전 469~399년) 아테나이 출신 철학자. 여기서는 70세가 다 된 노(老)철학자이다.
테오도로스(Theodoros 기원전 460년경 출생) 북아프리카의 그리스 식민시 퀴레네(Kyrene) 출신 수학자로, 프로타고라스(Protagoras)의 제자이다.
테아이테토스(Theaitetos 기원전 414~369년) 아테나이 출신 수학자이자 철학자로, 테오도로스의 제자이며 아카데메이아 학원 회원이다. 여기서는 10대 중후반의 소년이다.

액자 대화(142a~143c)

에우클레이데스 여보게 테르프시온, 자네 시골에서 방금 도착했는가, 142a
아니면 도착한 지 오랜가?

테르프시온 꽤 오랩니다. 그러잖아도 시장[1]에서 선생님을 찾아다녔는데, 선생님을 뵐 수가 없어서 의외였어요.

에우클레이데스 사실 나는 시내에 없었네.

테르프시온 그럼 어디 계셨어요?

에우클레이데스 항구로 내려가고 있었는데, 도중에 코린토스[2]의 주둔

1 메가라(Megara) 시의 아고라(agora). 메가라는 아테나이(Athenai)와 코린토스 중간쯤에 있는 도시이다.

2 Korinthos. 그리스 반도와 펠로폰네소스(Peloponnesos) 반도를 이어주는 지협(地峽 isthmos)에 자리 잡은 도시.

지에서 아테나이로 후송되던 테아이테토스와 마주쳤네.

테르프시온 그는 살았던가요, 죽었던가요?

b **에우클레이데스** 목숨을 겨우 부지하고 있었네. 그는 몇 군데 부상을
입은 탓도 있지만 군대에 퍼진 전염병에 걸려서 더 고통 받고 있었네.

테르프시온 이질 말씀인가요?

에우클레이데스 그렇다네.

테르프시온 위태롭다는 그분은 대체 어떤 사람이지요?

에우클레이데스 신사[3]일세, 테르프시온. 방금도 우연히 사람들이 전투에서 본 그의 행적을 칭송하는 말을 들었을 정도이네.

테르프시온 그건 조금도 놀라운 일이 아니에요. 오히려 그가 다르게
c 행동했다면 그게 더 놀랄 일이지요. 그런데 그가 왜 여기 메가라에
머물지 않았을까요?

에우클레이데스 그는 집으로 돌아가려고 서둘렀네. 내가 머물러달라
고 자꾸 간청했지만 내 권고에 응하려 하지 않았지. 그래서 얼마쯤
그를 배웅하다가 돌아오는 길에 나는 소크라테스님이 테이아테토스
의 미래를 특히 정확하게 예언하신 일을 떠올리며 놀라움을 금치 못
했네. 소크라테스님은 돌아가시기 직전에 당시 소년이던 테아이테토
스를 우연히 만나 얼마 동안 대화를 나눠보고는 그의 타고난 자질에
깊은 감명을 받으셨던 것 같아. 내가 아테나이를 방문했을 때, 소크
d 라테스님은 그때의 논의를(그것은 정녕 들을 만한 가치가 있었네) 내
게 들려주시면서, 만약 테아이테토스가 성년이 되면 반드시 유명인
이 될 것이라고 말씀하셨네.

테르프시온 소크라테스님 말씀이 맞는 것 같아요. 한데 그 대화는 어

떤 것이었어요? 선생님이 들려주실 수 있나요?

에우클레이데스 물론 준비 없이 구술할 수야 없지. 하지만 나는 그때 집에 돌아오자마자 글로 옮겨두었고, 나중에 틈날 때마다 기억을 되 143a 살려 적어두곤 했네. 또한 기억나지 않는 것은 아테나이에 갈 때마다 소크라테스님에게 다시 묻고는 이곳에 돌아오면 바로잡곤 했네. 그리하여 나는 그때의 대화를 사실상 전부 적어둔 셈이라네.

테르프시온 아닌 게 아니라 저는 선생님이 그것을 언급하는 것을 전에도 들었어요. 그래서 그것을 보여달라고 선생님에게 부탁드려야겠다고 늘 마음먹었는데도 지금까지 차일피일 미뤄왔지요. 그런데 지금 우리가 그것을 검토하지 못할 만한 무슨 이유라도 있나요? 아무튼 저는 시골에서 여기까지 걸어온 터라 휴식이 필요해요.

에우클레이데스 나도 테아이테토스를 에리네온[4]까지 바래다준 터라 b
휴식이 싫지 않네. 자, 가세. 그러면 우리가 쉬는 동안 우리집 노예가 읽어줄 걸세.

테르프시온 그것 참 좋은 생각이에요.

잠시 뒤 노예가 두루마리를 갖고 온다.

에우클레이데스 테르프시온, 이게 바로 그 두루마리일세. 자네도 보다

3 kalos kai agathos('아름답고 훌륭한 남자').

4 Erineon. 메가라 시 근처에 있는 마을 같다.

시피 그때의 담론을 소크라테스님이 들려주신 그대로가 아니라, 그
분과 그 담론을 벌였다고 그분께서 말씀하신 분들 사이의 대화로 적
었네. 그분에 따르면 기하학자 테오도로스와 테아이테토스가 그 담
c 론을 벌였다네. 소크라테스님이 자신에 관해 "그래서 내가 말했네"
또는 "그래서 내가 발언했네"라고 말씀하신 것이나 대담자에 관해
"그러자 그가 동의했네" 또는 "그러나 그는 동의하지 않았네"라고 말
씀하신 것은 지루하여 대화 흐름을 방해한다고 보고 두루마리에 옮
기고 싶지 않았네. 그래서 나는 그런 종류의 말투는 모두 빼버리고
그때의 담론을 소크라테스님과 그들 사이의 대화로 적어둔 걸세.

테르프시온 그건 아주 좋은 발상 같아요, 에우클레이데스님.

에우클레이데스 얘야,[5] 두루마리를 들고 읽도록 하라.

대담자

소크라테스, 테오도로스, 테아이테토스

본대화 첫머리와 산파의 비유(143d~151d)

소크라테스 테오도로스님, 내가 만약 퀴레네 사람들에게 관심이 있 d
다면 그곳에 기하학이나 철학[6]의 여러 분야에 전념하는 젊은이들이 있는지 알아내려고 그곳 사정을 그대에게 물었겠지요. 하지만 나는 그곳 젊은이보다는 아테나이의 젊은이에게 더 관심이 많으며, 그래서 이곳 젊은이 중 될성부른 자들이 누구인지 더 알고 싶어요. 그래서 나는 이 문제를 스스로도 힘닿는 데까지 살피고, 젊은이들이 사귀고 싶어할 만한 사람들에게 묻기도 한답니다. 그런데 지금 많은 사
람이 당연하게도 그대를 따라다니는데, 그대는 다른 점들에서도 그 e

5 노예에게 하는 말이다.

6 philosophia('지혜에 대한 사랑').

렇지만 무엇보다도 기하학에 관한 지식 덕분에 그런 대접을 받을 만하니까요. 그러니 만약 언급할 가치가 있는 젊은이를 그대가 만난 적이 있다면 내 기꺼이 듣고 싶습니다.

테오도로스 아닌 게 아니라 소크라테스님, 나는 이곳 시민 가운데 나에게는 언급할 가치가 있고 그대에게는 들을 가치가 있는 젊은이를 만난 적이 있어요. 미남이었다면 강조해서 말하기가 두려웠겠지요. 내가 그를 사랑한다는[7] 의심을 살지도 모르니까요. 그러나 그는 미남이 아니라 들창코에 퉁방울눈이라는 점에서 그대를 닮았어요. 이렇게 말하는 것을 용서해주세요. 물론 그대만큼 심하지는 않지만 말입
144a 니다. 그래서 나는 거리낌없이 말할 수 있어요. 나는 수많은 젊은이를 만나보았는데, 단언컨대 내가 만난 모든 젊은이 중에서 그런 놀라운 자질을 가진 이는 여태 발견하지 못했어요. 남이 따라가지 못할 만큼 빨리 배우면서도 남달리 온유하며 게다가 누구와 비교해도 그보다 용감한 사람은 있을 수 없다고 생각했으며, 전에는 그런 사람을 한 번도 본 적이 없어요. 오히려 그 소년처럼 날카롭고 재기 발랄하고 기억력 좋은 사람은 대개 성급하고 격정적이기도 해서 바닥짐[8] 없는 배처럼 요동치며, 용감하다기보다는 광적이지요. 그런가 하면 더 무
b 던한 사람은 배움에 굼뜬 편이며 기억력이 아주 나빠요. 그러나 그 소년은 그토록 차분하고 정확하고 효과적으로, 그리고 매우 온유하게 배움과 탐구에 접근하더군요. 소리 없이 흐르는 올리브유처럼 말입니다. 그러니 그가 그 나이에 그런 경지에 도달한 것은 놀라운 일이 아닐 수 없어요.

소크라테스 거참 반가운 소식이오. 그런데 그는 누구의 아들이오?

테오도로스 이름을 듣긴 했는데 기억은 나지 않는군요. 하지만 그는 지금 우리 쪽으로 다가오는 저 소년들 중 가운데에 있는 소년이에요. c
그와 그의 친구들은 방금 바깥 주랑(柱廊)에서 몸에 올리브유를 바르고 있었는데, 이제 다 바르고 이리로 오는가 봅니다. 그를 살펴보세요, 누군지 알겠는지.

소크라테스 알고말고요. 수니온 구역[9]에 사는 에우프로니오스[10]의 아들이군요. 에우프로니오스는 그대가 그의 아들을 묘사한 것과 꼭 같으며, 역시 존경받고 있지요. 게다가 그는 큰 재산을 남겨놓기도 했답니다. 그래도 소년의 이름은 모르겠군요.

테오도로스 소년의 이름은 테아이테토스입니다, 소크라테스님. 그런 d
데 그의 재산은 몇몇 후견인이 탕진한 것 같습니다. 그럼에도 그는 놀라울 정도로 돈에 인색하지 않아요, 소크라테스님.

소크라테스 그대 말을 들으니 그는 고상한 인물 같군요. 그러니 여기 내 곁에 앉으라고 그에게 청해보세요.

테오도로스 그러지요. 여보게 테아이테토스, 이리 와서 소크라테스님 곁에 앉게나.

소크라테스 그러게, 테아이테토스. 나도 내 얼굴 생김새가 어떤지 꼼

7 동성애자로서 사랑하는 것을 말한다.

8 배의 균형을 유지하기 위해 바닥에 싣는 물이나 모래 같은 것들로 지금의 '밸러스트'를 말한다.

9 Sounion. 앗티케(Attike) 지방의 동남단에 있는 곳으로, 포세이돈(Posei-don) 신전이 남아 있다. 수니온은 아테나이를 수도로 하는 앗티케 지방의 174개 구역(區域 demos) 중 하나이기도 하다.

10 Euphronios.

e 꼼히 살펴볼 수 있도록 말일세. 테오도로스님이 말씀하시기를, 나와 자네가 닮았다고 하니까. 나와 자네가 저마다 뤼라[11]를 갖고 있는데, 그것들이 비슷하게 조율되어 있다고 테오도로스님이 말씀하신다고 가정해보게. 우리는 그분 말씀을 곧바로 믿어야 할까, 아니면 그분이 음악에 조예가 깊은 사람으로서 그렇게 말씀하시는 건지 살펴봐야 할까?

테아이테토스 살펴봐야 합니다.

소크라테스 그리고 우리가 그분 말씀을 믿고 안 믿고는 우리가 그분이 음악에 조예가 깊다는 것을 발견하느냐에 달려 있겠지?

테아이테토스 그렇습니다.

소크라테스 그런데 지금 같은 경우 우리의 얼굴 생김새가 닮은 것에
145a 관심이 있다면, 우리는 그분이 그림에 조예가 깊은 사람으로서 그렇게 말씀하시는 것인지 아닌지 살펴봐야 할 걸세.

테아이테토스 그래야 한다고 생각합니다.

소크라테스 그러면 테오도로스님은 화가인가?

테아이테토스 아닙니다, 제가 아는 한은요.

소크라테스 기하학자도 아니고?

테아이테토스 기하학자라는 것은 틀림없습니다, 소크라테스 선생님.

소크라테스 이분은 천문학, 산술, 음악, 그 밖의 다른 교육 분야에도 능통한가?

테아이테토스 네, 저는 그렇다고 생각합니다.

소크라테스 그러면 그분이 칭찬하거나 헐뜯으려고 우리가 신체적으로 닮은 데가 있다고 말씀하신다면, 우리가 그 말씀을 귀담아들을

특별한 이유는 없네.

테아이테토스 없는 것 같습니다.

소크라테스 그러나 그분이 미덕이나 지혜[12] 때문에 우리 두 사람 중 어느 한쪽의 혼을 칭찬한다면 어떨까? 다른 사람이 칭찬받는 것을 듣는 쪽은 칭찬받는 쪽을 검토하기 위해 당연히 최선을 다하고, 칭찬받는 쪽도 자신의 자질을 보여주기 위해 최선을 다하지 않을까?

테아이테토스 그야 물론이지요, 소크라테스 선생님.

소크라테스 그렇다면 친애하는 테아이테토스, 지금이야말로 자네는 b
자질을 보여주고, 나는 그것을 검토할 때일세. 단언컨대 테오도로스님은 내 앞에서 외지인이든 이곳 아테나이인이든 많은 사람을 칭찬하긴 했지만, 그 누구에 대해서도 방금 자네만큼 칭찬하신 적은 없기 때문일세.

테아이테토스 소크라테스 선생님, 그렇다니 듣기 좋습니다만, 그분께서 농담 삼아 그렇게 말씀하신 건 아닐까요? c

소크라테스 그건 테오도로스님답지 않은 행동일세. 그분이 농담한 것이라는 핑계로 자네가 약조한 것을 철회하려고 하지 말게. 우리는 그분이 선서하고 증언하도록 강요하고 싶지 않네. 그분이 위증한다고 고발할 사람은 어차피 아무도 없을 테니까. 그러니 용감하게 자네의 그 약조를 지키도록 하게.

11 lyra. 고대 그리스에서 피리(aulos)와 더불어 가장 널리 쓰이던 악기로, 길이가 같은 세로 현들로 된 발현악기이다. 이를 개량한 것이 키타라(kithara)이다.

12 arete, sophia. arete는 문맥에 따라 '덕' '탁월함' '훌륭함'으로 옮길 수도 있다.

테아이테토스 그래야겠지요. 선생님께서 그러기를 원하신다면.

소크라테스 그러면 말해주게. 자네는 테오도로스님에게 기하학을 좀 배우고 있지?

테아이테토스 네, 배우고 있습니다.

d **소크라테스** 천문학과 화성(和聲)과 산술에 관련된 것들도?

테아이테토스 아무튼 열심히 배우고 있습니다.

소크라테스 여보게, 나도 그렇다네. 그분이나 그런 것들을 안다고 생각되는 다른 사람들에게 배울 때는 말일세. 나는 그런 것들을 전체적으로는 그럭저럭 이해하는 편이지만 그럼에도 난관에 봉착한 사소한 문제점이 있어, 그것을 자네와 여기 있는 이들의 도움을 받아 살펴보고 싶네. 말해보게. 배운다는 것은 배우고 있는 것과 관련하여 더 지혜로워지는 것 아닌가?

테아이테토스 왜 아니겠습니까?

소크라테스 그리고 지혜로운 사람들이 지혜로운 것은 지혜 덕분이겠지?

테아이테토스 네.

e **소크라테스** 그것은 지식[13]과는 조금 다른가?

테아이테토스 그것이라니, 그게 뭔가요?

소크라테스 지혜 말일세. 사람들이 무엇인가에 관한 지식이 있다면 그것에 관해 지혜롭기도 한 것 아닐까?

테아이테토스 그야 물론이지요.

소크라테스 그렇다면 지식과 지혜는 같은 것인가?

테아이테토스 네.

소크라테스 좋네. 내가 난관에 봉착해서 혼자 힘으로는 충분히 파악할 수 없는 문제점이란 바로 지식이란 대체 무엇인가라는 것일세. 우리가 그 물음에 대답할 수 있을까? 여러분은 어떻게 생각하시오? 우 146a
리 가운데 누가 먼저 말하면 좋을까요? 그런데 스스로 알아맞히지 못하면, 그리고 누구든 자기 차례에 알아맞히지 못하는 사람은 공놀이하는 아이들이 그러듯 '당나귀'로서 자리에 앉게 될 것이오. 그러나 실수하지 않고 살아남은 사람은 우리의 '왕'이 되어 그가 원하는 어떤 질문에도 우리는 대답할 것이오. 여러분은 왜 아무 말이 없소? 테오도로스님, 담론을 좋아한 나머지 내가 무례를 범한 것은 아니겠지요? 나는 우리가 대화를 나누며 서로 친하고 사이좋게 지내도록 하려고 최선을 다할 뿐이라오.

테오도로스 소크라테스님, 그것을 무례라고 할 수는 없겠지요. 그렇 b
지만 여기 있는 젊은이 가운데 한 명이 그대에게 대답하게 하세요. 나는 이런 종류의 담론에는 익숙하지 않고, 익숙해질 나이도 아니에요. 그런 일은 젊은이에게 딱 맞는 일이며, 젊은이는 진척도 빠릅니다. 정말이지 젊을 때는 무슨 일이든 진척이 빠르니까요. 그러니 테아이테토스를 놓아주지 말고 처음 시작했을 때처럼 그에게 질문하십시오.

소크라테스 테아이테토스, 자네도 테오도로스님 말씀을 들었겠지.
나는 자네가 이분 말씀대로 할 것이라고 믿네. 지혜로운 사람이 이런 c

13 episteme. 문맥에 따라 '앎' '인식'으로 옮길 수도 있다.

일에 관해 지시하면 더 젊은 사람은 복종하는 것이 도리이니까. 자, 선선히 말해주게. 자네는 지식이 무엇이라고 생각하는가?

테아이테토스 소크라테스 선생님, 선생님과 테오도로스님이 그러라시니 대답하지 않을 수 없군요. 아무튼 제가 알아맞히지 못하면 두 분께서 바로잡아주시겠지요.

소크라테스 물론이지. 우리가 그럴 수만 있다면 말일세.

테아이테토스 좋습니다. 저는 테오도로스님한테 배울 수 있는 것들—기하학과 방금 선생님께서 언급하신 과목들—도 지식이라고
d 생각합니다. 또한 제화술이나 다른 장인(匠人)들의 기술도 모두, 그리고 저마다 바로 지식입니다.

소크라테스 여보게, 자네 인심 한번 후하구먼. 단순한 것 하나를 요구했는데 다채로운 것을 여럿이나 주니 말일세.

테아이테토스 무슨 말씀이신지요, 소크라테스 선생님?

소크라테스 쓸데없는 말인지 모르겠지만, 내 생각을 말하겠네. 자네가 말하는 제화술이란 바로 신발 제작에 관한 지식이겠지?

테아이테토스 그렇습니다.

e **소크라테스** 목공술은 어떤가? 자네가 말하는 목공술이란 바로 목공품 제작에 관한 지식이겠지?

테아이테토스 그것 또한 그렇습니다.

소크라테스 그렇다면 이 두 경우 자네는 각각의 기술이 무엇에 관한 지식인지 정의하는 것이겠지?

테아이테토스 네, 그렇습니다.

소크라테스 하지만 테아이테토스, 자네에게 물어본 것은 '지식의 대

상들은 무엇인가' 나 '지식의 종류는 얼마나 많은가' 가 아닐세. 우리가 그런 질문을 한 까닭은 지식의 목록을 원해서가 아니라, 지식이 무엇인지 알고 싶어서였네. 내가 허튼소리를 하는 겐가?

테아이테토스 아니요, 아주 옳은 말씀입니다.

소크라테스 다른 예를 하나 들어보세. 우리에게 일상의 하찮은 것에 147a
관해, 이를테면 '점토란 무엇인가?' 라고 누가 물었다고 가정해보게. 그런데 도공의 점토가 있고 화덕 제작공의 점토가 있으며 벽돌공의 점토가 있다고 대답한다면, 우리는 우스꽝스러운 꼴이 되지 않을까?

테아이테토스 아마 그렇겠지요.

소크라테스 우리가 그런 꼴이 되는 이유는 첫째, 우리가 '인형 제작자의' 또는 그게 무엇이건 '그 밖의 다른 제작자의' 라는 말을 덧붙이든
우리가 '점토' 라는 용어를 사용하면 질문자가 우리 대답을 듣고는 점 b
토가 무엇인지 이해하리라고 여기기 때문일세. 아니면 자네는 어떤 사물이 무엇인지 모르는데도 누군가에게 그 사물의 이름이 의미가 있을 거라고 생각하나?

테아이테토스 물론 그럴 수 없겠지요.

소크라테스 그렇다면 지식이 무엇인지 모르는 사람에게 '신발 제작에 관한 지식' 이라는 말은 무의미하네.

테아이테토스 무의미하고말고요.

소크라테스 그렇다면 지식이 무엇인지 모르는 사람은 제화술이나 그 밖의 다른 기술도 이해할 수 없네.

테아이테토스 그렇고말고요.

소크라테스 그렇다면 지식이 무엇인가에 대한 대답으로 어떤 기술의

이름을 댄다는 건 우스꽝스러운 일일세. 그것은 어떤 것에 관한 지식
c 인지 말해줄 뿐, 지식이 무엇이냐는 질문에 대한 대답은 아니니까.

테아이테토스 그런 것 같습니다.

소크라테스 우스꽝스러운 이유는 둘째, 평범하고 간단하게 대답할 수 있는데도 끝없이 먼길을 돌아서 가기 때문일세. 이를테면 점토에 관한 질문에서 평범하고 간단한 대답은 '점토란 물에 이긴 흙이다'라고 말하는 것일세. 점토가 누구 것인지는 말할 필요가 없네.

테아이테토스 소크라테스 선생님, 그렇게 말씀하시니까 이제는 쉬워 보이는군요. 얼마 전에 제가 선생님과 동명이인인 여기 있는 소크라
d 테스와 대화를 나눌 때 제기된 문제가 있었는데, 선생님께서는 그와 비슷한 것을 물어보시는 것 같습니다.

소크라테스 그게 어떤 거였지, 테아이테토스?

테아이테토스 여기 계신 테오도로스 선생님께서는 도형들을 거론하며 제곱근들에 관해 설명해주셨습니다. 즉 그 면적이 3제곱피트 또는 5제곱피트인 정사각형의 변들은 1제곱피트로 약분할 수 없다는 것을 보여주시면서 그런 정사각형 하나하나의 변을 거쳐 17제곱피트에 이르렀는데, 어찌 된 일인지 거기서 멈추셨습니다.[14] 그런데 제곱
e 근들의 수는 무한하므로 우리는 그것들을 하나의 명칭 아래 모두 모아봐야겠다는 생각이 떠올랐습니다.

소크라테스 그래서 자네들이 원한 것을 찾아냈는가?

테아이테토스 그런 것 같습니다. 선생님께서도 검토해주십시오.

소크라테스 말해보게.

테아이테토스 우리는 모든 수(數)를 두 부류로 나누었는데, 같은 수

를 같은 수만큼 곱해서 만들어지는 수[15]는 기하학의 정사각형에 빗대어 '정사각형 수' 또는 '등변 수'라고 불렀습니다.

소크라테스 잘했네.

테아이테토스 그러나 그 중간에 있는 수들[16] — 여기에는 3과 5와 같은 수를 같은 수만큼 곱해서는 얻을 수 없고 더 큰 수를 더 작은 수만큼 곱 148a
하거나 더 작은 수를 더 큰 수만큼 곱해야 얻을 수 있어서 기하학 용어로 부등변 도형을 이루는 수가 포함됩니다 — 은 기하학의 직사각형에 빗대어 '직사각형 수'라고 불렀습니다.

소크라테스 정말 훌륭해. 그다음은 어떻게 됐지?

테아이테토스 우리는 그 면적이 우리의 '등변 수' 가운데 하나인 사각형의 변들을 이루는 모든 직선을 '길이'라 정의하고, 그 면적이 우리의 '직사각형 수' 가운데 하나인 사각형의 변들을 이루는 모든 직선을 '제곱근'이라고 정의했습니다. 이것들은 길이에서는 앞서 말한 직 b
선들로 약분될 수 없으니까요. 이것들이 이루는 사각형들은 앞서 말한 직선들로 약분될 수 있지만 말이에요. 입체(立體)들의 경우도 그와 같이 구별할 수 있습니다.

소크라테스 여보게 젊은이들, 누구도 자네들보다 더 훌륭할 수는 없어. 그러니 테오도로스님이 위증했다고 고발할 사람은 분명 아무도 없을 것 같네.

14 왜 $\sqrt{17}$에서 멈추었는지 확실하지 않다.

15 4, 9, 16 따위.

16 3, 5, 6, 7, 8, 10, 11, 12, 13, 14, 15 따위.

테아이테토스 그렇지만 소크라테스님, 저는 지식에 관한 선생님의 질문에는 우리가 길이와 제곱근에 관한 질문에 대답한 것처럼 대답할 수 없습니다. 그런데 선생님께서 찾으시는 게 그런 종류의 대답인 것
c 같아요. 그러니 테오도로스님은 아무튼 위증을 하신 것 같습니다.

소크라테스 어떤가? 테오도로스님이 자네의 달리기 능력을 칭찬하며 자네만큼 잘 달리는 젊은이를 만난 적이 없다고 말씀하셨는데, 경주에서 자네가 한창때의 달리기 선수에게 졌다고 가정해보게. 자네는 졌다고 해서 그분의 칭찬이 덜 참되다고 생각하는가?

테아이테토스 그렇게 생각하지 않습니다.

소크라테스 지식에 관해서는 어떻게 생각하는가? 내가 방금 말했듯이,[17] 자네는 지식을 찾아내는 것은 사소한 일이라고 생각하는가? 그것은 최고의 능력을 갖춘 사람이 할 일 아닐까?

테아이테토스 제우스에 맹세코, 그것이야말로 최고의 능력을 갖춘 사람이 할 일이라고 생각합니다.

d **소크라테스** 그러면 자네는 자신감을 갖고 테오도로스님 말씀에 일리가 있다고 생각하게나. 그리고 언제나 최선을 다해서 특히 지식이 무엇인지에 관한 자네의 생각을 말해주게.

테아이테토스 제가 최선을 다하기만 하면 된다면, 소크라테스 선생님, 참은 밝혀질 것입니다.

소크라테스 그렇다면 자, 그 방법은 자네가 방금 잘 보여주었으니 제곱근들에 대한 자네 대답을 모방하도록 하게. 자네가 수많은 제곱근을 하나의 부류로 모은 것처럼 지식의 수많은 분야에 적용할 수 있는 하나의 정의(定義)를 찾아내보라는 말일세.

테아이테토스 소크라테스 선생님, 단언컨대 저는 선생님의 질문들을 e
전해 듣고는 그 문제와 씨름한 적이 한두 번이 아닙니다. 하지만 만족스러운 해결책을 제가 제시할 수 있다거나 제 앞에서 어떤 사람이 선생님께서 요구하시는 대답을 한 적이 있다고 확신할 수 없었습니다. 그럼에도 저는 그 문제에 자꾸만 신경이 쓰입니다.

소크라테스 친애하는 테아이테토스, 그것은 자네가 불임(不姙)이 아닐 뿐만 아니라 마침 잉태 중이라 말하자면 산고(産苦)를 겪기 때문일세.

테아이테토스 소크라테스 선생님, 저는 그런 것은 모르겠고, 그저 겪은 것을 말씀드릴 뿐입니다.

소크라테스 우습구먼. 자네는 내가 훌륭하고 건장한 산파(産婆) 파이 149a
나레테[18]의 아들이라는 말도 듣지 못했나?

테아이테토스 진작에 들었습니다.

소크라테스 자네는 내가 같은 직업에 종사한다는 말도 들었는가?

테아이테토스 듣지 못했습니다.

소크라테스 하지만 잘 알아두게. 그건 사실일세. 그러나 여보게, 내가 그런 직업에 종사한다는 것은 비밀이니 다른 이들한테 발설하지 말게나. 그래서 세상 사람들은 그런 줄 모르고 나에 관해 그런 이야기는 하지 않고, 나더러 사람들을 난관에 봉착하게 만드는 둘도 없는 괴짜라고 말하지. 자네는 그런 말도 들어봤는가?

17 145d 참조.

18 Phainarete. 소크라테스의 어머니.

b **테아이테토스** 네, 들어봤습니다.

소크라테스 내가 자네에게 그 이유를 말해줄까?

테아이테토스 네, 말씀해주십시오.

소크라테스 산파가 하는 일 전체를 생각해보면 자네는 내 말뜻을 더 쉽게 이해할 걸세. 자네도 알다시피, 스스로 임신하거나 출산할 수 있는 나이에 다른 여인들을 돌보는 산파는 아무도 없고, 출산할 나이가 지난 여인들만이 산파가 된다네.

테아이테토스 물론입니다.

소크라테스 사람들이 말하기를, 그 이유는 출산의 여신 아르테미스[19] 자신이 자녀가 없기 때문이라네. 인간의 본성은 경험 없는 일에 숙달
c 되기에는 너무 취약한지라 여신은 불임 여성에게 산파가 되는 것을 허용하지 않고, 자신과 닮은 점을 존중하여 나이가 많아서 출산할 수 없는 여인들에게 그런 일을 맡겼다는 거지.

테아이테토스 그럴듯합니다.

소크라테스 이 또한 그럴듯하고 당연하지 않을까? 여인들이 임신 중인지 아닌지를 여느 여자들보다 산파들이 더 잘 알아본다는 것 말일세.

테아이테토스 그야 물론입니다.

d **소크라테스** 또한 산파들은 약을 지어주거나 주문(呪文)으로 산고를 겪게 할 수 있고, 원하면 산고를 덜어줄 수도 있네. 또한 산파들은 난산일 경우 성공적으로 분만하게 할 수 있고, 적절하다 싶으면 임신 초기에 유산시킬 수도 있네. 그렇지 않은가?

테아이테토스 그렇습니다.

소크라테스 자네는 산파의 이런 점도 알아차렸는가? 가장 훌륭한 자녀들을 생산하려면 어떤 여자가 어떤 남자와 결합해야 하는지에 관해 알 것은 다 안다는 점에서 산파들이야말로 가장 지혜로운 결혼 중매인이라는 것 말일세.

테아이테토스 그 점은 미처 몰랐습니다.

소크라테스 그러면 알아두게나. 산파들은 탯줄을 자르는 일보다 그런 일에 더 자부심을 느낀다네. 문제를 이렇게 보게. 자네는 작물을 e
돌보고 수확하는 것이 어떤 땅에 어떤 식물을 심고 어떤 씨앗을 뿌려야 하는지 아는 것과 같은 기술에 속한다고 생각하는가, 아니면 다른 기술에 속한다고 생각하는가?

테아이테토스 같은 기술에 속합니다.

소크라테스 여보게, 여자의 경우 후자의 기술이 수확하는 기술과 다르다고 생각하는가?

테아이테토스 다른 것 같지 않습니다. 150a

소크라테스 다르지 않고말고. 그러나 남자와 여자를 부적절하고 미숙한 방법으로 결합시키는 일이 있기에(이런 것을 뚜쟁이질이라고 하지) 산파들은 자신들의 명성을 지키려고 중매하는 일조차 기피한다네. 중매하다가 뚜쟁이질한다는 비난을 살까 두려워서 말일세. 그렇지만 진정한 산파만이 성공하는 중매인이라네.

19 Artemis. 제우스(Zeus)와 레토(Leto)의 딸로, 아폴론(Apollon)의 쌍둥이 누이이며 사냥과 출산을 관장하는 처녀신이다.

테아이테토스 그런 것 같습니다.

소크라테스 산파가 하는 일은 이처럼 중요하지만, 내가 하는 일만큼
b 중요하지는 않다네. 어떤 때는 모상(模像)[20]을 낳고 어떤 때는 진짜를
낳는 경우가 여자들에겐 없기 때문인데, 사실 이 둘을 구별하기란 쉬
운 일이 아닐세. 만약 여자들이 그런다면, 진짜와 가짜를 구별하는
것이 산파들이 할 수 있는 가장 중요하고도 가장 훌륭한 일일 걸세.
자네는 그렇게 생각하지 않는가?

테아이테토스 그렇다고 생각합니다.

소크라테스 내 산파술은 대체로 그들의 산파술과 다르지 않네. 유일
한 차이점이 있다면 내가 돌보는 것은 여자들이 아니라 남자들이며,
내 관심사는 그들의 몸이 아니라 출산하는 그들의 혼이라는 것이랄
c 까. 내 기술의 가장 중요한 점은 젊은이의 사유(思惟)[21]가 출산하는
것이 모상이자 가짜인지, 아니면 생명 있는 진짜인지 온갖 방법으로
시험할 수 있다는 것일세. 그래도 나는 산파들과 공통점도 있네. 나
자신은 지혜를 낳지 못한다는 점 말일세. 나는 또 지혜가 없기 때문
에 남들에게 묻기는 해도 내 생각을 적극적으로 표현하지는 못한다
는 취지의 비판을 많이 듣는데, 그 또한 사실일세. 그 이유는 신은 내
가 산파가 되도록 강제했지만 나 자신이 출산하는 것은 막았기 때문
d 일세. 그래서 나 자신은 전혀 지혜롭지 못하며, 내 혼은 어떤 지혜로
운 발견을 자식으로 낳은 적도 없네. 그러나 나와 교제하는 사람들
은 그러지 않네. 그들 몇몇은 처음에는 학습 능력이 전혀 없어 보였지
만, 우리가 더 교제할수록 신이 허락하시는 자들은 모두 자신이 보
기에도 남이 보기에도 놀라운 진전을 보였네. 그리고 그들이 이토록

진전을 보인 이유는 분명 그들이 내게 뭔가를 배웠기 때문이 아닐세. 그들이 출산한 수많은 훌륭한 진리는 그들 자신이 스스로 자기 안에서 발견한 것들일세.

그러나 그것들을 분만한 것은 신과 나의 작품일세. 다음이 그 확 e
실한 증거일세. 전에는 사람들이 종종 내 역할을 알아차리지 못해 나를 얕잡아보고는 모든 걸 자신들의 공로로 돌리며, 자진해서 또는 남에게 설득당해서 때가 되기도 전에 내 곁을 떠났다네. 그리고 일단 내 곁을 떠나자 유해한 교제 때문인지 계속 유산을 했고, 내가 분만을 도운 자식들마저 잘못 양육한 탓에 모두 잃고 말았네. 그들은 참보다는 거짓과 모상을 더 중요하게 여겼으니까. 결국 그들은 자신이 보기에도 남이 보기에도 배울 능력이 없는 것으로 드러났네. 그들 중 한 명이
뤼시마코스의 아들 아리스테이데스[22]인데, 그런 사람은 그 밖에도 많 151a
다네. 그들이 돌아와 다시 나와 교제하기를 간청하며 별의별 짓을 다 하면 내게 나타나곤 하는 수호신[23]이 그들 가운데 어떤 자들과의 교제는 금하고 어떤 자들과의 교제는 허락하는데, 그러면 이들은 다시 진전을 보인다네.

20 eidolon.

21 dianoia.

22 여기 나오는 뤼시마코스(Lysimachos)의 아들 아리스테이데스(Aristeides)에 관해서는 플라톤의 다른 대화편 『라케스』(*Laches*) 참조. 그는 페르시아 전쟁 때 혁혁한 전공을 세우고 청렴결백하기로 유명했던 아테나이 정치가이자 장군인 아리스테이데스(기원전 520년경 ~ 467년경)의 손자이다.

23 daimonion. 『소크라테스의 변론』 31c ~ d 참조.

그런데 나와 교제하는 이들은 바로 이 점에서도 출산하는 여인들
과 같네. 진통을 겪으며 밤낮없이 난관에 봉착한다는 것 말일세. 그것
도 출산하는 여인들보다 훨씬 더 심하게 말이야. 그런데 내 기술은 이
런 진통을 일으킬 수도 멎게 할 수도 있네.

b 그들의 처지는 그러하네. 하지만 테아이테토스, 내가 보기에 전
혀 임신하지 않는 것 같은 사람들도 더러 있는데, 그들에게 내 도움이
필요 없다는 것을 안 뒤에는 그들을 위해 호의를 갖고 중매를 서주려
고 하지. 자랑이 아니라, 나는 누구와 교제하는 것이 그들에게 이득이
될지 아주 잘 맞힌다네. 나는 그들 상당수를 프로디코스[24]에게 맡겼
고, 또 다른 상당수는 지혜롭고 영험한 사람들에게 맡겼네.

여보게, 내가 왜 자네에게 이토록 긴말을 늘어놓느냐고? 그것은
자네도 그렇다고 생각하듯, 자네가 속에 무엇인가를 임신해서 진통
c 을 겪고 있다고 여겨지기 때문일세. 그러니 내가 산파의 아들이고 나
자신도 산파술의 전문가라는 점을 명심하고 자네를 내게 맡기고, 내
가 묻는 말에 최선을 다해 대답해주게. 그리고 내가 자네 생각을 검토
해보고서 그중 어떤 것을 참이 아닌 모상이라 판단하고는 유산시키고
내다 버린다 해도 첫아이를 빼앗긴 여자처럼 내게 사납게 덤비지는
말게. 여보게, 내가 그들이 임신하고 있던 어리석은 생각을 제거하면
이미 많은 사람이 나에게 말 그대로 물어뜯고 싶은 불타는 적개심을
갖곤 했네. 그들은 내가 선의로 그런다는 것을 모른다네. 그들은 어떤
d 신도 인간에게 악의를 품지 않으며, 나도 악의에서 그런 일을 하는 것
이 아니라는 생각조차 못하는 게지. 내가 그러는 까닭은 거짓을 묵인
하고 진리를 억압하는 것은 옳지 않기 때문일세.

그러니 테아이테토스, 처음부터 다시 출발하여 지식이 도대체 무엇인지 말해보게. 말하지 못하겠다는 말은 하지 말게. 자네는 할 수 있을 테니까. 만약 그것이 신의 뜻이고 자네가 용기를 잃지 않는다면 말일세.

1. 지식은 감각적 지각이다: 프로타고라스와 상대주의; 헤라클레이토스의 만물유전설(151d~187b)

테아이테토스 소크라테스 선생님, 선생님께서 그렇게 격려해주시는데도 자신의 생각을 표현하려고 최선을 다하지 않는다면 도리가 아니겠지요. 제가 생각하기에는 어떤 사람이 무엇을 감각적으로 지각 e
할 때 그것을 아는 것 같습니다. 지금 내가 볼 수 있는 한, 지식은 바로 감각적 지각[25]입니다.

소크라테스 참 잘했네, 젊은이. 대답은 그렇게 솔직하게 해야 하네. 그렇다면 우리는 자네의 대답이 생존 가능한 것인지 아니면 무정란(無精卵)에 불과한지 함께 검토해보세. 자네는 지식은 지각이라고 주장하는가?

테아이테토스 네.

소크라테스 지식에 관해 자네가 말한 것은 결코 시시한 이론이 아닌

24 Prodikos. 케오스(Keos) 섬 출신의 소피스트로, 소크라테스와 동년배이다.

25 aisthesis.

152a 듯하네. 그것은 프로타고라스[26]도 주장하곤 하던 바일세. 같은 내용을 비록 다른 말로 표현했지만 말이야. 그는 어딘가에서 "인간은 만물의 척도이다. 존재하는 것들에 대해서는 그것들이 존재한다는 척도이고, 존재하지 않는 것들에 대해서는 그것들이 존재하지 않는다는 척도이다"라고 말하고 있으니까. 틀림없이 자네도 읽었겠지?

테아이테토스 네, 읽었습니다. 그것도 여러 번 읽었습니다.

소크라테스 여기서 그의 말뜻은, 각각의 것은 내게는 내게 나타나는 대로이고, 자네에게는 자네에게 나타나는 대로이며, 자네와 나는 저마다 인간이라는 것 아닌가?

테아이테토스 그렇습니다. 그게 그분의 말뜻입니다.

b **소크라테스** 그는 지혜로운 사람이니 아마 허튼소리를 하지는 않았을 걸세. 그러니 우리는 그를 따르기로 하세. 같은 바람이 부는데도 우리 가운데 누구는 차다고 느끼고 누구는 차지 않다고 느끼거나, 누구는 쌀쌀하다고 느끼고 누구는 차다고 느낄 수 있지 않을까?

테아이테토스 물론입니다.

소크라테스 그럴 경우 우리는 바람 자체가 차다거나 차지 않다고 말해야 할까? 아니면 프로타고라스를 따라 바람이 차다고 느끼는 사람에게는 차지만, 차다고 느끼지 않는 사람에게는 차지 않다고 말해야 할까?

테아이테토스 아닌 게 아니라 후자인 것 같습니다.

소크라테스 바람은 우리 각자에게도 그렇게 나타나겠지?

테아이테토스 네.

소크라테스 그런데 '나타나다'는 지각한다는 뜻이겠지?

테아이테토스 그렇습니다.

소크라테스 그렇다면 나타남과 지각함은 같은 것일세. 더위 등의 경 c
우에는 말일세. 그런 것들은 각자에게 각자가 지각하는 대로일세.

테아이테토스 그런 것 같습니다.

소크라테스 따라서 언제나 지각은 존재하는 것에 대한 것이며, 지식이므로 거짓일 수 없네.

테아이테토스 분명히 그렇습니다.

소크라테스 어떤가? 프로타고라스는 모르는 게 없는 만물박사로서 우리 같은 보통 사람에게는 이런 수수께끼를 내주었지만 자기 제자들에게는 몰래 진리를 말해주었을까?

테아이테토스 소크라테스 선생님, 그게 무슨 말씀이신지요? d

소크라테스 내가 말해보겠네. 그것은 분명 예사롭지 않은 이론일세. 그것에 따르면, 그 자체로 하나(一者)인 것은 아무것도 없으며, 어떤 것도 특정한 이름으로 부를 수 없을뿐더러 어떤 성질을 지닌 것이라고 말할 수도 없다는 것일세. 만약 자네가 어떤 것을 '크다'고 부르면 그것은 작은 것으로 나타날 수도 있으며, 자네가 어떤 것을 '무겁다'고 부르면 그것은 가벼운 것으로 나타날 수도 있으며, 모든 것이 다 그렇다는 것일세. 하나(一者)이거나 어떤 것이거나 어떤 성질을 지닌 것은 아무것도 없으니까. 우리가 존재한다고 말하는 모든 것은 사실

26 Protagoras. 기원전 485년경 에게 해 북쪽 기슭의 압데라(Abdera)에서 태어났으며, 가장 유명한 소피스트이다.

은 운동과 변화와 혼합의 결과물로 생성되는 것이며, 우리가 그것들
e 을 '존재한다'고 말하는 것은 잘못이라는 걸세. 존재하는 것은 아무 것도 없고 사물은 언제나 생성되니까.

우리는 이 이론에 파르메니데스[27]를 제외한 과거의 모든 현자가 동의하는 것으로 볼 수 있을 걸세. 프로타고라스와 헤라클레이토스와 엠페도클레스[28] 말일세. 또한 우리는 장르별 최고 시인인 희극의 에피카르모스[29]와 비극의 호메로스[30]도 동의한다고 볼 수 있을 걸세. 호메로스가

"신들의 아버지 오케아노스와 신들의 어머니 테튀스"[31]

라고 말할 때 그는 만물이 흐름과 변화의 자식이라고 말하는 것일세. 아니면 자네는 이것이 그의 말뜻이라고 생각하지 않는가?

테아이테토스 그렇다고 생각합니다.

153a **소크라테스** 그런데 호메로스가 지휘하는 그런 대군을 상대로 논쟁을 벌이고도 웃음거리가 되지 않을 사람이 있기나 할까?

테아이테토스 쉽지 않을 것입니다, 소크라테스 선생님.

소크라테스 쉽지 않고말고, 테아이테토스. 그들의 이론을 충분히 뒷받침하는 또 다른 증거가 있네. 존재로 여겨지는 것과 생성은 움직임의 산물이고, 존재하지 않음과 소멸은 가만있음의 산물이라는 것 말일세. 이를테면 다른 모든 것을 낳고 지배하는 열 또는 불 자체는 운동과 마찰의 산물이며, 이 둘은 움직임일세. 아니면 이것들은 불의 원천이 아닌가?

테아이테토스 그것들은 분명 불의 원천입니다. b

소크라테스 나아가 동물들의 부류는 운동과 마찰에서 태어나네.

테아이테토스 왜 아니겠습니까?

소크라테스 어떤가? 몸의 상태는 가만있음과 게으름에 의해 망가지고, 대체로 체력단련과 움직임에 의해 보존되지 않는가?

테아이테토스 네, 그렇습니다.

소크라테스 그리고 혼의 상태는 어떤가? 혼은 움직임에 해당하는 배움과 익힘에 의해 지식을 얻고 보존되고 개선되는 반면, 익힘과 배움의 결여인 가만있음에 의해서는 아무것도 배우지 못하고 배운 것도 c

27 Parmenides(기원전 515년경~450년 이후). 기원전 6세기 말에 이른바 '엘레아학파'를 창시한 철학자로, '존재하는 것'은 단일하고 나눌 수 없으며 불변한다고 주장했다. 파르메니데스의 이러한 일원론(一元論)은 그의 제자 제논(Zenon 기원전 490년경~445년 이후)이 계승했다.

28 헤라클레이토스(Herakleitos 기원전 540년경~480년경)는 소아시아 이오니아 지방의 에페소스(Ephesos) 시 출신 '소크라테스 이전 철학자'로, "만물은 흐른다"(panta rhei)는 유명한 말을 남겼다. 엠페도클레스(Empedokles 기원전 492~432년경)는 시칠리아 아크라가스(Akragas) 시 출신의 자연철학자로 4원소설(물, 공기, 불, 흙)을 주장했다.

29 Epicharmos. 기원전 6세기 말~5세기 초에 활동한 시칠리아 출신의 희극 작가로, 그의 작품은 단편(斷片)만 남아 있다.

30 Homeros. 기원전 730년경에 활동한 그리스의 서사시인으로, 작품으로는 『일리아스』(*Ilias*)와 『오뒷세이아』(*Odysseia*)가 남아 있다. 플라톤은 여기서 호메로스를 비극 시인으로 분류한다.

31 『일리아스』 14권 201, 302행. 오케아노스(Okeanos)는 그리스 신화에서 우라노스(Ouranos '하늘')와 가이아(Gaia '대지')의 아들로, 누이인 테튀스(Tethys)의 남편이다.

잊어버리지 않는가?

테아이테토스 물론입니다.

소크라테스 그렇다면 움직임은 혼에게도 몸에게도 좋은 것이고, 가만있음은 그 반대겠지?

테아이테토스 그런 것 같습니다.

소크라테스 그렇다면 자네에게 바람 한 점 없는 대기와 잔잔한 바다
등을 언급하며 가만있음은 사물을 썩게 하고 파괴하지만 움직임은
보존한다고 말할까? 그리고 논의에 종지부를 찍기 위해 호메로스의
d '황금 밧줄'[32]을 끌어들이면서 호메로스가 말하는 것은 태양이며, 천
체와 태양이 회전하는 한 천상과 지상의 모든 것이 존재하고 보존되
지만, 만약 그것들이 묶인 듯이 멈춰 서면 모든 것이 파괴되고 세상
이 말 그대로 뒤죽박죽이 되고 말리라는 것이 그의 말뜻이라고 주장
할까?

테아이테토스 소크라테스 선생님, 그의 말뜻은 아닌 게 아니라 선생님께서 말씀하신 그대로인 것 같습니다.

소크라테스 그렇다면 여보게, 이렇게 생각해보게. 먼저 눈과 관련하
여 자네가 '흰색'이라고 부르는 색깔은 자네의 눈 밖에 따로 존재하
는 것으로도, 눈 안에 존재하는 것으로도 생각해서는 안 되네. 그것
e 에 어떤 장소를 정해줘서는 안 된다는 말일세. 그러면 그것은 즉시
정해진 장소에 존재하고 머무르며 생성의 과정에서 벗어날 테니까.

테아이테토스 무슨 말씀이신지요?

소크라테스 조금 전 이론에 따라 그 자체로 하나인 것은 아무것도 없다고 가정하세. 그러면 우리는 검은색이나 흰색이나 그 밖의 다른 색

은 눈이 눈에 맞는 운동과 충돌해서 생기는 것이고, 우리가 색깔이라 154a
고 부르는 것은 충돌에서 능동적이거나 수동적인 것이 아니라 이 둘 사이에서 생겨나는 것으로 각자에게 고유하다는 것을 발견할 걸세. 아니면 자네는 모든 색깔이 자네에게 나타나는 그대로 개나 아무 동물에게도 나타난다고 우길 참인가?

테아이테토스 제우스에 맹세코, 그렇게 우기지는 않을 겁니다.

소크라테스 다른 사람에게는 어떤가? 무엇이건 그에게도 자네에게 나타나는 그대로 나타날까? 그런다고 우길 자신이 있는가? 아니면 그것은 자네 자신에게도 같은 것으로 나타나지 않는다고 주장해야 하지 않을까? 자네는 결코 같은 상태에 머무르지 않으니까.

테아이테토스 전자보다 후자가 참에 더 가까운 것 같습니다.

소크라테스 그렇다면 만약 우리가 그것과 비교하여 우리 자신을 재어 b
보는 것 또는 우리가 만져보는 것이 정말로 크거나 희거나 뜨겁다면, 그것은 자체가 변하지 않는 한 다른 사람과 마주친다고 해서 달라지지 않을 걸세. 또한 만약 재어보거나 만져보는 것이 정말로 크거나 희거나 뜨겁다면, 그것은 자체에게 아무 일도 일어나지 않는 한 다른 것이 다가오거나 다가오는 것에게 어떤 일이 일어난다고 해서 달라지지

32 『일리아스』 8권 17~27행 참조. 제우스는 다음과 같이 힘자랑을 한다. "그대들은 황금 밧줄을 하늘에 매달아놓고, 남신이든 여신이든 모두 거기에 매달려보시오. 하지만 그대들은 아무리 용을 써도 최고의 조언자인 이 제우스를 하늘에서 들판으로 끌어내리지 못할 것이오. 그러나 내가 마음먹고 그대들처럼 끌어당기려 한다면, 대지와 바다와 함께 그대들을 끌어올릴 수 있을 것이오. 그러고 나서 내가 그 밧줄을 올림포스의 꼭대기에 매어놓으면, 이번에는 모든 것이 공중에 매달릴 것이오."

않을 걸세. 여보게, 사실 우리는 프로타고라스나 그와 같은 주장을
하려는 사람이면 누구나 놀랍고도 가소롭다고 주장할 만한 발언들
을 너무 쉽게 하네.

테아이테토스 도대체 무엇이 어째서 가소롭다는 건가요?

c **소크라테스** 사소한 예를 하나 들면 자네는 내 말뜻을 전부 알아차릴
걸세. 여기 주사위 6개가 있다고 가정해보게. 그 옆에 주사위 4개를
갖다 놓고 견주면 주사위 6개는 주사위 4개보다 더 많으며 주사위 4개
의 1.5배라고 말하네. 그러나 그것들을 12개의 주사위 옆에 갖다 놓고
견주면 우리는 주사위 6개가 더 적으며 절반이라고 말하네. 그리고 우
리는 다르게 말하는 것은 용인하지 않네. 아니면 자네는 용인할 텐가?

테아이테토스 저는 용인하지 않을 겁니다.

소크라테스 어떤가? 프로타고라스나 다른 누가 "오오, 테아이테토
스! 어떤 것이 증가하는 것 말고 다른 방법으로 더 커지거나 더 많아
질 수 있을까?" 하고 묻는다면, 뭐라고 대답할 텐가?

테아이테토스 소크라테스 선생님, 지금 질문과 관련하여 제가 생각하
d 는 바를 말한다면 그럴 수 없다고 대답할 것입니다. 그러나 앞서 한
질문[33]과 관련지어 생각한다면 자기모순에 빠질까 두려워서 그럴 수
있다고 대답하겠습니다.

소크라테스 여보게, 그건 분명 신에게 영감을 받은 명답(名答)일세.
하지만 '그럴 수 있다'는 자네의 대답은 분명 에우리피데스 식 말투일
세. 자네의 혀는 반박에서 자유로워도 자네의 마음은 반박에서 자유
롭지 못할 테니까.[34]

테아이테토스 맞습니다.

소크라테스 만약 나와 자네가 영리하고 지혜로워서 마음속 생각을 모두 검토했다면 서로를 시험하며 남은 시간을 보내도 되겠지. 반론을 주고받으며 소피스트[35] 식으로 언쟁을 벌여도 좋을 거라는 말일세. e
그러나 우리는 평범한 사람인지라 서로의 생각을 비교하며 그것이 과연 존재하는지, 서로 일치하는지 아니면 전혀 일치하지 않는지 알아보는 것이 우리의 우선적 관심사일 걸세.

테아이테토스 그것은 제가 원하는 바입니다.

소크라테스 내가 원하는 바이기도 하네. 그러면 우리는 시간도 많으니 서두르지 말고 차분하게 우리 자신을 들여다보며 우리 마음속의
이런 '나타남'들이 정확히 무엇인지 다시 검토해야 하지 않을까? 그 155a
것을 다시 검토해볼 때 우리는 첫째, 자신과 동등한 한 어떤 것도 크기나 수에서 더 커지거나 더 작아질 수 없다고 말해야 할 걸세. 그렇지 않은가?

테아이테토스 네, 그렇습니다.

소크라테스 둘째, 우리는 보탠 것도 뺀 것도 없는 것은 증가하지도 감

33 주사위에 관한 질문.

34 에우리피데스(Euripides), 『힙폴뤼토스』(*Hippolytos*) 612행 참조. "맹세를 한 것은 혀이고, 내 마음은 맹세하지 않았소." 에우리피데스는 그리스 3대 비극 작가 중 가장 나중 사람이다.

35 소피스트의 그리스어 sophistes는 형용사 sophos('지혜로운')에서 파생한 명사로, 말 그대로 옮기면 '지혜로운 사람'이라는 뜻이다. 이 말은 기원전 5세기에 보수를 받고 지식을 가르쳐주는 순회 교사를 의미했다. 그들이 가르친 과목은 수학, 문법, 지리 등 다양했지만, 출세를 바라는 젊은이들에게 주로 수사학을 가르쳤다. 그들은 진리의 상대성을 주장한 까닭에 '궤변학파'라고도 불린다.

소하지도 않고 언제나 동등하다고 말해야 하네.

테아이테토스 물론입니다.

b **소크라테스** 셋째, 우리는 이전에 존재하지 않던 것이 생성되었거나 생
성되지 않고 나중에 존재하는 것은 불가능하다고 말해야 하지 않
을까?

테아이테토스 아닌 게 아니라 그런 것 같습니다.

소크라테스 내가 보기에, 이 세 가지 원칙은 주사위 경우를 생각하면
우리 혼 안에서 그 자신과 충돌하는 것 같네. 다른 예를 하나 들어보
겠네. 어른인 나는 더 자란 것도 아니고 줄어든 것도 아닌데 지금은
소년인 자네보다 키가 더 크지만, 일 년 뒤 나중에는 내 키가 줄어든
c 것도 아니면서도 자네가 자란 까닭에 나는 더 작을 수 있네. 이는 곧 내
가 나중에는 어떤 생성 과정을 거치지 않고도 이전에는 아니었던 것이
된다는 것을 의미하네. 생성되지 않고는 어떤 일도 일어날 수 없고, 나는
몸집이 줄지 않고는 더 작아질 수 없기에 하는 말일세. 우리가 이런 예를
받아들인다면, 이런 예는 부지기수일세. 테아이테토스, 내 말뜻을 이해
하는 걸 보니 자네에게는 이런 문제가 생소하기만 한 것은 아닌 듯하
구먼.

테아이테토스 생소하지 않고말고요, 소크라테스 선생님. 그런 것들이
도대체 무엇을 의미할까 하고 저는 몹시 놀라곤 하며,[36] 그런 것들을
들여다보노라면 현기증이 날 때도 있습니다.

d **소크라테스** 여보게, 여기 있는 테오도로스님이 자네 본성을 잘못 평가
하지는 않은 것 같네. 그렇게 놀라는 감정이야말로 철학자의 특징이
라네. 이것 말고 철학의 다른 출발점은 없네. 그러니 이리스를 타우마

스의 딸이라고 말한 사람이 하찮은 계보학자[37]는 아니었던 것 같네. 하지만 프로타고라스가 주장했다고 우리가 말한 이론에 따르면 어째서 이런 것들이 그러한지 이제는 이해하겠는가, 아니면 아직도 이해하지 못하겠는가?

테아이테토스 저는 아직도 이해하지 못한 것 같습니다.

소크라테스 그렇다면 탁월한 인물 또는 탁월한 인물의 생각 속에 감추어진 진리를 발굴하도록 내가 자네를 돕는다면, 자네는 고맙게 여 e
기겠구먼.

테아이테토스 물론 고맙게 여길 것입니다. 그것도 매우 말입니다.

소크라테스 그렇다면 주위를 둘러보고 입문하지 않은[38] 사람은 누구도 우리 대화를 엿듣지 못하도록 하게. 내가 말하는 입문하지 않은 사람이란 손으로 잡을 수 있는 것 말고는 아무것도 존재하지 않는다고 믿으며, 행위나 생성이나 눈에 보이지 않는 것이 존재에 관여한다는 것을 인정하지 않는 자일세.

테아이테토스 소크라테스 선생님, 선생님 말씀을 들으니 그들은 상대하기 어려운 껄끄러운 사람들 같습니다. 156a

36 thaumazo.

37 헤시오도스. 헤시오도스(Hesiodos), 『신들의 계보』(*Theogonia*) 265~266행 참조. 타우마스(Thaumas)는 '놀라움'이라는 뜻이며 바다의 신 폰토스(Pontos)와 대지의 여신(Gaia)의 아들로, 오케아노스의 딸 엘렉트라(Elektra)와 결혼하여 이리스(Iris)를 낳는다. 신들의 여자 전령 이리스는 신들이 사는 하늘과 인간이 사는 지상을 이어주는 무지개이다.

38 철학에 입문하지 않은 것을 말한다.

소크라테스 여보게, 그들은 그야말로 교양 없는 자들이지. 그러나 훨
씬 더 세련된 부류가 있는데, 내 그들의 비의(秘儀)[39]를 자네에게 말
해주겠네. 우리가 방금 말한 모든 것이 달려 있는 그들의 출발점은
우주는 변화이며, 변화 말고 다른 것은 아무것도 존재하지 않는다는
것일세. 변화에는 두 종류가 있는데, 저마다 무수히 많지만 하나는
능동적이고 다른 하나는 수동적이라는 차이가 있네. 이 둘의 교합과
상호 마찰에서 무수히 많은 자식이 언제나 쌍둥이로 태어나는데, 하
b 나는 지각된 것이고 다른 하나는 지각이며, 지각의 탄생은 언제나 지
각된 것의 탄생과 일치한다네. 지각을 위해 우리는 시각, 청각, 후각,
냉기, 열기 같은 이름을 가지며, 그 밖에도 즐거움, 고통, 욕구, 두려
움 등으로 불리는 것들이 있네. 이름을 가진 것도 아주 많지만, 이름
없는 것도 무수히 많네. 한편 이들 지각의 각각에는 동족 관계에 있
c 는 지각된 것의 부류가 있는데, 온갖 종류의 시각에는 온갖 종류의
색깔이, 마찬가지로 청각에는 소리가, 다른 지각에는 동족 관계에 있
는 다른 지각된 것이 있네. 테아이테토스, 자네는 앞서 논의된 것과
관련하여 이 이야기가 우리에게 무엇을 의미하는지 알겠는가?

테아이테토스 전혀 모르겠습니다, 소크라테스 선생님.

소크라테스 우리가 이 이야기를 마무리지을 수 있을지 살펴보게. 이
이야기의 요지는 이 모든 것이 우리가 말했듯이 변화하지만 그것들
의 변화에는 빠름과 느림이 있다는 것일세. 변화가 느린 것은 같은 장
소에서 가까이 있는 것과 관련하여 변화하며 그런 식으로 자식들을
d 낳는데, 그런 식으로 태어난 자식들은 이리저리 이동하고 그것들의
변화는 장소를 이동하는 데 있기 때문에 더 빠르다는 것일세.

이를테면 눈과 눈에 적합한 대상이 서로 다가가 흼과 흼과 동족 관계에 있는 지각을 낳는다고 생각해보게. 이런 것들은 눈과 눈에 적합한 대상 가운데 어느 하나가 다른 것을 만났더라면 생겨나지 않았을 걸세. 바로 그 순간 눈으로부터는 봄이, 눈과 짝을 지어 색깔을 낳는 대상으로부터는 흼이 둘 사이의 공간으로 이동하네. 그리하여 눈은 봄으로 가득차 그제야 보게 되고 그저 봄이 아니라 보는 눈이 되며, 눈과 짝을 지어 색깔을 낳는 대상은 흼으로 가득차되 역시 흼이 아니라 흰 것이 된다네. 그것이 나무 막대기든 돌이든 그 밖에 흰색을 띠는 다른 것이든. e

우리는 단단한 것이나 뜨거운 것이나 그 밖의 모든 지각의 대상도 마찬가지라고 생각해야 하네. 조금 전에 말했듯이 그 자체로 존재하는 것은 아무것도 없으며, 모든 것은 서로 교합함으로써 변화의 결 157a
과물로서 온갖 것이 된다고 생각해야 한다는 말일세. 그들에 따르면, 능동적 요소와 수동적 요소조차도 따로 취해서 그것들이 존재한다고 단정하는 것은 불가능하기 때문일세. 능동적 요소는 수동적 요소 없이는 아무것도 아니고, 수동적 요소는 능동적 요소 없이는 아무것도 아니기 때문일세. 그리고 어떤 관계에서는 능동적인 것이 다른 관계에서는 수동적인 것으로 드러나니까.

이 모든 것의 결론은 우리가 처음에 말했듯이 그 자체로 하나〔一

39 mysterion. 일종의 밀교 의식을 말한다. 그중에서도 곡물과 농업의 여신 데메테르(Demeter)와 그녀의 딸 페르세포네(Persephone)를 기리기 위해 지금의 9~10월에 아테나이 근처 엘레우시스(Eleusis)에서 열리던 비의가 특히 유명했다.

者〕인 것은 아무것도 없고 사물은 언제나 어떤 관계 속에서 생성되며,
b ‘존재한다’는 표현은 어디에서나 배제해야 한다는 것일세. 비록 우리가 방금도 습관과 무지 탓에 그런 표현을 여러 번 쓸 수밖에 없었지만 말일세. 그러나 이 현자들에 따르면 우리는 그래서는 안 되며, ‘어떤 것’ ‘누군가의’ ‘나의’ ‘이것’ ‘저것’이나 사물을 정지하게 만드는 그 밖의 다른 이름을 사용해서도 안 되네. 대신 우리는 사물의 본성에 맞는 표현을 사용해서 사물을 생성되고 산출되고 파괴되고 달라지는 것으로 표현해야 하네. 그들에 따르면, 사물을 말로 정지시키는 사람이 있다면 그는 쉽게 반박당할 테니까. 그래서 우리는 개별적인 경우에도,
c 사람이나 돌이나 어떤 동물이나 유(類) 전체의 이름이 쓰이는 집합적인 경우에도 그렇게 말해야 한다는 것일세. 테아이테토스, 자네는 이런 생각이 마음에 들며, 진수성찬이 될 것이라고 생각하는가?

테아이테토스 잘 모르겠습니다, 소크라테스 선생님. 사실 저는 선생님께서 자신의 생각을 말씀하시는 것인지, 아니면 저를 시험하고 계시는지조차 알 수 없거든요.

소크라테스 여보게, 자네는 벌써 잊은 것 같은데, 나는 아무 지식도 없으며 그런 생각을 내 것이라고 주장할 수가 없네. 그런 생각과 관련하여 나는 불임일세. 그러나 나는 자네의 산파 노릇을 하고 있으며,
d 그래서 주문을 외며 현자 무리가 저마다 내놓는 별미를 자네에게 맛보라고 권하는 것일세. 나의 이런 행동은 내가 자네를 도와 자네 자신의 생각을 세상에 드러내게 할 때까지 계속될 걸세. 그러나 일단 자네 생각이 드러나고 나면 나는 그것이 무정란으로 밝혀질지 아니면 생존 가능한 것으로 밝혀질지 세심하게 살펴볼 걸세. 그러니 자네

는 낙담하지 말고 굳건히 버티면서, 묻는 말에 자네 신념에 따라 용감하게 대답해주게.

테아이테토스 질문하십시오.

소크라테스 그러면 한 번 더 말해주게. 훌륭한 것과 아름다운 것과 우리가 방금 열거한 모든 것은 존재할 수는 없고 언제나 생성된다는 이론이 자네 마음에 드는지 말일세.

테아이테토스 아닌 게 아니라 선생님 설명을 듣고 보니 그것은 매우 합리적인 이론 같고, 선생님께서 제시하신 대로 받아들여야 할 것 같습니다.

소크라테스 좋네. 그러나 우리 이론은 아직은 완전하지 못하네. 꿈과 e
광기를 포함한 질병과 그 밖의 다른 방법으로 잘못 듣거나 잘못 보거
나 잘못 지각하는 것으로 일컬어지는 모든 경우의 문제를 우리가 아
직 논의하지 못했다는 말일세. 자네도 알다시피, 이 모든 경우에 우
리가 검토한 이론이 논박되었다는 데 누구나 동의한다네. 그런 경우
에는 분명 그릇된 지각이 포함되어 각자에게 나타나는 사물은 나타 158a
나는 그대로가 아니라 전적으로 그 반대이며, 나타나는 그대로인 것
은 아무것도 없다는 이유에서 말일세.

테아이테토스 참으로 맞는 말씀입니다, 소크라테스 선생님.

소크라테스 그렇다면 여보게, 감각적 지각이 지식이며, 누군가에게 나타나는 것은 그 사람에게는 나타나는 그대로라고 주장하는 사람에게 아직도 무슨 할 말이 남아 있을까?

테아이테토스 소크라테스 선생님, 저는 할 말이 없다는 말씀을 드리기가 망설여집니다. 방금 그렇게 말하다가 선생님에게 야단맞았으니

b 까요. 그러나 실제로 미친 사람들이 자신들은 왕이라고 생각하고, 꿈꾸는 자들이 잠자면서 자신들은 날개를 달고 날아다닌다고 있다고 생각할 때, 그들이 그릇된 판단을 하는 것이 아니라고 이의를 제기할 자신이 없습니다.

소크라테스 그렇다면 자네는 이런 현상, 특히 꿈과 생시에 관련된 다른 문제가 있다는 것도 보이지 않는가?

테아이테토스 그게 어떤 문제죠?

소크라테스 자네는 사람들이 이렇게 질문하는 것을 들어봤을 걸세. 지금 이 순간 우리는 잠자고 있고 우리의 모든 생각은 한낱 꿈인지, 아니면 우리는 깨어 있고 깨어 있는 상태에서 대화를 나누고 있는지
c 어떤 사람이 묻는다면, 우리의 주장을 뒷받침하기 위해 어떤 증거를 댈 수 있을까?

테아이테토스 소크라테스 선생님, 아닌 게 아니라 어떤 증거를 댈 수 있을지 모르겠습니다. 이 두 상태는 대칭을 이루듯이 모든 점에서 정확하게 일치하니 말입니다. 우리가 방금 나눈 대화를 꿈속에서도 나눈다고 생각하지 못할 이유가 전혀 없으니까요. 그리고 우리가 꿈 이야기를 하는 꿈을 꿀 경우 이 두 상황은 놀랍도록 비슷합니다.

소크라테스 그러니 자네도 보다시피 우리가 깨어 있는지 아니면 자고
d 있는지에 대해서도 문제를 제기할 수 있는 만큼, 문제를 제기하는 것은 결코 어려운 일이 아닐세. 또한 우리가 잠자는 시간과 깨어 있는 시간은 길이가 같으며, 각각의 상태에서 우리 혼은 그때그때의 인상이 참이라고 믿는다네. 그 결과 우리는 이것들이 실재하는 것이라고 주장하며 한쪽의 같은 기간을 보내고, 저것들이 실재하는 것이라고

주장하며 다른 한쪽의 같은 기간을 보낸다네.

테아이테토스 전적으로 동의합니다.

소크라테스 질병과 광기에도 같은 논리가 적용되겠지? 시간의 길이가 같지 않다는 점만 빼고 말일세.

테아이테토스 옳은 말씀입니다.

소크라테스 어떤가? 시간의 길고 짧음에 따라 참이 결정되는가?

테아이테토스 그건 여러모로 우습겠지요. e

소크라테스 그렇다면 자네는 그런 판단들이 참인지 거짓인지 명확히 밝혀줄 방법이 있는가?

테아이테토스 제 생각에는 없는 것 같습니다.

소크라테스 그렇다면 어떤 사람이 그때그때 판단하는 것이 그에게는 참이라고 주장하는 사람들이 이 문제와 관련하여 어떤 말을 할 것 같은지 내 말을 들어보게. 그들은 아마 이렇게 물을 걸세. "테아이테토스, 어떤 것이 다른 것과 전적으로 다르다면 다른 것과 같은 힘을 갖는다는 것은 불가능하지 않을까? 알아두게. 여기서 '다르다'는 말은 부분적으로 다른 것이 아니라 전적으로 다른 것을 의미하네."

테아이테토스 그 둘이 전적으로 다르다면 어떤 힘이나 그 밖의 어떤 159a
것을 공유한다는 것은 불가능합니다.

소크라테스 그렇다면 우리는 그 둘이 비슷하지 않다는 것도 인정해야 하지 않을까?

테아이테토스 그래야 한다고 생각합니다.

소크라테스 그러면 어떤 것이 자기 자신이나 그 밖의 다른 것과 비슷해지거나 비슷해지지 않을 경우, 우리는 비슷해지는 것은 같은 것이 되고 비슷해지지 않는 것은 다른 것이 된다고 말하겠지?

테아이테토스 당연하지요.

소크라테스 그런데 우리는 앞서[40] 능동적인 것도 무수히 많고 수동적인 것도 무수히 많다고 말하지 않았던가?

테아이테토스 네, 그렇게 말했습니다.

소크라테스 또한 우리는 어떤 것이 둘 중 이것과도 교합하고 다른 것과도 교합하면, 거기에서 태어나는 자식은 같지 않고 다르다고 말하지 않았던가?

b **테아이테토스** 물론 그렇게 말했지요.

소크라테스 이번에는 나와 자네와 그 밖의 다른 것에게도 이 논리를 적용해보세. 소크라테스는 건강하다고 가정해보고, 소크라테스는 아프다고도 가정해보세. 우리는 한쪽은 다른 한쪽과 비슷하다고 말할 텐가, 아니면 비슷하지 않다고 말할 텐가?

테아이테토스 선생님께서는 아픈 소크라테스 전체를 건강한 소크라테스 전체와 비교하시겠다는 건가요?

소크라테스 자네는 제대로 이해했네. 그게 내 말뜻일세.

테아이테토스 둘은 분명 비슷하지 않습니다.

소크라테스 비슷하지 않으니 다르기도 하겠지?

테아이테토스 당연하지요.

c **소크라테스** 잠자는 소크라테스와 방금 언급한 상태들에 관해서도 우리는 같은 말을 할 텐가?

테아이테토스 네.

소크라테스 그러면 본성이 능동적인 것은 저마다 건강한 소크라테스를 발견하느냐, 아픈 소크라테스를 발견하느냐에 따라 나를 다른 사람으로 대하겠지?

테아이테토스 물론입니다.

소크라테스 또한 수동적인 나와 능동적인 그것이 결합하여 경우에 따라 다른 자식들을 낳겠지?

테아이테토스 왜 아니겠습니까?

소크라테스 내가 건강할 때 마시면, 포도주는 내게 달콤하고 즐거운 것으로 느껴지겠지?

테아이테토스 네.

소크라테스 그것은 앞서 우리가 동의한 바에 따르면[41] 능동적 요소와 d
수동적 요소는 둘이서 동시에 운동하는 달콤함과 지각을 낳는데, 수동적 요소 쪽에서는 지각이 혀를 지각하는 것으로 만들어주고 포도주 쪽에서는 그 주위를 맴도는 달콤함이 포도주를 건강한 혀에는 달콤한 것으로 만들뿐더러 달콤하게 느껴지게도 만들기 때문일세.

테아이테토스 앞서 우리는 그렇다는 데 분명 동의한 바 있습니다.

소크라테스 그러나 포도주가 아픈 소크라테스를 발견한다면, 먼저 알아두어야 할 것은 그것이 만난 것은 사실은 같은 사람이 아니라는 걸세. 그렇지 않은가? 포도주가 만난 것은 비슷하지 않은 사람이니까.

테아이테토스 네.

40 156a.

41 156e 이하.

e **소크라테스** 그리하여 이런 상태의 소크라테스와 포도주 마시기라는
한 쌍은 다른 자식들을 낳는다네. 혀 주위를 맴도는 씀의 지각과 생
겨나서 포도주 주위를 맴도는 씀 말일세. 그러면 포도주는 씀이 아니
라 쓴 것이 되고, 나는 지각이 아니라 지각하는 것이 되겠지?

테아이테토스 그러고말고요.

소크라테스 그리고 나는 다른 것은 그렇게 지각할 수 없을 걸세. 다른 것
의 지각은 다른 지각이고, 지각하는 자를 달리 지각하는 자로 만드니까.
160a 또한 나에게 작용하는 것도 다른 사람을 만나 같은 자식을 낳거나 지금
과 같은 것이 될 수 없을 걸세. 그것은 다른 것으로부터 다른 것을 낳고,
스스로 다른 종류의 것이 될 테니까.

테아이테토스 그렇습니다.

소크라테스 또한 나도 지금의 나와 같아지지 않을 것이고, 그것도 지금의 그것과 같아지지 않을 걸세.

테아이테토스 같아지지 않고말고요.

소크라테스 또한 내가 지각하는 자가 될 때는 분명 어떤 것을 지각하
는 자가 될 걸세. 지각하되 아무것도 지각하지 않는다는 것은 불가능
b 하니까. 마찬가지로 지각되는 것이 달거나 쓰거나 하면 틀림없이 누
군가에게 그럴 걸세. 달되 아무에게도 달지 않다는 것은 불가능하
니까.

테아이테토스 전적으로 동의합니다.

소크라테스 그러면 남는 유일한 결론은 아마도, 자네가 나와 지각되는 것이 존재한다고 말하든 생성된다고 말하든 그것은 상호관계에서 그런다는 것일세. 나와 지각되는 것의 존재는 필연적으로 어떤 것에

게 묶여 있지만, 다른 것에게도 우리 자신에게도 묶여 있지 않아서
서로에게 묶여 있을 수밖에 없으니까. 따라서 어떤 사람이 어떤 것이
'존재한다'고 말할 때는 '무엇인가에게' 또는 '무엇인가로부터' 또는
'무엇인가와 관련하여'라는 말을 덧붙여야 하며, 이 점은 어떤 것이
'생성된다'고 말할 때도 마찬가지일세. 그러나 그는 어떤 것이 그 자체
로 존재한다거나 생성된다고 말해서도 안 되고, 남이 그렇게 말하는 c
것을 받아들여서도 안 되네. 이것이 우리가 설명한 이론의 요지일세.

테아이테토스 전적으로 동의합니다, 소크라테스 선생님.

소크라테스 그러면 나에게 작용하는 것은 나를 위한 것이고 다른 사
람을 위한 것이 아니니, 나는 지각하지만 다른 사람은 지각하지 못하
겠지?

테아이테토스 물론입니다.

소크라테스 그렇다면 나에게는 나의 지각이 참일세. 나의 지각은 언
제나 내 존재의 일부이니까. 나는 또한 프로타고라스의 말처럼 나를
위해 존재하는 것들이 존재하는지, 나를 위해 존재하지 않는 것들이
존재하지 않는 것인지 결정하는 판관일세.

테아이테토스 그런 것 같습니다.

소크라테스 따라서 만약 내가 오류를 범하지 않으며 존재하는 것들 d
이나 생성되는 것들과 관련하여 내 사고가 틀리지 않다면, 내가 지각
하는 것을 모를 수 있을까?

테아이테토스 그럴 수 없습니다.

소크라테스 따라서 지식은 바로 지각이라는 자네 말은 지당하네. 그
리고 만물은 흐름처럼 움직인다는 호메로스와 헤라클레이토스와 그

들의 모든 추종자의 학설과, 인간이 만물의 척도라는 가장 지혜로운
e 프로타고라스의 학설과, 그렇다면 지각이 지식이라는 테아이테토스
의 견해는 일치하네. 그러면 테아이테토스, 우리는 바로 이것이 내
산파술에 힘입어 갓 태어난 자네 자식이라고 말할까? 아니면 자네는
무엇이라고 말할 텐가?

테아이테토스 우리는 그렇다고 말해야겠지요, 소크라테스 선생님.

소크라테스 그러면 우리는 오랜 산고 끝에 이런 아이를 낳은 셈이네.
그것이 정확히 어떤 것으로 밝혀지든 간에 말이야. 일단 아이가 태어
났으니 우리는 관습에 따라 아이를 안고 화롯가를 돌며 이 아이가
161a 양육할 가치가 있는지,[42] 아니면 무정란이고 가짜인지 살펴봐야 하
네. 아니면 자네는 무슨 일이 있어도 이 아이를 내다 버리지 말고 양
육해야 한다고 생각하는가? 자네는 이 아이가 논박당하는 것을 보
고도 참을 수 있으며, 자네의 첫아이가 자네에게서 끌려가도 화내지
않을 자신이 있는가?

테오도로스 테아이테토스는 참을 걸요, 소크라테스님. 그는 전혀 성
마르지 않으니까요. 하지만 그런 견해가 어떤 점에서 잘못된 것인지
설명해주시죠.

소크라테스 테오도로스님, 그대는 참으로 논의를 좋아하시는군요. 또
한 그대는 순진하게도 소크라테스는 논의가 가득 든 보따리인지라 그
중 하나를 손쉽게 끄집어내어 다른 견해는 잘못된 것이라고 말할 수 있
b 으리라고 생각하시는군요. 하지만 그대는 어떤 일이 벌어지는지 파악하
지 못하고 있어요. 논의 중에 나한테서 나오는 것은 아무것도 없고, 논
의는 언제나 나와 논의하는 사람에게서 나온다는 것 말입니다. 나는

그저 지혜로운 사람한테서 논의를 이끌어내 적절히 받아들일 수 있을 만큼만 알 뿐이라오. 지금도 나는 테아이테토스한테서 논의를 이끌어내려고 시도하고, 나 자신이 무엇인가를 말하려고 시도하지는 않으렵니다.

테오도로스 그게 낫겠어요, 소크라테스님. 말씀하신 대로 하시지요.

소크라테스 그러면 테오도로스님, 그대는 어떤 점에서 그대의 친구인 프로타고라스가 나를 어리둥절하게 하는지 아시겠나요?

테오도로스 어떤 점에서죠? c

소크라테스 나는 각자에게 나타나는 것이 각자에게 존재한다는 그의 이론에 매혹되었지만, 그의 논의의 첫머리는 나를 어리둥절하게 해요. 『진리』[43]라는 책을 쓸 때 그는 왜 돼지 또는 개코원숭이 또는 지각을 가진 다른 낯선 괴물이 '만물의 척도이다'라는 말로 시작하지 않았을까요? 그랬더라면 그는 우리를 깔보듯 거창하게 첫머리를 장식하며, 그가 신인 양 우리가 그의 지혜에 경탄해도 그는 사실 지적 능력에서 다른 누구는 고사하고 올챙이보다 더 나을 게 없다는 것을 대번에 보여줄 수 있었겠지요. d

42 아테나이에서는 아이가 태어난 지 닷새쯤 되는 날에 산파가 아이를 안고 집안의 화롯가를 돌며 자세히 살펴보고는(ta amphidromia) 아이에게 문제가 없다고 판단되면 이름을 지어주고 가족으로 받아들였다. 그러나 아이에게 문제가 있다고 판단되면 내다버렸는데, 전사(戰士) 국가인 스파르테(Sparte)에서는 그 기준이 특히 엄격했다고 한다.

43 *Aletheia*. 지금 남아 있지 않은 이 저술에서 프로타고라스는 진리의 객관성과 절대성에 회의를 표명했다고 한다.

테오도로스님, 우리가 달리 무슨 말을 할 수 있겠어요? 각자가 지
각에 의해 판단하는 것이 자신에게는 참이라면, 어느 누구도 남의 경
험을 더 잘 판단할 수 없다면, 그리하여 어느 누구도 남의 판단이 옳은
지 그른지 검토할 자격이 없다면, 그래서 누차 말했듯이 각자가 자신
에게는 유일한 판관이고 자신이 판단하는 것은 모두 옳고 참이라면,
테오도로스님, 어째서 프로타고라스는 자신은 지혜로워서 남을 가르
e 치고 고액의 보수를 받을 자격이 있다고 생각하고, 어째서 우리는 더
무지하여 그에게 가서 배워야 할까요? 우리 각자가 자신의 지혜의 척
도라면 말입니다. 우리는 프로타고라스가 대중의 환심을 사려고 이런
말을 했다고 생각해야 하지 않을까요? 그럴 경우 내 산파술이 얼마나
우스꽝스러워 보일지는 말하지 않겠어요. 나는 모든 철학적 논의도
사정은 마찬가지일 것이라고 생각합니다. 각자의 나타남과 판단이 옳
162a 은데 서로의 나타남과 판단을 검토하고 반박하려 하는 것은 틀림없이
지루하고 싫증나는 허튼소리가 될 거예요. 만약 프로타고라스의 『진
리』가 참이고, 그가 책이라는 성소(聖所)로부터 마음에 없는 말을 농
담 삼아 신탁처럼 말하는 게 아니라면 말입니다.

테오도로스 소크라테스님, 그대가 방금 말했듯이 프로타고라스는 나
와 친한 사이랍니다. 그래서 내가 그대에게 동의함으로써 그분이 논
박당하기를 바라지 않아요. 또한 나는 내 판단에 반해 그대를 반박
하는 것도 바라지 않고요. 그러니 다시 테아이테토스를 상대하시지
요. 아무튼 그는 지금 그대의 말뜻을 아주 잘 따라가는 것처럼 보이
니까요.

b **소크라테스** 테오도로스님, 만약 그대가 라케다이몬[44]에 있는 레슬링

장을 방문한다면, 옷을 벗고 연습하는 남들(그중 일부는 체격이 볼품없어요)은 구경하면서도 그대 자신은 옷을 벗고 몸매를 보여주지 않는 것이 옳다고 생각하시는지요?

테오도로스 왜 옳지 않지요? 만약 내가 그럴 수 있도록 그들을 설득할 수 있다면 말입니다. 마찬가지로 나는 지금이라도 그대를 설득할 것으로 기대한답니다. 이제 늙어서 뻣뻣해진 나를 경기장으로 끌어들이지 말고 구경만 하게 해주고, 더 젊고 더 유연한 상대와 겨루라고 말이에요.

소크라테스 테오도로스님, 속담처럼 "그러는 것이 그대에게 좋다면 내게도 싫지 않아요." 그렇다면 나는 지혜로운 테아이테토스에게 되 c
돌아가야겠군요. 테아이테토스, 먼저 자네는 우리가 방금 논의한 것에 관해 말해주게. 자네가 지적으로 인간이든 신이든 어느 누구 못지않다는 것이 갑자기 밝혀진다면 놀라지 않겠는가? 아니면 자네는 프로타고라스의 척도 이론이 인간보다는 신들에게 덜 적용되리라고 생각하는가?

테아이테토스 제우스에 맹세코, 그렇게 생각하지 않습니다. 그리고 저는 선생님께서 그런 질문을 하셔서 깜짝 놀랐습니다. 각자에게 나타나는 것이 각자에게는 실제로 존재하는 것이라는 이론의 의미를 우리가 논의했을 때는 그것이 훌륭한 이론이라고 여겨졌지만, 지금은 d

44 Lakedaimon. 스파르테와 그 주변 지역을 말하며 대개는 스파르테와 동의어로 쓰인다.

정반대로 바뀌었으니까요.

소크라테스 여보게 젊은이, 그건 자네가 젊기 때문일세. 그래서 자네
는 대중에 영합하는 말을 들으면 쉬 휘둘리는 거라네. 프로타고라스
나 그의 대변인들은 내 말에 이렇게 대답할 걸세. "고상한 소년들과
노인들이여, 여러분은 모여 앉아 탁상공론을 하고 있소. 나는 신들
e 이 존재하느냐 존재하지 않느냐 하는 문제를 말로도 글로도 다룬 적
이 없는데도, 여러분은 신들을 끌어들이면서 말이오. 또한 여러분은
어떤 인간도 지적으로 어떤 가축보다 나을 바 없다는 것은 끔찍한 일
이라는 둥 대중에 영합하는 말만 하고 있소. 그러나 여러분 말에는
어떤 필연성과 증거도 없으며, 여러분은 개연성에 의지하고 있소. 만
약 테오도로스나 다른 기하학자가 개연성에 의지해서 기하학을 한다
면 아무런 가치도 없을 것이오. 그러니 그대와 테오도로스는 이런 중
대한 문제에서 설득력 있고 개연성 있는 논의만 받아들일 것인지 검
163a 토하는 게 좋을 거요."

테아이테토스 소크라테스 선생님, 선생님도 우리도 그러는 것은 옳지 않다고 말할 것입니다.

소크라테스 그렇다면 자네 말도 테오도로스님의 말도 우리는 다른 방법으로 검토해야 한다는 뜻이겠구먼.

테아이테토스 네, 전혀 다른 방법으로 검토해야 합니다.

소크라테스 그러면 이 문제는 이렇게 검토할 수 있을 걸세. 지식과 지각이 같은 것이냐 아니면 다른 것이냐 하는 문제 말일세. 우리 논의 전체가 이 문제를 겨냥했고, 이 문제를 위해서 이 수많은 이상한 이론을 들춰낸 것이니까. 그렇지 않은가?

테아이테토스 전적으로 동의합니다.

소크라테스 우리는 봄으로써 또는 들음으로써 지각하는 것은 무엇이 든 지각하는 동시에 안다고 말할 텐가? 이를테면 우리는 이민족들[45]의 말을 배우기 전에는 그들이 말해도 우리는 듣지 못한다고 말할 텐가, 아니면 우리는 그들이 말하는 것을 듣기도 하고 알기도 한다고 말할 텐가? 또한 만약 우리가 문자를 모른다면 우리는 문자를 봐도 보지 못한다고 주장할 텐가, 아니면 우리가 문자를 본다면 안다고 주장할 텐가? b

테아이테토스 소크라테스 선생님, 우리는 그중에서 보거나 듣는 것만큼 안다고 말할 것입니다. 말하자면 문자의 경우 우리는 형태와 색깔은 보기도 하고 알기도 하며, 말의 경우 음의 높낮이를 듣는 동시에 알기도 합니다. 그러나 우리는 글쓰기 선생이나 통역관이 그것들에 관해 가르치는 것은 봄이나 들음으로써 지각하지도 못하고, 알지도 못합니다. c

소크라테스 아주 훌륭해, 테아이테토스. 나는 거기에 이의를 제기하지 않겠네. 자네의 성장을 방해하고 싶지 않으니까. 하지만 저기 다른 골칫거리가 다가오네. 자네는 우리가 그것을 어떻게 물리칠 수 있을지 살펴보게.

테아이테토스 그게 뭐죠?

소크라테스 말하겠네. 누가 우리에게 이렇게 묻는다고 가정해보게. d

45 barbaroi. 그리스인이 아닌 사람들.

"누가 어떤 것을 알고 나서 그것에 대한 기억을 간직하고 있는데, 그가 기억하고 있을 때 그가 기억하는 바로 그것을 알지 못한다는 것이 가능할까요?" 너무 장황하게 물었나 보군. 내가 묻고 싶은 것은, 어떤 것을 알게 된 사람이 그것을 기억하는데도 그것을 알지 못할 수 있느냐는 것일세.

테아이테토스 그게 어떻게 가능하겠습니까, 소크라테스 선생님? 그건 괴상한 가정입니다.

소크라테스 그렇다면 내가 허튼소리를 하는 건가? 그러나 생각해보게. 자네는 보는 것은 지각하는 것이고, 봄은 지각이라고 말하지 않는가?

테아이테토스 네, 저는 그렇게 말합니다.

e **소크라테스** 그러면 뭔가를 본 사람은 자기가 본 것에 대해 지식을 습득하게 됐겠지? 우리가 방금 말한 바에 따르면 말일세.

테아이테토스 네.

소크라테스 어떤가? 자네는 기억 같은 것이 있다고 말하지 않는가?

테아이테토스 네, 있다고 말합니다.

소크라테스 그건 아무것도 아닌 것에 대한 기억인가, 아니면 어떤 것에 대한 기억인가?

테아이테토스 분명 어떤 것에 대한 기억입니다.

소크라테스 배웠거나 지각했던 그런 종류의 것들에 대한 기억이겠지?

테아이테토스 물론입니다.

소크라테스 전에 본 것이 가끔 기억나는 것이겠지?

테아이테토스 그렇습니다.

소크라테스 눈을 감아도 기억나는가? 아니면 눈을 감으면 잊어버리는가?

테아이테토스 그렇게 말한다면 언어도단입니다, 소크라테스 선생님.

소크라테스 그러나 우리가 앞서 말한 것을 지키려면 그렇게 말해야 하 164a
네. 그러지 않으면 그것은 이제 끝장일세.

테아이테토스 아닌 게 아니라 저도 어렴풋이 그런 생각이 들지만, 왜 그런지는 잘 모르겠습니다. 왜 그런지 선생님께서 말씀해주십시오.

소크라테스 설명해보겠네. 우리가 무엇인가를 보는 사람은 자기가 보는 것을 안다고 주장하는 것은 봄 또는 지각이 지식과 같은 것이라는 데 의견이 일치했기 때문일세.

테아이테토스 물론입니다.

소크라테스 그렇다면 무엇인가를 보고 자기가 본 것에 대해 지식을 습득한 사람이 눈을 감는다고 가정해보게. 그러면 그는 그것을 기억은 하지만 보고 있지는 않네. 그렇지 않은가?

테아이테토스 네, 그렇습니다.

소크라테스 그러나 만약 '그는 본다'가 '그는 안다'와 같은 뜻이라면, b
'그는 보지 못한다'는 '그는 알지 못한다'와 같은 뜻일세.

테아이테토스 맞습니다.

소크라테스 그렇다면 어떤 것을 알게 되어 아직도 그것을 기억하는 사람이 그것을 보지 못하기 때문에 그것을 알지 못한다는 결론이 나는데, 그거야말로 우리가 말했듯이 '괴상한'[46] 결론이 될 걸세.

테아이테토스 참으로 맞는 말씀입니다.

소크라테스 따라서 만약 누가 지식과 지각은 같은 것이라고 말한다면 아마도 불가능한 어떤 결론에 도달할 걸세.

테아이테토스 그럴 것 같습니다.

소크라테스 그렇다면 우리는 그 둘은 별개라고 말해야 하네.

테아이테토스 아마도 그래야겠지요.

c **소크라테스** 그러면 지식이란 무엇일 수 있을까? 우리는 처음부터 다시 출발해야 할 것 같네. 한데 테아이테토스, 우리는 도대체 무슨 짓을 하려는 것인가?

테아이테토스 무슨 말씀이신지요?

소크라테스 우리는 질 나쁜 싸움닭처럼 승리를 거두기도 전에 논의의 장(場)에서 뛰쳐나가 이겼다고 울어대는 것 같다는 말일세.

테아이테토스 어째서 그렇습니까?

소크라테스 우리는 직업적 논박꾼처럼 행동하는 것 같네. 어휘를 일관성 있게 사용하기로 합의했을 뿐인데, 그럼으로써 우리가 벌써 더 나은 이론을 제시한 것처럼 우쭐댄다는 말일세. 말하자면 우리 목표
d 는 지혜이지 다투는 것이 아니라고 주장하면서 우리는 저도 모르게 저 재간 있는 사람들[47]처럼 행동하고 있다네.

테아이테토스 선생님께서 무슨 말씀을 하시는지 아직도 이해하지 못하겠습니다.

소크라테스 그러면 내 생각을 설명해보겠네. 우리 질문은 무엇인가를 배워서 기억하는 사람이 그것을 알지 못할 수 있느냐는 것이었네. 우리는 먼저 무엇인가를 보고 나서 눈을 감은 사람은 보지 않아도 기억한다는 것을 보여주고, 이어서 그는 그것을 기억하면서도 알지 못한

다는 결론을 내렸네. 하지만 우리는 그것은 불가능하다고 말했네. 그리하여 프로타고라스의 이야기는 무효가 되었고, 그 점에서는 지식과 지각이 같은 것이라는 자네 이야기도 마찬가지일세.

테아이테토스 그런 것 같습니다. e

소크라테스 여보게, 첫 번째 이야기의 아버지가 살아 있다면 아마 그런 일이 일어나지 않았을 걸세. 그는 그것을 옹호하기 위해 많은 수단을 강구했을 테니까. 지금 우리는 아버지를 여의고 고아가 된 그것을 진창에 내던지고 있네. 프로타고라스가 남겨둔 후견인들 — 여기 계신 테오도로스님도 그중 한 명일세 — 조차도 그것을 도우려 하지 않기 때문이지. 그러니 자네와 내가 정의의 이름으로 그 아이를 도와줘야 할 것 같네.

테오도로스 그러시지요, 소크라테스님. 프로타고라스님의 자식들의 후견인은 내가 아니라 힙포니코스의 아들 칼리아스[48]이니까요. 나는 165a
어쩌다가 일찌감치 추상적인 사변에서 기하학으로 방향을 바꾸었답니다. 그렇지만 나는 그대가 그 아이를 도와주신다면 고마워하겠습니다.

소크라테스 좋은 말씀이오, 테오도로스님. 그러면 내가 어떻게 돕는지 눈여겨 살피시지요. 우리가 긍정하거나 부정할 때 통상적으로 사용하는 표현에 주의를 기울이지 않는 사람은 방금 우리가 빠졌던 것

46 163d 참조.

47 소피스트들.

48 힙포니코스(Hipponikos)의 아들 칼리아스(Kallias)는 아테나이의 부호로 소피스트들을 후원했다. 프로타고라스도 아테나이를 방문했을 때 그의 집에서 기거했다.

보다 더 고약한 자기모순에 빠질 수도 있으니까요. 왜 그런지 그대에게 말할까요, 아니면 테아이테토스에게 말할까요?

테오도로스 말씀은 우리 둘 모두에게 하시고, 대답은 더 젊은 사람이

b 하게 하시지요. 더 젊은 사람은 실수하더라도 덜 창피할 테니까요.

소크라테스 좋아요. 이제 나는 가장 어려운 질문을 하겠습니다. 그것은 이런 거라 생각해요. "같은 사람이 무엇인가를 알기도 하고 자기가 아는 것을 알지 못할 수도 있는가?"

테오도로스 테아이테토스, 우리는 뭐라고 대답할까?

테아이테토스 저는 그것은 불가능하다고 생각합니다.

소크라테스 불가능하지 않지. 자네가 보는 것이 아는 것이라고 주장한다면 말일세. 어떤 사람이 끝까지 물고 늘어지며 자네를 이를테면 함정에 빠뜨려놓고는 손으로 자네의 한쪽 눈을 가리면서 자네가 가

c 려진 눈으로 그의 외투를 볼 수 있느냐고 묻는다고 가정해보게. 자네는 피할 수 없는 이 질문에 어떻게 대답할 텐가?

테아이테토스 저는 한쪽 눈으로는 보지 못하지만 다른 쪽 눈으로는 볼 수 있다고 말할 겁니다.

소크라테스 그러면 자네는 같은 사물을 동시에 보기도 하고 못 보기도 하는 것이겠지?

테아이테토스 어떤 의미에서는 그렇습니다.

소크라테스 "내가 그대에게 묻는 것은" 하고 그는 말할 걸세. "그런 것이 아니오. 내가 알고 싶은 것은 그대가 같은 것을 알면서도 알지 못할 수 있는지 하는 것이오. 지금 그대는 보지 못하는 것을 보고 있음이 분명하오. 하지만 그대는 보는 것은 아는 것이고 보지 못하는

것은 알지 못하는 것이라는 데 동의했소. 이런 전제들에서 그대가 결론을 내리시오."

테아이테토스 결론은 제가 전제한 것들과 상반됩니다. d

소크라테스 그러나 그게 자네가 겪을 시련의 전부가 아닐 걸세. 여보게, 같은 종류의 질문들이 잇따를 테니까. 지식은 또렷할 수도 있고 모호할 수도 있는가? 가까이 있는 것은 알 수 있지만 멀리 있는 것은 알 수 없는가? 같은 것을 강하게도 알고 약하게도 알 수 있는가? 기타 등등의 질문 말일세. 보수를 받고 싸우는 토론에 능한 용병이 매복해 있다가 자네가 지식과 지각은 같은 것이라고 주장하자마자 자네에게 퍼부을 질문은 부지기수일세. 그는 청각, 후각 등의 지각에 관해 공격을 퍼부으면서, 자네가 그의 유명한 지혜에 현혹되어 꽁꽁 e 묶일 때까지 자네를 논박하기를 그치지 않을 걸세. 그러다가 자네가 일단 꼼짝없이 그의 포로가 되고 나면 그제야 쌍방이 합의한 몸값을 받고 자네를 풀어줄 걸세. 자네는 아마 프로타고라스가 이런 공세를 어떻게 막아낼지 알고 싶겠지? 우리가 그걸 말해볼까?

테아이테토스 그러도록 해요.

소크라테스 프로타고라스는 우리가 그를 옹호하기 위해 말한 이 모든 것을 말할 것이며, 아마도 우리와 근접전을 벌이며 경멸 조로 이렇게 166a 말할 걸세. "이 사람 훌륭한 소크라테스는 어린아이에게 같은 사람이 같은 것을 기억하면서도 알지 못할 수 있느냐는 질문으로 겁주고는 겁먹은 어린아이가 그것이 어떤 결과를 초래할지 내다볼 수 없어 '아니요'라고 대답하자 논의 속에서 나를 웃음거리로 만들었소. 그러나 안이한 소크라테스여, 사실은 다음과 같소. 그대가 질문하는 방

법으로 내 이론을 검토할 때, 만약 질문받은 사람이 내가 함 직한 대
b 답을 하다가 실수를 저지른다면 내가 논박당하는 것이지만, 만약 그가 전혀 다른 대답을 한다면 질문받은 사람이 논박당하는 것이라오.

예를 들어 설명하자면, 그대는 어떤 사람이 과거에 경험했지만 더는 경험하고 있지 않는 것에 대한 현재의 기억이 그때의 경험과 같은 성질의 것이라고 인정하리라 생각하시오? 그런 일은 절대 없을 거요. 아니면 그대는 같은 사람이 같은 것을 알 수도 있고 알지 못할 수도 있다는 것을 인정하기를 망설일 사람이 있을 거라 생각하시오? 아니면 이와 관련해서는 다소 망설인다 해도 그는 변한 사람은 변하기 전과 같은 사람이라는 것은 인정할까요? 그러나 여기서 문제가 되는
c 것은 여러 사람—그런 변화가 이어지는 한 무수히 많은 사람이 태어날 테니까—이 아니라 한 사람이라는 것을 어느 누구도 인정하지 않을 거요. 우리가 어휘 표현 때문에 서로에게 말꼬리를 잡히지 않도록 조심해야 하기에 하는 말이오."

프로타고라스는 이렇게 말을 이을 걸세. "여보시오, 좀 더 신사답게 행동하시오. 내가 실제로 말하는 것을 공박하고, 그대가 할 수 있다면 지각은 우리 각자에게 개인적 경험으로 생기는 것이 아니라는 점을 증명하거나, 지각이 개인적인 것이라 해도 각자에게 나타나는 것은 그것이 나타나는 사람에게만 생성되거나 존재한다는(우리가 '존재한다'는 표현을 사용해야 한다면) 결론이 나는 것은 아니라는 점을 증명해보시오.

그대는 돼지와 개코원숭이를 거론하면서 그대 자신도 돼지처럼 행동하고 그대의 청중도 내 저술들을 그렇게 대하도록 설득하고 있는

데, 그건 옳지 못하오. 단언컨대 진리는 내가 저술한 그대로요. 우리 d
각자가 존재하는 사물과 존재하지 않는 사물의 척도라는 말이오. 그
러나 한 사람에게는 어떤 것들이 나타나고 존재하고 다른 사람에게는
다른 것들이 나타나고 존재한다는 점에서 이 사람과 저 사람 사이에
는 엄청난 차이가 있소. 또한 지혜와 지혜로운 사람이 존재한다는 것
도 부인할 생각이 전혀 없소. 오히려 나는 우리 중 어떤 사람에게 나쁜
것들이 나타나거나 존재할 때 그것들을 변화시켜 그에게 좋은 것들이
나타나거나 존재하게 만드는 사람이야말로 지혜로운 사람이라고 주
장하오.

이번에도 내가 하는 말의 자구(字句)만 좇지 말고 내가 하려는 말 e
의 의미를 더 명확히 이해하도록 하시오. 앞서 우리가 말한 것을 상기
해보시오. 우리는 그때 아픈 사람에게는 그가 먹는 것이 쓴 것으로 나
타나거나 쓰겠지만, 건강한 사람에게는 쓴 것과 반대되는 것으로 나
타나거나 반대라고 했소. 우리는 이 두 사람 가운데 어느 쪽이 다른 쪽
보다 더 지혜롭다고 생각해서는 안 되오. 그렇게 생각할 수 없기 때문
이오. 다시 말해 우리는 아픈 사람이 그렇게 판단한다고 해서 무식한 167a
사람으로 분류해선 안 되고, 건강한 사람이 다르게 판단한다고 해서
지혜로운 사람으로 분류해도 안 되오. 우리가 추구하는 것은 한 상태
에서 다른 상태로 변하는 것이오. 다른 상태가 더 낫기 때문이오.

교육의 경우에도 우리가 추구하는 것은 둘 중 한 상태에서 더 나
은 상태로 변하는 것이오. 유일한 차이점은, 의사는 변화를 주기 위
해 약을 사용하고 소피스트는 말을 사용한다는 것이오. 그러나 거짓
된 판단을 하는 사람이 참된 판단을 하도록 만든 사람은 아무도 없소.

존재하지 않는 것들을 생각하거나 자기가 느끼는 것들과 다른 것들을
생각한다는 것은 불가능하기 때문이오. 자기가 느끼는 것들이 언제나
b 참이니까. 그렇지만 나는 혼의 타락한 상태 때문에 그런 상태와 동족
관계에 있는 것들을 생각하는 사람은 혼의 건전한 상태에 의해 건전
한 다른 생각을 하게 할 수 있다고 생각하오. 어떤 사람들은 무지한 탓
에 이런 다른 나타남을 진리라고 일컫지만, 나는 그것이 다른 나타남
보다는 더 낫지만 결코 더 참된 것은 아니라고 주장하오.

친애하는 소크라테스, 나는 또한 지혜로운 사람들을 개구리라고
부를 생각은 추호도 없소. 나는 그들을 몸이 관련될 때는 의사라고 부
르고, 식물이 관련될 때는 농부라고 부르오. 단언컨대 농부도 식물이
c 병들었을 때 건전하지 못한 지각들을 건전하고 건강하고 참된 지각들
로 대치할 수 있기 때문이오. 나는 또한 지혜롭고 훌륭한 정치가[49]들
도 자신들의 국가에서 정의가 무엇인가에 대한 불건전한 견해를 건전
한 견해로 바꾸어놓을 수 있다고 주장하오. 어떤 국가에서 올바르고
훌륭하다고 여겨지는 것이면 무엇이든 그런 믿음이 존속하는 한 그
국가에서는 올바르고 훌륭한 것이지만, 지혜로운 사람은 건전한 견해
가 존재하고 나타나게 만듦으로써 불건전한 견해를 건전한 견해로 바
꾸어놓을 수 있기 때문이오. 같은 논리에 따라 제자들을 이런 방법으
d 로 교육할 수 있는 소피스트 역시 지혜로우며 교육과정을 마친 제자
들에게서 고액의 보수를 받을 자격이 있는 것이라오.

그런 의미에서 어떤 사람들은 다른 사람들보다 더 지혜로우며,
어느 누구도 거짓된 생각을 하지 않소. 그러니 그대는 원하든 원치 않
든 그대가 하나의 척도라는 것을 받아들여야 하오. 내 이론은 그런 근

거들 위에 튼튼하게 서 있기 때문이오. 만약 그대가 내 이론을 처음부
터 반박할 수 있다면 그에 상반된 이론을 제시하면서 반박하고, 질문
하기를 선호한다면 질문하시오. 지성인이라면 그런 방법을 피할 이유
가 없고, 오히려 다른 방법들보다 선호해야 하니까요. 다만 한 가지 부
탁이 있다면 불공정하게 질문하지는 말아달라는 것이오. 미덕[50]을 돌 e
본다고 공언하는 사람이 토론에서 시종일관 불공정하다는 것은 심한
자기모순이니까요. 여기서 불공정함이란 논쟁적 토론과 문답식 토론
을 구별하지 않는 것이오. 논쟁적 토론을 하는 사람은 진지할 필요가
없으며 되도록 많은 책략과 계교를 부리지만, 문답식 토론을 하는 사
람은 진지하며 대담자 자신과 그의 이전 교제들에 책임이 있는 실수
만 지적하며 대담자를 일으켜 세워준다오. 그대가 그런다면 그대와 168a
토론하는 사람들은 자신이 혼란에 빠지고 난관에 놓인 책임을 자신에
게 돌리고 그대에게 돌리지 않을 것이오. 또한 그들은 그대를 쫓아다
니며 좋아할 것이고, 자신이 싫어져 자신을 피해서 철학으로 피신할
것이오. 다른 사람이 됨으로써 이전의 자신에게서 벗어나려고 말이
오. 그러나 대부분의 교사가 그러하듯, 그대가 그와 반대로 행동하면
그와 반대되는 결과를 낳을 것이며, 그대와 함께하는 사람들을 철학
자로 만드는 대신 그들이 더 늙었을 때 철학을 싫어하는 사람이 되게
만들 것이오. b

49 rhetor. 연설가.

50 arete.

그래서 나는 내가 앞서 말한 대로 하라고 그대에게 권하고 싶소.
그러면 그대는 악의와 적의를 버리고 우호적인 마음가짐으로 같이 앉
아서, 모든 것은 변화하며 개인과 국가에게 저마다 나타나는 것은 그
개인이나 국가에게는 존재한다는 우리 주장이 무엇을 뜻하는지 제대
로 검토하게 될 것이오. 그러면 그대는 지식과 지각이 같은 것인지 다
른 것인지 고찰하겠지만, 그대의 조금 전 접근 방식은 단지 어휘와 표
현의 습관적 사용에 근거하고 있소. 또한 그런 것들은 임의로 조작될
c 수 있기에 대부분의 사람은 그것들을 이용해 온갖 방법으로 상대방을
곤경에 빠뜨리지요."

테오도로스님, 이것이 그대의 친구를 돕기 위해 내가 기여한 것이며, 나로서는 미력하나마 최선을 다했습니다. 하지만 그가 살아 있었다면 더 거창하게 자기 자식을 도와주었겠지요.

테오도로스 농담하시는 거로군요, 소크라테스님. 그대는 젊은이처럼 용감하게 그분을 도와주셨어요.

소크라테스 고맙소, 테오도로스님. 말씀해주시지요. 그대는 방금 프
로타고라스가 우리더러 어린아이를 대화에 끌어들여 자신의 이론을
d 반박하는 데 어린아이의 두려움을 이용한다고 나무라면서, 우리의
방법은 얕은꾀에 불과하지만 자신의 '만물 척도론'은 중차대하니 자
신의 이론을 진지하게 대하라고 촉구하고 있음을 알아차리지 못했
나요?

테오도로스 왜 알아차리지 못했겠어요, 소크라테스님?

소크라테스 어때요, 우리는 그가 말한 대로 할까요?

테오도로스 당연히 그래야지요.

소크라테스 그대도 보시다시피 이 자리에 있는 사람들은 그대 말고는
모두 어린아이들이오. 그러니 그가 말한 대로 하려면 그대와 내가 그
의 이론을 진지하게 대하며 질문과 대답을 주고받아야 할 거요. 우리 e
가 그의 이론을 어린아이들을 위한 오락거리로 다룬다고 비난받지
않으려면 말이오.

테오도로스 어떻습니까? 이론을 추적하며 뒤쫓는 데는 수염이 긴 어
른 여럿보다 테아이테토스 한 명이 더 낫지 않을까요?

소크라테스 하지만 그대보다 더 낫지는 않아요, 테오도로스님. 나는
고인(故人)이 된 그대의 친구를 갖은 방법으로 도와야 하지만, 그대
는 아무것도 안 해도 된다고 생각하지 마세요. 그러니 자, 테오도로 169a
스님, 얼마쯤은 나와 함께 갑시다. 기하학적 도형에 관해서는 그대가
척도가 되어야 하는지, 아니면 천문학과 그대가 탁월하다고 정평이
난 다른 분야에서도 모든 사람이 그대와 마찬가지로 자족(自足)하는
지 우리가 알 때까지 말입니다.

테오도로스 소크라테스님, 그대 옆에 앉아 토론에 끌려들어가지 않는
건 쉬운 일이 아니군요. 나는 방금 그대가 나를 가만히 내버려두고
라케다이몬인들처럼 옷을 벗도록[51] 강요하지 않으리라고 말했는데
그건 착각이었군요. 이제 보니 그대는 스키론에 더 가까운 것 같습니
다. 아니, 그대의 행동은 안타이오스[52] 쪽을 더 닮았네요. 라케다이 b
몬인들은 사람들에게 떠나거나 옷을 벗으라고 말하지만, 그대는 가

51 고대 그리스인들은 경기할 때 옷을 벗었다.

까이 다가오는 사람이면 누구나 억지로 옷을 벗고 토론에서 그대와 레슬링할 때까지 놓아주지 않으니까요.

소크라테스 테오도로스님, 그대는 내 병(病)을 더없이 훌륭하게 비유해주셨어요. 그렇지만 나는 스키론이나 안타이오스보다 더 강인한 전사랍니다. 지난날 나는 토론에 강한 헤라클레스와 테세우스를 수
c 없이 만나 난타당했지만 그래도 포기하기 않았지요. 이런 종류의 단련을 향한 그만큼 강한 열정이 나를 사로잡았기 때문이에요. 그러니 그대는 거절하지 말고 나와 한판 승부를 벌이도록 합시다. 그게 우리 두 사람 모두를 위해 좋을 거예요.

테오도로스 더는 거절하지 않겠으니 그대 좋을 대로 인도하세요. 그대가 나를 위해 아무리 힘겨운 토론의 실을 잣더라도 나는 응해야겠지요. 하지만 나는 그대가 설정한 한계 이상으로 그대에게 호의를 보일 순 없습니다.

소크라테스 그 정도면 충분해요. 그러나 우리는 무심결에 어린아이
d 수준에서 토론을 진행하여 또다시 그런 비난을 받는 일이 없도록 각별히 조심해야 합니다.

테오도로스 힘닿는 데까지 노력해보지요.

소크라테스 그러면 먼저 아까 제기됐던 문제를 다루면서 지혜와 관련하여 각자를 자족적 존재로 만들었다는 이유에서 우리가 그 이론을 탐탁잖게 여기고 비판한 것이 옳은지 아니면 그른지 살펴보도록 합시다. 프로타고라스는 무엇이 더 낫고 무엇이 더 못한가 하는 문제와 관련하여 남보다 탁월한 사람이 있다는 것을 인정하며, 그런 사람을 지혜로운 사람이라고 말했지요. 그러지 않았나요?

테오도로스 네, 그랬지요.

소크라테스 만약 우리가 프로타고라스를 돕겠다고 그를 위해 대답하는 대신 그가 이 자리에 참석하여 몸소 대답했다면 우리가 이 문제를 다시 다루면서 확실하게 해둘 필요가 전혀 없겠지요. 그러나 우리가 그를 대신해 말할 자격이 없다고 나무랄 사람이 없지 않을 테니, 이 점에 대해 분명히 합의해두는 것이 바람직할 것입니다. 그가 인정한 것이 옳은가 그른가 하는 것은 중차대한 문제이니까요. e

테오도로스 맞는 말씀입니다.

소크라테스 그렇다면 제삼자를 통하지 않고 그 자신의 발언을 통해 최대한 간결하게 합의하기로 합시다. 170a

테오도로스 어떻게요?

소크라테스 이렇게요. "각자에게 그렇다고 여겨지는 것은 그렇다고 여기는 사람에게는 여기는 그대로 존재한다." 이것이 그의 주장 아닌가요?

테오도로스 그게 그분 말씀이지요.

소크라테스 프로타고라스님, 우리 역시 인간, 아니 모든 인간의 판단

52 스키론(Skiron)은 지나가는 나그네의 옷을 벗기고 자기 발을 씻게 하다가 절벽 아래로 차서 바닷물에 빠져 죽게 한 불한당이다. 그러나 그는 아테나이의 영웅 테세우스(Theseus)에게 같은 장소에서 같은 방법으로 살해당한다. 안타이오스(Antaios)는 거한(巨漢)인 기가스(Gigas)들 가운데 한 명으로, 레슬링을 하자고 강요하여 나그네들을 죽인 뒤 그 해골로 집을 지었다. 그가 어머니인 가이아(Gaia '대지')에 닿아 있는 동안에는 아무도 그를 이길 수 없었지만, 헤라클레스(Herakles)가 그를 땅에서 들어올려 공중에서 으스러뜨려 죽였다.

에 관해 말하고 있어요. 누구나 다 어떤 점에서는 자신이 남보다 더
지혜롭다고 여기되, 또 어떤 점에서는 남이 자신보다 더 지혜롭다고
여긴다고 우리가 말할 때 말입니다. 이를테면 싸움터에 나가거나 병
에 걸리거나 바다에서 폭풍을 만나 생명이 경각에 달렸을 때 사람들
은 그때그때 자신의 지도자들을 신들로 여기며 그들이 구원자가 되
b 어줄 것이라고 기대하지요. 그들이 자신보다 더 탁월한 점은 지식뿐
인데도 말입니다. 그리고 인간 세상은 한편으로는 자신이나 다른 동
물들이나 자신의 활동을 위해 교사와 지도자를 찾는 사람들로, 다
른 한편으로는 자신은 가르칠 능력이 있고 지배할 능력이 있다고 생
각하는 사람들로 가득차 있어요. 이 모든 경우 우리는 사람들이 세
상에는 지혜와 무지가 존재한다고 믿는다는 말 외에 무슨 말을 할 수
있을까요?

테오도로스 달리 할 말이 없겠지요.

소크라테스 그리고 그들은 지혜는 참된 생각이고 무지는 거짓된 판단
이라고 여기겠지요?

c **테오도로스** 물론이지요.

소크라테스 그렇다면 프로타고라스님, 우리는 그대의 이론을 어떻게
대해야 하나요? 우리는 사람들의 판단이 언제나 참이라고 말할까요,
아니면 어떤 때는 참이고 어떤 때는 거짓이라고 말할까요? 둘 중 어
느 쪽을 선택하든 그 결과는 사람들의 판단은 언제나 참이 아니라
참이기도 하고 거짓이기도 하다는 거예요. 말씀해보시지요, 테오도
로스님. 프로타고라스의 다른 제자든 그대 자신이든 남들은 무지해
서 거짓된 판단을 한다고 생각할 사람은 아무도 없다고 주장할 자신

이 있나요?

테오도로스 그건 있을 법하지 않은 일입니다, 소크라테스님.

소크라테스 하지만 인간이 만물의 척도라는 이론은 어쩔 수 없이 그런 궁지로 몰립니다. d

테오도로스 어째서 그렇지요?

소크라테스 그대가 어떤 것에 대해 혼자 판단하고 그대의 의견을 내게 말할 때, 프로타고라스의 이론에 따르면 그 의견은 그대에게는 참이에요. 그렇다고 칩시다. 그렇다고 해서 다른 사람들은 그대의 판단을 판단해서는 안 되나요? 아니면 우리는 언제나 그대 의견이 참이라고 판단할까요? 그때마다 무수히 많은 사람이 그대의 판단과 의견이 참이 아니라고 여기고 그대 의견에 상반된 의견을 제시할 수 있지 않을까요?

테오도로스 소크라테스님, 아닌 게 아니라 그런 사람들이 호메로스의 말처럼[53] '수없이 많이' 있는데, 그들은 내게 세상의 온갖 괴로움을 안겨주지요. e

소크라테스 어때요? 그럴 경우 우리는 그대의 의견이 그대에게는 참이지만 '수없이 많은' 사람에게는 거짓이라고 말해야 하지 않을까요?

테오도로스 적어도 이론상으로는 그래야 할 것 같습니다.

소크라테스 이 모든 것이 프로타고라스 자신에게는 어떤 결과를 가져다줄까요? 만약 인간이 척도라고 그 자신도 믿지 않고 대중도 실제로

53 『오뒷세이아』 16권 121행, 17권 422행, 19권 78행.

그러하듯 믿지 않는다면, 그가 쓴『진리』라는 저술은 필시 어느 누구
171a 에게도 진리가 아닐 겁니다. 그렇지 않을까요? 그러나 만약 그 자신은 그렇다고 믿어도 대중이 그에 동의하지 않는다면, 그대도 아시다시피 우선 그의 생각은 그렇다고 믿는 사람보다 그렇지 않다고 믿는 사람이 더 많은 그만큼 진리라기보다는 진리가 아닐 거예요.

테오도로스 참이냐 아니냐가 개개인의 의견에 달려 있다면 그야 당연한 일이지요.

소크라테스 그 밖에도 그것은 이런 아주 묘한 결론을 함축하고 있어요. 말하자면 프로타고라스는 모든 사람의 의견은 참이라고 말함으로써 자기 의견에 동조하지 않고 자기 의견을 거짓이라고 생각하는 사람들의 의견이 참이라는 것을 인정한다는 거예요.

테오도로스 물론입니다.

b **소크라테스** 그런데 만약 그가 자기 생각을 거짓이라고 믿는 사람들의 의견이 참이라는 것을 인정한다면, 자기 의견이 거짓이라는 것을 인정하지 않을까요?

테오도로스 당연히 인정하겠지요.

소크라테스 그러나 다른 사람들은 자기들 생각이 거짓이라는 것을 인정하지 않겠지요?

테오도로스 네, 인정하지 않아요.

소크라테스 프로타고라스의 저술에 따르면 그 역시 그들의 이런 의견도 참이라는 것을 인정하고 있어요.

테오도로스 그런 것 같네요.

소크라테스 그렇다면 프로타고라스 자신을 비롯하여 모든 사람이 그

의 이론에 이의를 제기할 겁니다. 아니, 프로타고라스 자신도 자기 이론이 거짓이라는 데 동의할 거예요. 그가 자신과 상반된 말을 하는 사람의 의견이 참이라고 일단 인정하고 나면, 개도 잡스런 무리도 그 c
가 알지 못하는 것의 척도가 아니라는 것을 스스로 인정하게 될 테니까요. 그렇지 않은가요?

테오도로스 그렇습니다.

소크라테스 그렇다면 프로타고라스의 『진리』는 모두가 이의를 제기하므로 그 자신을 포함해 어느 누구에게도 참이 아닐 겁니다.

테오도로스 우리가 내 친구를 너무 심하게 몰아붙이고 있어요, 소크라테스님.

소크라테스 그렇지만 테오도로스님, 우리가 참에서 벗어나 있는지는 확실치 않아요. 물론 그는 손윗사람이니까 우리보다 더 지혜로울 수 있겠지요. 그래서 만약 그가 땅 위로 머리를 불쑥 내민다면 십중팔구 d
나는 허튼소리를 하고 있고 그대는 맞장구를 치고 있다고 우리 두 사람을 반박한 다음 순식간에 땅 밑으로 사라져버리겠지요. 그러나 내 생각에 우리는 우리 자신의 능력을 있는 그대로 최대한 활용하며 언제나 우리가 참이라고 생각하는 것을 말해야 합니다. 그래서 하는 말인데, 우리는 어떤 사람은 남보다 더 지혜롭고 어떤 사람은 남보다 더 무지하다는 것은 누구나 다 인정할 거라고 해야 하지 않을까요?

테오도로스 아무튼 나는 그래야 한다고 생각해요.

소크라테스 또한 우리는 프로타고라스의 이론은 우리가 그를 돕기 위해 밑그림을 그린 논거 위에서라야 가장 튼튼하게 선다고 말해야 하 e
지 않을까요? 그 논거란 뜨거운 것, 마른 것, 단것 등등 많은 것이 각자에게 그렇다고 여겨지는 그대로라는 것이었어요. 그러나 만약 그가 한 사람이 다른 사람보다 더 우월하다는 것을 인정한다면 그것은 건강과 질병에 관해서라고 말하겠지요. 그 이유는 아무 여자, 아무 아이, 아무 동물이나 스스로 자신을 치료할 수 있을 만큼 자신의 건강에 무엇이 좋은지 알지 못하며, 그런 분야가 있다면 이 분야에서야말로 한 사람이 다른 사람보다 우월하기 때문이라고 하겠지요.

테오도로스 나는 그렇다고 생각해요.

172a **소크라테스** 마찬가지로 국가에서도 아름다운 것과 추한 것, 정의로운
것과 불의한 것, 경건한 것과 불경한 것은 각 국가에는 사실상 그 국
가가 그렇다고 생각하고 자신을 위해 법으로 정하는 대로이며, 이런
문제에서는 어떤 개인도 다른 개인보다 더 지혜롭지 않으며 어떤 국
가도 다른 국가보다 더 지혜롭지 않다고 말할 겁니다. 그러나 무엇이
국가에 유익하고 무엇이 유익하지 않은지 정하는 문제에서 프로타고
라스는 진리라는 관점에서 한 조언자가 다른 조언자보다, 그리고 한
국가의 결정이 다른 국가의 결정보다 더 낫다는 것은 인정하겠지만,
b 한 국가가 자신에게 유익하다고 생각하고 법으로 정하는 것은 무엇
이든 실제로도 그 국가에 유익하다고는 감히 주장하지 못할 겁니다.
그러나 정의와 불의, 경건과 불경의 영역에서 프로타고라스의 추종
자들은 그중 어느 것도 본성상 객관적 실체가 있는 것이 아니며, 오히
려 국가의 결정은 그것이 결정되는 순간 진리가 되며 그 결정이 유효
한 한 진리로 남는다고 우기려 들겠지요. 그리고 이것은 프로타고라
스의 이론을 철저하게는 신봉하지 않는 많은 사람의 철학이기도 합
c 니다. 그런데 테오도로스님, 여기서 우리는 가면 갈수록 더 어려운

문제에 부딪히는군요.

테오도로스 우리에게는 여가가 많아요, 소크라테스님.

소크라테스 그런 것 같습니다. 그대 말을 듣고 보니 전에 가끔 떠올랐던 생각이 다시 떠오르는군요. 철학 공부로 인생의 대부분을 보낸 사람들이 법정에 서서 연설할 때면 우스꽝스러워 보이는 게 당연하다는 생각 말이에요.

테오도로스 무슨 말씀이신지요?

소크라테스 어려서부터 법정 같은 곳에서 굴러먹던 사람들을 철학이나 그와 비슷한 공부로 시간을 보내는 사람들과 비교한다는 것은, 노예의 양육을 자유민 양육에 비교하는 것과도 같아요. d

테오도로스 어떤 점에서 그런가요?

소크라테스 이런 점에서 그렇습니다. 철학자들에게는 언제나 그대가 방금 말한 여가가 있어 이들은 평화롭고 여유롭게 대화한답니다. 이를테면 우리가 논의에 논의를 거듭하며 어느새 세 번째 논의를 시작했듯이, 철학자들도 당장의 논의보다 새로운 논의가 더 마음에 들면 주제를 바꿀 수 있지요. 그들은 논의의 길고 짧음에 전혀 신경 쓰지 않으며, 그들의 유일한 관심사는 진리에 이르는 것이라오.

그러나 법률가들은 달라요. 그들에게 할당된 시간이 자꾸만 줄어 e
들며[54] 그들이 연설을 서두르도록 강요하지요. 또한 소송 상대는 그들이 아무 주제나 마음대로 논하도록 허용하지 않고 지키고 서서는, 어

54 당시 아테나이 법정에서는 물시계(klepsydra '물 도둑')로 시간을 쟀다.

떤 경우라도 거기에서 벗어나서는 안 되는 이른바 선서 진술서라는
소송사건의 개요서를 읽음으로써 그들에게 법적 강제력을 행사하지
요. 언제나 한 명의 노예가 배심원석에 앉아 판결을 내리는 주인[55] 앞
에서 다른 노예에 관해 발언하는데, 그 주제는 연설자와 무관하지 않
173a 고 연설자 자신과 관련되며, 목숨을 걸고 경합할 때도 있어요.[56] 이 모
든 것으로 인해 그들은 예민해지고 긴장하게 되었지요. 그래서 그들
은 주인에게 말로 아첨하고 행동으로 호감을 살 줄은 알지만 그들의
혼은 작고 올곧지 못해요. 젊어서부터 몸에 밴 노예근성이 그들이 올
곧고 자유롭게 성장하는 것을 방해하니까요. 그런 노예근성은 아직도
연약한 그들의 혼에 공포와 위험의 무거운 짐을 지움으로써 그들이
비뚤어진 행동을 하도록 강요하지요. 그리고 그들은 올바름과 참됨으
로는 이 짐을 감당할 수 없어서 곧장 거짓 쪽으로, 그리고 악을 악으로
갚는 쪽으로 돌아서는데, 그 결과 그들은 여러모로 비뚤어지고 발육
b 이 불량한 상태가 되지요. 그리하여 그들은 소년기를 벗어나 어른이
다 되어도 건전한 생각이라고는 전혀 하지 못하는 위인이 돼요. 그들
은 자신들이 영리하고 지혜로워졌다고 생각하겠지만 말이에요.

그들은 그런 사람들이랍니다, 테오도로스님. 그대는 우리가 우리
쪽 합창가무단[57]도 자세히 살펴봤으면 하나요? 아니면 우리 논의로
곧장 되돌아갈까요? 조금 전에 말한 주제 바꿈의 자유를 남용하지 않
기 위해서 말입니다.

테오도로스 아니, 먼저 철학자들부터 자세히 살펴봐야지요, 소크라
c 테스님. 이 합창가무단에 속하는 우리가 우리 논의의 노예가 아니라
논의가 우리의 노예이며, 논의는 저마다 우리가 그것을 끝내는 게 좋

겠다 싶을 때까지 기다려야 한다는 그대의 말씀이 백번 옳으니까요.
우리에게는 극작가에게 그러는 것처럼 우리를 비판하고 감독할 판관
도 관객도 없으니 말입니다.

소크라테스 그대가 그러는 것이 적절하다고 생각하시니, 합창가무단
의 지휘자들에 관해 이야기하도록 하지요. 이류 철학자들에 관해 이야
기할 필요가 어디 있겠어요? 지휘자들은 우선 시장[58]으로 가는 길을 알
지 못하며, 법정이나 의사당이나 공공 집회를 위한 국가의 부속 건물 d
이 어디 있는지도 알지 못해요. 또한 그들은 법률이나 법령이 논의되
거나 반포되는 것을 듣거나 보지 못하지요. 또한 관직을 차지하려는
정파들의 노력, 집회, 만찬, 피리 부는 소녀[59]들이 함께하는 술잔치
같은 것에 끼어들 생각은 꿈에서도 하지 않아요. 또한 그런 사람들은
나라에서 어떤 사람의 집안이 좋고 어떤 사람의 집안이 나쁜가, 어떤
사람에게 대대로 내려오는 부정(不淨)이 있다면 그게 부계 쪽인가 모
계 쪽인가 하는 문제들에 대해서는 이른바 바닷물이 몇 되쯤 되느냐
는 문제에 대해서보다도 관심이 적지요. 그들은 이런 것들을 자신들
이 모른다는 것도 모릅니다. 그들이 그런 것들을 멀리하는 까닭은 좋 e
은 평판을 얻기 위해서가 아니며, 사실은 몸만 국가에 자리 잡고 거

55 아테나이 민중(demos).
56 소크라테스가 법정에서 사형선고를 받았을 때를 연상시킨다.
57 철학자들.
58 아고라(agora). 사람들이 모여 토론하는 장터.
59 우리나라의 기생에 해당하는 고급 매춘부.

기에 거주할 뿐 그의 마음은 이 모든 것을 사소하고 무가치한 것으로
보고 멸시하면서 핀다로스[60]의 말처럼 '땅 밑에서 하늘 위로'[61] 사방
으로 날아다니기 때문인데, 땅의 표면은 기하학의 영역이고 하늘은
천문학의 영역이지요. 그리하여 그의 마음은 언제나 존재하는 사물
174a 하나하나의 전체적인 본성을 규명하되 그 근처의 지엽적인 대상에는
내려앉지 않는답니다.

테오도로스 소크라테스님, 그게 대체 무슨 말씀이신지요?

소크라테스 탈레스의 경우가 좋은 예가 되겠지요, 테오도로스님. 사
람들이 말하기를, 그가 천체를 관찰하느라 위만 쳐다보다가 구덩이
에 빠지자 재치 있고 재미있는 트라케[62] 출신 하녀가 그를 놀려댔답니
다. 하늘에 있는 것들을 열심히 보다가 바로 자기 발 앞에 있는 것은
b 보지 못했다고 말이에요. 그런데 철학으로 소일하는 사람은 누구나
다 그런 놀림을 받을 겁니다. 실제로 그런 사람은 옆집에 사는 이웃
에 관심이 없어 이웃이 무엇을 하는지 모를뿐더러 이웃이 사람인지
아니면 다른 동물인지조차 거의 알지 못하니까요. 그가 수고를 아끼
지 않고 탐구하는 것은 인간이란 대체 무엇이며, 어떤 일을 행하거나
당하는 것이 인간이라는 본성의 남다른 특징인가 하는 문제이지요.
테오도로스님, 내 말뜻을 아시겠어요? 아니면 모르시겠소?

테오도로스 알다마다요. 그리고 그것은 맞는 말씀입니다.

소크라테스 그래서 테오도로스님, 그런 사람은 개인들을 만나는 사
c 석이나, 내가 첫머리에서 말했듯이 법정이나 여타 장소에서 발 앞에
있고 눈앞에 있는 것들에 관해 말하지 않을 수 없는 공석에서는 트라
케의 하녀뿐 아니라 일반 대중에게도 웃음거리가 되는 거랍니다. 그

는 경험이 없는 탓에 구덩이에 빠지고 온갖 난관에 맞닥뜨려 어찌할
바를 몰라 쩔쩔매다가 바보처럼 보일 테니까요. 남을 험담할 때도 그
는 누군가를 험담할 말을 알지 못합니다. 그는 그런 일에는 무관심해
서 남의 나쁜 점을 모르니까요. 그래서 그는 어찌할 바를 몰라 하다 d
가 바보처럼 보이는 것이지요. 또한 사람들이 자화자찬하거나 남을
찬양할 때도 그는 웃다가 발각되어—그는 웃는 체하는 것이 아니라
진짜로 웃으니까요—실없는 사람이라고 여겨지지요. 그는 참주[63]나
왕이 칭송받는 것을 들을 때면 돼지치기나 양치기나 소치기 같은 목
자가 가축의 젖을 많이 짰다고 칭찬받는 것쯤으로 생각해요. 그러나
그는 참주나 왕이 키워서 젖을 짜는 동물은 목자가 키우는 동물보다
성질이 더 고약하고 음흉하며, 참주나 왕은 마치 목자가 산속 울타리
안에서 살듯이 성벽에 둘러싸여 여가 없이 살기에 필시 목자 못지않 e
게 촌스럽고 교양 없는 사람으로 자랄 것이라고 생각하지요. 또한 누
가 1만 플레트론[64] 또는 그 이상의 토지를 갖고 있다고 해서 엄청난
땅부자라는 말을 들을 때면, 그는 대지 전체를 바라보는 습관이 있
는지라 그쯤은 새발의 피라고 여깁니다. 또한 사람들이 어떤 가문을

60 Pindaros(기원전 518~446년 이후). 테바이 근처에서 태어난 그리스 서정시인으로, 그리스 4대 제전에서 우승한 자들을 위해 써준 승리의 송시(epinikion)들이 유명하다.

61 현존하는 핀다로스의 시에는 없는 말이다.

62 Thraike. 에게 해 북쪽에 있는 지금의 그리스 북동부와 불가리아 지방.

63 tyrannos. 무력으로 정권을 빼앗은 일종의 군사독재자.

64 plethron. 면적의 단위로 쓰일 때 1플레트론은 1만 제곱피트이다.

찬양하며 아무개는 조상이 7대에 걸쳐 부자였음을 보여줄 수 있는
175a 신사라고 말하면, 그는 그런 찬사를 늘어놓는 것은 그들이 아둔하고
소견이 짧아 언제나 사물을 전체적으로 보지 못하거나 누구든 수천
명의 조상이나 선조가 있으며 그중에는 저마다 부자도 거지도 있으
며 왕도 노예도 있고 이민족도 헬라스[65]인도 있다는 것을 헤아릴 줄
몰라 그런다고 생각하지요. 사람들이 25대에 걸친 족보를 들먹거리
면서 자신들의 가계가 암피트뤼온[66]의 아들 헤라클레스까지 거슬러
올라간다고 우쭐대면, 그는 그들의 좁은 소견을 이상하게 여기지요.
b 암피트뤼온의 25대조가 어떤 이였고 또 50대조가 어떤 이였느냐 하
는 것은 순전히 운수소관인데도 그들이 그것을 헤아리지 못해 허영
심으로부터 어리석은 마음이 벗어나지 못하는 것이 그에게는 우습기
만 하니까요. 이 모든 경우 철학자는 대중의 웃음거리가 되는데, 그
것은 그가 오만하다고 여겨지기 때문이기도 하고, 발 앞에 있는 것도
몰라서 번번이 쩔쩔매기 때문이기도 하지요.

테오도로스 그대는 정곡을 찌르셨군요, 소크라테스님.

소크라테스 그런데 테오도로스님, 철학자가 철학자가 아닌 사람을 위
c 로 끌어올린다면 어떨까요? 철학자가 "내가 그대에게 어떤 불의를 저
지르고 있소?" 아니면 "그대는 내게 어떤 불의를 저지르고 있소?"라
고 묻는 데서 벗어나, 정의 자체와 불의 자체는 각각 무엇이며 그것들
은 어떤 점에서 서로 또는 다른 것들과 다른지 고찰할 용의가 있는
누군가를 발견한다고 가정해보시지요. 아니면 "왕은 행복한가?" 또
는 "그가 행복한 것은 돈이 많기 때문인가?"라고 묻는 데서 벗어나
왕도정치는 무엇이며 인간의 행복과 불행과 관련하여 이 둘은 각각

무엇인지, 인간이 그중 하나를 획득하고 다른 하나를 피하려면 어떤
방법이 적절한지 고찰할 용의가 있는 누군가를 발견한다고 가정해보
시지요. 법적으로 따지려 드는 저 속 좁고 날카로운 사람이 이 모든 d
것에 관해 설명하도록 강요받는다면 그때는 형세가 역전됩니다. 그는
익숙하지 못한 높은 곳에 매달려 공중에서 아래를 내려다보다 현기
증이 나고 놀라고 당황하여 말을 더듬거리다가 트라케의 하녀나 다
른 교육받지 못한 사람이 아니라—그들은 무슨 일이 일어나는지 알
아차리지 못하니까요—노예가 아닌 자유민으로서 양육된 모든 사
람에게 웃음거리가 되고 말지요.

이 두 부류의 성격은 그렇습니다, 테오도로스님. 그중 한 부류는
그대가 철학자라고 부르는, 진실로 자유와 여가 속에서 양육된 성격 e
으로, 우리는 그가 침구를 정돈하거나 양념을 치거나 아부하는 등 노
예들이나 하는 일을 하게 됐을 때 어리석고 아무 쓸모없어 보여도 용
서할 수 있습니다. 다른 성격은 그런 종류의 일을 깔끔하고 솜씨 좋게
해낼 줄은 알아도 겉옷을 자유민답게 제대로 입을 줄도 모르고 논의
를 조율할 줄도 모르며 신들과 행복한 인간의 삶을 제대로 찬양할 줄 176a
도 몰라요.

테오도로스 소크라테스님, 그대의 말씀이 나를 설득하듯 모든 사람을 설득한다면 사람들 사이에 평화는 늘고 악은 줄어들 거예요.

65 Hellas. 그리스.

66 Amphitryon. 알크메네(Alkmene)의 남편으로 헤라클레스의 양아버지. 헤라클레스의 친아버지는 제우스이다.

소크라테스 그렇지만 테오도로스님, 악이 사라진다는 것은 불가능합
니다. 선과 상반되는 것이 항상 있어야 하니까요. 그리고 악은 신들
사이에 자리 잡을 수 없기 때문에 부득이 우리의 사멸하는 본성과
이 지상(地上)을 떠돌아다녀야 해요. 따라서 우리는 되도록 빨리 지
b 상을 떠나 신들의 거처로 달아나려고 시도해야 합니다. 여기서 달아
난다는 것은 최대한 신과 같아지는 것이며, 신과 같아진다는 것은 정
의롭고 경건하고 지혜로워지는 겁니다. 그런데 테오도로스님, 대중
은 악을 피하고 미덕을 추구해야 하는 것은 나쁜 사람으로 보이지 않
고 좋은 사람으로 보이기 위해서라고 주장하는데, 미덕은 추구하되
악은 추구하지 말아야 하는 이유는 그런 것이 아니라고 그들을 설득
하기란 결코 쉬운 일이 아니에요. 하지만 내 귀에는 대중의 그런 주장
이, 말하자면 노파들의 객쩍은 소리처럼 들립니다.

그러나 우리는 이렇게 진실을 말할 수 있지요. 신은 절대로 불의
c 하지 않고 최대한 정의로우며, 우리 가운데 최대한 정의로워지는 사
람보다 더 신과 비슷한 사람은 없다고. 그리고 한 인간이 진실로 현명
한가 아니면 무가치하고 비겁한가는 거기에 달려 있어요. 그것을 아
는 것이 참된 지혜이자 미덕이고, 그것을 모르는 것은 무지하고 악
하다는 증거니까요. 현명함과 지혜로 통하는 그 밖의 다른 것은 권
력투쟁에서는 조악한 것으로 드러나고, 각종 기술에서는 천한 것으
로 드러나지요. 따라서 불의하게 행동하고 불경한 말이나 행동을 하
d 는 사람을 만나면 못할 짓이 없는 거침없는 태도가 그를 현명하게 만
든다는 데 동의하지 않는 것이 가장 바람직해요. 그런 사람들은 그런
비난을 자랑으로 여기며, 자기들은 어리석고 공연히 대지에 짐만 된

다[67]는 말을 들은 것이 아니라 공동체에서 살아남는 재주가 있다는 말을 들은 것으로 여기니까요. 그래서 우리는 그들에게 진실을 말해줘야 합니다. 그들은 자신들이 아니라고 생각하는 그런 사람들이며, 자신들은 그렇지 않다고 생각하는 그만큼 더 그런 사람들이라고 말이에요. 그들은 절대 몰라서는 안 되는 불의에 대한 벌을 모르고 있으니까요. 그 벌은 그들이 생각하듯 매질을 당하거나 사형을 당하는 것이 아
니라오. 매질이나 사형은 그들이 불의를 저지르고도 때로는 면할 수 e
있지만 그 벌은 피할 수 없는 것이니까요.[68]

테오도로스 그게 어떤 벌인가요?

소크라테스 테오도로스님, 존재의 세계에는 두 모형[69]이 있는데, 그 중 하나는 신적이고 더없이 축복받은 것이지만, 다른 하나는 신적이지 않고 더없이 비참해요. 그러나 그들은 그것이 그렇다는 것을 알지 못하며, 아둔하고 극도로 생각이 모자라 자신들의 불의한 행위 탓에
자신들이 한쪽 모형은 닮아가지만 다른 모형은 닮지 않는다는 것을 177a
알아차리지 못합니다. 그래서 그들은 그 벌로 자신들이 닮아가는 모형과 비슷한 삶을 살아가지요. 그런데 우리가 만약 그들이 자신들의 '현명함'에서 벗어나지 못한다면 사후에 악에 오염되지 않은 축복받은 곳으로 받아들여지지 못하고 언제까지나 이곳 지상에서 악과 악

67 『일리아스』 18권 104행, 『오뒷세이아』 20권 379행.

68 사후 심판에 관해서는 『파이돈』 113d ~ 114c, 『고르기아스』 523a ~ 526d, 『국가』 614b ~ 621d 참조.

69 paradeigma. 문맥에 따라 '본' '본보기'로도 옮길 수 있다.

이 어우러져 자신들을 닮은 삶을 살 것이라고 말해준다고 가정해보시지요. 그러면 그들은 우리가 하는 말을 지각없는 자들이 현명하고 못할 짓이 없는 사람들에게 하는 말쯤으로 여길 겁니다.

테오도로스 그렇고말고요, 소크라테스님.

b **소크라테스** 내가 알기에도 그렇습니다, 테오도로스님. 그런데 그들에게는 한 가지 기이한 일이 벌어져요. 그들이 철학을 싫어하는 이유를 사석에서 말하기 시작할 때, 만약 겁쟁이처럼 달아나지 않고 장시간 남자답게 그런 일을 견뎌내려 한다면 이상하게도 그들은 자신들이 하는 말에 결국 만족하지 못하는 거예요. 그들의 저 현란한 연설도 어쩐지 시들어버려, 그들은 어린아이보다 더 나을 게 없어 보이지요.

그러나 이 모든 것은 여담이니 이쯤 해둡시다. 그러지 않으면 쟁점들이 점점 더 많이 계속해서 흘러 들어와 우리의 본래 논의를 묻어

c 버리고 말 거예요. 그러니 우리가 앞서 이야기한 것으로 되돌아갑시다. 그대도 그러는 편이 좋겠다 싶으시다면 말이죠.

테오도로스 소크라테스님, 나는 그런 여담을 듣는 게 오히려 즐거워요. 내 또래에게는 그쪽이 따라가기가 더 쉬우니까요. 하지만 그대만 좋으시다면 우리의 본래 논의로 돌아갑시다.

소크라테스 좋아요. 우리는 존재는 운동한다는 이론과 각자에게 그렇다고 여겨지는 것은 그렇다고 여기는 사람에게는 여겨지는 그대로 존재한다는 이론을 검토하다가, 이런 이론을 신봉하는 사람들은 다른 경우에도 그렇지만 특히 정의로운 것들과 관련해서는 그런 이론을 펼치려 한다고 말했지요. 그들의 주장에 따르면, 한 국가가 무엇을 정의롭다고 여겨 어떤 법을 제정하든 그 법이 효력이 있는 한에서는

그 법을 제정한 국가에게는 정의롭다는 겁니다. 그러나 어떤 것이 좋 d
은 것이냐 하는 문제와 관련해서 우리는, 국가가 무엇을 자신에게 유
익하다고 생각하여 그런 것으로 결정하든 그것이 효력이 있는 한에
서는 그 국가에 유익하기도 하다고 계속 우길 만큼 무모한 사람은 아
무도 없을 것이라고 말했어요. 그러면 그는 '유익하다'는 말로 언어유
희를 하는 것이며, 그러면 우리 논의는 농담이 되어버릴 테지요. 그러
지 않을까요?

테오도로스 물론 그렇지요.

소크라테스 그러면 그는 이름에 관해 말할 것이 아니라 그 이름이 지 e
시하는 대상을 고찰해야겠군요.

테오도로스 그러고말고요.

소크라테스 어떤 이름을 붙이든 국가가 입법할 때 목표하는 것은 이익이며, 국가는 모든 법을 자신이 그렇다고 믿고 그럴 수 있는 한 자신에게 최대한 유익하도록 제정하지요. 아니면 국가는 입법할 때 그 밖의 다른 것에 주목할까요?

테오도로스 그러지 않습니다. 178a

소크라테스 그런데 모든 국가가 늘 과녁을 맞히나요, 아니면 가끔은 과녁을 빗맞힐 때도 있나요?

테오도로스 빗맞히기도 한다고 나는 생각해요.

소크라테스 우리가 '유익한 것'이 속하는 부류 전체와 관련하여 문제를 제기한다면 빗맞힐 가능성이 있다는 데 누구나 더 기꺼이 동의할 겁니다. 그런데 유익한 것은 분명 미래와 관계가 있어요. 왜냐하면 우리가 입법할 때는 나중에 유익하리라 생각하고 법을 제정하는데, '나

중'은 '미래'라고 부르는 것이 옳기 때문이지요.

b **테오도로스** 물론이지요.

소크라테스 그렇다면 자, 프로타고라스나 그의 제자 중 한 명에게 물어봅시다. "프로타고라스님, 여러분의 주장에 따르면 인간은 만물의 척도이며, 그 점은 흰 것, 무거운 것, 가벼운 것 등등에 대해서도 마찬가지입니다. 여러분에 따르면, 인간은 그런 것들에 대한 판단 기준을 자신 안에 갖고 있어서 그가 사물은 자신이 경험하는 대로라고 생각한다면 그의 생각은 그에게는 진실로 참이기 때문입니다. 그렇지 않습니까?"

테오도로스 그렇습니다.

소크라테스 "그렇다면 프로타고라스님" 하고 우리는 계속해서 말할
c 겁니다. "그는 미래에 일어날 일들에 대한 판단 기준도 자신 안에 갖고 있나요? 그래서 그가 일어날 것이라고 생각하는 일들이 실제로 그가 생각한 대로 일어나나요? 열(熱)을 예로 들어봅시다. 어떤 문외한이 자기는 열병에 걸려 그런 종류의 열이 나리라 생각하는데 의사는 그 반대라고 생각한다면, 미래는 둘 중 누구의 판단과 일치할 것이라고 말해야 할까요? 아니면 두 사람 모두의 판단과 일치할 거라고 말해야 할까요? 그래서 그 사람은 의사에게는 열도 없고 열병에 걸리지도 않겠지만 그 자신에게는 열도 있고 열병에도 걸리게 될까요?"

테오도로스 그건 웃기는 일이겠지요.

소크라테스 "또한 포도주가 미래에 달 것이냐 쓸 것이냐 하는 문제와 관련해서는 키타라 연주자가 아니라 농부의 판단이 권위 있다고 나는 생각합니다."

테오도로스 왜 아니겠어요?

소크라테스 "또한 연주된 적이 없는 곡의 화음과 불협화음과 관련해서는, 어느 것이 연주됐을 때 체육 교사 자신에게도 화음이 잘 맞는 것 d
으로 들릴지는 체육 교사가 음악가보다 더 잘 판단할 수 없습니다."

테오도로스 없고말고요.

소크라테스 "또한 잔치를 준비할 때는 손님으로 참석할 사람은 요리 교육을 받지 않은 한 앞으로 맛볼 즐거움에 대해 요리사보다 더 권위 있는 판관이 아닐 것입니다. 우리는 각자에게 현재 맛있는 것이나 과 e
거에 맛있었던 것과 관련해서는 아직은 논쟁하지 않을 것입니다. 그러나 미래에 각자에게 맛있어 보이고 맛있을 것과 관련해서는 각자가 자신을 위한 가장 훌륭한 판관입니다. 아니면 프로타고라스님, 적어도 어떤 연설이 법정에서 우리 각자에게 설득력이 있을 것인지에 관해서만큼은 어떤 문외한보다 그대가 더 훌륭하게 예상할 수 있을까요?"

테오도로스 소크라테스님, 아무튼 그분은 그 점에서는 자신이 누구보다 탁월하다고 강조하곤 했어요.

소크라테스 아닌 게 아니라 그는 그랬지요, 테오도로스님. 그러지 않았다면 아무도 그와 대화하기 위해 큰돈을 내지 않았을 거예요. 만 179a
약 그가 미래에 존재하고 그렇다고 여겨질 것과 관련해서는 어느 누구도, 아니 예언자조차도 자기보다 더 훌륭하게 판단할 수 없으리라고 제자들을 설득하지 못했다면 말이에요.

테오도로스 참으로 맞는 말씀입니다.

소크라테스 그렇다면 입법도 유익한 것도 미래와 관계가 있으며, 국가가 입법할 때는 가장 유익한 것을 종종 빗맞힐 수밖에 없다는 데는 누구나 동의하겠지요?

테오도로스 그러고말고요.

소크라테스 따라서 우리가 이렇게 말한다면 그대의 스승에게는 적절
b 한 답변이 되겠지요. 어떤 사람들은 다른 사람들보다 더 지혜로워서 이들 더 지혜로운 사람이 '척도'라는 것을 그는 인정하지 않을 수 없겠지만, 비록 그를 위한 우리의 조금 전 변론은 내가 원하든 원하지 않든 나를 척도로 만들려고 했어도, 나처럼 아무 지식이 없는 사람은 척도가 되어야만 할 아무런 이유가 없다고 말한다면 말입니다.

테오도로스 소크라테스님, 그것이 그 이론의 가장 큰 약점인 것 같네요. 또한 그 이론은 남의 판단을 권위 있는 것으로 만들어주지만, 정작 남의 판단은 분명 그의 이론을 전혀 참이 아닌 것으로 여긴다는 점에서도 비판을 피할 길이 없어요.

c **소크라테스** 테오도로스님, 적어도 그런 일에서 각자의 모든 판단이 참이 아니라는 것을 논박하는 데는 여러 방법이 있을 수 있어요. 그러나 판단들이 거기에서 우리의 지각과 지각에 관련된 판단들이 생기는 각자의 순간적인 감정 상태와 관련해 참이 아니라고 증명하는 것은 더 어렵지요. 그러나 '더 어렵다'는 내 말이 틀렸을 수도 있어요. 그런 판단들은 전혀 공박할 수 없는 것일 수도 있고, 그런 것들은 명백하며 지식의 형태일 수 있다고 주장하는 사람들의 말이 옳을 수도
d 있으며, 지각과 지식은 같은 것이라는 여기 있는 테아이테토스의 말이 과녁에서 빗나간 것이 아닐 수도 있으니까요.

그러니 우리는 프로타고라스를 위한 변론이 시키는 대로[70] 더 가

까이 다가가 이 운동하는 실체를 살펴봐야 해요. 그것이 정상적인 소리를 내는지 아니면 깨진 소리를 내는지 톡톡 두드리면서 말입니다. 아무튼 이와 관련해서는 작지 않은 전쟁이 벌어지고 있고, 적잖은 전사들이 참전하고 있어요.

테오도로스 작지 않고말고요. 전쟁은 지금 이오니아[71] 지방 전체로 확산되고 있어요. 헤라클레이토스의 제자들이 이 이론을 강력히 지지하기 때문이지요.

소크라테스 테오도로스님, 그래서 우리는 더더욱 이 이론을 출발점에 e
서부터 검토해야 합니다. 그들이 제시한 대로 말이에요.

테오도로스 전적으로 동의합니다, 소크라테스님. 헤라클레이토스의 말처럼 또는 그대 말씀처럼 호메로스나 그 이전 현자들[72]의 이런 이론들에 관해서 이런 이론들의 전문가로 자처하는 에페소스[73]인들 자신과 논의한다는 것은 미치광이들과 논의하는 것보다 더 불가능하니까요. 그들은 자신들이 쓴 저술들에 충실하게 끊임없이 움직입니다. 논의나 질문의 논점을 고수하거나 순서대로 차분하게 묻고 답변하는
능력이 그들에게는 눈곱만큼도 없거든요. 아니, 그것도 과장된 표현 180a
입니다. 그들에게 차분함이라곤 티끌만큼도 없으니까요. 그대가 질문을 한다고 가정해보세요. 그들은 화살통에서 화살을 꺼내듯 수수

70 166c, 168b 참조.

71 Ionia. 소아시아(지금의 터키)의 중서부 지방과 그 부속 섬들을 가리킨다.

72 152e 참조.

73 Ephesos. 이오니아 지방의 항구도시로, 헤라클레이토스가 태어나 자란 곳이다.

께끼 같은 짧은 문구를 꺼내 쏘아댈 겁니다. 그래서 그 문구가 무슨 뜻이냐고 설명해주기를 요구하면 새로운 은유(隱喩)가 그대를 가격할 겁니다. 그리하여 그대는 그들 중 어느 누구와도 어떤 결론에 이르지 못할 거예요. 아니, 그들은 자기들끼리도 어떤 결론에 이르지 못할 겁니다. 그들은 어떤 것도 논의나 자신들의 마음속에 확실하게 자
b 리 잡지 못하도록 극히 경계하는데, 내 생각에 그들은 그런 것을 정지된 것이라고 믿는 것 같아요. 그래서 그들은 정지해 있는 것과 전면전을 벌이며 있는 힘을 다해 도처에서 그것을 쫓아내는 거지요.

소크라테스 테오도로스님, 그대는 아마도 그들이 싸우는 모습만 보고 평화롭게 지내는 모습은 본 적이 없는 것 같군요. 아무튼 그대는 그들과 한동아리가 아니에요. 그러나 나는 그들이 자기들과 같은 사람으로 만들고 싶어하는 제자들에게는 시간을 갖고 그런 평화적 이론들을 전수할 것이라고 생각합니다.

테오도로스 어떤 제자들 말씀인가요, 소크라테스님? 그들 사이에는
c 제자도 없고 스승도 없어요. 그들은 각자 우연히 영감을 받은 곳에서 스스로 자라나며 저마다 남들은 모두 아무것도 모른다고 생각하지요. 그래서 내가 방금 말하려고 했듯이, 그대는 그들한테서 어떤 설명도 들을 수 없어요. 설령 그들이 그러고 싶어해도요. 그러니 우리가 그들의 이론을 넘겨받아 마치 기하학에 관한 문제를 다루는 양 검토해야 합니다.

소크라테스 적절한 말씀입니다. 그런데 이 문제는 두 부류 사람들에 의해 우리에게 전승된 거예요. 그중 오래전에 살았던 사람들은 대중에게 비밀을 지키기 위해 시적인 표현을 써서 만물은 오케아노스와

테튀스[74]에서, 즉 흐르는 물에서 태어났으며, 정지해 있는 것은 아무것도 없다고 말했지요. 우리는 이 이론을 요즘 사람들한테서도 들었는데, 그들은 이런 문제들에 더 조예가 깊은지라 자신들의 이론을 공공연히 드러냈습니다. 제화공도 듣고서 그들의 지혜를 이해하게 되어 어떤 것들은 정지해 있고 어떤 것들은 운동한다는 어리석은 생각을 버리도록, 그리고 모든 것은 변한다는 것을 배운 뒤에는 자신들을 가르쳐준 스승들을 존경하도록 말이에요. 그러지 않은가요? d

그런데 테오도로스님, 다른 사람들은 이와 상반되는 것을 가르치고 있다는 것을 하마터면 잊어버릴 뻔했군요. '우주는 변하지 않는다'는 주장 말이에요. 또한 멜릿소스[75]와 파르메니데스[76] 같은 사람들이 이 모든 이론에 맞서 주장하는 다른 모든 이론 말입니다. 이들의 주장에 따르면 모든 것은 하나이며, 이 하나는 그 안에 움직일 공간이 없어 자기 안에 정지해 있다는 거예요. e

그러니 테오도로스님, 우리는 이들 모두를 어떻게 대해야 할까요? 우리는 조금씩 앞으로 나아가다가 그런 줄도 모르고 양쪽 사이의 181a
공간으로 들어왔는데, 우리가 어떻게든 자신을 방어하며 그들 사이에서 벗어나지 못하면 대가를 치를 거예요. 레슬링장에서 선을 그어

74 Okeanos. Thetys. 오케아노스는 대지를 감돌아 흐르는 거대한 강이고 테튀스는 그의 누이이자 아내인데, 둘 다 우라노스(Ouranos '하늘')와 가이아(Gaia '대지')의 자식이다.

75 Melissos. 기원전 5세기에 활동한 사모스(Samos) 출신 정치가이자 장군, 철학자.

76 주 27 참조.

놓고 경기하는 사람들이 서로 상대편 사람들에게 붙잡히면 선을 넘어 반대 방향으로 끌려가듯 말이지요. 그래서 말인데, 내 생각에는 우리가 기왕 다루기 시작한 첫 번째 편 사람들부터 먼저 살펴보는 게 좋을 것 같습니다. 흐른다는 사람들 말이에요. 그리고 만약 그들의 말에 일리가 있다 싶으면 우리는 그들이 우리를 자기들 쪽으로 끌어당기도록 도와줄 것이며, 그럼으로써 다른 편 사람들을 피하려 할 거예요. 그러
b 나 우주는 정지해 있다는 사람들의 주장이 진리에 더 가깝다 싶으면 우리는 변하지 않는 것들을 변하게 하려는 사람들을 피해 그들에게로 달아날 겁니다. 그런데 어느 쪽 말에도 일리가 없다 싶으면, 우리처럼 하찮은 사람들이 더없이 지혜로운 선현(先賢)들의 이론을 폄하하며 쓸 만한 말을 할 수 있다고 스스로 생각하는 것은 우스운 일이겠지요. 그러니 테오도로스님, 그대는 그런 위험을 향해 나아가는 것이 바람직한지 살펴보시지요.

테오도로스 하지만 소크라테스님, 나는 양쪽 이론을 철저히 고찰하지 않고는 못 견딜 것 같아요.

소크라테스 그대가 그토록 열의에 차 있으니 고찰해야겠군요. 그런데
c 내 생각에 변화에 관한 우리 고찰은, 그들이 만물은 변한다고 말할 때 그 말이 정확히 무엇을 의미하는가에서 출발해야 할 것 같아요. 내가 묻고 싶은 바는 그들이 말하는 것이 한 종류의 변화냐 아니면 두 종류의 변화냐는 거예요. 내가 보기에는 후자 같습니다만. 나 혼자만 그렇게 생각해서는 안 되고, 그대도 참여해야 합니다. 우리에게 무슨 일이 생기면 우리 둘이서 감당할 수 있도록 말이에요. 그러니 말씀해주지요. 그대가 어떤 것이 변한다고 말씀하시는 것은 그것이

한 곳에서 다른 곳으로 장소를 이동할 때인가요, 아니면 같은 곳에서 회전할 때도 그렇게 말씀하시나요?

테오도로스 네, 그럴 때도 그렇게 말합니다.

소크라테스 그러면 그것이 변화의 한 종류라고 합시다. 그런데 어떤 것이 같은 곳에 머무르되 낡거나, 희어지는 대신 검어지거나, 부드러 d
워지는 대신 딱딱해지거나, 그 밖의 다른 방법으로 달라질 때는 그것을 다른 종류의 변화라고 말하는 것이 적절하지 않을까요?

테오도로스 당연히 그렇다고 말해야겠지요.

소크라테스 그러면 이것들이 두 종류의 변화입니다. 달라짐과 운동 말이에요.

테오도로스 옳은 말씀입니다.

소크라테스 이제 이렇게 구분했으니 우리는 만물은 변한다고 주장하는 사람들과 대화를 나누며 물어보도록 합시다. "여러분은 만물이 e
움직이기도 하고 바뀌기도 하면서 두 방법으로 변한다고 주장하시는 건가요, 아니면 어떤 것들은 두 방법으로 변하지만 어떤 것들은 두 방법 중 한 방법으로만 변한다고 주장하시는 건가요?"

테오도로스 정말이지 뭐라고 답변해야 할지 모르겠네요. 그렇지만 내 생각에 그들은 만물은 두 방법으로 변한다고 말할 것 같아요.

소크라테스 아니라면 테오도로스님, 그들은 사물이 움직이기도 하고 정지해 있기도 하다는 것을, 그리하여 만물이 정지해 있다는 주장도 만물이 변한다는 주장 못지않게 옳다는 것을 발견하겠지요.

테오도로스 참으로 맞는 말씀입니다.

소크라테스 그래서 사물은 변해야 하고, 변하지 않는다는 것은 어떤 182a

것에게도 불가능하므로 만물은 언제나 온갖 방법으로 변하는 것이지요.

테오도로스 당연하지요.

소크라테스 그렇다면 그들의 다음과 같은 논점을 검토해주시지요. 뜨거움이나 흼이나 그런 종류의 어떤 것의 생성에 관한 그들의 주장인즉, 그런 것들은 저마다 능동적 요인과 수동적 요인 사이에서 지각과 동시에 움직이는데, 수동적 요인은 지각이 아니라 지각하는 것이 되고 능동적 요인은 성질이 아니라 어떤 성질을 가진 것이 된다고 우리는 말하지 않았던가요? 그런데 '성질'이라는 말이 이상하게 들려서 그대는 이 추상적 표현을 아마 이해하지 못할 거예요. 그래서 나는
b 특수한 경우를 예로 들까 합니다. 능동적 요인은 뜨거움도 흼도 되지 않지만 뜨거운 것이나 흰 것이 되며, 다른 것들도 이 점은 마찬가지입니다. 그대도 기억하겠지만 조금 전 논의에서 우리는 능동적인 것이든 수동적인 것이든 그 자체로 불변인 하나인 것은 아무것도 없으며 이 양자의 상호 결합에서 지각과 지각된 것이 태어나는데, 이때 지각된 것은 어떤 자질을 부여받은 것이 되고 지각은 지각하는 것이 된다고 말했으니까요.

테오도로스 기억합니다. 어찌 기억하지 못하겠습니까?

c **소크라테스** 그들이 말하는 것이 이것이든 저것이든 우리는 그들의 이론에서 다른 부분들은 제쳐두도록 하고, 우리의 논의 대상에만 집중하며 그들에게 물어봅시다. "그대들에 따르면 만물은 변하고 흐릅니다. 그렇습니까?"

테오도로스 그렇습니다.

소크라테스 "만물은 우리가 구별한 두 가지 변화를 다 합니까? 말하자면 만물은 움직이기도 하고 달라지기도 합니까?"

테오도로스 당연하지요. 아니라면 그것은 완전하게 변하지 않겠지요.

소크라테스 사물이 움직이기만 하고 달라지지 않는다면 우리는 이들 흐르는 사물이 어떤 성질을 띠는지 말할 수 있겠지요? 아니면 말할 수 없을까요?

테오도로스 그렇게 말할 수 있지요.

소크라테스 그러나 흼도 계속해서 희게 흐르지 않고 흼 자체도 다른 d
색깔로의 변화 또는 흐름이어서 결코 정지해 있는 것으로 포착되지 않는데, 어떤 색깔의 이름을 제대로 사용했다고 자신할 수 있을까요?

테오도로스 그건 불가능합니다, 소크라테스님. 또한 그런 종류에 속하는 그 밖의 다른 것에도 이름을 붙일 수 없어요. 만약 그것이 흐르는 것이어서 우리가 말하는 사이에 언제나 빠져나가버린다면 말입니다.

소크라테스 시각과 청각 같은 감각적 지각에 관해서 우리는 무엇이라
고 말할까요? 시각이나 청각 행위에는 어떤 정지 상태 같은 것이 있 e
지 않을까요?

테오도로스 아니, 있을 수 없어요. 만약 모든 것이 변한다면 말입니다.

소크라테스 그러면 우리는 봄을 보지 않음보다 더 봄이라고 말해서도 안 되고, 다른 감각적 지각도 지각하지 않음보다 더 감각적 지각이라고 말해서는 안 되겠군요. 만약 만물이 모든 면에서 변한다면 말입

니다.

테오도로스 안 되고말고요.

소크라테스 그런데 나와 테아이테토스의 주장에 따르면 감각적 지각은 지식이에요.

테오도로스 그렇습니다.

소크라테스 그렇다면 "지식이란 무엇인가?"라는 질문을 받았을 때 우리는 지식이 아닌 것이 무엇인지보다 지식이 무엇인지에 대해 더 답변한 것이 아닙니다.

183a **테오도로스** 그런 것 같네요.

소크라테스 우리의 답변을 바루려다가 우리는 멋진 결론에 도달했군요. 우리의 답변이 옳다는 것을 보여줄 목적으로 우리는 만물이 변한다는 것을 증명하려고 노심초사했으니까요. 그러나 우리가 증명한 것은 분명 만약 만물이 변한다면 어떤 질문에 무슨 대답을 하든 똑같이 옳다는 겁니다. 그렇다면 우리는 '그것은 그렇다'고 '그것은 그렇지 않다'고도 말할 수 있으며, 우리가 정지를 나타내는 말로 그들을 방해하는 것을 피하고 싶으면 '그것은 그렇게 된다'고 '그것은 그렇게 되지 않는다'고도 말할 수 있을 거예요.

테오도로스 옳은 말씀입니다.

소크라테스 테오도로스님, 내가 '그렇다' '그렇지 않다'고 말한 것을 제외한다면 그렇겠지요. 그러나 '그렇다'는 표현을 사용해서는 안 됩
b 니다. 그것은 변화를 멈추게 하니까요. '그렇지 않다'고 말해도 안 됩니다. 그 역시 변화가 아니니까요. 아니, 이런 이론을 주장하는 사람들은 다른 언어를 가져야 합니다. 지금은 그들이 이론에 맞는 표현들

을 갖고 있지 못하니까요. '어느 쪽도 아니다'를 제외하고는 말입니다. 그런 표현은 한정되지 않은 까닭에 그들에게 가장 잘 맞겠지요.

테오도로스 그것은 분명 그들에게 가장 적합한 어법입니다.

소크라테스 테오도로스님, 그렇다면 우리는 그대의 친구인 프로타고라스에게서 벗어났군요. 지혜로운 사람이라면 몰라도 모든 사람이 만물의 척도라는 그의 이론에 동의하지 않고도 말이에요. 또한 우리 c
는 만물이 변한다는 가설에 근거해서는 지식은 감각적 지각이라는 데 동의하지 않을 거예요. 여기 있는 테아이테토스가 달리 할 말이 없다면 말입니다.

테오도로스 소크라테스님, 참 듣기 좋은 말씀을 하시는군요. 이 문제가 해결되어 프로타고라스님의 이론에 관한 논의가 끝나면, 우리끼리의 합의에 따라 나도 그대에게 답변해야 하는 의무에서 벗어날 테니까요.

테아이테토스 안 됩니다, 테오도로스님. 소크라테스 선생님과 선생님이 방금 제의하신 대로 우주는 정지해 있다고 주장하는 사람들의 이 d
론도 철저히 논의하시기 전에는 말이에요.

테오도로스 테아이테토스, 자네같이 젊은 사람이 합의를 파기하고 불의를 저지르도록 연장자들을 가르치려 드는 겐가? 자네 자신이 소크라테스님과의 논의를 이어갈 준비를 하는 게 더 나을 걸세.

테아이테토스 그러겠습니다. 소크라테스 선생님께서 원하신다면요. 하지만 저는 제가 말한 그 주제에 관해서라면 듣는 쪽이 훨씬 즐거울 거예요.

테오도로스 소크라테스님을 논의의 장으로 불러내는 것은 기병대를

탁 트인 들판으로 불러내는 것일세. 질문해보게. 그러면 자네는 듣게 될 걸세.

e **소크라테스** 그렇지만 테오도로스님, 나는 테아이테토스의 요구에 부응하지 못할 것 같습니다.

테오도로스 왜 못하신다는 거죠?

소크라테스 나는 멜릿소스나 우주는 하나이며 정지해 있다고 가르치는 다른 사람들을 존경하기에 그들의 이론을 피상적으로 검토하고 싶지 않아요. 나는 특히 한 분을 누구보다도 존경합니다. 파르메니데스 말이에요. 파르메니데스는 호메로스의 말처럼 "내게는 황공하기도 하고"[77] "두렵기도 한"[78] 분이었습니다. 내가 새파랗게 젊었을 때
184a 연로한 그분을 만난 적이 있는데,[79] 더없이 고상한 내면적 깊이를 지닌 분처럼 보였어요. 그래서 나는 우리가 그분이 사용하는 낱말을 이해하지 못할뿐더러 그분의 말뜻은 더더욱 이해하지 못할까 두렵습니다. 그러나 내가 무엇보다 두려워하는 것은, 만약 내가 이들 논의가 술 취한 불청객처럼 문을 부수고 무질서하게 쳐들어오도록 내버려둔다면 정작 지식이 무엇이냐는 우리 논의의 주제는 검토하지 못할 수도 있다는 겁니다. 특히 지금 우리가 제시하는 이론은 범위가 방대하니까요. 그래서 우리가 그것을 여담으로 다루면 부당하게 대접하는 것이 되고, 충분히 검토하면 너무 길어져서 지식에 관한 문제는 실종되고 말 거예요. 둘 중 어느 쪽도 안 됩니다. 그러니 우리가 해야 할
b 일은 지식에 관해 테아이테토스가 임신하고 있는 생각을 분만하도록 내 산파술을 이용하는 겁니다.

테오도로스 그대 생각이 정 그렇다면 그래야겠지요.

소크라테스 그러면 테아이테토스, 우리가 앞서 말한 것과 관련하여 자네는 이 점도 검토해보게. 자네는 지식은 감각적 지각이라고 대답했네. 그러지 않았는가?

테아이테토스 네, 그랬습니다.

소크라테스 그런데 자네에게 이렇게 묻는 사람이 있다고 가정해보게. "사람은 무엇으로 흰 것과 검은 것을 보며, 무엇으로 고음과 저음을 듣는가?" 생각건대 자네는 "눈과 귀로"라고 대답할 걸세.

테아이테토스 그렇게 대답할 거예요.

소크라테스 대개는 어휘 선택에 크게 신경쓰지 않고 말을 자유롭게 c
사용하는 것이 고상하고, 지나친 꼼꼼함은 자유인답지 못하네. 하지만 가끔은 그러한 꼼꼼함이 필요할 때도 있네. 마치 지금 내가 자네 대답이 정확하지 못한 점에 이의를 제기하지 않을 수 없듯이 말일세. 생각해보게. 어느 쪽이 더 정확한 대답인가? 우리가 보는 것은 눈에 의해서인가, 아니면 눈을 통해서인가? 또는 우리가 듣는 것은 귀에 의해서인가, 아니면 귀를 통해서인가?

테아이테토스 소크라테스 선생님, 저는 우리가 언제나 그것들에 '의해서'보다는 그것들을 '통해서' 지각한다고 생각합니다.

소크라테스 여보게, 아닌 게 아니라 괴상한 일이겠지. 만약 트로이아 d
목마(木馬) 안 전사들처럼 다수의 지각이 우리 안에 자리 잡고 있는

77 『일리아스』 3권 172행.

78 『오뒷세이아』 8권 22행.

79 『파르메니데스』 참조.

데 그것들이 어떤 하나의 형상(形相)[80]—그것을 혼이라고 불러야 하든 그 밖의 다른 것이라고 불러야 하든—으로 수렴되지 못한다면 말일세. 우리가 그것에 의해서 감각기관이라는 도구를 통해 모든 지각 대상을 지각할 수 있도록 말일세.

테아이테토스 후자가 전자[81]보다 더 나은 것 같아요.

소크라테스 내가 이 문제를 꼼꼼하게 따지는 데는 이유가 있네. 나는 우리가 그것에 의해 눈을 통해서 흰 것과 검은 것을 지각하고 다른 감
e 각기관을 통해서 다른 것을 지각하는 것이 우리 내부의 어떤 동일한 부분인지 알고 싶은 걸세. 만약 자네가 그런 질문을 받는다면 이 모든 활동을 몸과 관련지을 자신이 있는가? 아마 내가 자네를 위해 말참견하는 것보다는 물음에 답변함으로써 자네가 직접 말하는 편이 더 좋을 듯하네. 자, 말해주게. 그것을 통해서 뜨거운 것, 딱딱한 것, 가벼운 것, 달콤한 것을 지각하는 모든 기관을 자네는 몸의 부분으로 분류하지 않는가? 아니면 그것들은 다른 것의 부분인가?

테아이테토스 아니, 그것들은 몸의 부분입니다.

소크라테스 또한 자네는 한 능력에 의해서 지각하는 것은 다른 능력
185a 에 의해서는 지각할 수 없다는 데에도 동의할 준비가 되어 있는가? 이를테면 청각의 대상은 시각의 대상일 수 없으며, 반대로 시각의 대상은 청각의 대상일 수 없네.

테아이테토스 물론 동의할 준비가 되어 있습니다.

소크라테스 따라서 만약 양쪽 모두에 관련된 어떤 생각이 떠오른다면, 이 공통된 지각은 어느 하나의 감각기관이나 다른 감각기관을 통해서 생겨날 수 없네.

테아이테토스 생겨날 수 없고말고요.

소크라테스 소리와 색깔과 관련하여 자네는 먼저 이것들이 둘 다 존재한다고 생각하겠지?

테아이테토스 네, 저는 그렇다고 생각합니다.

소크라테스 또한 자네는 소리와 색깔이 각각 다른 것과는 다르지만 자신과는 같다고 생각하겠지?

테아이테토스 물론입니다. b

소크라테스 자네는 그것들이 합쳐서 둘이며, 각각은 하나라고도 생각하겠지?

테아이테토스 네, 저는 그렇다고도 생각합니다.

소크라테스 그러면 자네는 그것들이 서로 비슷한지 비슷하지 않은지 고찰할 수도 있겠구먼?

테아이테토스 그럴 수 있을 것 같습니다.

소크라테스 그런데 자네는 어떤 감각기관을 통해서 소리와 색깔에 관련된 이 모든 것을 생각하는가? 그것들이 공유하는 것을 청각을 통해서나 시각을 통해서 포착한다는 것은 불가능하기에 하는 말일세. 게다가 여기 내 논점을 위한 또 다른 증거가 있네. 만약 소리와 색깔
이 짠지 짜지 않은지 고찰하는 것이 가능하다면, 자네는 분명 어떤 c
능력에 의해서 고찰할 수 있는지 말해줄 수 있을 걸세. 그것은 시각

80 idea.

81 다수의 지각이 하나의 형상으로 수렴되지 않은 상태.

도 청각도 아니고, 뭔가 다른 것일 걸세.

테아이테토스 다른 것이고말고요. 그것은 분명 혀를 통해서 발휘되는 능력일 테니까요.

소크라테스 좋은 말일세. 그런데 우리가 언급한 대상들을 포함하여 모든 것에 공통된 것을 자네에게 말해주는 그 능력은 어떤 감각기관을 통해서 발휘되는가? '존재한다' '존재하지 않는다'와 조금 전에 내가 질문을 제기했을 때 사용한 용어들로 자네가 의미하는 것이 무엇인가? 우리의 지각하는 부분이 어떤 감각기관에 의해서 그것들을 지각할 때, 자네는 이 모든 것에 어떤 감각기관을 배정할 것인가?

테아이테토스 선생님께서는 그런 것들에 적용된 존재함과 존재하지 않음, 비슷함과 비슷하지 않음, 같음과 다름, 하나와 그 밖의 다른 수를 말씀하시는 거로군요. 또한 짝수와 홀수와 그 밖의 다른 수학적
d 개념도 질문하시는 게 분명합니다. 선생님의 질문은 우리가 어떤 신체 기관을 통해서 그런 것들을 우리 혼에 의해 지각하느냐는 것입니다.

소크라테스 테아이테토스, 자네 아주 잘 따라오는구먼. 바로 그게 내 질문의 요지일세.

테아이테토스 소크라테스 선생님, 솔직히 말해서 저는 마치 다른 것들을 위해 특수 기관이 존재하듯 이런 것들을 위해서도 특수 기관이 존재한다고 생각하는 것은 잘못이라는 말 외에는 할 말이 없습니다.
e 그러나 제가 보기에 혼은 모든 것에 공통되는 것을 스스로를 통해서 고찰하는 것 같습니다.

소크라테스 테아이테토스, 자네야말로 아름다운 사람이고, 테오도

로스님의 말씀처럼 추하지 않네그려. 말 잘하는 사람이 아름답고 훌륭한 법이니까. 자네는 아름다울 뿐만 아니라 내게 호의를 베풀기까지 했네. 혼은 어떤 것들은 신체적 능력을 통해서 고찰하지만 다른 것들은 스스로를 통해서 고찰한다는 자네 의견이 기나긴 토론에서 나를 구해주었으니 말일세. 그게 내 생각이었으며, 나는 자네도 그렇게 생각하기를 원했다네.

테아이테토스 저는 정말로 그렇게 생각합니다. 186a

소크라테스 자네는 존재를 어떤 부류에 배정하는가? 존재야말로 만물의 주된 특징이기에 묻는 걸세.

테아이테토스 저는 존재를 혼이 스스로를 통해 파악하려고 하는 사물의 부류에 배정합니다.

소크라테스 비슷함과 비슷하지 않음, 같음과 다름의 경우도 마찬가지인가?

테아이테토스 네.

소크라테스 아름다움과 추함, 좋음과 나쁨의 경우는 어떤가?

테아이테토스 그것들 역시 혼이 그 존재를 상호관계 속에서 고찰하는 가장 좋은 본보기입니다. 여기서 혼은 자기 안에서 미래와 관련하여 과거와 현재를 헤아리는 것 같습니다. b

소크라테스 잠깐만. 혼이 딱딱한 것의 딱딱함이나 부드러운 것의 부드러움을 느끼는 것은 촉각을 통해서겠지?

테아이테토스 네.

소크라테스 이 둘의 존재나 이 둘의 상호 대립이나 상호 대립의 존재와 관련해서는 혼 자체가 그것들을 검토하고 서로 비교함으로써 우리를 위해 판단해주려 하네.

테아이테토스 물론입니다.

소크라테스 그렇다면 몸을 통해서 혼에 이르는 모든 경험은 인간과
c 동물이 태어나는 순간부터 지각할 수 있지만, 이런 것들의 존재와 유용성에 관한 성찰은 만약 얻어질 수 있는 것이라면 오랫동안 애쓰고 교육을 받아야만 어렵게 얻어지는 것이 아닐까?

테아이테토스 전적으로 동의합니다.

소크라테스 그런데 존재도 파악하지 못하는 사람이 진리를 파악한다는 것이 가능할까?

테아이테토스 불가능합니다.

소크라테스 그리고 어떤 것의 진리를 파악하지 못하는 사람이 그것에 관한 지식을 구할 수 있을까?

d **테아이테토스** 어떻게 구할 수 있겠습니까, 소크라테스 선생님?

소크라테스 그렇다면 지식은 경험 속에 있는 것이 아니라 경험에 대한 추론 속에 있는 것일세. 추론에 의해서는 존재와 진리를 파악하는 것이 가능하지만, 경험에 의해서는 불가능한 것 같으니 말일세.[82]

테아이테토스 그런 것 같습니다.

소크라테스 그 둘 사이에는 그렇게 큰 차이가 나는데도 자네는 그 둘을 같은 이름으로 부를 텐가?

테아이테토스 그건 분명 옳지 못한 것 같습니다.

소크라테스 그렇다면 자네는 봄, 들음, 냄새 맡음, 차갑게 느낌, 뜨겁게 느낌 등을 포함하는 쪽에는 어떤 이름을 붙일 텐가?

e **테아이테토스** 저는 지각함이라고 부르겠습니다. 달리 무슨 이름을 붙

일 수 있겠습니까?

소크라테스 그러면 자네는 그것을 지각이라고 통칭하는 겐가?

테아이테토스 당연하지요.

소크라테스 그런데 우리 주장에 따르면 지각은 진리를 파악하는 데 관여하지 않네. 그것은 존재를 파악하는 데 관여하지 않으니까.

테아이테토스 관여하지 않고말고요.

소크라테스 그렇다면 지각은 지식에도 관여하지 않네.

테아이테토스 관여하지 않아요.

소크라테스 그렇다면 테아이테토스, 지각과 지식은 같은 것일 수 없네.

테아이테토스 분명히 같은 것이 아닙니다, 소크라테스 선생님. 이제야 지각과 지식은 다르다는 것이 명명백백하게 밝혀졌군요.

소크라테스 그러나 우리가 이 논의를 시작한 것은 지식은 무엇이 아 187a
닌지를 밝혀내기 위해서가 아니라, 지식이 무엇인지를 밝혀내기 위해서였네. 그렇지만 우리는 약간의 진전을 이루기는 했네. 이제 우리는 지각에서 지식을 찾는 것을 완전히 포기하고, 존재하는 것들에 혼이 스스로 몰입할 때의 혼의 활동을 무엇이라고 부르건 혼의 그런 활동에서 지식을 찾을 테니 말일세.

테아이테토스 소크라테스 선생님, 제 생각에 그런 활동은 '판단함'이

82 이런 지식은 경험적 지식을 넘어서서 존재, 진리에 부합하는 엄격하고 참된 인식을 목표로 삼는다.

라고 불리는 것 같습니다.

소크라테스 옳은 생각일세, 테아이테토스. 이제 처음부터 다시 시작
b 하게. 우리가 앞서 말한 것을 모두 지워버리고, 자네가 이만큼 진전
을 이룬 지금은 더 잘 보이는지 살펴보게나. 자, 지식이 무엇인지 다
시 한번 말해보게.

2. 지식은 참된 판단이다: 거짓된 판단의 모순들 (187b~201c)

테아이테토스 소크라테스 선생님, 모든 판단[83]이 지식이라고 말하는 것은 불가능합니다. 거짓된 판단도 있으니까요. 그러나 참된 판단은 지식이겠지요. 이것을 제 대답이라고 여기셔도 좋아요. 만약 논의가 진행되면서 이것이 지금과는 달리 오답으로 드러나면, 그때는 다른 대답을 찾아보겠습니다.

소크라테스 자네가 처음에 그랬듯이 대답하기를 망설이기보다는 이
렇게 열성적으로 말해야 하네, 테아이테토스. 우리가 이렇게 행동하
c 면, 우리가 추구하는 것을 찾게 되든가, 아니면 우리가 전혀 모르는
것을 안다고 생각하는 경향이 줄어들든가 둘 중 한 가지 일이 벌어질
테니 말일세. 사실 이것도 나쁘지 않은 보답이라고 할 수 있지. 그런
데 지금 자네가 말하는 것은 무엇인가? 판단에는 참된 판단과 거짓
된 판단 두 종류가 있는데, 자네는 지식을 참된 판단으로 정의한다는
말인가?

테아이테토스 저는 그렇게 정의합니다. 지금 제게는 그렇게 보이니까요.

소크라테스 여기서 판단에 관한 논의[84]를 다시 시작하는 것이 보람된 일인지…

테아이테토스 무엇을 두고 그렇게 말씀하시는 건가요?

소크라테스 전에도 종종 그랬지만, 지금도 뭔가가 괴롭혀서 나는 혼 d
자 성찰하거나 남과 대화할 때 몹시 난처해진다네. 나는 이 경험이 무엇이며, 어떻게 해서 생기는지 설명할 수 없으니까.

테아이테토스 그게 어떤 경험이죠?

소크라테스 어떤 사람이 거짓된 판단을 하는 것 말일세. 우리가 이 문제를 제쳐두어야 할지, 아니면 조금 전과는 다른 방법으로 검토해야 할지 여전히 갈피를 못 잡겠구먼.

테아이테토스 당연히 검토해야겠지요, 소크라테스 선생님. 조금이라도 그럴 필요가 있다고 여겨진다면 말입니다. 선생님과 테오도로스님은 방금 여가에 관해 대화하시면서 이런 종류의 토론을 할 때는 서둘러서는 안 된다고 좋은 말씀을 해주셨잖아요.[85]

소크라테스 제대로 일깨워주었네. 지금이야말로 우리가 온 길을 되돌 e
아갈 때일세. 많은 일을 불만족스럽게 하는 것보다는 적은 일이라도 제대로 잘하는 것이 더 나으니까.

테아이테토스 물론입니다.

소크라테스 어떻게 시작할까? 우리가 말하는 것이 무엇인가? 매번 거

83 doxa. 문맥에 따라 '의견'으로도 옮길 수 있다.

84 167a ~ b 참조.

85 154e, 172c ~ d 참조.

짓된 판단을 할 수 있으므로 우리 가운데 누구는 거짓된 판단을 하고 누구는 참된 판단을 하는데, 사물의 본성상 그럴 수밖에 없다는 것이 우리의 주장인가?

테아이테토스 네, 그게 우리의 주장입니다.

188a **소크라테스** 그렇다면 사물 전체나 개별 사물과 관련하여 우리가 이를 알거나 알지 못한다는 것은 가능하지 않겠는가? 중간 단계인 배움과 잊음은 당장에는 우리 논의와 무관하므로 지금은 제쳐두어도 무방할 테니까.

테아이테토스 그럴 경우 소크라테스 선생님, 남은 가능성은 어떤 것을 알거나 아니면 알지 못하는 것뿐입니다.

소크라테스 그렇다면 판단하는 사람은 필연적으로 자기가 아는 것을 판단하거나 아니면 자기가 알지 못하는 것을 판단할 수밖에 없지 않을까?

테아이테토스 당연하지요.

소크라테스 또한 동일한 것을 알면서 알지 못한다거나 알지 못하면서
b 안다는 것은 불가능하네.

테아이테토스 왜 아니겠습니까?

소크라테스 그렇다면 어떤 사람이 거짓된 판단을 할 때 그는 자기가 아는 것은 자기가 아는 다른 어떤 것이라고 생각할까? 그래서 그는 둘 다 알면서도 둘 다 알지 못하는 걸까?

테아이테토스 그건 불가능합니다, 소크라테스 선생님.

소크라테스 그렇다면 거짓된 판단을 하는 사람은 자기가 알지 못하는 것은 자기가 알지 못하는 다른 어떤 것이라고 생각할까? 이를테면 테

아이테토스도 소크라테스도 알지 못하는 사람이 소크라테스는 테아이테토스라든가 아니면 테아이테토스는 소크라테스라는 생각을 할 수 있을까?

테아이테토스 그게 어떻게 가능하겠습니까? c

소크라테스 그는 분명 자기가 아는 것을 알지 못하는 것으로 여기거나, 자기가 알지 못하는 것을 아는 것으로 여길 수 없네.

테아이테토스 그렇다면 그건 괴이한 일이겠지요.

소크라테스 그렇다면 거짓된 판단이 어떻게 가능하겠는가? 모든 것은 우리가 아는 것이거나 알지 못하는 것이므로 이것들 바깥에서 판단을 한다는 것은 불가능하고, 이것들 안에서는 거짓된 판단을 할 여지가 분명 어디에도 없으니 말일세.

테아이테토스 참으로 맞는 말씀입니다.

소크라테스 그렇다면 아는 것과 알지 못하는 것이 아니라 존재하는 것과 존재하지 않는 것에 근거하여 우리가 구하는 바를 찾는 편이 더 d
낫지 않을까?

테아이테토스 무슨 말씀이신지요?

소크라테스 간단히 말해서 어떤 것에 대해 존재하지 않는 의견을 갖는 사람은 거짓된 판단을 하지 않을 수 없을 걸세. 그 밖의 다른 점에서는 그의 생각이 어떠하든 말이야.

테아이테토스 그런 것 같습니다, 소크라테스 선생님.

소크라테스 어떤가, 테아이테토스? 만약 우리에게 "하지만 그대가 말하는 것이 누구에게나 가능한가요? 그리하여 어떤 사람이든 특정한 의미나 절대적 의미의 사물과 관련하여 존재하지 않는 의견을 가질

수 있나요?"라고 누가 묻는다면 우리는 뭐라고 말할 텐가? 우리는 아
e 마 이렇게 대답할 걸세. "그가 무엇인가를 생각하되 참이 아닌 것을 생각한다면 그럴 수 있지요." 아니면 우리는 어떻게 대답할 텐가?

테아이테토스 그렇게 대답하겠지요.

소크라테스 다른 경우에도 이런 것이 가능할까?

테아이테토스 어떤 것 말씀인가요?

소크라테스 어떤 사람이 무언가를 보면서도 아무것도 보지 않는 것 말일세.

테아이테토스 어떻게 그럴 수 있겠습니까?

소크라테스 어떤 사람이 어떤 것을 본다면 그는 존재하는 어떤 것을 보는 것일세. 아니면 자네는 어떤 것을 존재하지 않는 것들 사이에서 발견하리라고 생각하는가?

테아이테토스 그렇게 생각하지 않습니다.

소크라테스 그렇다면 어떤 것을 보는 사람은 존재하는 어떤 것을 보는 것일세.

테아이테토스 그런 것 같습니다.

189a **소크라테스** 그렇다면 어떤 것을 듣는 사람은 어떤 것을 듣는 것이며, 따라서 존재하는 것을 듣는 것일세.

테아이테토스 네.

소크라테스 또한 어떤 것을 만지는 사람은 어떤 것을 만지는 것이며, 그것이 하나라면 존재하는 하나를 만지는 것일세.

테아이테토스 그 또한 참입니다.

소크라테스 판단하는 사람은 어떤가? 그는 어떤 것을 판단하는 것이

아닐까?

테아이테토스 당연하지요.

소크라테스 그리고 어떤 것을 판단하는 사람은 존재하는 어떤 것을 판단하는 것이 아닐까?

테아이테토스 동의합니다.

소크라테스 그러면 존재하지 않는 것을 판단하는 사람은 아무것도 판단하지 않는 것일세.

테아이테토스 아무것도 판단하지 않는 것 같습니다.

소크라테스 그리고 아무것도 판단하지 않는 사람은 전혀 판단하지 않는 것일세.

테아이테토스 확실히 그런 것 같습니다.

소크라테스 그렇다면 존재하지 않는 것을 판단한다는 것은 불가능하 b
네. 존재하는 어떤 것과 관련해서든 아니면 절대적 의미에서든 말일세.

테아이테토스 불가능한 것 같습니다.

소크라테스 따라서 거짓된 판단을 하는 것은 존재하지 않는 것들을 판단하는 것과는 다른 것이네.

테아이테토스 다른 것인 듯합니다.

소크라테스 그렇다면 우리 안에 거짓된 판단은 없네. 지금 이 탐구 방법을 따르건 아니면 조금 전에 우리가 택한 탐구 방법을 따르건 말이야.

테아이테토스 없고말고요.

소크라테스 그렇다면 우리가 거짓된 판단이라고 부르는 것은 이렇게 생겨나는 것일까?

테아이테토스 어떻게 생겨난다는 거죠?

c **소크라테스** 우리는 거짓된 판단은 일종의 판단 착오라고 말하는데, 그런 일은 어떤 사람이 존재하는 두 가지를 마음속으로 혼동하여 A를 B라고 우길 때 일어나네. 그러면 그는 언제나 존재하는 것을 판단하지만 A 대신 B를 판단하는 셈인데, 이런 식으로 과녁을 빗맞히는 것을 거짓된 판단이라고 불러도 잘못은 아닐 걸세.

테아이테토스 이번에는 선생님께서 정곡을 찌르신 것 같아요. 어떤 사람이 아름다운 것 대신에 추한 것을 판단하거나 아니면 추한 것 대신에 아름다운 것을 판단할 때는, 참으로 거짓된 판단을 하는 것일 테니까요.

소크라테스 테아이테토스, 자네는 나를 얕잡아보고 두려워하지 않는 게 분명해.

테아이테토스 도대체 왜 그런 말씀을 하시는 거죠?

소크라테스 자네는 내가 자네의 '참으로 거짓된'이라는 표현을 공박
d 하지 않으리라고 생각하는 것 같구먼. 어떤 것이 느리게 빠르거나 무겁게 가볍거나, 대립되는 다른 것이 자신의 본성이 아니라 자신과 대립되는 것의 본성에 따라 자신과 대립될 수 있는지 따지면서 말일세. 그러나 이 문제는 제쳐두겠네. 자네의 용기가 헛되지 않기를 바라기 때문이지. 그러니까 자네는 거짓된 판단은 판단 착오라는 것에 만족한다는 말인가?

테아이테토스 네, 저는 만족합니다.

소크라테스 그러면 자네 판단에 따르면 마음은 A를 A가 아닌

B로 간주할 수 있겠구먼.

테아이테토스 그렇습니다.

소크라테스 누군가의 마음이 그렇게 할 때는 필시 둘 다를 생각하거 e
나 둘 중 하나를 생각하지 않을까?

테아이테토스 당연하지요. 둘 다를 동시에 생각하거나 잇달아 생각할 겁니다.

소크라테스 아주 좋아. 그런데 자네는 '생각'이라는 말을 나처럼 정의하는가?

테아이테토스 선생님께서는 어떻게 정의하시는데요?

소크라테스 무엇을 고찰하든 혼이 자신과 나누는 대화라고 정의하
네. 명심해두게. 전문가로서 그렇게 주장하는 것이 아니라, 내 생각
을 말하는 것뿐일세. 내가 보기에 혼이 생각한다는 것은 바로 혼이 190a
스스로에게 묻고 대답하고 긍정하고 부정함으로써 자신과 대화하는
것일세. 그리고 혼이 오랫동안 깊이 생각한 끝에 또는 단번에 어떤 결
론에 도달해서 더는 갈팡질팡하지 않고 같은 주장을 펼 때 우리는 그
것을 혼의 판단이라고 부르네. 그래서 나는 판단하는 것을 대화하는
것이라 정의하고, 판단을 대화라고 정의한다네. 큰 소리로 타인과 나
누는 대화가 아니라 조용히 자신과 나누는 대화 말일세. 자네는 어떻
게 정의하는가?

테아이테토스 저도 그렇게 정의합니다.

소크라테스 그러면 누가 A를 B라고 판단할 때는 분명 A를 B라고 자신에게 말하는 것일세.

테아이테토스 물론입니다. b

소크라테스 그렇다면 자네가 "아름다운 것은 단연 추한 것이다" 또는 "불의한 것은 단연 정의로운 것이다"라고 자네 자신에게 말한 적이 있는지 기억해보게. 간단히 말해서, 자네가 A는 단연 B라고 자네 자신을 설득하려 한 적이 있는지 생각해보게. 오히려 그와 정반대로 자네는, 홀수는 사실은 짝수라는 따위의 말은 꿈에서라도 감히 자네 자신에게 해본 적이 없었던 게 아닐까?

테아이테토스 맞는 말씀입니다.

c **소크라테스** 그런데 자네는 다른 누군가가 정신이 온전하든 미쳤든 "소는 말이다" 또는 "둘은 하나다"라고 자신에게 진지하게 말하며 자신을 설득하려 할 것이라고 생각하는가?

테아이테토스 제우스에 맹세코, 그렇게 생각하지 않습니다.

소크라테스 그러나 판단하는 것이 자신과 대화하는 것이라면, 두 사물을 말하고 판단하며 자신의 혼으로 두 사물을 모두 파악하는 사람은 어느 누구도 둘 중 하나가 둘 중 다른 것이라고 말하거나 판단할 수 없을 걸세. 이번에는 자네가 "둘 중 하나가 둘 중 다른 것이다"라는 내 말꼬리를 물고 늘어지지 않았으면 좋겠네. 내 말은, 추한 것
d 이 아름다운 것이라는 따위의 판단을 하는 사람은 아무도 없다는 뜻이니까.

테아이테토스 소크라테스 선생님, 물고 늘어지지 않을뿐더러 저는 선생님 말씀에 동의합니다.

소크라테스 따라서 두 사물을 모두 판단하는 사람이 둘 중 하나가 둘 중 다른 것이라고 판단하는 것은 불가능하네.

테아이테토스 그런 것 같습니다.

소크라테스 또한 둘 중 하나만 판단하고 다른 것은 전혀 판단하지 못하는 사람은 둘 중 하나가 둘 중 다른 것이라고 결코 판단하지 않을 걸세.

테아이테토스 맞는 말씀입니다. 아니라면 그는 자신이 판단하지 못하는 것도 파악하고 있어야 할 테니까요.

소크라테스 따라서 두 사물을 모두 판단하는 사람도 둘 중 하나만 판단하는 사람도 판단 착오를 저지를 여지는 없네. 그러니 거짓된 판단 e
을 판단 착오로 정의하려는 사람은 무의미한 말을 하는 것일세. 이런 접근 방법은 우리가 앞서 시도한 접근 방법들만큼이나 우리 안에 거짓된 판단이 존재한다는 것을 밝히지 못했기 때문일세.

테아이테토스 그런 것 같습니다.

소크라테스 그렇지만 테아이테토스, 거짓된 판단이 존재하지 않는 것으로 밝혀진다면 우리는 여러 불합리한 것을 인정해야 할 걸세.

테아이테토스 그게 어떤 것들인가요?

소크라테스 가능한 모든 접근 방법을 시도해보기 전에는 말하지 않겠네. 우리가 난관에 봉착했다고 내가 말하는 그런 불합리한 것들을 어쩔 수 없이 인정해야 한다면 그건 부끄러운 일일 테니까. 그러나 만약 우리가 구하던 것을 찾고 난관에서 벗어난다면, 그때는 비로소 우 191a
리가 웃음거리가 되는 데서 벗어나 남들이 어째서 우리가 겪은 것과 똑같은 우스꽝스러운 처지에 놓이는지 말할 걸세. 하지만 난관에서 벗어날 길을 전혀 찾지 못한다면, 우리는 아마도 뱃멀미하는 사람들처럼 의기소침하여 우리를 짓밟으며 제멋대로 하라고 자신을 논의에 내맡길 걸세. 마침 우리가 탐구를 계속할 수 있는 방법을 찾아낸 것 같은데, 한번 들어보게.

테아이테토스 말씀하십시오.

소크라테스 어떤 사람이 자신이 알지 못하는 것을 자신이 아는 것으로 판단함으로써 거짓된 판단을 하는 것은 불가능하다는 데 동의했
b 을 때, 나는 우리가 과오를 범한 것이라고 주장하려 하네. 오히려 어떤 방법으로는 그게 가능하다네.

테아이테토스 선생님께서는 앞서 우리가 그것은 불가능하다고 말했을 때 제 마음속에 떠올랐던 것을 말씀하시는 건가요? 그때 저는 소크라테스가 누구인지 알지만 제가 알지 못하는 다른 사람을 멀리서 보고는 그를 제가 아는 소크라테스로 여길 때도 더러 있을 것이라는 생각이 떠올랐거든요. 이런 경우에는 거짓된 판단을 할 수 있을 테니까요.

소크라테스 우리가 그것을 배제한 이유는 그런 것은 우리가 아는 것을 알면서도 알지 못하게 하기 때문이었네. 그렇지 않은가?

테아이테토스 물론입니다.

소크라테스 그렇다면 그렇게 가정하지 말고 이렇게 가정하세. 그것은
c 우리에게 도움이 될 수도 있고, 장애물이 될 수도 있을 걸세. 그래도 난관에 봉착해 있는 우리는 온갖 논리를 이리저리 돌려가며 온갖 각도에서 시험해보지 않을 수 없네. 내가 하는 말에 의미가 있는지 살펴보게. 누군가 전에 알지 못한 것을 나중에 배울 수 있는가?

테아이테토스 배울 수 있습니다.

소크라테스 다른 것도 차례차례 배울 수 있겠지?

테아이테토스 물론입니다.

소크라테스 그렇다면 논의를 위해 우리 마음속에는 밀랍 서판(서판)이 있는데, 사람에 따라 더 크기도 하고 더 작기도 하며, 더 순수하기도 하고 더 불순하기도 하며, 더 단단하기도 하고 더 무르기도 하지만 어떤 사람들의 경우에는 알맞은 상태에 있다고 가정해보게. d

테아이테토스 그렇게 가정하겠습니다.

소크라테스 그리고 이 밀랍 서판은 무사[86] 여신들의 어머니인 므네모쉬네[87]가 준 선물이며, 우리가 보았거나 들었거나 마음속으로 생각했던 것을 기억하고 싶으면 밀랍 서판을 지각이나 생각들 밑에다 대고 그것들을 거기에 각인한다고 말하기로 하세. 마치 인장 반지로 날인하듯이 말일세. 그리고 각인된 것은 그것의 상(像)이 존속하는 동안에는 우리가 기억하고 알지만, 지워지거나 각인될 수 없는 것은 우리가 잊어버리고 알지 못한다고 말하기로 하세. e

테아이테토스 그렇다고 가정해요.

소크라테스 그러면 사물을 이런 식으로 아는 사람이 자기가 보거나 듣는 것 가운데 어떤 것을 고찰한다고 생각해보게. 그는 다음과 같은 방법으로 거짓된 판단을 할 수 있지 않을까도 살펴보게.

테아이테토스 그게 어떤 방법이죠?

소크라테스 자신이 아는 것을 어떤 때는 자신이 아는 것이라고 생각하고 어떤 때는 자신이 알지 못하는 것이라고 생각함으로써 말일세.

86 Mousa. 시가(詩歌)의 여신.

87 Mnemosyne. 기억의 여신.

우리는 앞서 그런 것은 불가능하다는 데 동의했지만, 그것은 잘못 동의한 것이기에 하는 말일세.

테아이테토스 지금 무슨 말씀이신지요?

192a **소크라테스** 우리는 이렇게 구별함으로써 논의를 시작해야 하네. ① 어떤 사람이 A를 알고는 있지만(다시 말해 혼이 그것에 대한 기억을 간직하고는 있지만) 지각하지 못한다면, 역시 알고는 있지만(다시 말해 기억을 간직하고는 있지만) 역시 지각하지 못하는 B와 혼동한다는 것은 불가능하네. ②어떤 사람이 A를 알고 있다면 그것을 그가 알지 못하는(다시 말해 각인된 상이 남아 있지 않은) B와 혼동한다는 것은 불가능하네. ③어떤 사람이 A를 알지 못한다면 역시 그가 알지 못하는 B와 혼동한다는 것은 불가능하네. ④어떤 사람이 A를 알지 못한다면 그가 알고 있는 B와 혼동한다는 것은 불가능하네. ⑤어떤 사람이 A를 지각한다면 역시 그가 지각하는 B와 혼동한다는 것은 불가능하네. ⑥어떤 사람이 A를 지각한다면 그가 지각하지 못하는 B와 혼동한다는 것은 불가능하네. ⑦어떤 사람이 A를 지각
b 하지 못한다면 역시 그가 지각하지 못하는 B와 혼동한다는 것은 불가능하네. ⑧어떤 사람이 A를 지각하지 못한다면 그가 지각하는 B와 혼동한다는 것은 불가능하네. ⑨어떤 사람이 누가 A를 알고 있고 지각한다면(다시 말해 그것의 기억이 남아 있고 그 기억이 지각과 일치한다면) 역시 그가 알고 있고 지각하는(다시 말해 그것의 기억이 남아 있고 그 기억이 지각과 일치하는) B와 혼동한다는 것은 불가능하네. 이것은 앞의 경우들보다 더더욱 불가능하네. 불가능에도 정도가 있다고 한다면 말이야. ⑩어떤 사람이 A를 알고 있고 지각한다

면(다시 말해 제대로 기억을 간직하고 있다면) 그가 알고 있는 B와 혼동한다는 것은 불가능하네. ⑪ 어떤 사람이 A를 알고 있고 지각한다면(다시 말해 기억이 앞서 말한 것과 같은 상태에 있다면) 그가 지각하는 B와 혼동한다는 것은 불가능하네. ⑫ 어떤 사람이 A를 알지 c 못하고 지각하지 못한다면 역시 그가 알지 못하고 지각하지 못하는 B와 혼동한다는 것은 불가능하네. ⑬ 어떤 사람이 A를 알지 못하고 지각하지 못한다면 그가 알지 못하는 B와 혼동한다는 것은 불가능하네. ⑭ 어떤 사람이 A를 알지 못하고 지각하지 못한다면 그가 지각하지 못하는 B와 혼동한다는 것은 불가능하네.

이 모든 경우 거짓된 판단을 한다는 것은 전혀 불가능하네. 그렇지만 거짓된 판단을 할 수 있는 경우들이 남아 있네. 어디엔가 그런 일이 일어날 수 있다면 말일세.

테아이테토스 그게 어떤 경우들이죠? 말씀해주시면 제가 좀 더 잘 이해할 수 있겠지요. 지금은 제가 따라가지 못하겠어요.

소크라테스 ⑮ 어떤 사람이 A를 알고 있다면 그가 알고 있고 지각하는 B와 혼동할 수 있네. ⑯ 어떤 사람이 A를 알고 있다면 그가 알지는 못하지만 지각하는 B와 혼동할 수 있네. ⑰ 어떤 사람이 A를 알고 d 있고 지각한다면 역시 그가 알고 있고 역시 지각하는 B와 혼동할 수 있네.

테아이테토스 이번에는 아까보다 더 못 따라가겠어요.

소크라테스 다시 설명할 테니 들어보게. 나는 테오도로스님을 알고 있고 그분이 어떤 사람인지 마음속으로 기억하고 있으며, 마찬가지로 나는 테아이테토스도 알고 있네. 그러나 나는 그대들을 어떤 때는 보고 어떤 때는 보지 못하며, 어떤 때는 만지고 어떤 때는 만지지 못하며, 어떤 때는 듣거나 다른 감각기관을 통해 지각하고 어떤 때는 그대들을 전혀 지각하지 못하네. 그럼에도 나는 그대들을 기억하고 마음속으로 그대들을 알고 있네. 그렇지 않은가?

테아이테토스 물론입니다.

e **소크라테스** 그렇다면 알아두게. 내가 분명히 해두고 싶은 첫 번째 논점은 바로 어떤 사람이 알고 있는 것을 지각할 수도 있고 지각하지 못할 수도 있다는 것일세.

테아이테토스 맞습니다.

소크라테스 어떤 사람이 알지 못하는 것도 마찬가지가 아닐까? 그는 지각조차 못하는 때가 있는가 하면 단지 지각만 하는 때도 있지 않을까?

테아이테토스 그 역시 가능합니다.

소크라테스 이번에는 자네가 더 잘 따라올 수 있겠는지 살펴보게. 소
193a 크라테스가 테오도로스와 테아이테토스를 알고 있지만 두 사람 가운데 어느 누구도 보지 못하거나 다른 방법으로 지각하지 못한다면 그는 테아이테토스가 테오도로스라고 마음속으로 판단하지 못할 걸세. 맞는 말인가, 아니면 틀린 말인가?

테아이테토스 아니, 맞는 말씀입니다.

소크라테스 이것이 내가 말한 첫 번째 경우일세.

테아이테토스 그렇습니다.

소크라테스 두 번째 경우는 내가 그대들 가운데 한 사람은 알지만 다른 사람은 알지 못하고 그대들 가운데 어느 누구도 지각하지 못한다

면, 나는 내가 알고 있는 사람을 내가 알지 못하는 사람과 혼동할 수 없다는 것이었네.

테아이테토스 옳은 말씀입니다.

소크라테스 그리고 세 번째 경우는 내가 그대들 가운데 어느 누구도 b 알지 못하고 어느 누구도 지각하지 못한다면 두 사람 가운데 내가 알지 못하는 사람을 역시 내가 알지 못하는 다른 사람과 혼동할 수 없다는 것이었네. 또한 내가 그대들 두 사람을 모두 알든 아니면 모두 알지 못하든, 또는 내가 한 사람은 알고 다른 사람은 알지 못하든 내가 자네와 테오도로스에 관해 결코 거짓된 판단을 할 수 없는 다른 경우들을 일일이 다시 열거하는 것을 들었다고 생각하게. '알다'를 '지각하다'로 바꾸어놓더라도 그 점은 마찬가지일세. 따라오겠는가?

테아이테토스 따라가고 있습니다.

소크라테스 그러면 우리가 거짓된 판단을 할 가능성이 남아 있는 것은 다음과 같은 경우일세.[88] 이를테면 나는 자네와 테오도로스님을 알고 있고 마치 그대들이 인장 반지인 양 그대들 두 사람의 표지를 저 c 가상의 밀랍 서판에 간직하고 있네. 그리고 나는 그대들 두 사람을 멀리서 흐릿하게 보며 그대들을 알아보고 싶어서 각자의 고유한 표지를 각자의 고유한 외관에 배정하며, 말하자면 그 외관을 그 자체의 자국에 끼워 맞추려고 서두르다 실수하여 왼쪽과 오른쪽 구두를 바꿔 신은 사람처럼 한 사람의 외관을 다른 사람의 표지에다 맞춘다

88 ⑰ 참조.

네. 내 실수는 왼쪽과 오른쪽이 뒤바뀐 거울상을 보는 것에 비유될
d 수도 있을 걸세. 그래서 이럴 때 판단 착오를 하고 거짓 판단을 한
다네.

테아이테토스 소크라테스 선생님, 아닌 게 아니라 그런 것 같아요. 선생님께서는 판단에 관해 놀랍도록 훌륭하게 설명하셨습니다.

소크라테스 그러나 이게 전부가 아닐세. 내가 그대들 두 사람을 알고 있을뿐더러 한 사람은 지각하지만 다른 사람은 지각하지 못하는데, 다른 사람에 관한 내 지식이 내 지각과 일치하지 않을 때도 거짓된 판단을 하게 되네.[89] 나는 조금 전에도 그런 경우를 그렇게 표현했지만 그때는 자네가 내 말을 이해하지 못했지.

테아이테토스 네, 이해하지 못했습니다.

e **소크라테스** 그때 내 말뜻은, 어떤 사람이 A를 알고 있고 지각하는데
A에 관한 지식이 지각과 일치한다면, 그는 A를 역시 그가 알고 있고
지각하는데 그것에 관한 지식이 지각과 일치하는 B와는 결코 혼동
하지 않으리라는 것이었네.[90] 내 말뜻이 그런 게 아니었던가?

테아이테토스 네, 그런 것이었습니다.

소크라테스 그러나 우리가 거짓된 판단을 하게 된다고 내가 방금 말
194a 한 경우는 빠져 있네. 어떤 사람이 A와 B를 모두 알고 있고 A와 B를
모두 보거나 다른 방법으로 지각하지만 각자의 표지가 그것에 대한
지각과 일치하지 않을 경우 말일세. 그것은 서투른 궁수(弓手)가 쏜
화살이 과녁에서 벗어나 빗맞는 것과도 같은데, 그런 빗맞음이 바로
'실수' 또는 '거짓'이라네.

테아이테토스 당연하지요.

소크라테스 그리고 표지 중 하나에 속하는 지각은 있지만 다른 것에 속하는 지각은 없는데, 없는 지각에 속하는 표지를 있는 지각에 맞춘다면, 이런 경우에는 생각이 언제나 기만당한다네. 한마디로 만약 우리의 주장이 건전한 것이라면, 알지 못하고 지각하지 못한 것들과 관련해서는 기만당하는 것도 거짓 판단을 하는 것도 불가능해 보이 b 네. 그러나 우리가 알고 있고 지각하는 것들과 관련해서는 판단이 뒤틀리며 빙빙 돌다가 참된 것이 되거나 거짓된 것이 되는데, 판단이 인상들을 제 자국에 똑바로 갖다 대면 참된 것이 되고, 판단이 인상들을 제 것이 아닌 자국에 비스듬히 갖다 대면 거짓된 것이 된다네.

테아이테토스 소크라테스 선생님, 정말로 훌륭한 설명입니다. 그렇지 않습니까?

소크라테스 내가 지금 하려는 말을 듣고 나면 자네는 더욱더 그렇게 c 말하고 싶어질 걸세. 참된 판단을 하는 것은 좋은 일이고, 거짓된 판단을 하는 것은 창피한 일이니까.

테아이테토스 왜 아니겠습니까?

소크라테스 그리고 그 이유는 이렇다고 하네. 누군가의 혼 안에 있는 밀랍이 두껍고 많고 부드럽고 적당히 반죽이 되어 있으면 지각을 통해서 들어오는 상(像)들은 혼의 이 심장에 각인되네(호메로스의 '심장'이라는 말은 '밀랍'과의 유사성을 암시한다네).[91] 아무튼 밀랍이 그

89 ⑮ 참조.
90 ⑨ 참조.

d 런 상태에 있는 사람들은 각인된 표지들이 깨끗하고 충분한 두께를 지니고 있어 오래간다네. 그래서 그런 사람들은 첫째, 쉽게 배우고, 둘째, 기억력이 좋으며, 셋째, 지각의 표지들을 혼동하지 않으므로 참된 판단을 하네. 그런 사람들은 표지들이 선명하고 사이가 넓어서 존재하는 모든 것을 그것이 속하는 표지들에 신속하게 배정하기 때문이지. 그래서 그런 사람들은 현인(賢人)이라고 불린다네. 자네는 동의하지 않는가?

테아이테토스 전적으로 동의합니다.

e **소크라테스** 그러나 누군가의 심장에 털이 나 있거나(만사에 지혜로운 시인은 그런 상태를 칭찬하셨네)[92] 심장이 불결하거나 순수하지 못한 밀랍으로 되어 있거나 너무 무르거나 너무 딱딱할 때는 어떨까? 밀랍이 무른 사람들은 쉽게 배우지만 잘 잊어버리고, 밀랍이 딱딱한 사람들은 그 반대일 걸세. 그리고 속에 있는 밀랍이 털북숭이이고 울퉁불퉁하고 돌덩이 같고 흙과 오물 범벅인 사람들이 받는 표지들은 선명하지 못하네. 밀랍이 딱딱한 사람들이 받는 표지들도 선명하지

195a 못한데, 그 표지들에는 두께가 없기 때문이지. 부드러운 밀랍이 받는 표지들 역시 선명하지 못하네. 금세 녹아 흐릿해지니 말이야. 그 밖에도 좁고 하찮은 혼 안에 공간이 부족하여 서로 포개져 있으면 표지들은 더욱더 불명확해지네. 그래서 이런 사람들은 모두 거짓된 판단을 하기 쉽네. 그들이 무엇을 보거나 듣거나 생각할 때 그것을 그것의 고유한 표지들에 재빨리 배정하지 못하기 때문이지. 그래서 그들은 굼뜨기도 하고 사물을 엉뚱한 표지들에 배정하기도 하는지라 대개 잘못 보고 잘못 들으며 잘못 생각한다네. 따라서 이런 사람들은 존재

하는 것들에 관해 거짓된 판단을 하는 무지한 자들이라고 불리지.

테아이테토스 소크라테스 선생님, 참으로 옳은 말씀입니다. b

소크라테스 그렇다면 거짓된 판단들은 우리 안에 있다고 말할까?

테아이테토스 당연하지요.

소크라테스 참된 판단들도?

테아이테토스 네, 참된 판단들도요.

소크라테스 이제야 우리는 분명 이런 두 판단이 존재한다는 만족스러운 합의를 이끌어낸 것 같네.

테아이테토스 그렇습니다.

소크라테스 그런데 테아이테토스, 수다쟁이는 정말로 무섭고 불쾌한 존재인 것 같네.

테아이테토스 뭐라고요? 왜 그런 말씀을 하시는 거죠?

소크라테스 나 자신의 아둔함과 수다스러움이 마뜩잖아서 하는 말일 c
세. 정말이지 어떤 사람이 아둔해서 말귀를 알아듣지 못하고 논의를 이리저리 끌고 다니고 무슨 논의에든 집요하게 매달릴 때, 자네는 그것을 달리 뭐라고 부를 수 있겠는가?

테아이테토스 하지만 특히 어떤 점이 마뜩잖습니까?

소크라테스 나는 마뜩잖기만 한 것이 아니라 내게 이렇게 묻는 사람이 있다면 뭐라고 대답해야 할지 두렵기까지 하다네. "그렇다면 소크

91 호메로스의 작품에서 '심장'을 의미하는 ker는 '밀랍'을 뜻하는 그리스어 keros와 비슷하다.

92 『일리아스』 2권 851행. 호메로스는 '그런 상태'를 용맹의 상징으로 보고 있다.

d 라테스, 당신은 거짓된 판단이 지각끼리의 관계나 생각끼리의 관계로 존재하는 것이 아니라, 지각과 생각의 결합으로 존재한다는 것을 발견하셨소?" 나는 아마도 "그렇소"라고 말하며 무슨 대단한 것이라도 발견한 듯이 우쭐대겠지.

테아이테토스 소크라테스 선생님, 제가 보기에 선생님께서 방금 보여주신 것은 결코 수치스러운 게 아닌 것 같은데요.

소크라테스 "그렇다면" 하고 그는 말을 이을 걸세. "우리가 생각만 하고 보지는 못하는 사람을 역시 우리가 생각만 하고 보거나 만지거나 다른 방법으로 지각하지 못하는 말(馬)과 혼동할 수 없다는 것이 당신의 주장 아닌가요?" 나는 아마 그게 내 주장이라고 말할 걸세.

테아이테토스 그러시는 것이 옳겠지요.

e **소크라테스** "어떤가요?" 하고 그는 말을 이을 걸세. "당신 논리에 따르면 우리가 생각만 하는 11이라는 수를 역시 우리가 생각만 하는 12라는 수와 혼동하는 일은 결코 없겠군요?" 자, 테아이테토스, 자네가 대답해보게.

테아이테토스 제 대답은 어떤 사람이 보거나 만지거나 하는 11을 12라고 생각할 수는 있어도 그가 마음속에 갖고 있는 11과 관련해서 그런 판단을 하는 것은 있을 수 없다는 것입니다.

소크라테스 어떤가? 자네는 누가 마음속으로 5와 7을 고찰한 적이 있
196a 을 거라고 생각하는가? 5명과 7명 같은 것이 아니라, 우리가 밀랍 서판에 찍힌 기억 자국이라고 말하고 거짓된 판단의 대상이 될 수 없다고 주장하는 5와 7 자체 말일세. 그가 그것들에 관해 자신과 대화하며 그것들을 합하면 얼마인지 자신에게 묻는다고 가정해보게. 그럴

경우 자네는 어떤 사람은 그것들은 11이라고 생각하기도 하고 말하기도 하는가 하면, 다른 사람은 12라고 생각하기도 하고 말하기도 하리라고 생각하는가? 아니면 모든 사람이 12라고 말하고 12라고 생각할까?

테아이테토스 제우스에 맹세코, 그렇지 않습니다. 많은 사람이 그것 b
들은 11이라고 생각할 걸요. 그리고 더 큰 수를 고찰하다 보면 실수할 가능성이 더 높아요. 선생님께서 수에 관해 말씀하시는 것 같아서 드리는 말씀입니다.

소크라테스 옳은 말일세. 그런데 자네는 이런 상황에서 일어나는 일은 정확히 누군가 밀랍 서판 속의 12를 11과 혼동하는 것이라고 생각하지 않는가?

테아이테토스 그런 것 같습니다.

소크라테스 그렇다면 우리는 애초의 논의로 되돌아간 것 아닌가?[93] 누구한테 이런 일이 일어난다면 그는 자기가 알고 있는 어떤 것을 자기가 알고 있는 다른 것이라고 생각하는 거니까. 그런데 우리는 이것이 불가능하다고 말했고, 그래서 거짓된 판단 같은 것은 있을 수 없다는 결론을 내리지 않을 수 없었네. 그러지 않으면 같은 사람이 같 c
은 것을 동시에 알기도 하고 알지 못하기도 해야 할 테니까.

테아이테토스 참으로 맞는 말씀입니다.

소크라테스 그렇다면 우리는 거짓된 판단은 생각과 지각의 혼동이라

93 188b 참조.

는 주장을 버려야 하네. 거짓된 판단이 그런 것이라면 우리가 추상적 사고와 관련하여 실수하는 일은 있을 수 없으니까. 그러니 거짓된 판단 같은 것은 없거나, 아니면 어떤 사람이 알고 있는 것을 알지 못한다는 것은 불가능하네. 자네는 이 둘 중 어느 쪽을 택할 텐가?

테아이테토스 어려운 선택을 하라고 하시는군요, 소크라테스 선생님.

d **소크라테스** 그리고 우리의 논의는 양쪽 다 허락하지 않을 성싶네. 그러나 우리는 어떤 모험도 불사해야 하는 만큼 염치없는 짓을 한번 해보면 어떨까?

테아이테토스 그게 뭐죠?

소크라테스 안다는 것이 도대체 무엇인지 말하려 하는 것 말일세.

테아이테토스 그게 왜 염치없는 짓인가요?

소크라테스 자네는 기억나지 않나 본데, 우리의 논의는 처음부터 지식에 대한 탐구였네. 우리는 지식이 무엇인지 알지 못하니까.

테아이테토스 기억납니다.

소크라테스 우리가 지식이 무엇인지 알지도 못하면서 안다는 것이 무엇인지 설명한다면 자네는 이것이야말로 염치없는 짓이라고 생각하
e 지 않는가? 한데 실은 테아이테토스, 우리의 대화는 아까부터 불순물로 오염되어 있었네. 우리는 셀 수 없을 만큼 여러 번 '우리는 알고 있다' '우리는 알지 못한다' '우리는 지식을 갖고 있다' '우리는 지식을 갖고 있지 못하다'고 말했으니까. 마치 지식이 무엇인지 아직 몰라도 우리가 서로에게 말하는 것은 무엇이든 이해할 수 있는 것처럼 말일세. 원한다면 다른 예를 들어볼까? 방금도 우리는 '무식하다'거나 '이해하다'라는 낱말들을 사용했네. 우리에게 지식이 없어도 그런 낱말

들을 사용할 권리가 있는 것처럼 말일세.

테아이테토스 그렇지만 소크라테스 선생님, 그런 낱말들을 멀리하신다면 대화는 어떻게 하시려고요?

소크라테스 나 같은 사람이야 대화할 수 없겠지. 그러나 내가 궤변가 197a
라면 할 수 있을 걸세. 그런 사람이 지금 이 자리에 있다면 그런 낱말들을 삼가라고 요구하며 내가 언급한 실수들을 저지른다고 우리를 심하게 나무랐을 거라는 말일세. 그렇지만 우리는 보잘것없는 사람들이니까 자네는 내가 용기를 내어 안다는 것이 무엇인지 말해주기를 바라는가? 내가 보기에 그러는 것이 조금은 보탬이 될 것 같아서 하는 말일세.

테아이테토스 제발 용기를 내십시오. 선생님께서 그런 낱말들을 삼가지 않으셔도 우리는 타박하지 않을 테니까요.

소크라테스 그렇다면 자네는 사람들이 안다는 것을 요즘 무엇이라고 말하는지 들어본 적은 있는가?

테아이테토스 들어본 것 같기는 한데, 당장에는 기억이 나지 않습니다.

소크라테스 사람들은 안다는 것을 '지식을 갖고 있는 것'[94]이라고 말 b
하는 것 같네.

테아이테토스 맞습니다.

소크라테스 우리는 그것을 조금 바꿔서 '지식의 소유'[95]라고 말하기로 하세.

94 epistemes hexis.

테아이테토스 선생님께서는 둘 사이에 어떤 차이가 있다고 말씀하시겠어요?

소크라테스 차이가 없을지도 모르지. 하지만 내가 차이라고 생각하는 것을 말할 테니 듣고 나서 함께 검토해보세.

테아이테토스 그럴 수 있다면요.

소크라테스 내가 보기에 '갖고 있는 것'은 '소유하는 것'과 같은 것이 아닌 듯하네. 예컨대 어떤 사람이 외투를 사서 차지하고는 있지만 입고 있지 않다면, 우리는 그가 외투를 갖고 있는 것이 아니라 소유하고 있다고 말해야 하네.

테아이테토스 옳은 말씀입니다.

c **소크라테스** 지식도 그처럼 소유는 하되 갖지는 않을 수 있는지 살펴보게. 예컨대 어떤 사람이 비둘기 같은 들새들을 잡은 뒤 집에 새장을 만들어 거기에다 키운다고 생각해보게. 그러면 우리는 그가 그 들새들을 소유하고 있으므로 어떤 의미에서는 늘 갖고 있는 것이라고 말할 수 있을 걸세. 그렇지 않은가?

테아이테토스 네, 그렇습니다.

소크라테스 그러나 다른 의미에서는 그는 그것들을 한 마리도 갖고 있지 않네. 가질 수는 있지만 말일세. 들새들은 그의 울타리에 갇혀 그의 수중에 있는 셈이니까. 그는 들새들을 아무 녀석이나 아무 때나
d 사냥할 수 있고, 마음 내킬 때마다 그것을 가지기도 하고 다시 놓아주기도 할 수 있다는 말일세. 또한 그는 원할 때는 언제고 그럴 수 있네.

테아이테토스 그렇습니다.

소크라테스 그렇다면 조금 전에 우리가 혼 안에 일종의 밀랍 서판을 만들었던 것처럼 이번에도 각각의 혼 안에 온갖 새를 위해 새장을 만들어보세. 어떤 새들은 따로 떼를 짓고, 어떤 새들은 작은 집단을 이루고, 어떤 새들은 모든 새들 사이를 홀로 이리저리 아무 데고 날아다니네.

테아이테토스 그런 새장이 만들어졌다고 치고, 그다음은 뭐죠? e

소크라테스 우리가 어린아이일 때는 이 그릇이 비어 있다고 말해야 하며, 새들은 여러 지식이라고 생각해야 하네. 그리고 누가 어떤 종류의 지식을 습득해서 울타리 안에 가두건 우리는 그가 그 지식과 관련된 사물을 배웠거나 발견했다고 말해야 하며, 또한 안다는 것은 그런 것이라고 말해야 하네.

테아이테토스 그렇다고 해두죠.

소크라테스 그러면 원하는 지식을 사냥해서 붙잡아 갖고 있다가 도 198a
로 놓아주는 과정에 대해서는 어떤 이름들이 필요하겠는지 생각해보게. 처음에 지식을 습득했을 때와 같은 이름들이 필요한지, 아니면 다른 이름들이 필요한지 생각해보라는 말일세. 내가 예를 들어 설명하면 자네가 더 잘 이해할 걸세. 자네는 산술이라는 기술이 있다고 말하는가?

테아이테토스 네.

소크라테스 그러면 산술을 모든 홀수와 짝수에 관한 지식들의 사냥이라고 생각해보게.

95 epistemes ktesis.

테아이테토스 그러겠습니다.

소크라테스 내 생각에, 어떤 사람이 수에 관한 지식을 손안에 갖고 있
b 는 것도, 남에게 그 지식을 넘겨줄 수 있는 것도 이 기술 덕분인 듯하네.

테아이테토스 네.

소크라테스 그리고 우리는 지식을 넘겨주는 것을 '가르치는 것'이라 부르고, 넘겨받는 것을 '배우는 것'이라 부르며, 저 가상의 새장 안에 소유함으로써 갖고 있는 것을 '아는 것'이라 부르네.

테아이테토스 물론입니다.

소크라테스 그렇다면 그다음 단계에 유의하게나. 완벽한 수학자라면 모든 수를 알고 있지 않을까? 모든 수에 관한 지식이 그의 혼 안에 들어 있으니까.

테아이테토스 물론입니다.

c **소크라테스** 그런 사람은 계산할 수 있을 걸세. 머릿속에 있는 수들 자체건, 아니면 수를 가진 외부 대상들이건 말이야.

테아이테토스 왜 아니겠습니까?

소크라테스 그런데 계산한다는 것은 바로 어떤 수가 실제로 얼마나 많은지 고찰하는 것일세. 그렇지 않은가?

테아이테토스 그렇습니다.

소크라테스 그렇다면 모든 수를 안다고 우리가 동의한 사람은 자신이 아는 것을 마치 알지 못하는 것처럼 고찰할 것이네. 자네는 분명 그런 종류의 논쟁거리[96]를 가끔 들어봤을 걸세.

테아이테토스 네, 들어봤습니다.

소크라테스 그러면 우리는 비둘기들의 소유와 사냥의 비유를 이용해 서 사냥에는 두 가지가 있다는 것을 설명할 수 있을 걸세. 하나는 소유하기 전에 소유하기 위해서 하는 사냥이고, 다른 하나는 소유한 뒤에 이미 소유한 것을 붙잡아서 손안에 갖기 위해 하는 사냥일세. 그와 마찬가지로 자네가 배운 것들에 관한 지식을 오래전부터 소유하고 있었고 알고 있었다 해도 그것을 다시 배울 수 있네. 전에 습득했지만 당장에는 생각나지 않는 각각의 지식을 붙잡아서 갖는다는 의미에서 말일세. 그렇지 않은가? d

테아이테토스 맞습니다.

소크라테스 그러면 내 질문의 요지는 수학자가 계산을 하려 하거나 e
문자를 아는 사람이 무엇인가를 읽으려 할 때 우리는 그런 것을 무엇이라고 불러야 하느냐는 것이었네. 그런 경우 우리는 그가 알면서도 자기가 아는 것을 자기한테 다시 배우려 한다고 말해야 하는가?

테아이테토스 하지만 그건 이상하게 들려요, 소크라테스 선생님.

소크라테스 그러면 우리는 그가 모든 수 또는 모든 문자를 안다고 인
정해놓고 그가 알지 못하는 것을 읽거나 계산하려 한다고 말해야 하 199a
는가?

테아이테토스 그 역시 불합리합니다.

소크라테스 그렇다면 자네는 '아는 것'과 '배우는 것'이라는 낱말들을 제멋대로 이리저리 끌고 다니는 사람이 있다면, 우리는 그가 용어 따

96 이에 관해서는 『메논』 80d ~ e 참조.

위에는 관심이 없다고 말했으면 좋겠는가? 그러나 우리는 지식을 소유하는 것과 지식을 갖는 것은 별개의 것이라고 구분했으니, 소유한 것을 소유하지 않는 것은 불가능하며 따라서 누가 알고 있는 것을 알지 못하는 일은 일어날 수 없지만, 알고 있는 것에 관해 거짓된 판단
b 을 하는 것은 가능하다고 말할까? 그것에 관한 지식은 갖지 못하고 엉뚱한 것에 관한 지식을 가질 수 있으니 말일세. 주위로 날아다니는 지식 가운데 특정 지식을 사냥하다가 실수로 엉뚱한 지식을 붙잡는 사람이 있다고 가정해보게. 그런 경우가 바로 마치 비둘기 대신 산비둘기를 붙잡듯이 그가 12에 관한 지식 대신 자신 안에 있는 11에 관한 지식을 붙잡은 까닭에 11이 12라고 생각할 때일세.

테아이테토스 일리 있는 말씀입니다.

소크라테스 그러나 그가 붙잡으려던 지식을 붙잡을 때 우리는 그가 실수하지 않고 참된 판단을 한다고 말할 걸세. 이렇게 해서 참된 판
c 단도 거짓된 판단도 존재하는 것이며, 우리를 괴롭히던 장애물들은 제거되었네. 자네는 아마 동의하겠지? 아니면 동의하지 않을 텐가?

테아이테토스 동의합니다.

소크라테스 그럴 테지. 우리는 알고 있는 것을 알지 못한다는 난관을 극복했으니 말일세. 소유한 것을 소유하지 못하는 일은 우리가 어떤 것과 관련하여 실수를 하건 안 하건 결코 일어날 수 없으니까. 그런데 더 무서운 다른 일이 모습을 드러내는 것 같네.

테아이테토스 그게 뭐죠?

소크라테스 지식이 서로 바뀌는 것이 거짓된 판단이 되는 것 말일세.

테아이테토스 무슨 말씀이신지요?

소크라테스 첫째, 그것은 어떤 것에 대해 지식을 갖고 있는 사람은 자 d
신의 무지가 아니라 바로 자신의 지식 때문에 그것을 모른다는 것을 뜻하네. 둘째, 이것은 다른 어떤 것이고 다른 어떤 것이 이것이라고 판단하는 것은 매우 불합리하지 않은가? 그것은 지식이 있어도 혼은 아는 것이 아무것도 없고 모든 것에 무지하다는 것을 의미하니까. 이런 논리에 따르면 무지가 우리에게 다가와서 뭔가를 알게 만들고, 눈멂이 우리가 뭔가를 보게 만드는 것을 막을 것은 아무것도 없네. 만약 지식이 누군가를 무지하게 만든다면 말일세.

테아이테토스 소크라테스 선생님, 아마도 우리가 새들이 여러 지식만 e
을 나타내게 한 게 잘못이고, 여러 무지도 지식과 함께 혼 안을 날아다니는 것으로 생각했어야 했나 봅니다. 그러면 새들을 사냥하는 사람은 어떤 때는 어떤 것의 지식을 잡고, 어떤 때는 같은 것의 무지를 잡을 텐데, 무지에 의해서는 거짓된 판단을 하고 지식에 의해서는 참된 판단을 하겠지요.

소크라테스 테아이테토스, 자네를 칭찬하지 않기란 쉬운 일이 아닐세. 그렇지만 자네가 말한 것을 다시 검토해보게. 자네가 말한 대로
라고 하세. 무지를 붙잡는 사람은 거짓된 판단을 한다는 것이 자네 200a
주장일세. 그렇지 않은가?

테아이테토스 그렇습니다.

소크라테스 하지만 그는 분명 자기가 거짓된 판단을 한다고 생각하지 않을 걸세.

테아이테토스 물론입니다.

소크라테스 오히려 그는 참된 판단을 한다고 생각하며, 자기가 실수

한 것들과 관련하여 아는 것처럼 행세할 걸세.

테아이테토스 물론입니다.

소크라테스 그래서 그는 자신이 사냥해서 갖고 있는 것은 지식이며 무지가 아니라고 생각할 걸세.

테아이테토스 확실합니다.

소크라테스 그렇다면 우리는 먼길을 돌고 돌아 애초의 난관으로 돌아
b 왔네. 논박에 능한 그 사람은 웃으면서 이렇게 말할 테니까. "여보시오들, 당신들은 다음 몇 가지 중에서 선택할 수 있소. 어떤 이가 지식과 무지를 둘 다 아는 경우에는 자신이 알고 있는 어떤 것을 자신이 알고 있는 다른 것이라고 생각할까요? 아니면 지식도 무지도 알지 못하는 경우에는 자신이 알지 못하는 어떤 것을 역시 자신이 알지 못하는 다른 것이라고 생각할까요? 아니면 둘 중 하나는 알지만 다른 것은 알지 못할 경우에는 자신이 알고 있는 어떤 것을 자신이 알지 못하는 어떤 것과 혼동하거나 자신이 알지 못하는 어떤 것을 자신이 알고 있는 어떤 것과 혼동할까요? 어느 쪽을 택하시겠소? 아니면 이번
c 에는 지식과 무지에 관한 지식들도 있다고 말하면서, 그것들은 또 다른 새장이나 밀랍 서판에 갇혀 있는데 그것들을 소유한 사람은 설령 그것들을 당장 혼 안에 갖고 있지 않더라도 그것들을 소유하고 있는 한 그것들을 알고 있다고 주장하시겠소? 그러면 당신들은 한 발짝도 나아가지 못하고 끊임없이 같은 곳을 맴돌 것이오." 테아이테토스, 우리는 이에 대해 뭐라고 대답할까?

테아이테토스 소크라테스 선생님, 정말이지 뭐라고 말해야 할지 모르겠습니다.

소크라테스 그러면 여보게, 그 논의가 우리를 나무라면서 우리가 지식은 제쳐둔 채 먼저 거짓된 판단을 찾는 것은 잘못이라고 지적하는 것은 당연한 일 아닐까? 사실 지식의 본성을 충분히 파악하기 전에 d
는 거짓된 판단이 무엇인지 안다는 것은 불가능하네.

테아이테토스 지금으로서는 선생님 말씀에 동의하지 않을 수 없군요, 소크라테스 선생님.

소크라테스 그렇다면 처음부터 다시 시작하세. 지식을 뭐라고 정의할 텐가? 아직은 우리가 포기하지 않은 것 같기에 묻는 걸세.

테아이테토스 포기하지 않고말고요. 선생님께서 포기하시지 않는 한은요.

소크라테스 말해보게. 우리가 그것을 뭐라고 정의해야 자기모순에 빠질 위험이 가장 적겠는가?

테아이테토스 소크라테스 선생님, 우리가 아까 시도한 그것이라고 정 e
의하겠습니다. 저는 다른 것은 가진 게 없으니까요.

소크라테스 그게 뭐였지?

테아이테토스 참된 판단이 지식이라는 것 말입니다. 아무튼 참된 판단은 과오에서 자유롭고 그 결과들은 모두 아름답고 훌륭하니까요.

소크라테스 테아이테토스, 강여울을 건너는 길을 안내하는 사람이 말했듯이 '그건 저절로 드러나겠지.'[97] 우리 경우에도 우리가 꾸준히

97 강이 깊은지 묻는 나그네들에게 안내인이 건너보면 알 것 아니냐는 뜻으로 한 말이라고 한다.

201a 탐구하면 우리가 찾는 것이 저절로 발 앞에 모습을 드러내겠지만, 가만히 서 있으면 아무것도 발견하지 못할 걸세.

테아이테토스 옳은 말씀입니다. 우리도 꾸준히 탐구하도록 해요.

소크라테스 잠시만 탐구하면 되네. 어떤 기술 전체가 참된 판단은 지식이 아니라는 것을 입증해주고 있으니 말일세.

테아이테토스 무슨 말씀이신지요? 그게 어떤 기술입니까?

소크라테스 저 지혜의 화신(化身)들이 행하는 기술 말일세. 사람들은 이들을 연설가나 법률가라고 부르지. 이들은 자신들의 기술로 남을 설득하되 가르침으로써 그러는 것이 아니라, 남이 자신들이 원하는
b 대로 판단하게끔 함으로써 설득하기 때문이지. 아니면 자네는 돈을 강탈당하거나 다른 폭행을 당한 사람들에게 일어난 사건의 진상을, 주어진 짧은 시간[98] 안에 사건 현장에 없던 사람들에게 충분히 가르쳐줄 수 있을 만큼 똑똑한 교사들이 있다고 생각하는가?

테아이테토스 저는 그렇게 생각하지 않지만, 그들이 사건 현장에 없던 사람들을 설득할 수는 있다고 봅니다.

소크라테스 그런데 자네가 말하는 남을 설득하는 것이란 남이 어떤 판단을 하게끔 하는 것이 아닐까?

테아이테토스 물론입니다.

소크라테스 그렇다면 목격자만이 알 수 있고 달리는 알 수 없는 어떤 사건과 관련하여 배심원들이 올바르게 설득되었다고 가정해보게. 남
c 이 전하는 소문만 듣고 배심원들이 참된 판단을 하여 판결했다고 가정해보라는 말일세. 그럴 경우 그들은 지식 없이 판결한 것일세. 그들이 올바르게 판결했을 경우에는 올바르게 설득된 것이긴 하겠지만

말일세. 그렇지 않은가?

테아이테토스 전적으로 동의합니다.

소크라테스 하지만 여보게. 만약 참된 판단과 지식이 같은 것이라면, 최고의 배심원이라도 지식 없이는 참된 판단을 할 수 없을 걸세. 그런데 사실 이 둘은 서로 다른 것인 듯하네.

3. 지식은 설명이 수반된 참된 판단이다: 소크라테스의 꿈
(201c~210d)

테아이테토스 그렇습니다, 소크라테스 선생님. 저는 전에 어떤 사람이 이 둘을 구별하는 것을 들은 적이 있는데 그동안 잊고 있다가 이제야 생각나는군요. 그가 말하기를, 설명이 수반된 참된 판단이 지식 d
이고, 설명이 수반되지 않은 참된 판단은 지식의 영역 바깥에 있다고 했습니다. 또한 설명될 수 없는 것들은 알 수 없는 것들—그는 실제로 그렇게 일컬었습니다—이고 설명될 수 있는 것들은 알 수 있는 것들이라고 했습니다.

소크라테스 좋은 말일세. 그런데 그가 무슨 근거로 알 수 있는 것들과 알 수 없는 것들을 구별했는지 말해주게. 자네가 들은 것과 내가 들은 것이 같은 이야기인지 알 수 있도록 말일세.

98 당시 아테나이 법정에서는 변론 시간을 제한하기 위해 물시계로 시간을 쟀다고 한다.

테아이테토스 생각해낼 수 있을지 모르겠네요. 하지만 다른 사람이 설명해주면 따라갈 수는 있을 것 같아요.

e **소크라테스** 자네가 꿈을 꾼 것이라면 내 꿈 이야기도 들어보게. 나는
어떤 사람들이 우리와 그 밖의 모든 것을 구성하는 원초적인 요소들
은 설명될 수 없다고 말하는 것을 들은 것 같네. 그것들 자체는 저마
다 이름만 덧붙일 수 있을 뿐, 있다거나 있지 않다고 그것에 대해 다
른 말을 하는 것은 불가능하네. 이는 우리가 그것에 존재함과 존재하
202a 지 않음을 덧붙이는 것인데, 우리가 이것 또는 저것 자체만을 논하고
자 할 때는 다른 것은 아무것도 덧붙여서는 안 되기 때문일세. 사실
'자체' '저것' '각각' '혼자' '이것' 따위의 수많은 수식어도 덧붙여서는
안 되네. 이런 것들은 사방을 돌아다니며 무분별하게 온갖 사물에
덧붙여지지만 그것들이 덧붙여지는 사물과는 다른 것이니까. 만약
원초적 요소를 설명하는 것이 가능하고 그 자체로 적절하게 설명할
수 있다면 그것을 논할 때 이 모든 수식어는 피해야 할 걸세. 그러나
b 사실 이런 원초적 요소는 어느 것도 설명할 수 없으며, 이름 붙이는
것만 가능하네. 그것이 가진 것은 이름이 전부이니까. 그러나 이들
요소로 구성된 사물의 경우에는 사물의 요소들이 함께 엮여 있듯이
그것의 이름들이 함께 엮여 설명된다네. 설명이란 본질적으로 이름
들의 엮임이니까. 그리하여 요소들은 설명이나 지식의 대상이 아니
라 지각의 대상이지만, 복합체들은 지식과 표현과 참된 판단의 대상
일세. 따라서 누군가가 어떤 것에 관해 참된 판단을 하지만 이를 설명
c 할 수 없을 때는, 그것에 관해 참된 생각을 하고는 있지만 그것을 알
지는 못하는 거라네. 어떤 것에 대해 설명을 주고받을 수 없는 사람

은 그것에 관해 지식이 없는 사람이니까. 그러나 그에 더하여 설명을 할 수 있다면 그는 지식과 관련해서 완전해지고 내가 말한 그 모든 것을 해낼 수 있네. 자네는 꿈속에서 그렇게 들었는가, 아니면 자네는 다른 꿈을 꾸었는가?

테아이테토스 전적으로 그렇게 들었습니다.

소크라테스 그러면 자네는 이 꿈에 만족하고 지식은 설명이 수반된 참된 판단이라고 생각하는가?

테아이테토스 그렇습니다.

소크라테스 그러면 테아이테토스, 수많은 현자가 오래전부터 찾다가 d
찾기도 전에 백발이 되어버린 것을 자네와 내가 오늘 찾아낸 것인가?

테아이테토스 아무튼 저는 방금 우리가 제시한 설명이 훌륭하다고 생각합니다, 소크라테스 선생님.

소크라테스 설명 자체는 옳을지도 모르지. 그도 그럴 것이, 설명과 참된 판단 없이 어떤 지식이 존재할 수 있겠는가? 하지만 그 설명에는 한 가지 불만스러운 점이 있네.

테아이테토스 그게 뭔가요?

소크라테스 요소들은 알 수 없지만 복합체들의 부류는 알 수 있다는
가장 기발한 대목 말일세. e

테아이테토스 그게 옳지 않은가요?

소크라테스 확인해봐야겠지. 우리는 현자가 그런 주장을 할 때 사용한 예(例)들을, 말하자면 이 이론을 위한 담보로 잡았으니까.

테아이테토스 어떤 예들 말씀이죠?

소크라테스 말의 요소인 자모[99]들과 그것들의 복합체인 음절[100]들 말

일세. 아니면 자네는 이 이론의 창시자가 다른 것을 염두에 두었으리라고 생각하는가?

테아이테토스 그는 다른 것이 아니라 바로 그것들을 염두에 두었겠지요.

203a **소크라테스** 그러면 그것들을 붙잡고 검토해보세. 아니, 오히려 우리 자신을 검토하면서 과연 그런 방법으로 우리가 자모를 배웠는지 아닌지 자문해보세. 그러면 먼저 말해주게. 음절들은 설명할 수 있지만, 자모들은 설명할 수 없는가?

테아이테토스 그런 것 같습니다.

소크라테스 나도 단연 그렇다고 생각하네. '소크라테스'의 첫 음절에 관해 자네에게 "테아이테토스, 말해보게. ΣΩ는 무엇인가?"라고 묻는 사람이 있다고 가정해보게. 자네는 뭐라고 대답할 텐가?

테아이테토스 시그마(Σ)와 오메가(Ω)라고 대답하겠어요.

소크라테스 그건 음절에 대한 자네의 설명일세. 그렇지 않은가?

테아이테토스 네, 그렇습니다.

b **소크라테스** 자, 그렇다면 시그마(Σ)에 대해서도 설명해주게.

테아이테토스 요소에 대한 요소들을 누가 설명할 수 있겠습니까? 소크라테스 선생님, 사실 시그마(Σ)는 자음의 하나로 혀가 쉿 하는 소리를 낼 때 내는 소리[101]에 지나지 않습니다. 베타(B)는 모음도 아니고 소리도 없는데, 그 점은 대부분의 자모가 마찬가지입니다. 그래서 그것들은 설명할 수 없다고 말하는 것은 아주 타당합니다. 그것 중에서 가장 명확한 일곱 모음[102]조차 소리만 갖고 있을 뿐 어떤 설명도 불가능하니까요.

소크라테스 그렇다면 여보게, 이 점에서는 우리가 지식과 관련하여 올바른 결론에 도달한 것 같네.

테아이테토스 그런 것 같습니다.

소크라테스 어떤가? 자모는 알 수 없지만 음절은 알 수 있다는 우리 주장은 옳은 것이었는가? c

테아이테토스 옳은 것 같습니다.

소크라테스 자, 그렇다면 우리는 음절을 두 개의 자모라고 하거나 자모가 여럿일 때는 자모 전체라고 말할까, 아니면 자모들이 결합할 때 생기는 하나의 형상(形相)[103]이라고 말할까?

테아이테토스 제 생각에는 자모 전체라고 해야 할 것 같습니다.

소크라테스 그렇다면 두 자모 Σ와 Ω의 경우를 살펴보게. 이 둘은 내 이름의 첫 음절일세. 그것을 아는 사람은 두 자모도 알 걸세. 그렇지 않은가?

테아이테토스 물론입니다. d

소크라테스 그러니까 그는 Σ와 Ω를 알고 있네.

테아이테토스 네.

소크라테스 어떤가? 그는 그것들 각각을 모르고 둘 중 어느 것도 알

99 stoicheion. 문맥에 따라 '요소'로도 옮겼다.

100 syllabe. 문맥에 따라 '복합체'로도 옮겼다.

101 마찰음.

102 alpha(α, a), epsilon(ε, e), eta(η, ē), iota(ι, i), omikron(ο, o), ypsilon(υ, y), omega(ω, ō).

103 idea.

지 못하면서 그것들을 둘 다 알 수 있을까?

테아이테토스 그렇다면 괴상하고 불합리한 일이겠지요, 소크라테스 선생님.

소크라테스 그러나 둘 다 알기 전에 그 각각을 반드시 알아야 한다면, 음절을 알려는 사람은 반드시 그 자모들을 먼저 알아야 하네. 그러면 우리의 훌륭한 논의는 줄행랑을 놓으며 사라져버릴 걸세.

e **테아이테토스** 그것도 순식간에 그러겠지요.

소크라테스 그건 우리가 제대로 감시하지 못했기 때문이겠지. 우리는 아마도 음절은 자모가 아니라 자모들에서 생겨난 단일한 형상으로서 고유한 특성을 지니고 있으며, 자모와는 다른 것이라고 주장했어야 했네.

테아이테토스 그렇습니다. 사실 그것이 더 그럴듯해 보이네요.

소크라테스 그걸 검토해봐야겠지. 우리는 위대하고 인상적인 이론을 그처럼 비겁하게 포기해서는 안 되니까.

테아이테토스 안 되고말고요.

204a **소크라테스** 그러면 우리가 방금 주장한 대로라고 가정하세. 음절 또는 복합체는 여러 요소의 결합에서 생기는 단일한 형상이고, 이 점은 자모들과 그 밖의 다른 것들의 경우에도 모두 마찬가지라고.

테아이테토스 맞아요.

소크라테스 그러면 복합체는 부분들을 가져서는 안 되네.

테아이테토스 어째서 그렇지요?

소크라테스 어떤 것의 부분들이 있다면 전체는 반드시 부분들의 총합일 테니까. 아니면 자네는 전체도 부분들에서 생겨난 하나의 형상이지만 부분들의 총합과는 다른 것이라고 주장하는가?

테아이테토스 저는 그렇다고 생각합니다.

소크라테스 그러면 자네는 총합과 전체를 같은 것이라고 부르는가, 아니면 둘은 각각 별개의 것이라고 말하는가? b

테아이테토스 확실하게는 알지 못하지만, 선생님께서 열성적으로 답변하라고 하시니 위험을 무릅쓰고 그것들은 별개의 것이라고 대답하겠습니다.

소크라테스 테아이테토스, 자네의 열성은 옳지만 자네의 대답도 옳은지는 우리가 검토해봐야 하네.

테아이테토스 네, 검토해봐야 합니다.

소크라테스 지금의 논리에 따르면 전체는 총합과 다를 걸세. 그렇지 않은가?

테아이테토스 네.

소크라테스 다음은 어떤가? 총합과 그것에 포함된 전부 사이에 어떤 차이가 있는가? 예를 들어 우리가 1, 2, 3, 4, 5, 6이라고 말하거나 3×2 또는 2×3 또는 3+2+1이라고 말할 때, 이 모든 경우에 우리는 c 같은 것을 말하는가 아니면 다른 것을 말하는가?

테아이테토스 같은 것을 말합니다.

소크라테스 바로 6을 말하는 것이겠지?

테아이테토스 그렇습니다.

소크라테스 그렇다면 우리는 각각의 표현으로 6을 전부 말한 것 아니겠는가?

테아이테토스 그렇습니다.

소크라테스 그런데 우리가 6의 전부를 말할 때 어떤 총합도 말하지 않을까?

테아이테토스 반드시 말하겠지요.

소크라테스 그 총합이란 6 말고 다른 것일까?

테아이테토스 아닙니다.

d **소크라테스** 그렇다면 수로 이루어진 모든 것의 경우 '총합'과 '전부'는 같은 것을 가리키는 게 아닐까?

테아이테토스 그런 것 같습니다.

소크라테스 이번엔 이 문제에 관해 이렇게 논의해보세. 플레트론[104]의 수와 플레트론은 같은 것일세. 그렇지 않은가?

테아이테토스 그렇습니다.

소크라테스 그 점은 스타디온[105]의 수도 마찬가지일세.

테아이테토스 그렇습니다.

소크라테스 또한 군대의 수와 군대도 같은 것이며, 그런 종류의 것들은 모두 그 점에서 마찬가지일세. 그런 것들은 저마다 수의 총합이 그것의 총합이니까.

테아이테토스 그렇습니다.

e **소크라테스** 그런데 그것들 각각의 수는 그것의 부분들과 설마 다르지 않겠지?

테아이테토스 다르지 않습니다.

소크라테스 따라서 부분들을 가진 것은 부분들로 이루어지겠지?

테아이테토스 그런 것 같습니다.

소크라테스 그런데 우리는 수의 총합이 총합이므로 부분들 전부가

총합이라는 데 합의했네.[106]

테아이테토스 그렇습니다.

소크라테스 그러면 전체는 부분들로 이루어지지 않네. 만약 전체가 모든 부분으로 이루어진다면, 전체는 총합이 될 테니까.

테아이테토스 그런 것 같습니다.

소크라테스 하지만 부분이 전체의 부분이 아니라면 도대체 무엇의 부분일 수 있겠는가?

테아이테토스 총합의 부분일 수 있겠지요.

소크라테스 자네 참 용감하게 싸우는구먼, 테아이테토스. 그러나 '총 205a
합'이란 정확히 아무것도 부족한 게 없는 것을 뜻하지 않는가?

테아이테토스 당연하지요.

소크라테스 전체도 마찬가지로 어떤 것도 부족한 게 없는 것 아니겠는가? 어떤 것에 부족한 것이 있다면 그것은 전체도 아니고 총합도 아니지 않겠는가? 그것은 동시에 둘 다에서 둘 중 어느 것도 아닌 것으로 변하니 말일세.

테아이테토스 이제는 전체와 총합 사이에 아무런 차이도 없는 것 같습니다.

소크라테스 우리는 어떤 것의 부분들이 있다면 그것의 전체 또는 총합은 부분들의 전부일 것이라고 말하지 않았던가?

104 plethron. 길이의 단위로 쓰일 때 1플레트론은 100푸스(피트), 약 29.57미터.

105 stadion. 1스타디온은 약 177미터이다.

106 204b 참조.

테아이테토스 확실히 그렇게 말했습니다.

b **소크라테스** 그러면 내가 방금 말하려고 한 것[107]으로 돌아가세. 만약 음절이 그것의 자모들과 같은 것이 아니라면, 음절은 자모들을 자신의 부분들로 가질 수 없지 않겠는가? 그와 달리 만약 음절이 자모들과 같은 것이라면, 음절은 필시 자모들만큼만 알 수 있을 걸세. 그렇지 않은가?

테아이테토스 그렇습니다.

소크라테스 그래서 우리는 이런 사태를 피하려고 음절은 자모들과 다른 것이라고 생각하지 않았던가?

테아이테토스 그렇습니다.

소크라테스 어떤가? 만약 자모들이 음절의 부분들이 아니라면, 자네는 음절의 부분들이지만 음절의 요소들은 아닌 다른 것들을 말해줄 수 있겠는가?

테아이테토스 결코 그럴 수 없습니다, 소크라테스 선생님. 만약 제가 음절의 부분들이 있다고 인정한다면 자모들을 제쳐두고 다른 성분들을 찾는다는 것은 분명 우스꽝스러울 테니까요.

c **소크라테스** 그렇다면 테아이테토스, 지금 자네가 주장하는 바에 따르면 음절은 부분들로 나뉠 수 없는 어떤 단일한 형상일 걸세.

테아이테토스 그런 것 같습니다.

소크라테스 여보게, 기억하는가? 우리는 조금 전에 사물의 일차적인 구성 성분들은 저마다 그 자체로는 복합적인 것이 아니기 때문에 합리적으로 설명할 수 없으며, '존재하다' '그것' 같은 표현들은 다르고 이질적이므로 그런 것들에 사용하는 것은 옳지 못하다는 생각을 받아들이고 인정했네. 또한 우리는 그런 이유에서 그런 것들은 저마다 설명할 수 없고 알 수 없는 것이라는 데에도 동의했네.[108]

테아이테토스 기억합니다.

소크라테스 그러면 바로 이것이 그것들이 저마다 단일한 형상이고 부분들로 나뉠 수 없는 이유 아니겠는가? 아무튼 내게 다른 이유는 보이지 않네. d

테아이테토스 네, 분명 다른 이유는 보이지 않습니다.

소크라테스 그러니 만약 복합체 또는 음절이 부분들을 갖지 않고 단일한 형상이라면 요소 또는 자모와 같은 부류가 아니겠는가?

테아이테토스 전적으로 동의합니다.

소크라테스 그러면 두 가지 가능성이 있네. 만약 음절이 하나의 전체이고 그 수가 얼마나 많건 그것을 구성하는 자모들과 같은 것이라면, 부분들 전부가 전체와 같은 것으로 밝혀진 만큼 음절과 자모는 같은 정도로 알 수 있고 설명할 수 있네.

테아이테토스 그렇고말고요. e

소크라테스 한편 만약 음절이 단일하고 부분들이 없는 것이라면, 그때는 음절과 자모는 같은 이유에서 같은 정도만큼 설명할 수도 없고 알 수도 없네.

테아이테토스 아니라고 부정할 수가 없군요.

107 203d ~ e 참조.

108 201e ~ 202e 참조.

소크라테스 그렇다면 음절 또는 복합체는 알 수 있고 설명할 수 있지만 자모 또는 요소는 그렇지 않다고 말하는 사람이 있더라도 우리는 그것을 받아들여서는 안 되네.

테아이테토스 안 되고말고요. 우리 논의가 설득력이 있는 것이라면 말입니다.

206a **소크라테스** 어떤가? 읽기를 배울 때의 경험을 떠올리면 자네는 오히려 그와 반대되는 주장을 받아들이고 싶어지지 않는가?

테아이테토스 어떤 경험 말씀인가요?

소크라테스 읽기를 배우는 내내 자네는 각 자모의 모양과 소리를 구별하는 일에 전념할 거라는 말일세. 말하기와 쓰기에서 그것들이 어떻게 배열되든 헷갈리지 않으려고.

테아이테토스 참으로 맞는 말씀입니다.

소크라테스 그리고 음악 교사에게 배울 때 그 목표는 바로 각각의 음
b 을 따라갈 수 있고 어느 현이 그런 음을 내는지 말할 수 있는 것 아니겠는가? 그런데 음표가 음악의 요소라는 데에는 누구나 동의할 걸세.

테아이테토스 그렇습니다.

소크라테스 그러니 경험을 통해 친숙한 요소들과 복합체들로부터 다른 경우들을 추론해야 한다면, 우리는 요소들의 부류를 훨씬 더 명확하게 알 수 있으며, 각각의 학습 분야를 완전하게 파악하기 위해서는 복합체들보다는 요소들을 아는 것이 훨씬 중요하다고 주장할 걸세. 그리고 복합체는 본성상 알 수 있지만 요소는 알 수 없다고 주장하는 사람이 있다면, 우리는 그가 의도적이든 아니든 농담을 한다고

생각할 걸세.

테아이테토스 물론입니다.

소크라테스 이를 입증할 다른 증거들도 제시할 수 있을 걸세. 하지만 그런 것들 때문에 우리 앞에 던져진 문제를 살펴보는 일을 잊어서는 안 될 걸세. 그것은 참된 판단에 덧붙여진 설명이 가장 완전한 지식이 된다는 말이 도대체 무엇을 의미하느냐는 것일세. c

테아이테토스 네, 우리는 이 문제를 살펴봐야 합니다.

소크라테스 그런데 우리는 '설명'이라는 말을 어떻게 이해해야 할까? 내 생각에는 세 가지 가능성이 있는 듯하네.

테아이테토스 그게 어떤 것들이죠?

소크라테스 첫 번째 가능성은 동사와 명사를 사용해서 말로 자신의 생각을 밝히는 것으로, 마치 물이나 거울에 반영하듯 입을 통과하는 흐름에 자신의 판단을 반영하는 것이지. 자네는 그런 것이 설명이라고 생각하지 않는가? d

테아이테토스 그렇다고 생각합니다. 아무튼 우리는 그러는 사람을 가리켜 '설명한다'고 말합니다.

소크라테스 그런데 그것은 태어날 때부터 귀머거리나 벙어리가 아닌 이상 누구나 때가 되면 할 수 있는 일 아닌가? 어떤 것에 대해 생각하는 바를 표현하는 것 말일세. 그런 의미에서 어떤 것을 올바르게 판단하는 사람들은 누구나 그것을 설명할 수 있을 것이며, 지식을 떠나서는 올바른 판단이 존재할 여지가 어디에도 없네. e

테아이테토스 맞습니다.

소크라테스 그러니 지식은 지금 우리가 고찰하는 방식으로 정의해야 한다고 주장하는 사람을 허튼소리를 한다고 경솔하게 비난하지 않기로 하세. 그게 그의 말뜻이 아닐 수도 있으니까. 어쩌면 그는 어떤 것이 무엇이냐는 질문에 그것의 요소들을 열거함으로써 대답할 수
207a 있다는 뜻으로 그런 말을 했을 수도 있네.

테아이테토스 예를 들어 설명해주세요, 소크라테스 선생님.

소크라테스 예컨대 헤시오도스는 달구지에 대해 "달구지 1대 만드는 데 100개의 널빤지가 든다"[109]고 말했네. 그런데 그 널빤지들이 무엇인지 나는 말할 수 없고, 자네도 아마 말할 수 없을 걸세. 달구지가 무엇이냐는 질문을 받고 "바퀴, 차축, 차대, 가로대, 멍에"라고 대답할 수 있으면 우리는 그걸로 만족해할 걸세.

테아이테토스 물론입니다.

소크라테스 그러나 우리의 적대자는 비웃을 걸세. 마치 우리는 문법학자이니 테아이테토스라는 이름을 문법적으로 설명하겠다고 말해
b 놓고 자네 이름의 음절만 말하고 자모들은 말하지 않은 것처럼 말이야. 우리는 올바르게 판단하고 바른말을 하는 것일 수 있네. 그러나 그는 참된 판단에 덧붙여 아까 우리가 말했듯[110] 그것의 요소들을 처음부터 끝까지 모두 검토하기 전에는 어떤 것도 알 수 있게 설명하기란 불가능하다고 말할 걸세.

테아이테토스 아닌 게 아니라 우리는 그렇게 말했습니다.

소크라테스 그는 달구지와 관련해서도 같은 말을 할 걸세. 우리는 단지 올바르게 판단할 뿐이고, 100개의 부분들을 검토함으로써 달구
c 지가 무엇인지 설명할 수 있는 사람이라야 그럼으로써 참된 판단에 설명을 덧붙인 것이며, 요소들을 통해 전체를 검토함으로써 단순한

판단 대신 달구지에 관한 전문지식을 습득한 것이라고 말일세.

테아이테토스 소크라테스 선생님, 선생님께서는 그 말에 동의하시나요?

소크라테스 여보게, 자네가 동의하는지 말해주게. 어떤 것의 요소들을 검토하는 것은 설명하는 것이지만, 복합체들이나 더 큰 단위를 검토하는 것은 설명이 아니라는 생각을 받아들이는지 말일세. 우리가 그 점을 고찰할 수 있도록 말이야. d

테아이테토스 네, 저는 받아들입니다.

소크라테스 그러면 자네가 어떤 사람이 뭔가를 안다고 생각하는 것은, 그가 같은 것이 때로는 어떤 것의 부분이고 때로는 다른 것의 부분이라고 생각할 때인가, 아니면 그가 때로는 어떤 것이 때로는 다른 것이 같은 것의 부분이라고 판단할 때인가?

테아이테토스 단연코 저는 그렇게 생각하지 않습니다.

소크라테스 그러면 자네가 자모를 처음 배우기 시작할 때 자네도 자네의 학우(學友)들도 그렇게 했다는 걸 잊었는가?

테아이테토스 우리가 때로는 어떤 자모가 때로는 다른 자모가 같은 e
음절의 부분이라고 생각하고, 같은 자모를 때로는 적절한 음절에 때로는 엉뚱한 음절에 갖다붙이던 때를 말씀하시는 건가요?

소크라테스 그게 내 말뜻일세.

109 헤시오도스, 『일과 날』 456행.

110 206a 참조.

테아이테토스 제우스에 맹세코, 잊지 않았습니다. 또한 저는 그런 상태에 있는 사람들은 알고 있는 것이 아니라고 생각합니다.

소크라테스 어떤가? 그런 단계에서 누가 "Theaitetos"를 쓰면서 테타
208a (Θ)와 엡실론(E)을 써야 한다고 생각하고는 실제로 그렇게 쓸 때와, 이어서 그가 "Theodoros"를 쓰려 하면서 타우(T)와 엡실론(E)을 써야 한다고 생각하고는 실제로 그렇게 쓸 때, 우리는 그가 자네 이름의 첫 음절을 안다고 말할 텐가?

테아이테토스 아니요, 우리는 그런 상태에 있는 사람은 아는 것이 아니라는 데 방금 동의했습니다.

소크라테스 그러면 같은 사람이 자네 이름의 두 번째와 세 번째와 네 번째 음절과 관련하여 같은 상태에 있는 것을 막아줄 그 무엇이 있을까?

테아이테토스 아니요, 아무것도 없습니다.

b **소크라테스** 그러나 그가 모든 자모를 순서대로 적어 "Theaitetos"를 쓸 때는 올바르게 판단할 것이고 요소들을 검토하는 방법을 쓰게 될 걸세.

테아이테토스 분명히 그렇습니다.

소크라테스 그러나 그는 올바르게 판단하기는 해도 여전히 지식이 없겠지? 그게 우리 주장 아닌가?

테아이테토스 네.

소크라테스 하지만 그는 올바르게 판단할 뿐만 아니라 설명까지 하고 있네. 그는 요소들을 검토하는 방법으로 썼는데, 우리는 그것이 설명이라는 데 동의했으니까.

테아이테토스 맞습니다.

소크라테스 그러면 여보게, 올바른 판단에 설명이 수반되어도 여전히 지식이라고 불려서는 안 되는 그런 것이 있다는 결론에 도달하네.

테아이테토스 혹시 그러지 않을까 두렵습니다.

소크라테스 그렇다면 우리가 지식에 대한 가장 참된 정의(定義)를 손에 넣었다는 희망에 부풀었을 때 한낱 허망한 꿈을 꾸었나 보군. 그래도 그 이론을 아직은 비난하지 말까? 우리가 받아들여야 하는 정 c
의는 아마 그런 것이 아닌 듯하네. 그러나 우리가 지식을 설명이 수반된 올바른 판단이라고 정의하면서 그것이 의미할 수 있는 세 가지 가능성을 언급했는데, 그중 하나가 아직 남아 있네.

테아이테토스 일깨워주셔서 고맙습니다. 아직 한 가지 가능성이 남아 있으니까요. 첫 번째는 소리에 의한 생각의 모상(模像)이고, 우리가 방금 논의한 두 번째는 요소들을 통해 전체에 접근하는 방법이었습니다. 그런데 선생님께서는 무엇을 세 번째 가능성이라고 말씀하시는 건가요?

소크라테스 대부분의 사람이 말할 법한 것일세. 문제의 대상을 다른 것들과 구분 짓는 어떤 특징을 말할 수 있는 능력 말이야.

테아이테토스 선생님께서는 어떤 것에 대한 그런 설명을 예를 들어 말씀해주실 수 있겠습니까?

소크라테스 자네만 좋다면 해를 예로 들겠네. 지구 주위를 도는 천체 d
중에서는 해가 가장 밝다는 설명에 자네는 아마 만족할 걸세.

테아이테토스 물론입니다.

소크라테스 내가 왜 이런 말을 하는지 말하겠네. 우리가 방금 말한 것을 예를 들어 설명하기 위해서라네. 그것은 바로 어떤 것을 다른 것과 구분 짓는 특징을 파악하면 그때는 자네가 어떤 사람들 말마따나 그것에 관한 설명을 포착하겠지만, 만약 자네가 포착한 특징이 다른 것들에도 공통된 것이라면 자네의 설명은 그런 특징을 공유하는 모든 것에 관련되리라는 것이었네.

e **테아이테토스** 알겠습니다. 그리고 저는 그런 것을 설명이라고 부르는 것이 옳다고 생각합니다.

소크라테스 따라서 존재하는 어떤 것을 올바르게 판단하는 사람이 거기에 더하여 그것을 다른 것들과 구분 짓는 차이점을 파악한다면, 전에는 그가 판단만 하던 것을 이제는 알게 될 걸세.

테아이테토스 네, 그게 우리의 주장입니다.

소크라테스 그렇지만 테아이테토스, 내가 더 가까이 다가간 지금은 우리 주장이 전혀 이해가 되질 않네. 마치 음영화(陰影畵)에 다가간 것처럼 말이야. 내가 멀리 떨어져 있는 동안에는 거기에 어떤 의미가 있는 것처럼 보였는데 말일세.

테아이테토스 무슨 말씀이신지요?

209a **소크라테스** 말해보겠네. 내가 할 수 있다면 말이야. 내가 자네를 올바로 판단하고 거기에 더하여 자네를 설명할 수 있다면 나는 자네를 아는 것이고, 그러지 못하면 자네를 판단만 할 뿐이네.

테아이테토스 네.

소크라테스 그리고 여기서 설명이란 자네의 차이점을 해석하는 것[111]이었네.

테아이테토스 그렇습니다.

소크라테스 그렇다면 내가 판단만 할 때는 자네와 다른 사람들을 구분 짓는 차이점에는 전혀 생각이 미치지 못했네. 그러지 않은가?

테아이테토스 그런 것 같습니다.

소크라테스 그러니까 나는 자네만의 특징이 아닌 어떤 공통점만을 생각하고 있었네.

테아이테토스 당연하지요. b

소크라테스 하지만 그런 경우에 도대체 어째서 내 판단이 다른 사람보다는 자네에 대한 것일 수 있겠는가? 내가 테아이테토스는 눈, 코, 입 따위의 지체를 모두 갖춘 사람이라고 생각했다고 가정해보게. 그런 생각을 한다고 해서 내가 테오도로스나 가장 먼 곳에 사는 야만인보다 테아이테토스를 더 생각한다는 보장이 어디 있는가?

테아이테토스 물론 그런 보장은 없습니다.

소크라테스 그러나 내가 코와 눈을 가진 사람뿐 아니라 들창코와 퉁방울눈을 가진 사람을 생각했다고 가정해보게. 그런다 해도 내가 나 c
자신이나 그런 특징들을 지닌 다른 사람들보다는 자네를 더 생각할 것이라는 어떤 보장이 있는가?

테아이테토스 없습니다.

소크라테스 내 생각에, 자네 특유의 들창코가 내가 본 다른 모든 들창코와 다른 것으로 내 기억에 각인되고 저장되기 전에는 테아이테토스는 내 안에서 판단의 대상이 되지 못할 걸세. 그 점에서는 자네

111 hermeneia.

를 자네이게끔 해주는 모든 다른 특징도 마찬가지일세. 그때는 내가 내일 자네를 만나면 자네의 그런 특징이 내 기억을 되살려 내가 자네를 올바르게 판단하게 해줄 걸세.

테아이테토스 참으로 맞는 말씀입니다.

d **소크라테스** 그렇다면 어떤 것에 대한 올바른 판단도 그것의 차별성과 관계가 있는 것 같구먼.

테아이테토스 그런 것 같습니다.

소크라테스 그렇다면 올바른 판단에 설명을 덧붙인다는 것이 더 이상 무슨 의미가 있겠는가? 만약 그것이 한편으로는 어떤 것이 다른 것들과 어떻게 차이가 나는지에 대해 다른 판단을 덧붙이는 것을 뜻한다면, 그것은 참으로 우스꽝스러운 요구이기 때문일세.

테아이테토스 어째서 그렇습니까?

소크라테스 어떤 것이 다른 것들과 어떻게 차이가 나는지 우리가 이미 올바르게 판단하고 있는데, 그것은 우리에게 같은 것이 다른 것들과 어떻게 차이가 나는지 올바른 의견을 덧붙이라고 요구하는 것이
e 니까. 그러면 우리는 빙글빙글 돌 텐데, 가장 힘들게 각종 기구를 돌리는 고역도 그런 요구에 견주면 아무것도 아닐세. 그것은 장님이 장님의 갈라잡이 노릇을 하는 격이라고 말하는 편이 더 옳을 걸세. 우리가 이미 판단하고 있는 것을 알기 위해 우리가 이미 갖고 있는 것을 추가로 얻어내라고 요구하는 것은 그야말로 몽매한 자의 소행인 것 같으니 말일세.

테아이테토스 만약 다른 한편으로…? 선생님께서는 다른 말을 하시려는 듯 방금 가설을 제시하셨는데, 무슨 말씀을 하려고 그러셨나요?

소크라테스 여보게, 만약 설명을 덧붙이라는 요구가 차이를 단순히 판단하는 것이 아니라 아는 것을 의미한다면, 지식에 대한 가장 훌륭한 이 정의는 즐거운 일이기도 할 걸세. 아는 것은 분명 지식을 습득 210a
하는 것이니까. 그렇지 않은가?

테아이테토스 그렇습니다.

소크라테스 그렇다면 "지식이란 무엇인가?"라는 질문을 받으면 우리의 이 논의는 "차별성에 관한 지식이 수반된 올바른 판단"이라고 대답할 것 같네. 이 논의에 따르면 그것이야말로 설명을 덧붙이는 것일 테니까.

테아이테토스 그런 것 같습니다.

소크라테스 우리가 지식을 정의하려고 하면서 지식은 차별성이나 그 어떤 것에 관한 지식이 수반된 올바른 판단이라고 말하는 것은 전적으로 어리석은 짓일세. 그러니 테아이테토스, 지식은 지각도 아니고, b
참된 판단도 아니고, 참된 판단에 덧붙여진 설명도 아닐세.[112]

테아이테토스 아닌 것 같습니다.

소크라테스 여보게, 우리는 여전히 임신 중이고 지식 때문에 산고를 겪고 있는가, 아니면 모든 것을 출산했는가?

테아이테토스 출산했습니다. 사실 저는 선생님 덕분에 제 안에 갖고

112 이처럼 감각적 지각도 아니고, 참된 판단도 아니고, 참된 판단에 이해와 설명을 보충한 것도 참된 지식이라고 할 수 없다. 소크라테스는 기존 지식을 전면적으로 재검토하여 극복하고자 한다. 참된 지식, 지식 너머에 있는 지식, 지식의 보편적 본질을 추구한다.

있는 것보다 더 많이 말했습니다.

소크라테스 그런데 우리의 산파술은 우리가 낳은 모든 것이 무정란이며 양육할 가치가 없다고 말해주고 있네. 그렇지 않은가?

테아이테토스 전적으로 동의합니다.

소크라테스 테아이테토스, 자네가 앞으로 다른 생각들을 임신하려다
c 가 임신에 성공하면 지금의 이 탐구 덕분에 더 훌륭한 생각들을 임신하게 될 걸세. 설령 임신하지 못하더라도 자네는 함께하는 사람들에게 덜 부담스럽고 더 유순한 사람이 될 걸세. 자네는 지혜롭게도 알지 못하는 것을 안다고 생각하지는 않을 테니까. 내 기술이 할 수 있는 것은 거기까지이고, 더는 아무것도 할 수 없네. 나는 우리 시대와 지난날의 위대하고 놀라운 다른 사람들이 알았던 것을 아무것도 알지 못하네. 그러나 이 산파술은 신이 나와 내 어머니에게 주신 선물
d 인데, 어머니에게는 여인들을 돌보라고, 나에게는 젊고 고매한 사람들과 아름다운 모든 사람을 돌보라고 주셨지.

나는 지금 멜레토스[113]가 제출한 고발장에 답변하기 위해 왕의 주랑[114]으로 가야 하네. 하지만 테오도로스님, 우리 내일 아침 이곳에서 다시 만나기로 합시다.[115]

113 Meletos. 젊은이들을 타락시키고 나라의 신들을 믿지 않는다는 이유로 소크라테스를 고발하여 사형선고를 받게 한 아테나이인 가운데 한 명이다.

114 he tou basileos stoa. 아테나이의 아고라에 있던 주랑.

115 대화편 『소피스트』는 바로 다음날 진행된다.

Philebos

필레보스

즐거움에 관하여

필레보스 차례

대담자
소크라테스 아테나이의 철학자. 이 대화편에서는 훨씬 손아래인 젊은이들과 대담한다.
프로타르코스(Protarchos) 아테나이의 갑부였던 칼리아스(Kallias 기원전 450~370년)의 아들이라고 불리는 것(19b) 말고는 그에 관해 달리 알려진 것이 없다.
필레보스(Philebos) 그에 관해서는 달리 알려진 것이 없다. 그러나 그의 이름이 philos('사랑하는' '좋아하는')와 hebe('젊음' '청춘')의 합성어인 점으로 미루어 그는 미소년을 사랑하는 동성애자였던 것 같다.

1. 사람의 삶을 행복하게 해주는 것은 즐거움인가, 지혜인가(11a~12b)

11a **소크라테스** 그렇다면 프로타르코스, 자네가 필레보스한테서 넘겨받으려는 주장은 무엇이며, 수틀리면 자네가 논박하려는 우리 쪽 주장
b 은 무엇인지 살펴보게나. 자네는 우리가 두 가지 주장을 요약해보기를 원하는가?

프로타르코스 물론이지요.

소크라테스 필레보스는 모든 생명체에게는 즐기는 것, 즐거움, 기쁨,[1] 그리고 이런 부류에 속하는 것들이 좋음[2]이라고 주장하고 있네. 그렇지만 우리 쪽 반론은 좋음은 그런 것이 아니라 지혜로운 것, 지성적인 것, 기억하는 것,[3] 그리고 그와 동류인 올바른 의견과 참된 추론[4]이 적어도 그런 것들에 관여할 수 있는 모든 존재에게 더 좋고 더 바람
c 직하다는 것일세. 그리고 그런 것들에 관여할 수 있는 것이야말로 지금 살아 있거나 앞으로 살게 될 모든 존재에게 세상에서 가장 유익하

다는 것일세. 필레보스, 우리는 서로 이렇게 주장하는 것 같네. 그렇지 않은가?

필레보스 그렇고말고요. 소크라테스 선생님.

소크라테스 프로타르코스, 지금 제시된 이 주장을 넘겨받을 텐가?

프로타르코스 넘겨받아야겠지요. 우리의 친구 필레보스가 손을 떼었으니 말예요.

소크라테스 그렇다면 우리는 이 문제들과 관련하여 진리에 이르도록 최선을 다해야겠지?

프로타르코스 당연히 그래야겠지요. d

소크라테스 좋아. 그런데 우리가 합의해둘 것이 한 가지 더 있다네.

프로타르코스 그게 뭔가요?

소크라테스 자네와 내가 지금 시도하려는 것은 모든 사람의 삶을 행복하게 해줄 수 있는 혼의 자세 또는 상태[5]를 제시하는 것일세. 그렇지 않은가?

프로타르코스 그렇고말고요.

소크라테스 그런데 자네들이 제시하는 것은 즐기는 것이고, 우리가 제시하는 것은 지혜로운 것일세. 그렇지 않은가?

1 chairein, hedone, terpsis.

2 agathon. 또는 '좋은 것'.

3 to phronein, to noein, to memnesthai.

4 orthe doxa, alethes logismos.

5 hexis, diathesis.

프로타르코스 그래요.

소크라테스 하지만 제3의 상태가 이 둘보다 더 나은 것으로 밝혀진다
e 면 어떨까? 만약 그런 상태가 즐거움에 더 가까운 것으로 밝혀진다
면 그런 특징을 견지하는 삶에 우리는 둘 다 지겠지만, 즐거운 삶이
12a 지혜로운 삶을 이기게 될 걸세. 그렇지 않은가?

프로타르코스 네, 그래요.

소크라테스 그러나 만약 그런 상태가 지혜[6]에 더 가까운 것으로 밝혀진다면, 지혜가 즐거움을 이기고 즐거움은 지게 될 걸세. 어떤가? 자네들은 이에 동의하는가?

프로타르코스 나는 동의해요.

소크라테스 어떤가, 필레보스? 자네도 동의하는가?

필레보스 나는 무슨 일이 있어도 즐거움이 이길 것이라고 생각하며, 앞으로도 그렇게 생각할 거예요. 하지만 프로타르코스, 자네 일은 자네가 알아서 하게.

프로타르코스 필레보스, 자네는 우리에게 논의를 넘겨주었으니, 이제 더는 소크라테스 선생에게 동의하고 자시고 할 자격이 없네.

b **필레보스** 맞아. 나는 이 일에서 손을 떼겠네. 그리고 여신[7]을 그 증인
으로 부르겠네.

프로타르코스 자네가 그런 말을 했다고 우리도 증인이 되어줄 수 있네. 그렇지만 소크라테스 선생님, 필레보스가 우리를 도와주려 하건 제멋대로 하건 그다음 것들에 관해서는 우리가 순서대로 결론을 내리도록 해요.

소크라테스 그래야겠지. 그리고 우리는, 필레보스의 주장에 따르면

아프로디테라고 불리지만 진짜 이름은 즐거움인 그 여신을 논의의 출발점으로 삼아야 할 걸세.

프로타르코스 지당하신 말씀입니다.

2. 즐거움은 이름은 하나지만 여러 가지 형태로 나타난다(12c~13d)

소크라테스 프로타르코스, 신들의 이름을 부르는 것에 대해 내가 느 c
끼는 두려움은 사람이면 가질 법한 정도가 아니라, 솔직히 내게는 그보다 더 두려운 게 없네. 그래서 지금 나는 아프로디테를 그분의 마음에 드는 이름으로 부르는 것일세. 내가 알기로 즐거움은 다양한지라, 만약 우리가 그것을 논의의 출발점으로 삼는다면 그것의 본성을 규명하는 데 신중해야 할 걸세. 그것은 이름은 하나이지만, 어떤 의미에서는 서로 다른 여러 가지 형태로 나타난다네. 이를테면 우리는
무절제한 사람이 즐거움을 느낀다고 말하는가 하면, 절제 있는 사람 d
도 자신의 절제 있음에 즐거움을 느낀다고 말한다네. 우리는 또한 어리석은 의견과 희망으로 가득 차 있는 지혜롭지 못한 사람이 즐거움을 느낀다고 말하는가 하면 지혜로운 사람은 자신의 지혜로움에 즐거움을 느낀다고 말한다네. 만약 누가 이런 여러 가지 즐거움이 서로 같은 것이라고 주장한다면, 그는 바보 취급을 받아 마땅하지 않

6 phronesis.

7 아프로디테(Aphrodite). 여성미와 성애의 여신.

을까?

프로타르코스 그런 즐거움들이 상반된 상황들에서 발견되는 것은 사
실입니다, 소크라테스 선생님. 하지만 즐거움들 자체가 상반된 것은
e 아니지요. 어떻게 즐거움이 즐거움과 상반될 수 있겠어요? 세상의 모
든 것은 그 자신을 가장 닮을 수밖에 없는데 말입니다.

소크라테스 여보게, 색깔도 색깔과 상반된다네. 모든 색깔은 색깔이
라는 점에서는 차이가 없지. 그러나 검은색은 흰색과 다를뿐더러 실
제로 정반대라는 것은 누구나 알고 있네. 도형과 도형 사이의 관계도
마찬가지일세. 모든 도형은 유(類)[8]로는 하나이지만, 그것의 부분들
13a 가운데 어떤 것들은 정반대가 되고, 다른 것들은 수많은 차이점을 보
인다네. 그런 경우가 한둘이 아닐세. 그러니 자네는 정반대되는 모든
것을 하나로 보는 그런 주장일랑 믿지 말게. 나는 어떤 즐거움들은
다른 즐거움들과 상반된다는 것을 발견하게 될까 두렵네.

프로타르코스 그럴지도 모르지요. 하지만 그것이 어째서 우리 쪽 주
장에 불리하다는 거죠?

소크라테스 즐거움들은 같지 않은데도 자네는 그것들에 그것들 자체
의 이름과 다른 이름을 붙이기 때문이라고 우리는 대답할 걸세. 자네
는 즐거운 것은 모두 좋음이라고 주장하니까. 즐거운 것들이 즐겁지
b 않다고 주장할 사람은 아무도 없을 걸세. 그러나 우리는 어떤 즐거움
은 좋지만 대부분의 즐거움은 나쁘다고 주장하는 데 반해, 자네는 즐
거움은 모두 좋다고 주장하고 있네. 누가 따지고 들면 즐거움은 서로
같지 않다는 데에 자네도 동의하면서 말일세. 나쁜 즐거움과 좋은 즐
거움의 공통점이 도대체 무엇이기에 자네는 모든 즐거움을 좋음이라

고 부르는 겐가?

프로타르코스 무슨 말씀이신지요, 소크라테스 선생님? 누군가 즐거움은 좋음이라고 주장해놓고도 어떤 즐거움들은 좋지만 어떤 즐거움들은 나쁘다는 선생님의 주장을 용인하거나 순순히 받아들일 것 c
이라고 생각하세요?

소크라테스 그렇지만 자네는 즐거움들이 서로 같지 않으며 어떤 즐거움들은 상반된다는 데에는 동의할 걸세.

프로타르코스 즐거움이 즐거움인 한 상반되지 않겠지요.

소크라테스 그렇다면 프로타르코스, 우리는 이전 주장으로 되돌아가 즐거움들 사이에는 아무 차이가 없으며 모든 즐거움은 같은 것이라고 말하게 될 걸세. 또한 방금 예로 든 것들[9]은 우리에게 전혀 불리하지 않을 걸세. 그러나 우리는 토론에 미숙한 평범한 사람들처럼 행동
하고 말하게 될 걸세. d

프로타르코스 정확히 무슨 말씀이신지요?

소크라테스 이런 뜻일세. 내가 자네를 흉내 내어 나를 변호하느라 '가장 닮지 않은 것은 가장 닮지 않은 것과 가장 닮았다'고 감히 주장한다면, 나는 자네가 말한 것과 같은 것들을 말할 수 있을 걸세. 하지만 그럴 경우 우리가 더없이 미숙하다는 점이 곧 드러날 것이며, 우리의 논의는 좌초하고 말 걸세. 그러니 우리의 논의를 되돌리도록 하세.

8 genos.

9 색깔과 도형.

우리가 정정당당하게 맞선다면 어느 정도 합의를 이끌어낼 수 있을 걸세.

e **프로타르코스** 말씀해주세요, 어떻게 합의를 이끌어낸다는 거죠?

소크라테스 이번에는 내가 자네에게 질문 받은 것으로 생각하게, 프로타르코스.

프로타르코스 어떤 질문을 받으셨다는 거죠?

3. 하나(一者)와 여럿(多者)의 문제(13e~15c)

소크라테스 나는 처음에 무엇이 좋음이냐는 질문을 받고 지혜, 지식, 지성[10] 등등이 좋음이라고 말했는데, 그런 것들도 자네가 제시한 것들과 같은 운명을 맞게 되지 않을까?

프로타르코스 어째서 그렇지요?

소크라테스 우리는 지식의 분야를 모두 합치면 여럿이며 그중 어떤 것들은 서로 다르다는 점을 발견하게 될 걸세. 어떤 것들은 사실상 정
14a 반대되는 것으로 드러날 수도 있을 걸세. 하지만 그런 것이 귀찮아서 어떤 지식이 다른 지식과 다를 수 있다는 점을 부인한다면 내가 과연 이 논의에 참여할 자격이 있을까? 내가 그런 짓을 한다면 우리의 논의는 여기서 끝날 걸세. 우리 자신은 불합리라는 뗏목에 타고 구조되겠지만 말일세.

프로타르코스 물론 그런 일이 일어나서는 안 되겠지요. 우리가 구조되는 것 말고는 말입니다. 하지만 나는 선생님의 논거와 내 논거가 같다는 점이 마음에 들어요. 그러니 서로 다른 즐거움도 많이 있을 수 있

고, 서로 다른 지식도 많이 있을 수 있다고 쳐요.

소크라테스 그렇다면 프로타르코스, 나의 좋음과 자네의 좋음 사이의 차이를 숨길 것이 아니라 우리 둘이서 과감히 드러내 논하도록 하세. 우리가 그것들을 면밀히 검토하면 우리가 좋음이라고 불러야 할 것이 즐거움인지 지혜인지 아니면 제3의 것인지 드러날 수도 있을 걸세. 지금 우리는 단순히 내가 내세우는 것들이 이기게 하거나 자네가 내세우는 것들이 이기게 하기 위해 싸우고 있는 것이 아니니까. 오히려 우리는 절대 진리를 위하여 둘이 한편이 되어 싸워야 하네. b

프로타르코스 당연히 그래야겠지요.

소크라테스 그렇다면 우리의 이 원칙을 합의를 통해 더 확실히 뒷받침하기로 하세. c

프로타르코스 어떤 원칙 말씀인가요?

소크라테스 자청하든 때로는 자청하지 않든 모든 사람에게 골칫거리를 안겨주는 원칙 말일세.

프로타르코스 더 분명하게 말씀해주세요.

소크라테스 방금 우연히 모습을 드러낸 정말 황당한 원칙 말일세. 여럿이 하나이고 하나가 여럿이라고 말하는 것은 확실히 황당한 일이니까. 그래서 둘 중 어느 한쪽이 맞다고 주장하는 사람은 쉽게 논박의 대상이 될 걸세.

프로타르코스 선생님께서는 설마 어떤 사람이 나 프로타르코스는 본

10 episteme, nous.

d 성상 한 명이지만 그럼에도 서로 다른 여러 명이라고 말한다는 뜻으
로 그 말씀을 하시는 건 아니겠지요? 나는 사실은 항상 같은 사람인
데도 키가 크기도 하고 작기도 하며 체중이 많이 나가기도 하고 적게
나가기도 한다는 따위의 말을 늘어놓으면서 말입니다.

소크라테스 내 말뜻은 그런 것이 아닐세, 프로타르코스. 자네가 말하
는 하나와 여럿에 관한 수수께끼들은 상투 문구가 되었네. 그러나 오
늘날에는 그런 수수께끼들은 무시해버리기로 사실상 모든 사람이
합의했다네. 그런 것들은 유치하고 알기 쉬우며 논의에 심각한 방해
가 된다고 여기기 때문일세. 그들은 다음과 같은 꼼수가 싫었던 게
e 지. 어떤 사람이 어떤 대상의 구성 성분들을 이론적으로 구분하며
상대방으로 하여금 그 부분들 전체가 문제의 대상이라고 시인하게
하고는, 상대방이 시인하면 하나는 여럿이자 무한히 많은데 여럿은
하나일 뿐이라는 믿기지 않는 주장을 한다고 논박하며 상대방을 비
웃는 것 말일세.

프로타르코스 그런데 소크라테스 선생님, 선생님께서는 대체 무엇을 두고 바로 이 원칙과 관련하여 아직은 공유재산으로 널리 인정받지 못한 다른 종류의 수수께끼들이라고 말씀하시는 건가요?

15a **소크라테스** 여보게 젊은이, 내 말뜻은 이런 것일세. 하나가 방금 우리
가 예를 든 것처럼 생성되었다가 소멸하는 것들에 속한다면, 그런 종
류의 하나는 방금 말했듯이 논박할 필요조차 없는 것으로 봐도 되겠
지. 그렇지만 누가 사람이나 소나 아름다움이나 좋음을 하나로 보려
고 한다면, 그런 하나들과 그와 비슷한 하나들에 열의를 보이며 그것
들을 나누는 것은 논쟁거리가 될 걸세.

프로타르코스 어째서 그렇지요?

소크라테스 첫째, 그런 종류의 하나들이 정말 존재한다고 봐야 하는 b
가 하는 문제가 제기되네. 둘째, 그 각각이 언제나 같고 생성과 소멸을 받아들이지 않는데도 이런 하나들이 과연 틀림없이 그런 하나인가 하는 문제일세. 셋째, 생성된 무수히 많은 것들에 분산되어 있는데도 같은 하나가 하나와 여럿에 동시에 존재하는가 하는 문제일세. 그런 일이 일어나는 까닭은 그것이 나뉘어 여럿이 되기 때문인가, 아니면 전혀 불가능해 보이긴 하지만 그것 전체가 그 자체에서 분리되기 때문인가? 프로타르코스, 제대로 풀지 못하면 온갖 어려움을 안 c
겨주지만 제대로 풀기만 하면 큰 도움이 되는 것은 바로 이런 종류의 하나와 여럿에 관련된 수수께끼들이며, 자네가 말한 그런 수수께끼들이 아닐세.

프로타르코스 그렇다면 소크라테스 선생님, 지금 우리가 먼저 해야 할 일은 그런 수수께끼들을 푸는 것 아닐까요?

소크라테스 내가 보기에는 그런 것 같네.

프로타르코스 그렇다면 여기 있는 우리 모두가 그 점에서 선생님에게 동의한 것으로 여기세요. 필레보스는 내버려두고 더는 묻지 않는 것이 상책인 것 같아요. 긁어 부스럼이라는 말도 있지 않습니까?

4. 하나와 여럿의 문제에 관련된 쟁점들(15d~17a)

소크라테스 좋아. 그렇지만 이 논쟁에는 온갖 쟁점이 복잡하게 얽혀 d
있는데, 무엇부터 물어야 하지? 이것부터 물어야 하지 않을까?

프로타르코스 무엇부터 묻는다는 거죠?

소크라테스 같은 것이 우리가 하는 말에 따라 하나도 되고 여럿도 된
다는 것은 알기 어려운 일도 아니며 새로운 현상도 아닐세. 그런 일
은 그치지 않을 것이고 지금 시작된 것도 아닐세. 내가 보기에 그런
현상은 우리가 하는 말이 지닌 '죽음도 나이도 모르는' 속성인 듯하
e 네. 젊은이가 그런 것을 처음 맛보면 지혜의 보고라도 발견한 것처럼
좋아하지. 젊은이는 황홀하여 어떤 때는 이리저리 흔들어 한 덩어리
가 되게 하고, 어떤 때는 다시 펼쳐 여러 조각으로 나눔으로써 말을
못살게 군다네. 그렇게 함으로써 그는 맨 먼저 자신을 곤경에 빠뜨리
고, 다음에는 더 젊든 더 늙었든 아니면 동년배든 자기와 마주치는
사람을 곤경에 빠뜨리지. 그는 아버지와 어머니는 물론이고 귀를 가
16a 진 것이면 무엇이든 봐주지 않는다네. 사람뿐만 아니라 동물들도 겨
우 그에게서 벗어나니까. 통역을 구할 수만 있다면 그는 이민족[11]도
봐주지 않을 걸세.

프로타르코스 소크라테스 선생님, 선생님께서는 우리가 다수이며 우
리 모두 젊다는 것이 보이지 않으세요? 선생님께서 우리를 비방하시
면 우리가 필레보스와 힘을 모아 선생님을 공격하지 않을까 두렵지
도 않으세요? 하지만 우리는 선생님께서 무슨 말씀을 하시려는 것인
지 알고 있습니다. 그러니 상대방의 감정을 상하게 하지 않고도 우리
토론에서 그런 혼란을 배제할 수 있고, 주제에 접근할 수 있는 이보
b 다 더 좋은 방법을 발견할 만한 방도가 있다면, 부디 최선을 다해주
세요. 우리도 능력껏 선생님을 따를게요. 소크라테스 선생님, 지금
이 문제는 사소한 문제가 아니니까요.

소크라테스 필레보스 식으로 자네들을 부르겠네. 여보게 젊은이들, 아닌 게 아니라 그건 사소한 문제가 아닐세. 그러나 내가 늘 애용하는 것보다 더 좋은 방법은 있지 않고, 있지도 않을 걸세. 비록 그 방법은 가끔 나를 혼자 두고 달아나 내가 낭패 보게 했지만 말일세.

프로타르코스 그게 어떤 방법이지요? 말씀해주세요.

소크라테스 그건 설명하기는 어렵지 않지만 적용하기는 아주 어렵다 c
네. 일찍이 기술 분야에서 발견된 모든 것은 그것 덕분일세. 그럼 내가 염두에 두고 있는 그 방법을 검토해보세.

프로타르코스 말씀해주세요.

소크라테스 내가 보기에 그것은 신들이 인간들에게 준 선물인 것 같네. 그것은 신들이 프로메테우스[12] 같은 신을 통해 가장 찬란한 불과 함께 하늘에서 내던진 것 같다는 말일세. 우리보다 더 훌륭하고 신들과 더 가까이 살았던 옛사람들은 다음과 같은 이야기를 전해주었네. 그 이야기에 따르면, 존재한다고 일컬어지는 모든 것은 하나와 여럿으로 이루어지지만 그것들도 본성상 한정성과 비한정성[13]을 내포한
다는 걸세. 그리고 이것이 사물들의 질서이므로 우리는 언제나 개개 d
의 사물마다 하나의 형상(形相)[14]을 상정하고는 그것을 찾아야 하며, 형상은 사물 안에 있는 만큼 우리는 형상을 발견하게 되리라는 걸세.

11 barbaros. 비(非)그리스인.

12 Prometheus. 그리스 신화에서 인간들에게 불을 가져다준 신.

13 peras, apeiria.

14 idea.

그리고 우리가 그것을 포착하게 되면 다음 단계에서는 둘이 있으면
둘을, 둘이 없으면 셋 또는 다른 수를 찾아야 한다는 걸세. 더구나 우
리는 이런 하나들을 같은 방법으로 다루어야 한다는 걸세. 우리가
본래의 하나는 하나이자 여럿이며 비한정적인 것이라는 점뿐만 아니
라, 본래의 하나가 몇 가지인지도 알아낼 때까지는 말일세. 또한 우리
e 는 비한정적인 것과 하나 사이에 있는 모든 수를 알아낼 때까지는 여
럿에 비한정성의 형상을 적용해서는 안 되고, 그랬을 때에만 우리는
고민하지 말고 모든 종류의 하나가 비한정적인 것으로 넘어가는 것
을 허용해야 한다는 걸세. 내가 말했듯이, 탐구하고 배우고 서로 가
르치는 이런 방법은 신들이 우리에게 물려준 것일세. 그러나 오늘날
17a 의 현자들은 너무 일찍 또는 너무 늦게 아무렇게나 하나와 여럿을 들
고 나온다네. 그들은 하나에서 곧바로 비한정적인 것으로 넘어가며
그 중간에 있는 것들을 빼먹는데, 우리 논의가 철학적 대화인지 아니
면 논쟁인지는 바로 이 중간에 있는 것들의 유무에 따라 결정된다네.

5. 한정성과 비한정성의 실례(實例)들 (17a~18d)

프로타르코스 소크라테스 선생님, 선생님께서 말씀하신 것 가운데 어떤 것들은 좀 알 것 같지만, 어떤 것들은 더 자세한 설명이 필요해요.

소크라테스 프로타르코스, 자모(字母)의 경우에는 내 말뜻이 분명하
b 네. 그러니 자네가 학교에서 배운 자모를 이용하여 내 말뜻을 이해하
도록 하게.

프로타르코스 어째서 그렇지요?

소크라테스 우리 입에서 나오는 소리는 내 것이든 자네들 것이든 어느 누구의 것이든 하나이기도 하고 수적으로 비한정적인 것이기도 하네.

프로타르코스 물론이지요.

소크라테스 그리고 우리는 자모가 비한정적이라는 것을 알거나 자모가 하나라는 것을 아는 것만으로는 지혜롭다고 할 수 없네. 읽고 쓸 줄 알려면 소리의 수와 성질을 알아야 하니까.

프로타르코스 지당하신 말씀입니다.

소크라테스 음악 지식도 같은 방법으로 획득되네.

프로타르코스 어째서 그렇지요?

소크라테스 음악에서도 소리는 분명 하나일세. c

프로타르코스 왜 아니겠어요?

소크라테스 어때, 우리는 소리를 낮은 음조와 높은 음조로 나누고, 같은 음조를 세 번째 종류로 봐야 하지 않을까?

프로타르코스 그래야겠지요.

소크라테스 그러나 자네는 이런 것들만 알아서는 음악 전문가가 될 수 없네. 그런 것들도 모른다면 이 분야에서는 사실 무용지물이 되겠지만 말일세.

프로타르코스 무용지물이고말고요.

소크라테스 그렇지만 여보게, 소리의 높낮이 사이에 얼마나 많은 음정이 있으며 그 음정들의 성질과 경계와 음정들로 이루어지는 체계 d
를 알아야만—우리 선조들은 그런 것들을 간파하고는 후손인 우리에게 선법(旋法)[15]이라는 이름으로 물려주었네. 그분들은 또한 몸의

운동에도 비슷한 특징들이 있다는 것을 발견하고는 이런 상태들은
수(數)로 측정해야 한다며 '리듬과 박자'[16]라고 불렀네. 그분들은 또
한 우리가 하나와 여럿의 문제를 다룰 때는 언제나 이런 시각에서 접
근해야 한다는 점을 명심하라고 일러주었네—아무튼 이런 것들을
e 알아야만 자네는 전문가일세. 또한 다른 것의 하나도 그런 식으로 검
토하고 이해해야만 자네는 그 방면의 전문가일세. 그러나 개별 사물
들의, 그리고 개별 사물들 속의 비한정적인 여럿은 자네를 비한정적
인 무식꾼으로, 무용지물로, 아무 축에 끼지도[17] 못하는 인물로 만들
걸세. 자네는 어떤 것에서도 수를 찾으려 하지 않았으니까.

프로타르코스 필레보스, 내가 보기에 소크라테스 선생님께서는 더없이 훌륭한 말씀을 하신 듯하네.

18a **필레보스** 내가 보기에도 그런 것 같네. 그런데 선생님께서 지금 무슨 생각에서 우리에게 그런 말씀을 하시는 걸까?

소크라테스 프로타르코스, 필레보스가 우리에게 좋은 질문을 해주었네.

프로타르코스 물론이죠. 그러니 선생님께서 그에게 대답해주세요.

소크라테스 그러지. 하지만 먼저 그런 것들에 관해 좀 더 설명하겠네.
그게 무엇이든 누군가 하나를 붙들면, 우리가 말했듯이, 어떤 수에
b 주목해야지 곧바로 비한정적인 것에 주목해서는 안 되네. 이는 먼저
비한정적인 것에서 출발해야 하는 그 반대의 경우도 마찬가지일세.
그는 곧장 하나를 향해 달려갈 것이 아니라, 매번 그것이 무엇이든 여
럿을 내포하는 어떤 수를 찾아야 하며, 모든 수를 살펴본 다음 마지
막으로 하나에 이르러야 하네. 이번에도 자모를 이용하여 이게 무슨

뜻인지 알아보도록 하세.

프로타르코스 어떻게요?

소크라테스 어떤 신 또는 신과 같은 인간이—아이귑토스[18]의 전설에 따르면 그는 이름이 테우트[19]였다고 하더군—사람의 목소리가 비한정적으로 다양하다는 것을 알았는데, 그가 처음으로 이 비한정적인 다양함에는 모음이 하나가 아니라 여러 개 있다는 것을 알았네. 그는 또한 모음 같은 소리는 나지 않지만 소리 구실을 하는 것들[20]도 일 c 정 수 있다는 것을 알았다네. 그는 또한 우리가 폐쇄음이라고 부르는 것들을 자모의 세 번째 종류로 구분했네. 그런 다음 그는 이 폐쇄음들과 묵음(默音)들을 각각 하나에 이를 때까지 나누고, 마찬가지로 모음과 반모음들도 나누었으며, 드디어 그것들 각각의 수가 드러나자 그 하나하나에, 그리고 그것들 전체에 '자모'라는 이름을 붙였네. 또한 그는 우리 가운데 어느 누구도 어떤 자모든 나머지와 떨어져 그 자체만으로는 알 수 없으리라는 것을 알았기에, 이러한 상호의존이야 d 말로 모든 자모를 모종의 방법으로 하나로 묶어주는 요인이라는 결론을 내렸으며, 자모들을 위한 하나의 학문이 있다고 생각하고는 그

15 harmonia.
16 rhythmos, metron.
17 enarithmos. '수에 드는' '굴지의' '저명한'.
18 Aigyptos. 이집트.
19 Theut.
20 반모음.

것을 '읽고 쓸 줄 아는 기술'[21]이라고 일컬었다네.

6. 쟁점들을 일단 정리하다(18d~20c)

필레보스 프로타르코스, 나는 하나와 여럿의 상호관계에 관한 한 아까 든 예들[22]보다 지금 제시하는 예로 더 명확히 이해했네. 그렇지만 나는 아까 설명과 마찬가지로 이번 설명도 여전히 불만스럽네.

소크라테스 필레보스, 자네는 분명 이것이 우리 논의와 무슨 상관이냐고 묻는 게로구먼.

필레보스 맞아요. 나도 프로타르코스도 아까부터 그게 알고 싶었어요.

소크라테스 자네들은 아까부터 그것이 알고 싶었다지만, 단언컨대 그
e 것은 벌써 자네들 코앞에 있었네.

필레보스 어째서 그렇지요?

소크라테스 우리 논의의 출발점은 지혜와 즐거움 가운데 어느 것이 더 바람직하냐는 질문이었네. 그렇지 않은가?

필레보스 왜 아니겠어요?

소크라테스 그리고 우리는 그것들은 각각 하나라고 주장하네.

필레보스 물론이지요.

소크라테스 그러니 앞의 논의는 우리에게 다음 질문들에 답변하기를
요구하고 있네. 어째서 그것들 각각은 하나이자 여럿인가? 어째서 그
19a 것들 각각은 곧바로 비한정적인 것이 되는 대신 비한정적인 것이 되
기 전에 어떤 수를 갖는가?

프로타르코스 필레보스, 소크라테스 선생님께서는 이상하게 빙빙 돌리시더니 우리가 어려운 질문에 말려들게 하셨네. 자네는 우리 둘 중 누가 답변해야 한다고 생각하는가? 내가 자네한테서 논의를 넘겨받겠다고 자청해놓고 이제 와서 이 질문에 답변할 수 없다는 이유로 자네더러 이 일을 도로 맡아달라고 부탁한다는 것은 가소로운 일이야. 하지만 우리 둘 다 답변하지 못한다면 그것은 훨씬 더 가소로운 일이 b
겠지. 그러니 우리가 어떻게 해야 할지 잘 생각해보게. 내가 보기에 지금 소크라테스 선생님께서는 우리에게 즐거움에는 여러 종류가 있느냐 없느냐, 있다면 몇 가지나 되며 어떤 성질의 것이냐고 물으시는 듯하네. 마찬가지로 지혜와 관련해서도 같은 질문을 하시는 것 같네.

소크라테스 칼리아스의 아들이여, 자네 말은 지당하네. 우리의 조금 전 논의가 보여주었듯이, 만약 우리가 모든 '하나'와 '닮은 것'과 '같은 것'과 '그와 반대되는 것'과 관련하여 그런 일을 해낼 수 없다면 우리는 모두 정말 쓸모 없는 사람이 되고 말 걸세.

프로타르코스 아닌 게 아니라 실제로 그런 것 같아요, 소크라테스 선 c
생님. 그러나 현명한 사람에게는 모든 것을 다 아는 것이 최선이겠지만, 차선은 자기 자신을 아는 일인 것 같아요. 왜 내가 지금 이런 말을 하느냐고요? 말씀드리지요. 소크라테스 선생님, 선생님께서는 우리 모두에게 이런 모임을 베풀어주셨을뿐더러 인간의 소유물들 중

21 grammatike techne.

22 음악에 관한 것들.

에 무엇이 가장 훌륭한 것인지 찾아내는 일에도 몸소 참가하셨습니다. 선생님께서는 즐거움, 기쁨, 즐기는 것 등등이 그런 것이라는 필레보스의 주장을 반박하시면서, 그건 것들이 아니라 다른 것들을 제
d 시하셨어요. 그러니 우리가 그 두 가지를 기억 속에 나란히 간직하며 서로 비교 검토할 수 있도록 선생님께서 말씀하신 바를 자꾸 상기시키는 것은 당연한 일이에요. 선생님의 주장인즉 즐거움보다 더 훌륭한 것이라고 불리어 마땅한 좋음이 있는데, 그것은 지성·지식·이해력·기술[23]과 그런 것들과 동류인 것들이며, 사람이 소유해야 하는 것은 그런 것들이지 필레보스가 말한 것이 아니라는 거였어요. 그렇게 상반된 두 가지 견해가 피력되자 우리는 농담 삼아, 이 문제들을
e 살펴보고 만족스러운 결말에 이르기 전에는 선생님을 집으로 보내드리지 않겠다고 위협했지요. 그러자 선생님께서도 동의하시고 그런 목적을 위해 선생님 자신을 우리 처분에 맡기셨어요. 그래서 우리는 아이들 말마따나 '정당하게 준 선물은 돌려받을 수 없다'고 주장하는 거예요. 그러니 우리가 말할 때마다 그런 식으로 대하는 것을 멈춰주세요.

소크라테스 그런 식이라니, 그게 무슨 뜻인가?

20a **프로타르코스** 선생님께서 자꾸 우리가 난관에 봉착하게 하고 지금 당장에는 우리가 만족스러운 답변을 할 수 없는 질문을 하시는 것 말입니다. 설마 우리 모두가 난관에 봉착하는 것이 지금 이 토론의 결말이라고 생각해야 하는 것은 아니겠지요. 천만의 말씀! 우리가 답변할 수 없으면 선생님께서 하셔야 해요. 선생님께서 그렇게 약속하셨으니까요. 그러니 즐거움과 지식의 종류를 구분할 필요가 있는지 아니면

굳이 그럴 필요는 없는지, 선생님께서 직접 결정하세요. 만약 선생님께서 우리 토론의 쟁점들을 타결할 다른 방안을 제시하실 수 있고 또 그러기를 원하신다면 말이에요.

소크라테스 자네가 그런 식으로 말하니, 나는 이제 더 이상 아무것도 b
미리 두려워할 필요가 없겠구먼. '선생님께서 그러기를 원하신다면'이라는 말이 나를 모든 두려움에서 벗어나게 해주니까. 게다가 어떤 신이 내게 도움이 될 만한 것을 일깨워준 것 같네.

프로타르코스 어떻게 무엇을 일깨워주었다는 거죠?

소크라테스 오래전 나는 꿈결에 아니면 생시에 즐거움과 지혜에 관한 논의들을 들은 적이 있는데, 방금 그게 생각나는구먼. 그 둘 중 어느 것도 좋음이 아니고, 그 둘과는 다르고 그 둘보다 더 나은 제3의 것
이 있다는 취지였네. 만약 지금 그 제3의 것이 있다는 점이 확실하게 c
입증되면 즐거움의 승리는 물 건너간 일일세. 즐거움은 더는 좋음과 같은 것일 수 없으니까. 그렇지 않은가?

프로타르코스 그렇지요.

소크라테스 그러니 우리는 즐거움을 굳이 종류별로 나눌 필요가 없는 것 같네. 논의가 진척되면 그 점은 더 분명하게 밝혀질 테니까.

프로타르코스 참으로 듣기 좋은 말씀을 하시는군요. 결론도 그렇게 맺어주세요.

23 synesis, techne.

7. 좋은 삶은 즐겁기만 하거나 지성적(知性的)이기만 한 것은 아니다 (20c~22c)

소크라테스 먼저 몇몇 사소한 쟁점들을 정리하고 넘어가도록 하세.

프로타르코스 그게 어떤 것들이지요?

d **소크라테스** 좋음은 필연적으로 완전한가,[24] 아니면 완전하지 못한가?

프로타르코스 모든 것 중에 가장 완전합니다, 소크라테스 선생님.

소크라테스 어떤가? 좋음은 충분한가?[25]

프로타르코스 왜 아니겠어요? 좋음은 그 점에서도 모든 것을 능가할 수밖에 없는데요.

소크라테스 그런데 좋음의 다음과 같은 특징도 말해두어야 할 것 같네. 좋음을 아는 모든 것은 좋음을 추구하고 좋음을 획득하고 그 자체 때문에 좋음을 갖기를 원하며, 궁극적으로 좋음이 수반되지 않는 것에는 그 어떤 것에도 관심이 없다는 특징 말일세.

프로타르코스 그건 부정할 수 없는 사실이지요.

e **소크라테스** 그렇다면 즐거움의 삶과 지혜의 삶을 고찰하되 따로따로 살펴보도록 하세.

프로타르코스 어떻게 하자는 말씀이신지요?

소크라테스 즐거움의 삶에서는 지혜를 배제하고, 지혜의 삶에서는 즐거움을 배제하자는 말일세. 만약 그 둘 중 어느 하나가 좋음이라면 더 이상 다른 것이 필요하지 않을 테고, 만약 그 둘 중 어느 하나에
21a 다른 것이 필요한 것으로 밝혀지면 그것은 단연코 더 이상 우리가 찾고 있는 '진정한 좋음'[26]일 수 없을 걸세.

프로타르코스 어떻게 그럴 수 있겠습니까?

소크라테스 그렇다면 자네를 통해 그런 두 가지 삶을 실험해볼까?

프로타르코스 네, 그러세요.

소크라테스 그렇다면 다음 질문에 대답해주게.

프로타르코스 말씀하십시오.

소크라테스 프로타르코스, 자네는 평생토록 최대의 즐거움들을 느끼며 살고 싶은가?

프로타르코스 물론이지요.

소크라테스 만약 자네가 그런 삶을 완전하게 누린다면 다른 것이 필요하리라고 생각하는가?

프로타르코스 아니요.

소크라테스 잘 생각해보게. 지혜, 지성, 적절한 것에 대한 헤아림 등
등이 자네에게 어느 정도는 필요하지 않을까? b

프로타르코스 왜 필요하지요? 즐거움만 있으면, 내게 필요한 것이 다 있는데요.

소크라테스 그러니까 그런 식으로 살 수 있다면 자네는 평생토록 최대의 즐거움들을 느끼겠구먼?

프로타르코스 당연하지요.

24 teleos.

25 hikanos.

26 to ontos agathon.

소크라테스 그러나 만약 자네에게 지성, 기억,[27] 지식, 참된 의견이 없다면, 자네는 필연적으로 첫째, 지혜라는 게 전혀 없는 탓에 자신이 즐기고 있는지 아닌지도 모를 수밖에 없지 않을까?

프로타르코스 그럴 수밖에 없겠네요.

c **소크라테스** 마찬가지로 자네에게 기억이 없다면 필연적으로 자네가 전에 즐거움을 느꼈다는 사실을 기억하지 못할 것이며, 지금의 즐거움이 무엇이든 그것도 기억에 남지 않을 걸세. 또한 참된 의견이 없으니 자네가 사실은 즐거움을 느끼면서도 즐거움을 느낀다고 판단하지 못할 것이며, 헤아리는 능력이 없으니 나중에 즐거움을 느끼게 되리라는 것도 헤아리지 못할 걸세. 그러면 자네는 사람의 삶이 아니라, 해파리나 또는 생명을 받은 몸에 불과한 조개류의 삶을 살게 될 걸
d 세. 안 그런가? 아니면 사실은 그와 다르다고 생각할 수 있을까?

프로타르코스 어찌 다르다고 할 수 있겠어요?

소크라테스 그렇다면 그런 삶이 우리에게 바람직한[28] 것일까?

프로타르코스 소크라테스 선생님, 나는 선생님의 지금 그 말씀에 압도되어 말문이 막힙니다.

소크라테스 하지만 아직은 주눅 들지 말고, 지성의 삶도 살펴보기로 하세.

프로타르코스 '지성의 삶'이라니, 그게 무슨 뜻인가요?

소크라테스 우리 가운데 누가 지혜, 지성, 지식, 모든 것에 관한 완전
e 한 기억은 갖고 있지만 즐거움도 괴로움[29]도 전혀 경험해보지 못하고 그런 감정들에 전적으로 무감각한 삶을 선택한다고 가정해보게.

프로타르코스 소크라테스 선생님, 내게는 그런 삶들이 어느 것도 바

람직하지 않아요. 생각건대, 다른 사람에게도 결코 바람직해 보이지 않을 것 같아요.

소크라테스 그렇다면 프로타르코스, 두 가지를 섞은 혼합된 삶은 어 22a
떤가?

프로타르코스 즐거움과 지성과 지혜가 혼합된 삶을 말씀하시는 건가요?

소크라테스 그렇다네. 그런 요소들이 혼합된 삶 말일세.

프로타르코스 누구라도 둘 중 어느 하나보다는 그런 혼합된 삶을 선택하겠지요. 누구는 선택하고 누구는 안 하는 게 아니라 예외 없이 모두 말입니다.

소크라테스 그런데 우리는 지금의 이 논의에서 어떤 결론이 날 것인지 알고 있는 걸까?

프로타르코스 알고말고요. 세 가지 삶이 제시되었는데, 처음 두 가지
는 어느 것도 사람이나 동물에게 만족스럽지 못할뿐더러 바람직하지 b
도 않다는 것 말입니다.

소크라테스 그렇다면 이제 그 두 가지 삶 가운데 어느 것도 좋음을 내포하고 있지 않다는 점이 분명하지 않은가? 내포하고 있다면 그것은 만족스럽고 완전했을 테고, 식물이건 동물이건 그럴 능력이 있는 것은 모두 평생토록 그런 상태에서 살기를 택했을 테니까. 만약 우리

27 mneme.

28 hairetos.

29 lype.

가운데 누가 다른 것을 택한다면, 그것은 그의 잘못이 아니라 그가 무지하거나 어떤 불행한 필연 때문에 본의 아니게 진실로 바람직한 것의 본성을 거슬러 행동하는 것일세.

프로타르코스 아닌 게 아니라 그런 것 같네요.

c **소크라테스** 그렇다면 적어도 필레보스의 여신[30]과 좋음을 같은 것으
로 여겨서는 안 된다는 점이 충분히 입증된 듯하네.

필레보스 하지만 소크라테스 선생님, 선생님의 지성 역시 좋음이 아니에요. 그것 또한 같은 비난을 면치 못할 테니까요.

8. '혼합된 삶'이 바람직한 이유는 어떤 구성요소 때문인가(22c~23b)

소크라테스 필레보스, '나의' 지성은 그럴지도 모르지. 하지만 참되고 신적인 지성은 그렇지 않고 경우가 다를 걸세. 나는 지금 지성이 혼합된 삶을 누르고 1등상을 타야 한다고 주장하지는 않지만, 2등상과 관련해서는 우리가 어떻게 해야 할 것인지 살펴보고 검토해야 할 걸
d 세. 우리 둘 중 한 사람은 이 혼합된 삶이 지성 덕분이라고 생각하고, 다른 사람은 즐거움 덕분이라고 생각하니까. 그렇다면 그중 어느 것도 좋음이 아니라 해도, 그중 하나는 좋음의 원인이라고 생각할 수 있을 걸세. 그러나 이와 관련하여 나는 필레보스를 더욱 세차게 몰아붙이며 혼합된 삶이 어떤 것을 가짐으로써 바람직하고 좋은 것이라면, 그것이 무엇이든 그 어떤 것에 더 가깝고 더 닮은 것은 즐거움
e 이 아니라 지성이라고 주장할 걸세. 내 말이 옳다면, 즐거움이 1등상이나 2등상을 탈 자격이 있다고 말하는 것은 참말이 아닐세. 즐거움

은 3등상을 탈 자격도 없네. 나의 이 논리가 조금이라도 믿을 만한 것이라면 말일세.

프로타르코스 소크라테스 선생님, 즐거움은 선생님의 지금 그 논리에 결정타를 맞은 것 같군요. 1등상을 두고 다투다가 쓰러져 누워 있으니 말입니다. 그러나 지성이 1등상을 주장하지 않은 것은 신중한 행 23a
동이었다고 말해야 할 것 같아요. 그랬다면 지성도 똑같은 일을 당했을 테니까요. 그렇다고 해도 즐거움이 2등상마저 빼앗긴다면 즐거움의 찬미자[31]들 앞에서 체면이 말이 아니겠군요. 그런 사람들에게도 즐거움은 더 이상 매력적이지 않을 테니까요.

소크라테스 어떤가? 그렇다면 즐거움이 엄격한 시험을 치르느라 시련을 겪게 하느니 차라리 혼자 있도록 내버려두는 편이 낫지 않을까?

프로타르코스 그건 말도 안 돼요, 소크라테스 선생님.

소크라테스 '즐거움이 시련을 겪게 한다'는 내 말이 불가능하기 때문 b
인가?

프로타르코스 그렇기도 하고, 선생님께서 이런 문제들을 끝까지 논의하시기 전에는 우리 가운데 어느 누구도 선생님을 놓아주지 않으리라는 것을 모르고 계시기 때문이기도 하고요.

소크라테스 맙소사, 프로타르코스. 그렇다면 우리는 이번에도 결코 만만찮은 긴 토론을 해야 할 것 같구먼. 실제로 이번에는 새로운 작

30 즐거움 또는 쾌락의 여신.

31 향락주의자 또는 쾌락주의자.

전이 필요한 것 같으니까. 만약 내가 지성을 위해 2등상을 쟁취하려 한다면 아까 사용한 것과는 다른 무기들로 무장해야 한다는 말일세. 물론 그중 일부는 아까와 같은 것일 수도 있을 걸세. 그래야 하지 않을까?

프로타르코스 왜 아니겠어요?

9. 만물은 네 부류로 나뉜다 (23c~26d)

c **소크라테스** 우리는 조심스럽게 논의의 출발점을 정하도록 하세.

프로타르코스 무슨 말씀이신지요?

소크라테스 지금 우주[32]에 존재하는 모든 것을 두 부류로, 아니, 자네만 괜찮다면 세 부류로 나누도록 하세.

프로타르코스 설명해주세요. 어떤 원칙에 따라 나눈다는 거죠?

소크라테스 방금 논의한 것들 중 몇 가지를 취하도록 하세.

프로타르코스 그게 어떤 것들이지요?

소크라테스 우리는 분명 신은 사물들의 비한정성과 한정성을 보여주었다고 말했네. 그러지 않았나?

프로타르코스 네, 그렇게 말했지요.

소크라테스 그렇다면 이것들이 두 부류이고, 세 번째 부류는 이 둘이
d 하나로 혼합된 것이라고 생각하세. 그런데 이렇게 부류들을 구분하고 열거하는 내가 자네 눈에는 바보처럼 보이지 않을까 두렵구먼.

프로타르코스 무슨 말씀이신지요, 선생님?

소크라테스 내가 보기에는 네 번째 부류가 추가로 필요한 것 같다는

말일세.

프로타르코스 그게 무엇인지 말씀해주세요.

소크라테스 처음 두 부류가 서로 혼합된 원인을 살펴보고, 그것을 앞의 세 부류에다 네 번째 부류로서 덧붙이도록 하게.

프로타르코스 설마 그것들을 분리[33]해줄 다섯 번째 부류도 추가로 필요한 것은 아니겠지요?

소크라테스 그럴지도 모르지. 하지만 지금 당장은 필요한 것 같지 않네. 그러나 필요할 경우 내가 다섯 번째 부류를 찾더라도 자네가 양 e
해해주게.

프로타르코스 물론이지요.

소크라테스 그렇다면 먼저 네 부류 가운데 셋을 떼어내 그중 둘이 각각 어째서 하나이자 여럿인지 확인해보기로 하세. 그 둘을 각각 여럿으로 나누고 쪼갰다가 다시 그 각각을 하나로 모음으로써 말일세.

프로타르코스 선생님께서 좀 더 자세히 설명해주신다면 내가 따라갈 수 있을 것도 같아요.

소크라테스 좋아. 내가 내세우는 셋 중 둘이란 내가 방금 말한 것들, 24a
즉 비한정적인 것과 한정된 것과 같은 것일세. 나는 지금 비한정적인 것이 어떤 의미에서는 여럿이라는 것을 설명할까 하네. 한정된 것은 잠시 기다리게 내버려두고.

32 to pan.

33 diakrisis,

프로타르코스 기다리게 내버려두세요.

소크라테스 그렇다면 잘 살펴보게. 내가 자네에게 잘 살펴보라고 요구하는 것은 어렵고 논쟁의 여지가 있는 것이지만, 그럼에도 나는 자네에게 잘 살펴보라고 요구하겠네. 먼저 '더 뜨거운 것'과 '더 찬 것'과 관련하여 자네는 어떤 한도를 발견할 수 있는지, 아니면 그런 것들에
b 는 '더함과 덜함'이 내재해서 이것들이 내재하는 동안에는 한도를 설정할 수 없는 것이 아닌지 살펴보게나. 만약 그것들이 끝난다면, 더함과 덜함도 끝나버릴 테니까.

프로타르코스 지당한 말씀입니다.

소크라테스 그렇다면 '더 뜨거운 것'과 '더 찬 것'에는 언제나 '더함과 덜함'이 내재한다고 말할 수 있을 걸세.

프로타르코스 그렇고말고요.

소크라테스 그렇다면 그런 것들은 결코 끝나지 않는다고 결론 내려야 하네. 그리고 그런 것들은 끝나지 않기에 단연코 비한정적일세.

프로타르코스 그것도 아주[34]요, 소크라테스 선생님.

소크라테스 친애하는 프로타르코스, 자네는 핵심을 제대로 이해했
c 네. 그리고 자네의 대답은 자네가 방금 말한 '아주'와 '약간'[35] 역시 '더함과 덜함'과 같은 힘을 갖는다는 것을 일깨워주었네. '더함과 덜함'이 존재하는 곳에서는 어디서나 일정량이 존재하는 것을 막는다네. 대신 그것들은 사물들의 모든 상태에 '약간'보다는 '아주'를, 또는 '아주'보다는 '약간'을 끌어들임으로써 '더함과 덜함'이 생겨나게 하여 '일정량'이 사라지게 한다네. 방금 말했듯이, 만약 그것들이 '일
d 정량'이 사라지게 하지 않고 '일정량'이나 '적도(適度)'[36]가 '더함과 덜

함'이나 '아주와 약간'의 영역에 발을 붙이게 내버려둔다면, 이것들은 자신들의 영토에서 쫓겨나고 말 걸세. '더 뜨거운 것'과 '더 찬 것'이 '일정량'을 받아들이게 되면 존재하기를 멈출 테니까. '더 뜨거운 것'도 '더 찬 것'도 결코 멈춰 서지 않고 언제나 앞으로 나아가는 데 반해, '일정량'은 멈춰 서서 앞으로 나아가기를 그만두었으니까. 이 논리에 따르면 '더 뜨거운 것'도 그와 반대되는 것도 비한정적일 수밖에 없네.

프로타르코스 확실히 그런 것 같아요, 소크라테스 선생님. 하지만 선생님께서 말씀하셨듯이, 그런 것들은 이해하기가 쉽지 않아요. 그러나 자꾸 논의하다 보면 묻는 사람도 답변하는 사람도 만족스러운 합 e
의에 이를 수 있겠지요.

소크라테스 좋은 말일세. 그리되도록 노력해보세. 그렇지만 우리가 모든 경우를 일일이 장황하게 검토하는 일을 피하기 위해 지금은 우리가 이것을 비한정성의 징표로 받아들일 수 있겠는지 살펴보게.

프로타르코스 이것이라니, 그게 뭐죠?

소크라테스 우리가 보기에 '더한 것' 또는 '덜한 것'이 되거나 '아주'나 '약간'이나 '매우'[37] 등등을 받아들일 수 있는 것은 모두 비한정적인
것으로 분류하고 이를 하나의 부류로 간주해야 하네. 이것은 우리가 25a

34 sphodra.

35 erema.

36 to metrion.

37 to lian.

아까 주장한 것과도 일치하네. 자네도 기억나겠지만, 아까 우리는 흩어지고 갈라진 단편들을 힘닿는 대로 한데 모아 그것들에 단 하나의 성격을 각인해야 한다고 주장한 바 있네.[38]

프로타르코스 기억나요.

소크라테스 그렇다면 '더함'과 '덜함' 같은 것들은 받아들이지 않지만, 먼저 '같은'과 '같음'처럼, 다음에는 '갑절'처럼, 그리고 수(數)와 수 또는 도량(度量)과 도량의 비례처럼 그와 상반된 것은 모두 받아
b 들이는 것들이라면 무엇이든 '한정성'에 배정하는 것이 잘하는 일로 여겨질 걸세. 자네 생각은 어떤가?

프로타르코스 더없이 잘하는 일이겠지요, 소크라테스 선생님.

소크라테스 좋아. 그런데 우리는 이 둘이 혼합된 세 번째 부류는 어떤 성질을 띤다고 말할 텐가?

프로타르코스 그것은 선생님께서 말씀해주셔야 할 것 같은데요.

소크라테스 내가 아니라 신이 말해줘야겠지. 만약 어떤 신이 내 말을 듣고 있다면.

프로타르코스 그렇다면 기도하시고 하회(下回)를 기다려보세요.

소크라테스 기다리고 있네. 아닌 게 아니라 어떤 신이 지금 우리에게 호의를 베푼다는 느낌이 드네, 프로타르코스.

c **프로타르코스** 무슨 말씀이신지요? 그리고 무슨 근거로 그런 말씀을 하시는 거죠?

소크라테스 내가 설명할 테니, 자네는 명심해서 듣도록 하게나.

프로타르코스 말씀하세요.

소크라테스 방금 우리는 '더 뜨거운 것'과 '더 찬 것'에 관해 말했네.

그러지 않았는가?

프로타르코스 네, 그랬지요.

소크라테스 이번에는 그것들에 '더 마른 것'과 '더 축축한 것', '더 많은 것'과 '더 적은 것', '더 빠른 것'과 '더 느린 것', '더 큰 것'과 '더 작은 것', 그리고 우리가 조금 전에 '더 많은 것'과 '더 적은 것'을 받아들이는 부류에 배정했던 모든 것을 덧붙이게.

프로타르코스 비한정적인 부류 말씀인가요? d

소크라테스 그렇다네. 이번에는 거기에다 한정성의 부류를 혼합해 보게.

프로타르코스 그게 어떤 부류이지요?

소크라테스 방금 우리가 하나로 모았어야 할 부류 말일세. 비한정성의 부류를 하나로 모았듯이 한정성의 부류도 하나로 모았어야 하는데, 우리는 그러지 않았네. 그렇지만 지금이라도 똑같은 성과를 올리게 될 걸세. 만약 이 두 부류를 혼합하는 과정에서 한정성의 부류도 명백히 드러난다면 말일세.

프로타르코스 그게 어떤 부류이지요? 설명해주세요.

소크라테스 '같은 것'과 '갑절'의 부류, 그 밖의 대립된 것들이 대립을 e
멈추게 하며 수(數)를 도입함으로써 대립된 것들이 비례와 조화를 이루게 하는 모든 것 말일세.

프로타르코스 알겠어요. 그런 것들이 혼합됨으로써 매번 어떤 결과물

38 23e 참조.

이 생겨난다는 말씀인 것 같군요.

소크라테스 제대로 이해했네.

프로타르코스 그렇다면 말씀 계속하세요.

소크라테스 질병의 경우, 이 요소들[39]의 적절한 결합이 건강을 낳는 것 아닐까?

26a **프로타르코스** 그야 물론이지요.

소크라테스 또한 비한정적인 것에 속하는 높음과 낮음, 빠름과 느림의 적절한 결합도 같은 결과를 초래하는 것이 아닐까? 말하자면 그것은 한정성을 낳기도 하고 음악 전체의 토대를 완벽하게 마련하는 것 아닐까?

프로타르코스 더없이 훌륭하게 말씀하셨습니다.

소크라테스 혹한과 혹서의 경우에도 이 요소들의 적절한 결합[40]은 지나침과 비한정성을 제거하고 적도(適度)와 균형을 낳는다네.

프로타르코스 물론이지요.

b **소크라테스** 그렇다면 계절들과 그 밖의 아름다운 모든 것은 비한정적인 것들과 한정된 것들의 혼합에서 생겨난 것이 아니겠는가?

프로타르코스 왜 아니겠어요?

소크라테스 그 밖에도 다른 것들이 무수히 많지만 열거하지 않았네. 건강을 수반하는 아름다움과 힘 같은 것 말일세. 또한 우리 혼에도 더없이 아름다운 것들이 무수히 깃들어 있네. 여보게, 필레보스! 인간이 오만하고 사악한 까닭은 인간의 즐거움과 방종에는 한계가 없기 때문이라는 것을 알고는 그들 사이에 한정된 것들인 법과 질서를 정해준 것은 다름 아니라 여신[41] 자신이라는 것을 자네는 알아야 하네. 자네는 여신이 인간을 망친다고 주장하지만, 나는 여신이 인간을 구원한다고 단언하네. 프로타르코스, 자네 생각은 어떤가? c

프로타르코스 소크라테스 선생님, 나는 선생님 말씀이 마음에 꼭 들어요.

소크라테스 세 부류에 대해서는 이쯤 해두세. 자네가 내 말을 이해한다면 말일세.

프로타르코스 이해한 것 같아요. 선생님께서 말씀하시는 첫 번째 부류는 비한정적인 것을, 두 번째 부류는 사물들의 한정성을 뜻하는 것 같아요. 그렇지만 선생님께서 말씀하시는 세 번째 부류가 무엇을 의미하는지 정확히 이해하지 못하겠어요.

소크라테스 여보게, 그것은 세 번째 부류가 복잡해서 자네가 헷갈리기 때문일세. 그러나 비한정적인 것 역시 많은 부류가 있는데, 그럼에 d
도 '더함'과 '덜함'이라는 공통점에 의해 각인됨으로써 하나의 부류로 보였던 것일세.

프로타르코스 옳은 말씀입니다.

소크라테스 또한 한정성이 여럿이라는 것을 발견할 때도 우리는 그것이 진정한 하나가 아니라고 불평하지 않았네.

프로타르코스 물론 불평하지 않았지요.

소크라테스 물론 그랬지. 그러니 세 번째 부류와 관련해서 내가 말하

39 비한정적인 것과 한정된 것.

40 '이 요소들의 적절한 결합' 대신 '한정된 것의 부류'로 읽는 이들도 있다.

41 아프로디테?

는 바를 이렇게 이해해주게. 나는 세 번째 부류가 앞서 말한 두 부류의 모든 자식들로 구성되며, 이 자식들이 태어날 수 있었던 것은 한정성의 도움으로 생성된 적도 덕분이라고 생각한다는 말일세.

프로타르코스 알겠습니다.

10. 지성은 우주의 원인과도, 혼합된 삶에서의 좋음의 원인과도 동류(同類)이다(26e~31b)

e **소크라테스** 이제 우리는 이들 세 부류에 더하여 앞서 언급한 네 번째 부류를 고찰해야 하네. 이것은 우리가 공동으로 고찰하도록 하세. 자네는 생성되는 모든 것이 필연적으로 어떤 원인[42]에 의해 생성된다고 생각하는가?

프로타르코스 네, 나는 그렇게 생각해요. 원인 없이 어떻게 어떤 것이 생성될 수 있겠어요?

소크라테스 만드는 것과 원인은 본성은 다르지 않고 이름만 다른 것이 아닐까? 그러니 만드는 것과 원인은 같은 것이라고 말하는 것이 옳지 않을까?

프로타르코스 옳아요.

27a **소크라테스** 또한 만들어지는 것과 생성되는 것도 그와 마찬가지로 이름만 다른 것이 아닐까?

프로타르코스 그렇습니다.

소크라테스 만드는 것은 본성상 언제나 주도하고, 만들어지는 것은 생성될 때 만드는 것을 뒤따르겠지?

프로타르코스 그렇고말고요.

소크라테스 따라서 원인은 생성 과정에서 원인에 종속되는 것과는 다른 것이고 같은 것이 아닐세.

프로타르코스 물론이지요.

소크라테스 그렇다면 생성되는 것들과 그것들의 구성요소들은 우리에게 세 가지 부류를 모두 제공하는 것이 아닌가?

프로타르코스 그렇고말고요.

소크라테스 우리는 이 모든 것을 만드는 것 또는 원인을 네 번째 부류 b
라고 불러도 될 걸세. 그것은 다른 것들과 다르다는 점이 분명히 밝혀졌으니까.

프로타르코스 다르고말고요.

소크라테스 이제 네 부류가 구별되었으니, 우리가 그 하나하나를 기억할 수 있도록 그것들을 순서대로 열거하는 것도 나쁘지 않을 걸세.

프로타르코스 물론이지요.

소크라테스 나는 비한정적인 것을 첫 번째 것이라고 부르고, 한정성이 두 번째 것이며, 이 둘의 혼합에서 생긴 것이 세 번째 것이라고 부를 걸세. 그러니 내가 혼합과 생성의 원인을 네 번째 것이라고 불러도 실수하는 것은 아니겠지. c

프로타르코스 아니고말고요.

소크라테스 그렇다면 우리는 다음에는 무엇을 논해야 하며, 무엇을

42 aitia.

하려다가 여기까지 왔는가? 우리는 2등상이 즐거움에 주어져야 하는지, 아니면 지혜에 주어져야 하는지 알아내려고 했네. 그러지 않았는가?

프로타르코스 네, 그랬지요.

소크라테스 부류들을 이렇게 네 가지로 구별했으니 이제 우리는 1등상과 2등상에 관해 더 잘 판정할 수 있지 않을까? 그것이 우리 논의의 원래 주제였으니 하는 말일세.

프로타르코스 아마 그렇겠지요.

d **소크라테스** 좋아. 우리는 즐거움과 지혜가 혼합된 삶을 우승자로 선언했던 것 같네. 그러지 않았나?

프로타르코스 그랬지요.

소크라테스 그렇다면 우리는 물론 그것이 어떤 종류의 삶이며, 어떤 부류에 속하는지 알 수 있겠지?

프로타르코스 왜 아니겠어요?

소크라테스 실제로 우리는 혼합된 삶은 세 번째 부류의 일부라고 말할 걸세. 세 번째 부류는 두 가지 사물로만 구성되는 것이 아니라 한정성에 묶인 모든 비한정적인 것들로 구성되니까. 그러니 우승을 차지하는 이 삶은 당연히 세 번째 부류의 일부일세.

프로타르코스 지당한 말씀입니다.

e **소크라테스** 좋아. 그런데 필레보스, 자네가 말하는 다른 것이 혼합되지 않은 즐거운 삶이란 어떤 것인가? 그것이 어떤 부류에 속한다고 말해야 옳겠는가? 답변하기 전에 먼저 다음 질문에 대답해주게.

필레보스 말씀하시지요.

소크라테스 즐거움과 괴로움은 한정된 것인가, 아니면 '더함'과 '덜함'을 받아들이는 것들에 속하는가?

필레보스 네, 그것들은 '더함'을 받아들여요, 소크라테스 선생님. 즐거움이 본성상 양에서나 정도에서나 비한정적인 것이 아니라면 전적으로 좋은 것이 아닐 테니까요.

소크라테스 필레보스, 괴로움도 전적으로 나쁜 것만은 아닐 걸세. 그 28a
러니 어떻게 즐거움이 좋음에 관여하는지 설명할 수 있으려면 우리는 비한정성 이외에 다른 무엇인가를 찾아야 하네. 아무튼 즐거움과 괴로움은 비한정적인 것들에 속하네. 그런데 지혜와 지식과 지성은 어떤가? 프로타르코스와 필레보스, 말해보게. 우리가 불경(不敬)을 범하지 않으려면 이것들을 앞에서 말한 부류 가운데 어느 것에 배정해야 하는가? 우리가 이 질문에 올바로 대답하느냐 여부에 따라 많은 것이 결정된다고 생각되기에 하는 말일세.

필레보스 소크라테스 선생님, 선생님께서는 자신의 신을 찬미하시는 b
군요.

소크라테스 자네도 자네 여신을 찬미하고 있네, 필레보스. 그럼에도 우리는 이 물음에 답해야 하네.

프로타르코스 소크라테스 선생님 말씀이 옳네, 필레보스. 우리는 선생님 말씀대로 해야 하네.

필레보스 그렇지만 자네가 나 대신 말하기로 자원하지 않았던가, 프로타르코스?

프로타르코스 그랬지. 하지만 지금 나는 난감하네. 그래서 소크라테스 선생님, 나는 선생님께서 우리의 대변인이 되어주십사 부탁드려요. 선생님께서 내세우시는 후보를 우리가 잘못 이해하고 엉뚱한 말을 하지 않기 위해서요.

c **소크라테스** 자네 말대로 해야겠지, 프로타르코스. 어려운 부탁도 아니니까. 그런데 필레보스의 말처럼 내가 정말로 자네를 난감하게 했나? 지성과 지식이 어느 부류에 속하느냐고 물었을 때 나는 장난삼아 그것들을 찬미했을 뿐인데 말일세.

프로타르코스 그것도 아주 심하게요, 소크라테스 선생님.

소크라테스 하지만 그 문제는 아주 간단하네. 지성이 하늘과 대지의 왕이라고 모든 현자들이 이구동성으로 주장하고, 그렇게 함으로써 자신들을 찬미하고 있으니 말일세. 그들의 주장이 옳을지도 모르지. 그러나 자네만 좋다면 우리는 이 부류 자체를 더 상세히 논의해보세.

d **프로타르코스** 좋으실 대로 하세요, 소크라테스 선생님. 논의가 길어지는 것은 염려하지 마시고요. 우리는 짜증 내지 않을 거예요.

소크라테스 고맙네. 그렇다면 먼저 다음과 같은 질문을 하기로 하세.

프로타르코스 어떤 질문이지요?

소크라테스 프로타르코스, 우리는 우주라고 불리는 이 만유(萬有)가 비이성적이고 맹목적인 힘과 우발적인 것의 지배를 받는다고 주장할까, 아니면 그와 반대로 우리 선조들이 말했듯이 지성과 놀라운 지혜에 의해 정돈되고 조정된다고 주장할까?

e **프로타르코스** 두 주장 사이에는 천양지차가 있어요, 소크라테스 선생님. 선생님의 첫 번째 주장은 신성모독에 가까워요. 하지만 지성이 우주에 질서를 부여한다는 주장은 우주와 해와 달과 별들과 하늘 전체의 회전운동에 걸맞아요. 그러므로 나는 그것들에 대해 결코 다르

게 말하거나 생각하지 않을 거예요.

소크라테스 그러니까 자네는 이전 사상가들이 이것이 진리라고 합의한 것에 우리가 동조하기를 원하는가? 그리하여 우리는 위험을 무릅 29a
쓰지 않고 남들의 견해를 되풀이할 뿐 아니라, 어떤 영리한 자가 우주는 그렇지 않고 무질서하다고 주장할 때마다 우리도 그들과 함께 비판받을 위험을 감수해야 한다고 생각하는가?

프로타르코스 나는 그러기를 원해요.

소크라테스 자, 그렇다면 우리가 논의할 다음 단계를 고찰해보게.

프로타르코스 말씀하세요.

소크라테스 우리는 모든 생명체의 신체적 본성에 속하는 요소들이 우주를 구성하고 있는 것을 볼 수 있네. 불, 물, 공기, 흙[43] 말일세. 폭풍에 시달린 뱃사람들은 흙을 보면 "육지다!"라고 말하겠지.

프로타르코스 좋은 비유네요. 우리야말로 이번 논의에서 난관에 부딪 b
친 만큼 폭풍에 시달린다고 할 수 있으니까요.

소크라테스 자, 우리 안에 있는 각각의 구성요소를 다음과 같이 이해하게.

프로타르코스 어떻게요?

소크라테스 우리 안에 있는 그것들은 저마다 작고 보잘것없고 순수하지 못하고 이름값을 못하네. 내가 그중 하나를 설명할 테니, 자네는 그것이 다른 것들에도 적용된다고 생각하게. 이를테면 불은 우리 안

43 pyr, hydor, pneuma, ge.

에도 있고, 우주에도 있네.

프로타르코스 물론이지요.

c **소크라테스** 우리 안에 있는 불은 작고 미약하고 보잘것없지만, 우주에 있는 불은 그 크기와 아름다움으로, 그리고 불이 가진 힘을 과시함으로써 우리를 압도하네.

프로타르코스 전적으로 옳은 말씀입니다.

소크라테스 어떤가? 우리 안에 있는 불에 의해 우주의 불이 양육되고 생성되고 증대되는가, 아니면 거꾸로 우주의 불에 의해 나와 자네와 모든 생명체 안의 불이 그렇게 되는가?

프로타르코스 선생님께서는 대답할 가치조차 없는 질문을 하시는군요.

d **소크라테스** 옳은 말일세. 나는 자네가 지상에 사는 생명체들 안의 흙과 우주의 흙에 대해서도, 마찬가지로 내가 조금 전에 물었던 모든 구성요소들에 대해서도 같은 말을 하리라 생각하네. 자네는 그렇게 대답하겠지?

프로타르코스 다른 대답을 하고도 과연 정신이 온전해 보일 수 있을까요?

소크라테스 그게 누구든 그러기는 어렵겠지. 순서대로 다음 것을 고찰하도록 하게. 우리가 언급한 이 모든 구성요소가 하나로 결합되어 있는 것을 우리는 '몸'[44]이라고 부르네. 그러지 않는가?

프로타르코스 물론이지요.

e **소크라테스** 우리가 우주라고 부르는 것에 대해서도 똑같이 이해하게나. 우주 역시 똑같은 구성요소들로 이루어져 있는 만큼 똑같이 '몸'

이라는 말일세.

프로타르코스 지당한 말씀입니다.

소크라테스 그렇다면 전체적으로 이 우주의 몸에 의해 우리의 몸이 양육되고 우리가 말한 모든 자질을 공급받는가, 아니면 그와 정반대인가?

프로타르코스 그 역시 물을 가치도 없는 질문입니다, 소크라테스 선생님.

소크라테스 어떤가? 이것은 물을 가치가 있는 질문인가? 아니면 어떻게 말할 텐가? 30a

프로타르코스 어떤 질문인지 말씀하세요.

소크라테스 우리 몸에는 혼[45]이 있다고 말할 수 있지 않을까?

프로타르코스 분명 그렇게 말할 수 있겠지요.

소크라테스 친애하는 프로타르코스, 만약 우주의 몸에 혼이 없다면 우리 몸이 어디서 혼을 가질 수 있었겠는가? 우주의 몸은 모든 점에서 더 아름답기는 하지만 우리 몸과 같은 구성요소들로 이루어져 있으니 말일세.

프로타르코스 분명 다른 데서 갖게 된 것은 아니겠지요, 소크라테스 선생님.

소크라테스 아니겠지, 프로타르코스. 만물에는 한정성, 비한정성, 이

44 soma.

45 psyche.

b 둘이 혼합된 것, 원인이라는 네 부류가 있어서, 우리 몸에 속하는 구성요소들에게는 이 네 번째 부류가 혼을 제공하고 체력단련을 가능하게 해주고 몸이 아프면 치유해주고 그때그때 상황에 맞는 치료약을 강구해줌으로써 만능 지혜라고 불리는 데 반해, 똑같은 구성요소들이 우주 전체에는 대규모로 아름답고 순수하게 퍼져 있는데도 가장 아름답고 가장 귀중한 것을 고안해내는 데 실패했다고 생각할 수는 없을 테니까.

c **프로타르코스** 그건 말도 안 돼요.

소크라테스 그게 말이 안 된다면, 다른 주장에 따라 우리가 누차 말했듯이 우주에는 비한정적인 것이 많이 있고 한정성도 충분히 있으며 이것들을 주도하는 무시할 수 없는 원인이 있는데, 이 원인이야말로 해(年)와 계절과 달을 조정하고 질서를 부여하는 만큼 지혜와 지성이라고 불리는 것이 지당하다고 말하는 편이 더 나을 걸세.

프로타르코스 지당하고말고요.

소크라테스 지혜와 지성은 혼 없이는 결코 존재할 수 없네.

프로타르코스 없고말고요.

d **소크라테스** 그렇다면 자네는 제우스[46]의 본성에 왕의 혼과 왕의 지성이 생기는 것은 원인의 힘 덕분이라고, 다른 신들이 다른 훌륭한 자질들을 갖는 것은 그들이 저마다 불리고 싶어 하는 호칭에 따른 것이라고 말할 걸세.

프로타르코스 그렇고말고요.

소크라테스 그러니 프로타르코스, 우리가 여기서 헛된 논의를 했다고 생각하지는 말게. 오히려 그것은 지성이 언제나 우주를 지배한다는 옛 사상가들의 발언을 확인해주고 있네.

프로타르코스 그렇습니다.

소크라테스 그것은 또한 내 물음에 답변해주었네. 지성은 우리가 만물의 원인이라고 말한 부류에 속한다고 말일세. 또한 그것은 네 부류 e
가운데 하나였네. 이제는 우리가 구하던 답변을 찾았을 테지.

프로타르코스 이제는 완전히 찾았어요. 하지만 아까는 선생님께서 내게 답변해주신 줄 몰랐어요.

소크라테스 좋아, 프로타르코스. 심각할 때는 농담을 하면 기분전환이 되기도 하지.

프로타르코스 좋은 말씀입니다.

소크라테스 여보게, 지성이 어떤 부류에 속하고 어떤 기능을 하는지 31a
는 이제 충분히 밝혀진 것 같네.

프로타르코스 물론이지요.

소크라테스 마찬가지로 즐거움이 어떤 부류에 속하는지도 조금 전에 밝혀졌네.

프로타르코스 그렇고말고요.

소크라테스 그렇다면 이 둘과 관련하여 다음과 같은 사실들을 명심해두세. 지성은 원인과 동류이며 원인의 부류에 속한다고 할 수 있지만, 즐거움은 그 자체가 비한정적이며 그 자체로는 결코 시작과 중간과 끝을 갖지 않으며 또 갖지 않을 부류에 속한다는 것 말일세.

46 Zeus. 그리스 신화에서 최고신.

b **프로타르코스** 우리가 어떻게 그걸 잊을 수 있겠어요?

11. 즐거움은 비워진 것을 다시 채우는 것이다(31b~32b)

소크라테스 우리의 다음 과제는 이것들이 생겨날 때 각각 어디에서 어떤 상황에서 생기는지 고찰하는 것일세. 먼저 즐거움을 고찰하기로 하세. 즐거움이 어떤 부류에 속하는지를 먼저 고찰했듯이, 이번에도 그렇게 하자는 말일세. 하지만 우리는 괴로움을 제쳐놓고는 즐거움을 성공적으로 검토할 수 없을 걸세.

프로타르코스 그렇게 접근해야 한다면 그러도록 해요.

소크라테스 그렇다면 자네는 즐거움과 괴로움의 생성에 관해 나와 견해를 같이하는가?

c **프로타르코스** 어떤 견해 말씀인가요?

소크라테스 내가 보기에 즐거움도 괴로움도 본성상 혼합된 부류에서 생겨나는 것 같네.

프로타르코스 소크라테스 선생님, 선생님께서는 우리가 앞서 언급한 부류들 가운데 어느 것을 혼합된 부류라고 부르시는지 말씀해주시겠어요?

소크라테스 여보게, 최선을 다해 그렇게 하겠네.

프로타르코스 고맙습니다.

소크라테스 혼합된 부류란 우리가 언급한 네 부류 가운데 세 번째 것이라고 이해하기로 하세.

프로타르코스 비한정적인 것과 한정성 다음으로 언급하신 부류 말씀이시군요. 선생님께서는 건강과 조화도 그 부류에 포함시켰던 것 같아요.

소크라테스 바로 그걸세. 이제 정신 바짝 차리고 듣게나. d

프로타르코스 말씀하세요.

소크라테스 생명체 안에서 조화가 깨지면 조화의 자연스러운 상태가 해체되는 동시에 고통이 생겨난다는 것이 내 주장일세.

프로타르코스 아주 그럴듯한 말씀이에요.

소크라테스 그러나 조화가 회복되어 조화의 자연스러운 상태에 이르면 그때는 즐거움이 생겨나네. 가장 중요한 사실들을 요약해 되도록 빨리 말해야 한다면 말일세.

프로타르코스 옳은 말씀인 것 같아요, 소크라테스 선생님. 하지만 그 e
런 점들을 좀 더 명확하게 표현하도록 해요.

소크라테스 평범하고 명확한 것들이 이해하기 가장 쉽겠지?

프로타르코스 어떤 것들 말씀인가요?

소크라테스 배고픔은 어떤 의미에서는 해체이자 고통이겠지?

프로타르코스 네.

소크라테스 그리고 먹는 것은 다시 채워지는 것이니 즐거움이겠지?

프로타르코스 네.

소크라테스 또한 목마름은 파괴이고 고통이지만, 말랐던 것에 수분 32a
이 다시 공급되면 그것은 즐거움일세. 그리고 숨 막히는 더위로 인한 부자연스러운 분리와 해체는 괴로움이지만, 우리를 자연스러운 상태로 회복시켜주는 시원함은 즐거움일세.

프로타르코스 물론이지요.

소크라테스 또한 생명체 내의 수분이 추위 때문에 부자연스럽게 응고되는 것은 괴로움이지만, 얼었던 수분이 녹아 원래 상태로 되돌아가는 과정은 즐거움일세. 한마디로 다음과 같은 설명이 적절한지 살펴
b 보게. 내가 앞서 말한 바와 같이 비한정적인 것과 한정성으로 구성된 생명체의 자연스러운 상태가 파괴되면, 이런 파괴는 괴로움일세. 반대로 그런 생명체가 자신의 본성으로 되돌아가면, 이러한 되돌아감은 언제나 즐거움일세.

프로타르코스 그렇다고 해요. 그것은 적어도 대강의 요점은 파악하게 해주는 것 같으니까요.

12. 예기(豫期)의 즐거움과, 그런 즐거움에서 감각적 지각, 기억, 욕구의 역할(32b~36c)

소크라테스 그렇다면 한 종류의 즐거움과 괴로움[47]은 이 두 가지 경험으로 구성된다고 말해도 되겠지?

프로타르코스 그렇게 말해도 되겠네요.

소크라테스 그렇다면 혼이 이런 경험들을 예기(豫期)할 때 어떤 일이
c 일어나는지 살펴보게. 미래의 즐거움을 예기하는 혼의 부분은 즐겁고 자신만만하겠지. 그러나 미래의 괴로움을 예기하는 혼의 부분은 두렵고 괴롭네.

프로타르코스 맞아요. 그것은 다른 종류의 즐거움과 괴로움이에요. 그것은 몸과는 무관하게 예기를 통해 생기며, 혼에 속하는 거니까요.

소크라테스 내 말뜻을 제대로 이해했구먼. 내 판단으로는, 이 두 경

우 즐거움과 괴로움은 서로 혼합되지 않는 순수 상태로 생겨나므로 즐거움에 관한 한 즐거움의 부류 전체를 반겨야 할지, 아니면 우리가 이미 논의한 바 있는 다른 부류들 가운데 하나[48]에만 이런 특권이 주어져야 할지 분명해질 걸세. 그렇지만 즐거움과 괴로움은 더위와 추위 따위처럼 어떤 때에는 반기고 어떤 때에는 반기지 말아야 할 것 같네. 즐거움과 괴로움은 그 자체로 좋은 것이 아니라, 그중 어떤 것들이 상황에 따라 어떤 때에만 좋은 것의 본성을 갖기 때문일세. d

프로타르코스 지당한 말씀입니다. 우리는 지금 탐구하고 있는 문제를 그런 방법으로 풀어야 해요.

소크라테스 그렇다면 먼저 이 점을 고찰해보세. 만약 생명체의 파괴가 괴로움이고 생명체의 원상회복이 즐거움이라는 우리 주장이 사실이라면, 생명체가 파괴되지도 않고 원상회복되지도 않는 경우, 우리는 이때 생명체가 어떤 상태에 있다고 말해야 하는가? 정신 바짝 차리고 말해주게. 그때는 크고 작고를 떠나 모든 생명체가 당연히 어떤 즐거움도 어떤 괴로움도 느끼지 않겠지? e

프로타르코스 당연하지요.

소크라테스 그렇다면 그것은 즐거움과도 다르고 괴로움과도 다른 제3의 상태[49]이겠지? 33a

프로타르코스 물론이지요.

47 육체적인 즐거움과 괴로움.

48 제대로 혼합된 부류.

49 diathesis.

소크라테스 자, 그렇다면 그 점을 명심해두게. 즐거움에 대한 우리의 판단은 그 점을 기억하느냐 여부에 따라 큰 차이가 날 테니까. 그러나 자네만 괜찮다면 그런 상태에 대해 좀 더 고찰해보기로 하세.

프로타르코스 말씀해주세요. 어떻게 고찰한다는 거죠?

소크라테스 자네도 알다시피, 누가 지혜로운 삶을 선택했다면 그가 그런 식으로 사는 것을 막을 것은 아무것도 없네.

b **프로타르코스** 즐겁지도 않고 괴롭지도 않은 삶 말씀인가요?

소크라테스 그렇다네. 자네도 알다시피, 우리는 방금[50] 여러 가지 삶을 비교하면서 지성과 지혜의 삶을 선택하는 사람은 크고 작고를 떠나 어떤 즐거움도 느껴서는 안 된다고 말했으니까.

프로타르코스 아닌 게 아니라 우리는 그렇게 말했지요.

소크라테스 그렇다면 그는 그런 식으로 살 수 있을 걸세. 또한 그게 가장 신적인 삶이라 해도 아무도 놀라지 않을 걸세.

프로타르코스 신들이 즐거움이나 그 반대를 느낀다는 것은 있음 직하지 않아요.

소크라테스 있음 직하지 않고말고. 아무튼 즐거움이나 괴로움을 느낀
c 다는 것은 신들에게는 어울리지 않는 일일세. 이 문제는 우리 논의와 관련이 있으면 나중에 다시 검토할 걸세.[51] 그리고 이 점은 지성이 1등상을 타는 데 가산점으로 주어질 수 없다면 2등상을 타는 데는 가산점으로 주어질 걸세.

프로타르코스 지당한 말씀입니다.

소크라테스 그런데 우리가 혼 자체에 속한다고 말한 다른 종류의 즐거움은 전적으로 기억에 의존하네.

프로타르코스 어째서 그렇지요?

소크라테스 우리가 이런 문제들을 제대로 규명하려면 먼저 기억이 무엇인지부터, 아니, 어쩌면 기억보다 먼저 감각적 지각[52]이 무엇인지부터 고찰해야 할 것 같네.

프로타르코스 무슨 말씀이신지요? d

소크라테스 이렇게 생각해보게. 우리 몸이 겪는 여러 가지 느낌 가운데 어떤 것들은 혼에 도달하기 전에 몸속에서 소멸하여 혼에 아무런 영향을 주지 못하네. 그러나 다른 경험들은 몸과 혼을 모두 통과해서 그 각각에, 그리고 둘 다에 일종의 충격을 준다네.

프로타르코스 그렇다고 해두죠.

소크라테스 그렇다면 둘 다 통과하지 못하는 느낌들은 혼이 알아차리지 못하지만, 둘 다 통과하는 감정들은 혼이 알아차린다고 말하는 것이 가장 옳겠지?

프로타르코스 왜 아니겠어요? e

소크라테스 그러나 '알아차리지 못한다'는 내 말이 망각을 뜻한다고는 생각하지 말아주게. 망각은 기억의 상실인데, 지금 이 경우에는 기억이 아직 생겨나지 않은 것이니까. 존재하지 않고 아직 생겨나지도 않은 것을 상실했다고 말하는 것은 불합리할 걸세. 그렇지 않은가?

프로타르코스 물론이지요.

50 20e.

51 이 문제는 다시 검토되지 않는다.

52 aisthesis.

소크라테스 그러니까 용어를 바꾸도록 하게.

프로타르코스 어떻게요?

소크라테스 지금 자네는 몸의 충격에 영향을 받지 않을 경우 혼이 알
34a 아차리지 못한다고 말하는데, '알아차리지 못함' 대신 '지각하지 못함'[53]이라는 용어를 사용하게.

프로타르코스 알겠습니다.

소크라테스 그러나 혼과 몸이 하나의 느낌을 공유하며 함께 움직일 경우 이런 움직임을 '감각적 지각'이라 부른다면, 자네는 적절한 용어를 사용하는 걸세.

프로타르코스 지당한 말씀입니다.

소크라테스 그렇다면 우리가 '감각적 지각'이라는 말로 무엇을 뜻하는지 이제는 알았겠지?

프로타르코스 물론이지요.

소크라테스 내가 판단하기에, 누가 기억은 '감각적 지각의 보존'이라고 말한다면 그는 옳은 말을 하는 것 같네.

b **프로타르코스** 옳은 말씀입니다.

소크라테스 또한 우리는 상기(想起)[54]가 기억과는 다른 것이라고 말하지 않는가?

프로타르코스 그러는 것 같아요.

소크라테스 그리고 그 차이란 이런 것이 아닐까?

프로타르코스 어떤 것이지요?

소크라테스 혼이 몸과 공유했던 경험을 몸 없이도 혼자서 되도록 완전하게 되살릴 때 우리는 무엇인가를 '상기한다'고 하네. 그러지 않

은가?

프로타르코스 물론이지요.

소크라테스 또한 혼이 감각적 지각 또는 배웠던 것의 일부를 상실했다가 나중에 이를 혼자서 회복한다고 가정해보게. 우리는 그런 종류의 과정도 모두 '상기'라고 부르네. c

프로타르코스 옳은 말씀입니다.

소크라테스 우리가 이런 모든 것을 논의하는 데는 다음과 같은 목적이 있네.

프로타르코스 어떤 목적이지요?

소크라테스 몸과 무관한 혼의 즐거움과 욕구[55]를 되도록 명확히 파악하기 위해서네. 기억과 상기가 밝혀지면 즐거움과 욕구도 밝혀질 테니까.

프로타르코스 그렇다면 소크라테스 선생님, 이번에는 그것을 논의하기로 해요.

소크라테스 우리가 즐거움의 기원과 여러 가지 형태를 제대로 논의하려면 다른 것도 많이 검토해야 할 듯하네. 지금은 우선 욕구가 무엇이며 어떤 경우에 생기는지 파악해야 할 것 같네. d

프로타르코스 그러면 그것을 검토하기로 해요. 우리가 잃을 것은 아무것도 없으니까요.

53 anaisthesia.

54 anamnesis.

55 epithymia.

소크라테스 프로타르코스, 우리가 잃을 게 있지. 우리가 찾던 것을 발견하게 되면 그것에 관한 무지[56]를 잃을 테니까.

프로타르코스 선생님께서는 멋지게 받아넘기시네요. 그러니 다음 문제점을 살펴보도록 해요.

e **소크라테스** 조금 전에 우리는 배고픔, 목마름 등등은 욕구라고 말하지 않았던가?[57]

프로타르코스 그랬지요.

소크라테스 그런데 이들 판이한 상태를 우리는 대체 어떤 공통점에 근거하여 하나의 이름으로 불렀던 것일까?

프로타르코스 맙소사, 소크라테스 선생님. 그건 대답하기 쉽지 않을 것 같은데요. 그래도 대답해야겠지만요.

소크라테스 그렇다면 우리가 출발했던 곳으로 되돌아가 거기서 다시 시작하도록 하세.

프로타르코스 어디로 되돌아간다는 거죠?

소크라테스 '그는 목마르다'고 말할 때 우리는 언제나 무엇인가를 염두에 두고 있겠지?

프로타르코스 왜 아니겠어요?

소크라테스 그가 비어가고 있다는 뜻이겠지?

프로타르코스 물론이지요.

소크라테스 그렇다면 그의 목마름은 욕구이겠지?

프로타르코스 네, 마실 것에 대한 욕구예요.

35a **소크라테스** 마실 것에 대한 욕구인가, 아니면 마실 것에 의해 다시 채워짐에 대한 욕구인가?

프로타르코스 다시 채워짐에 대한 욕구인 것 같아요.

소크라테스 우리 가운데 비어 있는 사람은 자기가 경험하고 있는 것과 반대되는 것을 욕구하는 듯하네. 그는 비어 있기 때문에 채워지기를 욕구하는 것이니까.

프로타르코스 더없이 확실해요.

소크라테스 어떤가? 처음으로 비어 있는 사람이 감각적 지각에 의해서건 기억에 의해서건 다시 채워짐을 이해할 수 있을까? 그런 그가 지금 경험하고 있지 않고 전에 경험한 적도 없는 것을 이해할 수 있을까?

프로타르코스 어떻게 알 수 있겠어요?

소크라테스 그렇지만 우리 주장에 따르면, 욕구하는 사람은 무엇인 b
가를 욕구하네.

프로타르코스 물론이지요.

소크라테스 그는 또한 자기가 경험하고 있는 것을 욕구하지 않네. 그는 목마르고, 목마름은 비어 있는 것인데, 그가 욕구하는 것은 다시 채워짐이니까.

프로타르코스 네.

소크라테스 그렇다면 목마른 사람에게는 다시 채워짐을 이해할 만한 무엇인가가 있음에 틀림없네.

56 aporia. 문맥에 따라 '난관' '곤경'으로 번역할 수도 있다.

57 31e ~ 32b 참조.

프로타르코스 당연하지요.

소크라테스 그러나 그것이 몸일 수는 없네. 몸은 비어 있으니까.

프로타르코스 네.

소크라테스 이제 남아 있는 유일한 가능성은 혼이 다시 채워짐을 이해하는 것일세. 그리고 혼은 기억에 의해 그렇게 하는 것이 틀림없네.
c 그도 그럴 것이, 혼이 어떤 다른 수단으로 그렇게 할 수 있겠는가?

프로타르코스 다른 수단으로는 그러기 어렵겠지요.

소크라테스 그렇다면 앞서 말한 것에서 어떤 결론이 났는지 우리는 알고 있는가?

프로타르코스 어떤 결론이죠?

소크라테스 우리의 이 논의는 욕구는 몸에 속하는 것이 아니라고 말해주고 있네.

프로타르코스 어째서 그렇지요?

소크라테스 모든 생명체는 늘 자신의 몸이 경험하는 것과 반대되는 것을 추구한다는 점을 우리의 이 논의가 말해주기 때문이지.

프로타르코스 그렇고말고요.

소크라테스 충동이 현재 상태와 반대되는 것으로 이끈다는 사실은 현재 상태와 반대되는 것에 관한 기억이 있다는 것을 말해주네.

프로타르코스 물론이지요.

d **소크라테스** 그렇다면 우리의 논의는 우리를 욕구 대상으로 이끄는 것이 기억이라는 점을 입증함으로써 생명체의 모든 충동과 욕구와 지배적인 원리는 혼에 속한다는 사실을 밝혀냈네.

프로타르코스 지당한 말씀입니다.

소크라테스 따라서 우리 몸이 목마름이나 배고픔 등등을 느낄 수 없다는 것은 부인할 수 없는 사실일세.

프로타르코스 그 역시 지당한 말씀입니다.

소크라테스 이런 상태들과 관련해서 우리가 고찰해야 할 것이 하나 더 있네. 우리 논의의 목적은 내가 보기에 그런 상태들로 이루어진 어떤 종류의 삶을 밝혀내는 것인 듯하니까.

프로타르코스 어떤 상태들로 이루어진 어떤 종류의 삶을 말씀하시는 e
건가요?

소크라테스 다시 채워짐과 비어짐과 그 밖에 생명체의 보존과 파괴에 관련된 모든 과정으로 이루어진 삶 말일세. 우리는 이런 과정들 중 하나에서 다른 것으로 옮겨감에 따라 괴로움을 느끼기도 하고 즐거움을 느끼기도 한다네.

프로타르코스 그렇지요.

소크라테스 그런데 누가 그 중간 상태에 있을 때는 어떤가?

프로타르코스 중간 상태라니, 그게 무슨 뜻이죠?

소크라테스 누가 지금 겪고 있는 것 때문에 괴로워하면서도 실현되기만 하면 그 괴로움을 끝내줄 즐거운 일들을 기억하고 있지만, 아직은
그런 일들이 실현되지 않았을 때 말일세. 그럴 때 그는 어떤 상태에 36a
있는가? 그는 중간 상태에 있다고 말해도 되지 않을까? 아니면 그렇게 말하면 안 되는가?

프로타르코스 그렇다고 말해야겠지요.

소크라테스 우리는 그가 전적으로 괴로워하고 있다고 말할까, 아니면 전적으로 즐거워하고 있다고 말할까?

프로타르코스 결코 즐겁지 않아요. 오히려 그는 갑절의 괴로움에 시달리겠지요. 감각적 지각 때문에 몸이 괴롭고, 기대한 대로 되지 않아 혼이 괴로울 테니까요.

소크라테스 갑절의 괴로움이라니 그게 무슨 뜻인가, 프로타르코스?
b 비워진 사람도 다시 채워질 것이라고 확신할 때가 있지 않을까? 물론 완전히 절망적일 때도 있겠지만.

프로타르코스 물론이지요.

소크라테스 그렇다면 다시 채워질 것이라고 확신하는 사람이 즐거움을 느끼는 까닭은 자신이 기억하고 있는 것 덕분이라고 자네는 생각하지 않는가? 물론 그는 비워지고 있어서 동시에 괴로움을 느끼겠지만 말일세.

프로타르코스 당연하지요.

소크라테스 그럴 때는 인간도 다른 동물들도 괴로워하는 동시에 즐거워하네.

프로타르코스 그럴 것 같아요.

소크라테스 비워지고 있지만 다시 채워질 가망이 없을 때는 어떤가? 그럴 때 그의 괴로움은 이중적인 것이 되지 않을까? 자네는 방금 그
c 점에 주목하고 그냥 '갑절의 고통'이라고 말했지만 말일세.

프로타르코스 지당한 말씀입니다, 소크라테스 선생님.

13. 참된 즐거움과 거짓된 즐거움(36c~38a)

소크라테스 우리가 이런 경험들에 관해 고찰한 것들을 특정 목적을

위해 이용해보세.

프로타르코스 그게 어떤 목적인가요?

소크라테스 우리는 이런 즐거움과 괴로움들이 참이라고 할까, 아니면 거짓이라고 할까? 아니면 어떤 것들은 참이고 어떤 것들은 참이 아니라고 할까?

프로타르코스 하지만 소크라테스 선생님, 어떻게 즐거움이나 괴로움이 거짓일 수 있지요?

소크라테스 그렇다면 프로타르코스, 어떻게 두려움이나 기대나 의견이 참이거나 거짓일 수 있지?

프로타르코스 나는 의견이 그렇다는 데에는 동의하지만, 다른 것들이 d
그렇다는 데에는 동의할 수 없어요.

소크라테스 그게 무슨 말인가? 우리가 여기서 큰 논쟁을 벌이게 되는 게 아닌지 두렵구먼.

프로타르코스 옳은 말씀입니다.

소크라테스 그게 우리가 앞서 논의한 것과 관계가 있다면 당연히 고찰해야겠지, 칼리아스의 아들이여.[58]

프로타르코스 관계가 있는 것 같아요.

소크라테스 그렇다면 우리는 장황한 여담이나 그게 어떤 것이든 주제와 직접 관계가 없는 것들에 관한 논의는 그만두어야 하네.

58 원문은 '그분의 아들이여'인데 여기에서는 '그분'을 프로타르코스의 아버지 칼리아스로 보았다. 프로타르코스가 필레보스한테서 이 토론을 넘겨받았다는 점에서 필레보스로 보는 이들도 있다.

프로타르코스 맞아요.

e **소크라테스** 말해주게. 방금 우리가 제기한 질문들만큼 나를 항상 어리둥절하게 하는 질문은 없기에 하는 말일세. 그러니 자네 생각을 말해주게나. 거짓 즐거움들도 있지만 참된 즐거움들도 있지 않은가?

프로타르코스 어떻게 그럴 수 있지요?

소크라테스 그렇다면 자네는 꿈결에서도 생시에도 미친 상태에서도 착란 상태에서도 자신은 즐겁다고 생각하지만 실제로는 전혀 즐겁지 않거나, 또는 자신은 괴롭다고 생각하지만 전혀 괴롭지 않은 사람은 아무도 없다고 주장하고 싶은가?

프로타르코스 소크라테스 선생님, 아닌 게 아니라 우리는 모두 그렇다고 생각해요.

소크라테스 그러는 게 옳을까? 아니면 그렇게 말하는 것이 옳은지 그른지 고찰해야 하지 않을까?

프로타르코스 내 생각에 고찰해야 할 것 같아요.

37a **소크라테스** 우리가 방금 즐거움과 의견에 관해 말한 것을 더 명료하게 분석해보도록 하세. 우리에게는 의견 같은 것이 있겠지?

프로타르코스 네.

소크라테스 즐거움 같은 것도?

프로타르코스 네.

소크라테스 또한 의견에는 대상이 있겠지?

프로타르코스 왜 아니겠어요?

소크라테스 즐거움에도 대상이 있겠지?

프로타르코스 물론이지요.

소크라테스 그렇다면 의견을 갖는 사람은 의견의 옳고 그름을 떠나 실제로 의견을 갖는 데 실패하는 일은 결코 없을 걸세.

프로타르코스 어떻게 실패할 수 있겠어요? b

소크라테스 그리고 즐거워하는 사람은 그것의 옳고 그름을 떠나 분명 실제로 즐거워하는 데 실패하는 일은 결코 없을 걸세.

프로타르코스 네, 그렇고말고요.

소크라테스 그렇다면 우리가 고찰해야 할 점은, 의견을 갖는 것도 즐거움을 느끼는 것도 둘 다 실제로 존재하지만 왜 의견은 대개 거짓이기도 하고 참이기도 한데 즐거움은 참이기만 하느냐는 것일세.

프로타르코스 네, 우리는 그 점을 고찰해봐야 해요.

소크라테스 자네 말은, 의견의 경우 거짓과 참이 덧붙여질 수 있어서 그냥 의견이 아니라 각각 참 또는 거짓이라는 성질을 지닌 의견이 되 c
기 때문에 고찰해봐야 한다는 뜻인가?

프로타르코스 네.

소크라테스 또한 어떤 것들은 성질을 갖지만 즐거움과 괴로움은 성질을 갖지 않고 그냥 그대로인지에 대해서도 우리는 의견이 일치해야 하네.

프로타르코스 분명히 그렇습니다.

소크라테스 하지만 그것들도 성질을 갖는다는 것은 알기 어렵지 않네. 우리는 조금 전에 즐거움도 괴로움도 둘 다 클 수 있고 작을 수 있고 강렬할 수 있다고 말했으니까.[59]

59 27e ~ 28a 참조.

d **프로타르코스** 전적으로 동의합니다.

소크라테스 한데 프로타르코스, 만약 그중 어느 하나에 나쁨이 덧붙여지면, 우리는 그래서 그것이 나쁜 의견이 되었다고, 또는 나쁜 즐거움이 되었다고 말하지 않을까?

프로타르코스 물론이지요, 소크라테스 선생님.

소크라테스 옳음 또는 옳음과 반대되는 것이 그중 하나에 덧붙여진다면 어떤가? 우리는 의견이 옳음을 가지면 의견이 옳다고 말하고, 즐거움의 경우도 그 점은 마찬가지가 아닐까?

프로타르코스 당연하지요.

e **소크라테스** 그리고 의견의 대상과 관련하여 어떤 잘못이 저질러진다면, 그때는 그런 잘못을 저지르는 의견은 옳지 못하며 옳게 판단하지 못한다는 데에 우리는 동의해야겠지?

프로타르코스 왜 아니겠어요?

소크라테스 어떤가? 어떤 괴로움이나 즐거움이 그 대상과 관련하여 잘못하는 것을 발견한다면, 우리는 그것에 '옳다' '건전하다' 같은 찬사를 보내게 될까?

프로타르코스 즐거움이 정말로 그런 잘못을 저지를 수 있다면, 그럴 수 없겠지요.

소크라테스 그런데 즐거움은 흔히 옳은 판단이 아니라 거짓된 판단과 함께 우리에게 생기는 것 같네.

38a **프로타르코스** 물론이지요. 그래서 소크라테스 선생님, 그럴 경우 우리는 의견이 거짓되다고 말하지요. 그렇지만 즐거움 자체가 거짓되다고 말할 사람은 아무도 없을 걸요.

소크라테스 프로타르코스, 지금 자네는 즐거움 쪽만 역성을 드는군그래.

프로타르코스 그렇지 않아요. 나는 들은 대로 말할 뿐이에요.

14. 거짓된 의견과 거짓된 즐거움의 상관관계(38a~40e)

소크라테스 여보게, 옳은 의견이나 지식과 함께하는 즐거움과 흔히 거짓이나 무지와 함께 우리 각자에게 다가오는 즐거움 사이에는 아무 차이도 없다는 겐가?

프로타르코스 큰 차이가 있는 것 같아요. b

소크라테스 그렇다면 둘 사이의 차이를 고찰해보세.

프로타르코스 선생님께서 좋다고 생각하시는 대로 인도하세요.

소크라테스 그렇다면 나는 이 길로 이끌겠네.

프로타르코스 그게 어떤 길이지요?

소크라테스 의견은 어떤 때는 거짓되고 어떤 때는 참되다는 데에 우리는 동의하는가?

프로타르코스 네.

소크라테스 그리고 우리가 방금 말했듯이, 참된 의견과 거짓된 의견에는 흔히 즐거움과 괴로움이 뒤따르네.

프로타르코스 물론이지요.

소크라테스 우리가 의견을 갖거나 의견을 가지려고 시도하는 것은 언제나 기억과 감각적 지각 덕분 아닌가?

프로타르코스 물론이지요. c

소크라테스 그렇다면 반드시 다음과 같은 일이 일어난다는 데에 우리는 동의하는가?

프로타르코스 그게 어떤 일인가요?

소크라테스 누가 멀리서 보고 있어 사물들이 또렷이 보이지 않는다고 가정해보게. 그럴 경우 그는 대개 자기가 보고 있는 것들에 관해 판단하고 싶어 할 것이라는 데에 자네는 동의하지 않는가?

프로타르코스 동의해요.

소크라테스 그렇다면 다음 단계는, 그가 이렇게 자문해보는 것 아닐까?

프로타르코스 어떻게 자문한다는 거죠?

소크라테스 "저기 나무 밑 바위 옆에 서 있는 것이 보이는데 대체 무얼까?" 자네는 그가 이런 장면을 보면 그렇게 자문해볼 것이라고 생
d 각하지 않는가?

프로타르코스 물론 그렇게 생각하지요.

소크라테스 그러다가 그는 "저건 사람이야"라고 자답할 걸세. 그가 정답을 맞힌다면 말일세.

프로타르코스 그렇고말고요.

소크라테스 그런가 하면 그는 잘못 알아맞혀 자기가 보고 있는 것이 양치기들이 만든 입상(立像)이라고 말할 수도 있을 걸세.

프로타르코스 물론이지요.

소크라테스 그러나 누군가와 함께한다면 그는 자신에게 속으로 말한
e 것을 들을 수 있도록 큰 소리로 동료에게 말할 걸세. 그러면 그가 앞서 의견이라고 불렀던 것이 이제는 주장이 되네.

프로타르코스 물론이지요.

소크라테스 그러나 그가 그런 생각을 할 때 혼자 있다면, 때로는 그런 생각을 한참 동안 마음속에 담아둘 걸세.

프로타르코스 그렇고말고요.

소크라테스 어떤가? 이런 일들과 관련하여 자네도 나와 생각을 같이 하는가?

프로타르코스 그게 어떤 생각이지요?

소크라테스 그럴 경우 우리 혼은 책과도 같다고 나는 생각하네.

프로타르코스 어째서 그렇지요?

소크라테스 내가 보기에 기억과 감각적 지각과 이것들로 인한 느낌은
이를테면 우리 혼에 우리가 말한 것들을 기록하는 것 같네. 그리고 39a
이런 경험이 참된 것을 기록하면 우리 내면에 참된 의견과 참된 설명이 생겨나지만, 우리 내면의 서기(書記)가 거짓된 것을 기록하면 우리의 의견과 설명은 참된 것들과는 정반대일세.

프로타르코스 나는 전적으로 동의하며, 선생님 설명을 받아들이겠
어요. b

소크라테스 그렇다면 그럴 때는 우리 혼 안에 제2의 장인(匠人)이 있다는 것을 인정하게나.

프로타르코스 어떤 장인 말씀이죠?

소크라테스 서기가 기록한 말들을 설명하기 위해 우리 혼 안에 그림을 그리는 화가(畵家) 말일세.

프로타르코스 그렇다면 우리는 그가 언제 어떻게 그렇게 한다고 말할까요?

소크라테스 그건 누가 시각(視覺)이나 다른 감각을 통해 의견이나 주

장을 받아들였다가 나중에 자기 내면에서 그런 의견과 주장의 상

c (像)[60]들을 볼 때일세. 아니면 그런 일은 우리에게 일어나지 않는가?

프로타르코스 물론 일어나지요.

소크라테스 그렇다면 참된 의견과 주장들의 상들은 참되겠지만, 거짓된 의견과 주장들의 상들은 거짓되겠지?

프로타르코스 전적으로 동의합니다.

소크라테스 우리의 이런 말이 옳다면 이와 관련해서 고찰해야 할 것이 한 가지 더 있네.

프로타르코스 무엇을 고찰한다는 거죠?

소크라테스 이런 경험은 필연적으로 현재와 과거에 국한되고 미래와는 무관한지 말일세.

프로타르코스 아니, 모든 시간에 똑같이 적용돼요.

소크라테스 앞서 우리는 혼으로만 느끼는 즐거움과 괴로움들은 몸으

d 로 느끼는 즐거움과 괴로움보다 먼저 생길 수 있다고 말하지 않았던

가?[61] 그렇다면 우리는 미래와 관련하여 미리 즐거워하고 미리 괴로워할 수 있을 걸세.

프로타르코스 지당한 말씀입니다.

소크라테스 그런데 우리가 조금 전에 우리 내면에서 생긴다고 말한 기록과 그림들은 어떤가? 그것들은 과거와 현재에만 관련되고 미래와

e 는 무관한가?

프로타르코스 그것들은 미래와 아주 많이 관련되어 있어요.

소크라테스 자네가 '아주 많이'라고 말하는 까닭은, 그것들은 모두 미래에 대한 희망[62]이고, 우리는 살아 있는 동안 늘 희망에 차 있기 때

문이겠지?

프로타르코스 전적으로 그렇습니다.

소크라테스 자, 지금까지 말한 것에 더하여 다음 질문에도 대답해 주게.

프로타르코스 어떤 질문인가요?

소크라테스 올바르고 경건하고 모든 점에서 훌륭한 사람은 신들의 사랑을 받겠지?

프로타르코스 당연하지요.

소크라테스 어떤가? 불의하고 전적으로 나쁜 사람은 그 반대이겠지?

프로타르코스 왜 아니겠어요? 40a

소크라테스 그러나 모든 인간은 우리가 방금 말했듯이 희망에 가득 차 있겠지?

프로타르코스 물론이지요.

소크라테스 우리 각자에게는 저마다의 주장이 있는데, 그것들을 우리가 '희망'이라고 부르는 것이겠지?

프로타르코스 네.

소크라테스 그 밖에 우리 내면에 그려진 환상들도 있네. 사람들은 흔히 자신이 엄청난 황금을 손에 넣게 되어 즐거움에 즐거움이 겹치는 것을 본다네. 그래서 사람들은 그림 속 자신을 보고도 희희낙락하는

60 eikon.

61 32b ~ c, 36b 참조.

62 elpis.

것이라네.

프로타르코스 물론이지요.

b **소크라테스** 그런데 훌륭한 사람들은 신들의 사랑을 받는 만큼 이런 그림들이 대개 참된 것이지만, 나쁜 사람들의 경우는 대개 정반대라고 말해도 될까? 아니면 그렇게 말하면 안 되는가?

프로타르코스 그렇게 말해야겠지요.

소크라테스 그러니까 나쁜 사람들도 훌륭한 사람들 못지않게 혼 안에 그려진 즐거움들을 갖고 있겠지만 그것들은 거짓된 즐거움일 걸세.

프로타르코스 왜 아니겠어요?

소크라테스 그렇다면 나쁜 사람들은 대개 거짓된 즐거움을 즐기고,
c 훌륭한 사람들은 참된 즐거움을 즐기네.

프로타르코스 그야 당연하지요.

소크라테스 지금까지 논의한 바에 따르면 사람의 혼 안에는 거짓된 즐거움들도 있는데, 이것들은 사실 참된 즐거움들을 가소롭게 흉내 낸 것들일세. 그리고 이 점은 고통에도 적용되네.

프로타르코스 그렇습니다.

소크라테스 그러니까 의견을 갖는 사람은 언제나 의견을 갖지만 그 의견은 현재, 과거 또는 미래에 실재하는 것들에 근거한 것이 아닐 때도 있네.

프로타르코스 그렇고말고요.

소크라테스 그래서 나는 이것이 거짓된 의견과 거짓되게 의견을 갖는
d 것의 원천이라고 생각하네. 그렇지 않은가?

프로타르코스 네, 그래요.

소크라테스 어떤가? 우리는 괴로움과 즐거움도 현재, 과거 또는 미래에 실재하는 것들과 같은 관계에 있다고 인정해야 하지 않을까?

프로타르코스 무슨 말씀이신지요?

소크라테스 내 말은 어떤 방식으로든 즐거움을 느끼는 사람은 언제나 실제로 즐거움을 느끼겠지만 그것은 때로는 현재에 실재하거나 과거에 실재한 것과는 무관하며, 대개는, 어쩌면 가장 흔하게는 미래에도 결코 일어나지 않을 일들에 근거하고 있다는 뜻일세.

프로타르코스 소크라테스 선생님, 그 또한 필연적입니다.

e

15. 즐거움의 크기에 관한 그릇된 생각에서 비롯된 두 번째 유형의 거짓된 즐거움 (40e~42c)

소크라테스 두려움과 분노 따위와 관련해서도 같은 말을 할 수 있지 않을까? 그런 감정들은 모두 때로는 거짓된 것이라고 말일세.

프로타르코스 그야 물론이지요.

소크라테스 어떤가? 거짓된 것이라는 점 말고 다른 관점에서 나쁜 의견과 훌륭한 의견을 구별할 수 있을까?

프로타르코스 다른 방법은 없어요.

소크라테스 또한 거짓된 것이라는 점 말고는 즐거움이 나쁜 것이라는 것을 알아낼 방법도 없을 듯하네.

프로타르코스 소크라테스 선생님, 선생님께서 말씀하신 것은 사실과 정반대예요. 우리가 괴로움과 즐거움을 나쁘게 여기는 이유는 결코 41a
괴로움과 즐거움이 거짓된 것이어서가 아니라, 그것들에는 다른 종류의 큰 나쁨이 많이 내포되어 있기 때문이니까요.

소크라테스 그렇다면 나쁨에서 비롯되는 이들 나쁜 즐거움에 관한 논의는 잠시 뒤로 미루기로 하세. 논의하는 것이 적절하다고 여겨질 때까지. 지금은 종종 다른 방법으로 우리 안에 존재하거나 존재하게 되는 수많은 거짓된 즐거움들을 논해야 하네. 그러는 것이 우리가 판정[63]을
b 내리는 데 도움이 될 테니까.

프로타르코스 당연히 그래야겠지요. 만약 그런 즐거움들이 있다면 말예요.

소크라테스 프로타르코스, 나는 그런 즐거움들이 있다고 확신하는데, 우리는 그런 확신을 확인 없이 검토하지 않은 상태로 내버려둘 수는 없네.

프로타르코스 좋은 말씀입니다.

소크라테스 그렇다면 우리는 이 새로운 논의에 다가가 운동선수들처럼 맞붙어보세.

프로타르코스 그렇게 해요.

소크라테스 우리가 제대로 기억하고 있다면, 우리는 조금 전에[64] 이른
c 바 욕구가 우리 안에서 생길 때는 몸이 느끼는 것과 혼이 느끼는 것은 다르고 별개의 것이라고 말했네.

프로타르코스 기억나요. 우리는 그렇게 말했지요.

소크라테스 그런데 몸의 상태에 반대되는 상태를 욕구하는 것은 혼이며, 느낌에 따라 괴로움이나 즐거움을 유발하는 것은 몸이 아니었던가?

프로타르코스 그랬지요.

소크라테스 그렇다면 이런 상황에서 어떤 일이 일어나는지 결론을 내려보게.

프로타르코스 말씀해주세요.

소크라테스 그럴 경우 어떤 일이 일어나느냐 하면, 괴로움과 즐거움이 병존하게 되어 괴로움과 즐거움은 상반된 것인데도 우리는 방금 d
밝혀진 바와 같이 이 둘을 동시에 느끼게 된다네.

프로타르코스 확실히 그런 것 같아요.

소크라테스 우리는 또한 이에 앞서 다음에 대해서도 논의하고 그렇다는 데에 동의하지 않았던가?

프로타르코스 그게 뭐였지요?

소크라테스 즐거움과 괴로움 둘 다 더함과 덜함을 받아들이며 비한정적인 것들에 속한다는 것 말일세.

프로타르코스 우리는 그렇게 말했지요. 그래서 어쨌다는 건가요?

소크라테스 우리가 어떤 방도를 써야 이런 것들을 올바로 판정할 수 있을까?

프로타르코스 판정이라니, 어디서 어떻게 판정한다는 거죠?

소크라테스 우리가 이런 것들과 관련하여 상대적인 크기, 정도, 강도 e
를 판정하겠다는 의도에서 괴로움과 즐거움을, 괴로움과 괴로움을, 즐거움과 즐거움을 서로 비교할 때를 두고 하는 말일세.

63 1등상, 2등상, 3등상 가운데 어느 것을 줄 것인지 판정한다는 뜻이다.

64 34d ~ 35d 참조.

프로타르코스 맞아요. 그게 우리의 의도이며 우리가 원하는 판정이에요.

소크라테스 어떤가? 시각의 경우 사물을 너무 멀리서 보거나 너무 가까이에서 보면 실제 크기를 보지 못해 거짓된 의견을 갖게 되는데,
42a 괴로움과 즐거움에도 똑같은 일이 일어나는 것 아닐까?

프로타르코스 훨씬 더하겠지요, 소크라테스 선생님.

소크라테스 그렇다면 우리의 현재 결론은 우리가 조금 전에 말한 것과 배치되네.

프로타르코스 무슨 말씀이신지요?

소크라테스 조금 전에는 참된 것이든 거짓된 것이든 의견이 괴로움과 즐거움을 자신의 상태로 감염시켰네.

프로타르코스 지당한 말씀입니다.

b **소크라테스** 그러나 지금은 즐거움과 괴로움을 멀리서도 보고 가까이에서도 보며 나란히 놓음으로써 즐거움이 괴로움보다 더 크고 더 강렬해 보이는가 하면, 반대로 괴로움이 즐거움보다 더 크고 더 강렬해 보인다네.

프로타르코스 사정이 그렇다면 그럴 수밖에 없겠네요.

소크라테스 그렇다면 그것들은 둘 다 실제보다 더 커 보이거나 더 작아 보일 걸세. 만약 자네가 그것들 각각에서 그렇게만 보일 뿐 실재하지는 않는 더 큰 부분이나 더 작은 부분을 떼어낸다면, 자네는 그렇
c 게 보이는 것이 참된 것이라고 인정하지 않을뿐더러, 그렇게 보이는 것에 얼마만큼의 즐거움이나 괴로움이 내포되어 있건 그것을 감히 올바르고 참된 것이라고 부르지 못할 걸세.

프로타르코스 못하고말고요.

16. 중간적 상태에 대한 무지에서 비롯된 세 번째 유형의 즐거움과 괴로움 (42c~44a)

소크라테스 그다음으로 다른 방향에서 접근하면 우리는 생명체들 속에서 이것들보다도 더욱더 거짓되어 보일 뿐만 아니라 거짓되기도 한 즐거움과 괴로움과 마주치게 될 걸세.

프로타르코스 그것들은 어떤 것들이며, 어떻게 접근한다는 거죠?

소크라테스 자네도 알다시피, 우리는 어떤 생명체의 자연스러운 상태가 결합과 분리, 채움과 비움, 어떤 성장과 쇠퇴에 따라 손상되면 그 결과는 괴로움, 고통, 아픔, 그리고 이런 것들의 동류(同類)라고 누차 d
말한 바 있네.[65]

프로타르코스 네, 여러 번 말한 바 있어요.

소크라테스 그리고 생명체가 자연스러운 상태로 회복되면 이러한 회복이 즐거움이라는 데에 우리는 의견을 같이했네.

프로타르코스 그렇게 한 것은 옳았어요.

소크라테스 만약 우리 몸에 이런 변화들 가운데 아무것도 생기지 않는다면 어떨까?

프로타르코스 언제 그런 일이 일어날 수 있나요, 소크라테스 선생님?

65 30d~32b 참조.

소크라테스 자네의 그 질문은 엉뚱한 질문일세, 프로타르코스.

e **프로타르코스** 왜 그렇지요?

소크라테스 내가 질문을 되풀이하는 것을 자네가 막지 못할 테니까 그렇지.

프로타르코스 어떤 질문 말씀인가요?

소크라테스 나는 여전히 이렇게 말할 걸세. "프로타르코스, 그런 일이 일어나지 않는다고 가정해보게. 그럴 경우 우리는 어떤 결론을 내려야 하지?"

프로타르코스 몸이 어느 쪽으로도 움직이지 않을 때 말씀인가요?

소크라테스 그렇다네.

프로타르코스 소크라테스 선생님, 그런 경우에는 분명 즐거움도 괴로움도 느낄 수 없겠지요.

소크라테스 참으로 훌륭한 말일세. 한데 내 생각에, 자네는 그러한
43a 변화가 언제나 우리 안에서 일어나지 않을 수 없다고 믿고 있는 것 같네. 아닌 게 아니라 현자들[66]은 그렇게 주장하지. 만물은 위로든 아래로든 언제나 흐르니까.

프로타르코스 네, 현자들은 그렇게 주장해요. 그리고 나는 그들이 의미심장한 말을 한다고 생각해요.

소크라테스 물론이지. 그들은 결코 하찮은 사람들이 아니니까. 그렇지만 나는 지금 우리에게 달려드는 이 논의는 피하고 싶네. 그래서 나는 이쪽으로 피할 참인데, 자네도 나를 따라오게.

프로타르코스 어느 쪽인지 말씀해주세요.

소크라테스 우리는 일단 그들에게 "그건 그래요"라고 말함세. 하지만

여기서 내 자네한테 물어볼 게 있네. 생명체는 자기에게 일어나는 것을 언제나 다 아는가? 그래서 우리가 성장하거나 그런 종류의 것을 경험하면 반드시 다 의식하는가, 아니면 사실은 그와 정반대인가? b

프로타르코스 분명 정반대인 것 같아요. 우리는 그런 과정들은 거의 다 의식하지 못하니까요.

소크라테스 그렇다면 아래위로의 변화가 괴로움과 즐거움을 유발한다는 조금 전 우리 주장은 옳지 못한 것일세.

프로타르코스 물론이지요.

소크라테스 이렇게 말하는 편이 더 낫고 덜 공격받을 걸세.

프로타르코스 어떻게요? c

소크라테스 큰 변화들은 우리에게 괴로움과 즐거움을 주지만, 적절하고 작은 변화들은 어떤 괴로움이나 즐거움도 주지 않는다고 말일세.

프로타르코스 그렇게 말하는 게 아까처럼 말하는 것보다 더 옳은 것 같아요, 소크라테스 선생님.

소크라테스 그게 사실이라면 우리는 조금 전에 말한 삶으로 되돌아간 셈일세.

프로타르코스 그게 어떤 삶이었지요?

소크라테스 우리가 괴로움도 없고 즐거움도 없다고 말한 삶 말일세.

프로타르코스 지당한 말씀입니다.

66 hoi sophoi. 또는 '철학자들'. 여기서는 헤라클레이토스(Herakleitos)와 그의 제자들을 가리킨다.

소크라테스 그러니 이에 근거하여 우리에게는 즐거운 삶, 괴로운 삶, 즐겁지도 괴롭지도 않은 삶, 이렇게 세 가지 삶이 있다고 가정하세.
d 아니면 자네는 이에 동의하지 않는가?

프로타르코스 나도 똑같이 말하고 싶어요. 삶의 유형은 세 가지라고 말이에요.

소크라테스 그렇다면 괴롭지 않은 것이 즐거움과 같은 것은 아니겠지?

프로타르코스 물론이지요.

소크라테스 누가 세상에서 가장 즐거운 것은 한평생을 괴로움 없이 지내는 것이라고 말하는 것을 들을 때, 자네는 그의 말뜻이 무엇이라고 생각하는가?

프로타르코스 내 생각에, 그는 괴롭지 않은 것이 즐거운 것이라는 뜻으로 그런 말을 하는 것 같아요.

소크라테스 자, 우리는 그게 무엇이든 세 가지 사물이 있다고 가정하
e 고 그것들에 더 매력적인 이름을 붙여주기로 하세. 이를테면 첫 번째 것은 금이라 부르고, 두 번째 것은 은이라 부르며, 세 번째 것은 금도 은도 아니라고 부르기로 하세.

프로타르코스 그렇게 하기로 했다고 쳐요.

소크라테스 그런데 세 번째 것이 다른 둘 가운데 하나, 즉 금이나 은과 같은 것이 될 수 있을까?

프로타르코스 어떻게 될 수 있겠어요?

소크라테스 그렇다면 중간적인 삶[67]이 즐겁거나 괴롭다고 생각하는 것은 잘못일세. 누가 그렇게 생각한다면 말일세. 또한 그렇게 말하는 것도 잘못일세. 누가 그렇게 말한다면 말일세. 그것은 이치에 어긋나

니까.

프로타르코스 왜 아니겠어요?

소크라테스 하지만 여보게, 분명 그렇게 말하고 그렇게 생각하는 사람들이 있네. 44a

프로타르코스 있고말고요.

소크라테스 그들은 자기들이 괴롭지 않을 때는 즐겁다고 생각하겠지?

프로타르코스 아무튼 그들은 그렇다고 말해요.

소크라테스 그렇다면 그들은 그럴 때는 자기들이 즐겁다고 생각하는 것일세. 아니라면 그렇다고 말하지 않았을 테니까.

프로타르코스 그런 것 같아요.

소크라테스 그러나 즐거움에 대한 그들의 의견은 거짓된 것일세. 괴롭지 않은 것과 즐거운 것은 본성상 별개의 것이라면 말일세.

프로타르코스 그것들은 분명 별개의 것이었어요.

17. 즐거움은 참된 것인가. 극단적인 반(反)향락주의적 태도에 대한 검토(44a~47b)

소크라테스 그렇다면 우리는 세 가지 상태가 있다는 우리의 조금 전 주장을 견지하든지, 아니면 상태는 두 가지뿐이라고 말하든지, 어느

67 ho mesos bios.

한쪽을 택해야겠지? 만약 두 가지뿐이라면, 그중 한 가지는 인간들
b 에게 악인 괴로움이고 다른 한 가지는 그 자체가 좋음이기에 즐거움이라고도 불리는 괴로움으로부터의 해방일세.

프로타르코스 그런데 소크라테스 선생님, 우리가 왜 지금 이런 것을 자문자답하는지 모르겠어요.

소크라테스 프로타르코스, 그건 자네가 분명 여기 있는 필레보스의 적들을 모르기 때문일세.

프로타르코스 어떤 적들 말씀이죠?

소크라테스 그들은 명성이 자자한 자연철학자들로, 즐거움은 아예 존재하지 않는다고 주장한다네.

프로타르코스 무슨 근거로 그렇게 주장하지요?

소크라테스 그들 주장에 따르면, 지금 필레보스의 추종자들이 즐거
c 움이라고 부르는 것은 모두 고통으로부터의 탈출이라는 거야.

프로타르코스 소크라테스 선생님, 선생님께서는 우리더러 그들의 말을 믿으라는 겁니까, 아니면 어떡해야 하나요?

소크라테스 그게 아니라, 그들을 전문 지식에 의해서가 아니라 비열함과는 거리가 먼 타고난 엄격함에서 예언하는 예언자들로 이용하자는 거지. 그들은 즐거움에 대해 지나치게 엄격하여 즐거움에는 건전한 점이라고는 하나도 없다고 생각하는데, 즐거움의 매력마저도 진정한 즐거움이 아니라 속임수라고 여길 정도라네. 자네는 그들을 그렇
d 게 이용하되 그들의 엄격함에서 비롯되는 다른 불평들에도 주목하게. 그러면 자네는 내가 진정한 즐거움이라고 여기는 것들을 듣게 될 걸세. 이렇게 즐거움의 본성에 관해 양쪽에서 배운 것을 검토하고 대

조해보는 것은 우리가 판정하는 데 도움이 될 걸세.

프로타르코스 옳은 말씀입니다.

소크라테스 그렇다면 우리는 그들이 우리의 동맹군인 양 그들의 엄격함의 발자국을 뒤따라가보세. 내 생각에, 그들의 기본 시각은 이런 것 같네. 그게 무엇이건 어떤 부류의, 예컨대 단단함의 성질을 알고 싶다면, 그것을 가장 잘 이해하기 위해서는 가장 단단한 것에 주목해 e
야 하는가 아니면 가장 덜 단단한 것에 주목해야 하는가? 자, 프로타르코스. 자네는 이들 엄격한 사람들에게도 나한테 대답한 것처럼 대답해보게.

프로타르코스 그래야겠지요. 나는 그들에게 우리는 가장 단단한 것에 주목해야 한다고 대답할래요.

소크라테스 그러니까 즐거움의 부류가 어떤 본성을 가졌는지 알고 싶으면 우리는 가장 경미한 즐거움들에 주목할 것이 아니라, 가장 강렬하다고 일컬어지는 즐거움들에 주목해야 하네. 45a

프로타르코스 선생님의 지금 그 말씀에는 누구나 동의할 거예요.

소크라테스 그런데 즐거움 가운데 가장 손쉽고 가장 큰 것은 누차 말했듯이 몸에 관련된 것들이겠지?

프로타르코스 물론이지요.

소크라테스 그런데 누가 즐거움을 더 강렬하게 느끼거나 느끼게 될까? 병에 걸린 사람들인가, 아니면 건강한 사람들인가? 서둘러 대답하다가 걸려 넘어지는 일이 없도록 조심하세. 아마도 우리는 건강한 사람들이 그렇다고 대답할 걸세. b

프로타르코스 아마도 그렇겠지요.

소크라테스 어떤가? 가장 큰 욕구들을 충족하는 즐거움이 가장 큰 즐거움 아닐까?

프로타르코스 그건 사실이에요.

소크라테스 그리고 열병 같은 질병에 걸린 사람들이 남들보다 갈증이나 한기나 통상적인 신체의 괴로움을 더 많이 느끼고 결핍에 더 친숙해져 있으므로 결핍이 충족될 때는 더 큰 즐거움을 느끼지 않을까? 그건 명백한 사실일세. 그렇지 않은가?

프로타르코스 선생님의 그 말씀은 틀림없는 사실 같아요.

소크라테스 어떤가? 우리가 가장 큰 즐거움을 찾고 싶은 사람은 건강

c 이 아니라 질병에 주목해야 한다고 말한다면, 자네는 우리가 옳은 말을 한다고 생각하나? 자네는 심하게 앓는 사람들이 건강한 사람들보다 즐거움을 더 많이 느끼는지 내가 자네에게 물으려 한다고 생각하지 말게. 오히려 내 관심사는 즐거움의 크기이며, 즐거움이 어디에서 가장 강렬하게 느껴지는지 아는 것일세. 우리가 말했듯이, 우리의 과제는 즐거움의 본성을 이해하고, 즐거움은 아예 존재하지 않는다고 주장하는 사람들은 즐거움이 무엇이라고 생각하는지 알아내는 것이니까.

프로타르코스 선생님의 말씀을 대강은 이해할 것 같아요.

d **소크라테스** 프로타르코스, 그런지 아닌지 자네는 곧 더 분명히 입증하게 될 걸세. 나의 다음 질문에 답변하면 말일세. 자네는 절제 있는 삶에서보다 방탕한 삶에서 더 큰 즐거움들을 보는가? 더 많은 즐거움들이 아니라, 더 강렬한 즐거움들 말일세. 잘 생각해보고 대답하게.

프로타르코스 무슨 말씀인지 알겠는데, 둘 사이에는 큰 차이가 있는 듯해요. 절제 있는 사람들은 번번이 "무엇이나 지나치지 않게"[68]라는 속담의 지도를 받으며 거기에 복종해요. 그러나 어리석고 방탕한 사람들은 강렬한 즐거움에 휘둘려 결국 미치거나 악명 높은 자들이 되 e
고 말지요.

소크라테스 좋은 말일세. 그게 사실이라면, 가장 큰 즐거움도 가장 큰 괴로움도 분명 혼과 몸의 어떤 나쁜 상태에서 생겨나는 것이며 미덕[69]에서 생겨나는 것은 아닐세.

프로타르코스 물론이지요.

소크라테스 그렇다면 우리는 이것들 가운데 몇몇을 골라 도대체 어떤 특성을 지니고 있기에 우리가 그것들을 가장 큰 즐거움이라고 부르는지 고찰해야 할 걸세.

프로타르코스 당연히 그래야겠지요.

소크라테스 그렇다면 다음과 같은 유형의 질병들에서 발견되는 즐거 46a
움은 어떤 특성을 띠는지 살펴보게.

프로타르코스 어떤 유형의 질병들 말씀인가요?

소크라테스 우리의 엄격한 친구들이 아주 싫어하는 즐거움을 수반하는 불쾌한 질병들 말일세.

프로타르코스 그게 어떤 질병들이죠?

68 meden agan.

69 arete. '덕' '탁월함' '훌륭함' 등으로 번역할 수도 있다.

소크라테스 이를테면 문지름에 의한 간지럼의 완화 같은 것 말일세. 여기에 다른 치료는 필요 없네. 우리는 이런 느낌을 도대체 무엇이라고 부를 텐가? 즐거움이라고 할까, 아니면 괴로움이라고 할까?

프로타르코스 소크라테스 선생님, 그것은 혼합된 악인 것 같아요.

소크라테스 물론 나는 이 문제를 필레보스 때문에 제기한 것은 아닐
b 세. 그러나 이런 즐거움들과 이와 비슷한 즐거움들을 고찰하지 않고서는 우리에게 제기된 문제를 해결할 수 없을 것 같네.

프로타르코스 그렇다면 그런 즐거움들과 동류인 즐거움들을 고찰해야겠지요.

소크라테스 혼합된 즐거움들 말인가?

프로타르코스 물론이지요.

소크라테스 그런데 이렇게 혼합된 것들 가운데 어떤 것들은 몸에 관련되고 몸에서만 발견되며, 다른 것들은 혼에서 발견되고 혼에만 속하네. 우리는 또한 혼과 몸 둘 다에 속하는 것들도 발견하게 될 걸세.
c 이것들은 괴로움과 즐거움이 혼합된 것들이지만, 뭉뚱그려 어떤 때는 즐거움이라 불리고 어떤 때는 괴로움이라 불린다네.

프로타르코스 왜 그렇지요?

소크라테스 회복 과정과 와해 과정에서는 두 가지 상반된 감정을 동시에 느끼지. 예컨대 우리는 한기를 느끼면서 더위를 느끼거나, 더위를 느끼면서 한기를 느낄 수 있네. 그럴 경우 우리는 한 가지 느낌은 유지하고 다른 느낌에서는 벗어나고 싶을 걸세. 그러나 이른바 씁쓸하면서도 달콤한 이런 상태에서 벗어나기 어려울 때는 처음에는 짜
d 증이 나다가 나중에는 격렬하게 흥분하게 된다네.

프로타르코스 선생님께서 지금 하신 말씀은 백번 옳아요.

소크라테스 그런데 이런 혼합 가운데 어떤 것들은 괴로움과 즐거움의 비율이 같지만, 어떤 것들은 둘 중 하나가 더 우세하네.

프로타르코스 왜 아니겠어요?

소크라테스 괴로움이 즐거움보다 더 우세한 경우에는 방금 말한 가려움이나 간지럼이 포함될 걸세. 그런데 후끈거림이나 염증이 속에 자리 잡고 있을 때는 문지르거나 긁어도 미치지 못하고 표면에 있는 것들만 쫓아버리지. 그럴 때 우리는 문제의 부위를 불이나 찬 것에 갖다 대 불의 열기로 상태를 역전시키려고 하는데, 이것이 때로는 엄청 e
난 즐거움을 안겨준다네. 그러나 이것은 때로는 균형이 어느 쪽으로 깨지건 간에 괴로움과 즐거움이 혼합된, 외적 상태와 상반된 내적 상태로 이끈다네. 이런 처치는 함께 섞여 있는 것을 강제로 분산시키거나 분산되어 있는 것을 함께 섞기도 하므로, 괴로움이 즐거움과 병존하기 때문이지. 47a

프로타르코스 지당한 말씀입니다.

소크라테스 한편 그런 혼합에서 즐거움이 더 우세한 모든 경우 사람은 괴로운 부분을 은근히 짜증 나는 가려움으로 느낀다네. 그러나 즐거운 부분이 훨씬 더 우세한 경우에는 사람을 흥분시켜 때로는 환호작약하게 하는가 하면 안색과 태도와 맥박이 수시로 변하게 하며 사람이 제정신을 잃고 미치광이처럼 소리 지르게 만든다네.

프로타르코스 그렇고말고요.

소크라테스 게다가 여보게, 이런 즐거움들 때문에 그 자신도 남들도 b
"그는 즐거워서 죽을 지경이다"라고 말하게 되네. 또한 방탕하고 어리석은 사람일수록 수단과 방법을 가리지 않고 그런 즐거움을 계속 추구하며, 평생토록 그런 즐거움을 최대한 많이 느끼는 사람을 가장 행복한 사람으로 여긴다네.

18. 몸의 즐거움과 혼의 즐거움이 혼합된 경우와 혼만의 즐거움. 특히 희극 관객이 남의 불행을 고소하게 여기는 것에 대한 분석(47b~50e)

프로타르코스 소크라테스 선생님, 선생님께서는 보통 사람들의 생각을 정확하게 설명해주셨어요.

소크라테스 프로타르코스, 몸의 외적인 상태와 내적인 상태가 혼합
c 될 때 느끼는 즐거움과 관련해서라면 정확하겠지. 그러나 혼이 기여하는 것이 몸이 기여하는 것과 상반된 경우도 있는데, 그것이 즐거움에 상반되는 괴로움이든 괴로움에 상반되는 즐거움이든 간에[70] 혼이 기여하는 것과 몸이 기여하는 것은 둘이 하나의 혼합을 이룬다네. 우리는 앞서 이것들에 관해 논의하면서, 우리가 비어 있을 때는 채워지기를 욕구한다고, 또한 우리는 채워질 것을 기대하고 즐거워하지만 비어 있어 괴롭다고 말했네. 비록 그때는 우리가 이 점을 말하지 않
d 았지만 지금은 단언하네. 혼이 몸과 상충하는 이런 수많은 경우에도 우리가 발견하는 것은 괴로움과 즐거움이 결합된 하나의 혼합[71]이라고.

프로타르코스 선생님 말씀이 옳은 것 같아요.

소크라테스 우리가 논의해야 할 괴로움과 즐거움의 혼합이 한 가지 더 남아 있네.[72]

프로타르코스 그게 어떤 것이죠?

소크라테스 우리가 혼이 자신에 대해 느낀다고 말한 감정들의 혼합 말일세.

프로타르코스 무엇을 두고 우리가 그렇게 주장하는 거죠?

소크라테스 분노, 두려움, 그리움, 비탄, 애정, 경쟁심, 시기 같은 것 말일세. 자네는 이런 것들을 혼 자체의 괴로움으로 분류하지 않 e
는가?

프로타르코스 나는 그렇게 분류해요.

소크라테스 우리는 그런 감정들이 굉장한 즐거움들로 가득 차 있는 것을 발견하지 않는가? 아니면 우리는 다음 시구에서 분노와 격정의 모습을 상기할 필요가 있는가?

> 그리고 현명한 사람도 화나게 하는 분노도 사라지기를!
> 분노란 똑똑 떨어지는 꿀보다 훨씬 더 달콤해서……[73]

마찬가지로 비탄과 그리움에도 즐거움과 괴로움이 혼합되어 있지 않
은가? 48a

프로타르코스 아니, 그럴 필요 없어요. 그런 일들은 선생님께서 말씀

70 36b 참조.

71 meixis.

72 46b ~ c 참조.

73 호메로스, 『일리아스』 18권 108 ~ 109행.

하신 그대로 되게 마련이니까요.

소크라테스 비극 관객들에게도 같은 일이 일어나네. 자네도 기억나겠지만, 그들은 때로는 즐거워하면서 눈물을 흘린다네.

프로타르코스 왜 기억나지 않겠어요?

소크라테스 자네는 희극을 볼 때도 우리 혼의 상태가 즐거움과 괴로움이 혼합된 것임을 알고 있는가?

프로타르코스 무슨 말씀인지 완전히 이해하지 못하겠어요.

소크라테스 하긴 그런 경우에도 그런 종류의 경험을 하게 된다는 것
b 을 이해하기란 결코 쉬운 일이 아니니까.

프로타르코스 내가 보기에도 쉽지 않을 것 같아요.

소크라테스 그 점이 모호하니 우리는 그만큼 더 열심히 그것을 파악하도록 하세. 괴로움과 즐거움이 혼합된 다른 경우들도 더 쉽게 이해할 수 있도록 말일세.

프로타르코스 말씀 계속하세요.

소크라테스 우리가 앞에서 '시기'라는 낱말을 언급했으니 말인데, 자네는 시기를 혼의 괴로움이라 부르는가, 아니면 무엇이라고 부르는가?

프로타르코스 나는 그렇게 불러요.

소크라테스 시기심 많은 사람은 분명 이웃의 불행을 보고 즐거워하네.

프로타르코스 그렇지요.

c **소크라테스** 그런데 무지와 우리가 어리석음이라고 부르는 상태는 나쁜 것일세.

프로타르코스 물론이지요.

소크라테스 이런 것들로 미루어 가소로운 것의 본성을 이해하도록 하게.

프로타르코스 선생님께서 말씀해주세요.

소크라테스 간단히 말해 그것은 일종의 나쁨으로, 혼의 어떤 상태에서 이름을 따왔네. 말하자면 그것은 온갖 나쁨 중에서도 델포이[74]의 비명(碑銘)과 정면으로 배치되는 그런 종류의 나쁨일세.

프로타르코스 "너 자신을 알라"[75]라는 비명 말씀인가요, 소크라테스 선생님?

소크라테스 그렇다네. 그와 배치되는 것은 분명 "우리는 자신을 전혀 알지 못한다"는 취지의 비명일 걸세. d

프로타르코스 물론이지요.

소크라테스 그렇다면 프로타르코스, 이것을 셋으로 나누어보게.

프로타르코스 어떻게요? 나는 그럴 자신이 없는걸요.

소크라테스 그것을 지금 여기서 나더러 나눠보라는 말인가?

프로타르코스 네, 부탁드려요.

소크라테스 자신을 모르는 사람은 필연적으로 세 가지 방법 중 한 가지 방법으로 그런 상태를 경험하게 되지 않을까?

프로타르코스 어째서 그렇지요?

소크라테스 첫째, 그런 사람은 재산과 관련하여 자기가 실제보다 더

74 Delphoi. 그리스 중부지방의 도시로 아폴론(Apollon) 신의 신탁소가 있던 곳이다.

75 gnothi sauton.

e 부자라고 생각할 걸세.

프로타르코스 그런 경험을 하는 사람은 비일비재하겠지요.

소크라테스 그러나 더 많은 사람들은 자기들이 실제보다 키가 더 크고, 더 잘생기고, 그 밖의 다른 신체적인 장점들도 갖고 있다고 믿는다네.

프로타르코스 물론이지요.

소크라테스 그러나 내 생각에 압도적인 다수는 혼에 속하는 세 번째 종류와 관련해서 과오를 범하는 것 같네. 말하자면 그들은 실제로는 그렇지 않으면서 자신이 미덕에서 월등하다고 생각한다네.

프로타르코스 그렇고말고요.

소크라테스 미덕 중에서도 특히 지혜와 관련해서는 대다수가 권리를
49a 주장하며 논쟁을 일삼는가 하면, 그렇지도 않으면서 현자 행세를 하지 않는가?

프로타르코스 왜 아니겠어요?

소크라테스 그러니 이런 모든 상태를 나쁘다고 말하는 것은 옳은 일일세.

프로타르코스 옳고말고요.

소크라테스 그런데 프로타르코스, 이 가소로운 시기가 즐거움과 괴로움의 기이한 혼합이라는 것을 알아내려 한다면 우리는 무지(無知)를 다시 둘로 나눌 필요가 있네. 자네는 "어떻게 둘로 나누지요?"라고 묻겠지. 어리석게도 자신에 관해 그런 거짓된 의견을 갖고 있는 사람
b 들은 인류 전체가 그렇듯 예외 없이 모두 힘 있고 능력 있는 자들과 그와 상반되는 자들로 양분되는 것 같네.

프로타르코스 당연하지요.

소크라테스 그렇다면 그렇게 나누게나. 착각하고 있을 뿐 아니라 허약해서 비웃음을 사도 앙갚음할 수 없는 자들은 자네가 "가소롭다"고 불러도 될 걸세. 그러나 앙갚음할 수 있고 힘 있는 자들을 "무섭다" "가증스럽다"고 부르면 가장 정확하게 부르는 것일세. 강자들의 무지는 가증스럽고 추하기 때문이지. 무지와 무대 위에서의 무지를 모 c
방하는 것은 이웃들에게도 해로우니까. 그러나 허약한 자들의 무지는 가소롭게 여겨지며 실제로도 가소롭다네.

프로타르코스 지당한 말씀입니다. 하지만 나는 이런 경우들에 즐거움과 괴로움이 어떻게 혼합되어 있는지 아직도 잘 모르겠어요.

소크라테스 그렇다면 먼저 시기의 본성을 검토해보게.

프로타르코스 선생님께서 설명해주세요.

소크라테스 괴로움도 즐거움도 불의(不義)한 것일 수 있겠지?

프로타르코스 당연하지요. d

소크라테스 그렇지만 적들의 불행을 즐거워하는 것은 불의한 것도 아니고 시기하는 것도 아니겠지?

프로타르코스 물론이지요.

소크라테스 사람들은 가끔 친구들의 불행을 보고 괴로워하는 대신 즐거워할 때가 있는데, 그건 불의한 것이 아닐까?

프로타르코스 왜 아니겠어요?

소크라테스 그런데 우리는 무지는 누구에게나 나쁜 것이라고 말하지 않았던가?

프로타르코스 당연하지요.

소크라테스 그렇다면 친구들이 자신은 지혜롭다거나 아름답다거나 그 밖에 우리가 방금 열거한 세 종류의 착각에 빠져 있을 경우는 어
e 떤가? 우리는 그런 착각이 친구들이 허약할 때는 가소롭지만 친구들이 강력할 때는 가증스럽다고 말해야 하지 않을까? 아니면 우리는 조금 전의 내 주장을 부정하고, 대신 친구들이 그처럼 남을 해코지할 능력이 없을 때는 가소롭지 않다고 말해야 하는가?

프로타르코스 당연히 가소롭겠지요.

소크라테스 우리는 이런 상태가 무지라면 나쁜 것이라는 데에 동의하네. 그렇지 않은가?

프로타르코스 물론이지요.

소크라테스 그런데 우리가 그것을 비웃으면 즐거운가, 아니면 괴로운가?

프로타르코스 우리는 분명 즐거워요.

50a **소크라테스** 우리가 친구들의 불행을 보고 즐거워하게 만드는 것은 시기라고 말하지 않았던가?

프로타르코스 그야 당연하지요.

소크라테스 그러므로 우리 논의에 따르면, 우리가 친구들의 가소로운 점들을 비웃으면, 다시 말해 즐거움을 시기와 섞으면, 우리는 즐거움을 괴로움과 섞는다는 결론이 나네. 우리는 아까 시기가 혼의 괴로움이라는 데에 동의했으니까. 우리는 또한 웃는 것은 즐거움이며, 이들 경우에는 이 둘이 동시에 발생한다는 데에도 동의했네.

프로타르코스 맞아요.

소크라테스 그러니 우리 논의에 따르면, 비탄과 비극과 희극에는—

무대 위의 비극과 희극뿐만 아니라 인생의 비극과 희극 전반에 b
는—, 그 밖의 무수히 많은 다른 경우에도 괴로움은 즐거움과 섞여 있다는 것이 밝혀졌네.

프로타르코스 가장 완고한 반대론자라도 선생님 말씀에 동의하지 않을 수 없겠어요, 소크라테스 선생님.

소크라테스 우리는 분노, 그리움, 비탄, 두려움, 애정, 경쟁심, 시기 같은 것들을 열거하며 그 모든 것에서 우리가 여러 차례 언급된 혼합을 발견할 것이라고 말했네. 그러지 않았는가? c

프로타르코스 네, 맞아요.

소크라테스 그런데 우리는 우리의 모든 설명이 비탄과 시기와 분노에도 적용된다는 것을 알고 있는가?

프로타르코스 그걸 어찌 모르겠어요.

소크라테스 우리의 설명이 적용되는 경우는 그 밖에도 많겠지?

프로타르코스 많고말고요.

소크라테스 정확히 무엇 때문에 내가 희극에서의 이런 혼합을 자네에게 지적했다고 생각하는가? 두려움과 애정 등등에서도 그런 혼합을 지적하기란 쉽다는 점을 자네에게 확신시키기 위해서가 아니었던
가? 자네가 그런 예를 이해한다면 나머지 것들에 관해 장황하게 논 d
의를 전개할 필요성에서 나를 놓아주리라고 기대했던 거지. 혼과 상관없이 몸으로 느끼든 아니면 몸과 상관없이 혼으로 느끼든 아니면 몸으로도 혼으로도 느끼든, 우리는 언제나 즐거움과 괴로움의 혼합과 마주친다는 원칙을 자네가 일단 이해한다면 말일세. 자, 이제 말해주게. 자네는 나를 놓아줄 텐가, 아니면 밤중까지 붙잡아놓을 텐

가? 내가 나머지 논의는 내일 기꺼이 마무리하겠다고 의사를 밝히면 자네는 아마 나를 놓아주겠지. 나는 지금은 필레보스가 요구하는
e 판정[76]을 내리는 데 필요한 나머지 문제들에 전념하고 싶네.

19. 참된 즐거움의 유형들(50e~52b)

프로타르코스 좋은 말씀입니다, 소크라테스 선생님. 나머지 문제들은 선생님께서 좋으실 대로 논하세요.

소크라테스 혼합된 즐거움들 다음에는 당연히 혼합되지 않은 즐거움들을 논하는 것이 자연스러운 순서일 걸세.

프로타르코스 더없이 훌륭한 말씀입니다.

51a **소크라테스** 그렇다면 내 이제 그것들이 어떤 것인지 설명해보겠네. 사실 나는 모든 즐거움은 괴로움이 멎는 것이라고 주장하는 사람들에게 동조하지는 않지만, 그들을 증인 삼아 아까 말했듯이 어떤 즐거움들은 즐거움인 것처럼 보일 뿐 사실은 즐거움이 아니며, 다른 즐거움들은 크고 많아 보여도 사실은 괴로움들 또는 몸과 혼의 가장 심한 고통[77]이 멎는 것들과 혼합되어 있다는 점을 입증하겠네.

프로타르코스 한데 어떤 즐거움들을 참된 즐거움으로 봐야 옳은가
b 요, 소크라테스 선생님?

소크라테스 이른바 아름다운 색깔들, 형태들, 대부분의 향기나 소리, 간단히 말해 그것의 결핍은 느낄 수 없고 괴롭지 않지만, 그것의 충족은 느낄 수 있고 즐거운 모든 것과 관련된 즐거움들이 그런 즐거움일세.

프로타르코스 소크라테스 선생님, 그게 정확히 무슨 뜻인가요?

소크라테스 내가 말하는 것은 당장에는 아주 분명하지 않겠지만 설명
해봐야겠지. 내가 말하는 형태의 아름다움이란 많은 사람들이 예상
함 직한 생명체나 그림의 아름다움을 뜻하는 것이 아닐세. 내가 말 c
하는 것은 우리 논의에 따르면 오히려 직선과 원, 선반이나 목수의
자나 직각자로 직선과 원에서 만들어낼 수 있는 평면과 입체들일세.
자네도 아마 이해하겠지. 나는 그런 것들의 아름다움은 다른 것들의
아름다움처럼 상대적인 것이라고 주장하지 않네. 그런 것들은 본성
상 언제나 아름다우며 가려운 데를 긁는 것의 즐거움과는 전혀 다른
특유의 즐거움을 제공한다네. 또한 색깔들 중에도 이런 특성을 지닌
것들이 있네. 어떤가? 내 말뜻을 이해하겠는가? d

프로타르코스 노력하고 있어요, 소크라테스 선생님. 선생님께서도 더 분명하게 표현하려고 노력을 기울여주세요.

소크라테스 내 말은 부드럽고 맑은 소리들 가운데 하나의 순수한 가락을 내보내는 소리들은 어떤 다른 것에 견주어 아름다운 것이 아니라 그 자체로 아름다우며, 본성상 그것들에 속하는 즐거움을 수반한다는 뜻일세.

프로타르코스 그 또한 그래요.

소크라테스 한편 향기들의 즐거움은 덜 신적인 부류에 속하네. 그러

76 어떤 즐거움이 더 우위에 있는가 하는.

77 odyne.

e 나 이런 즐거움들에는 필연적으로 괴로움들이 섞여 있는 것은 아니기 때문에, 어디에서 또는 누구에게서 그것들과 마주치든 나는 그것들을 전적으로 방금 말한 것들에 대응하는 것으로 간주하네. 그렇다면 이것들이 바로 우리가 찾고 있는 즐거움의 두 부류일세.[78] 알겠는가?

프로타르코스 알겠어요.

소크라테스 또한 그것들에 배움의 즐거움을 추가하세. 배움에 대한 굶주림 같은 것은 그런 즐거움들과는 무관하며, 배움에 대한 굶주림
52a 에서 비롯되는 고통 같은 것은 없다고 생각한다면 말일세.

프로타르코스 거기에 동의합니다.

소크라테스 어떤가? 누가 지식으로 가득 찼다가 나중에 잊어버린다면, 자네는 이런 상실에 고통이 따르리라고 보는가?

프로타르코스 본성적으로 그렇지는 않겠지요. 하지만 지식이 필요한데 그것을 잊어버렸다는 생각이 들면 그는 잊어버렸다는 사실에 괴
b 로움을 느끼겠지요.

소크라테스 그렇지만 여보게, 지금 우리의 관심사는 자연스러운 감정이지 생각이 아닐세.

프로타르코스 그렇다면 우리가 배운 것을 잊어버리는 것은 결코 괴롭지 않다는 선생님 말씀이 옳아요.

소크라테스 그러니 우리는 배움의 이런 즐거움들은 괴로움이 섞이지 않은 것이며, 대다수가 아니라 극소수만이 느낀다고 말해도 좋을 걸세.

프로타르코스 당연히 그렇게 말해야겠지요.

20. 크기나 강도가 아니라 순수성이 참됨의 특징이다(52c~53c)

소크라테스 이제 우리는 순수한 즐거움들과 불순하다고 불러야 마땅
할 즐거움들을 적절히 구분했으니, 강렬한 즐거움들은 적절하지 못
하고 그와 반대되는 즐거움들은 적절하다는 말을 덧붙이기로 하세. c
바꿔 말해 우리는 자주 그러하든 드물게 그러하든 크고 강렬해질 수
있는 즐거움들은 우리의 몸과 혼을 많이 또는 적게 관통하는 저 비한
정적인 부류로 분류하고, 다른 종류의 즐거움들은 절도 있는 것들로
분류하세.

프로타르코스 지당한 말씀입니다, 소크라테스 선생님. d

소크라테스 그것들과 관련해 우리가 고찰해야 할 또 다른 문제가
있네.

프로타르코스 그게 뭔가요?

소크라테스 우리는 어느 쪽이 참에 더 가깝다고 말해야 하는가? 순
수하고 정결한 것인가, 아니면 강렬하고 많고 크고 파렴치한 것인가?

프로타르코스 무슨 의도로 그런 질문을 하시는 거죠, 소크라테스 선
생님?

소크라테스 프로타르코스, 나는 가능한 온갖 방법으로 즐거움과 지
식을 검토하고 싶네. 그들 각각에 순수한 부분들과 순수하지 못한
부분들이 있다면 순수한 형태를 갖고 그것들 각각을 판단할 수 있을 e

78 형태, 색깔 등의 즐거움과 소리, 냄새 등의 즐거움.

테고, 그렇게 하면 나도 자네도 이 자리에 모인 다른 사람들도 모두 더 쉽게 판단할 수 있을 테니까.

프로타르코스 지당한 말씀입니다.

소크라테스 그렇다면 자, 우리가 순수한 부류에 속한다고 말하는 모든 것이 다음과 같은 자질을 보이는지 고찰하되, 먼저 그중 하나를 선택하여 검토해보세.

프로타르코스 무엇을 선택할까요?

소크라테스 자네만 좋다면, 맨 먼저 흰색의 부류를 고찰하세.

53a **프로타르코스** 좋아요.

소크라테스 흰색의 순수성은 어떻게 해서 얻어지며, 그것은 어떤 순수성인가? 우리가 그것을 발견하는 것은 흰색의 가장 큼이나 가장 많음에서인가, 아니면 다른 색깔은 조금도 섞이지 않은 가장 덜 오염된 흰색에서인가?

프로타르코스 분명 가장 덜 오염된 흰색에서겠지요.

소크라테스 옳은 말일세, 프로타르코스. 그것이야말로 우리가 모든 흰색 가운데 가장 많고 가장 크다고 여기기보다는 가장 참되면서 가
b 장 아름답다고 여기는 것이 아닐까?

프로타르코스 지당한 말씀입니다.

소크라테스 그렇다면 적지만 순수한 흰색이 많지만 불순한 흰색보다 더 흴뿐더러 더 아름답고 더 참되다고 말해도 우리는 전적으로 옳은 말을 하는 것일세.

프로타르코스 당연하지요.

소크라테스 어떤가? 즐거움에 관한 우리의 논리를 정당화하기 위해

이런 현상의 다른 예들을 열거할 필요는 없을 듯하네. 우리는 이 예 하나로써 작지만 괴로움으로 오염되지 않은 즐거움이 크지만 괴로움으로 오염된 즐거움보다 언제나 더 즐겁고 더 참되고 더 아름답다는 것을 충분히 알았으니까. c

프로타르코스 그렇고말고요. 그 예 하나면 충분해요.

21. 즐거움은 존재가 아니라 생성이다. 수단과 목적은 상이한 것이다 (53c~55a)

소크라테스 다음 문제는 어떤가? 우리는 즐거움은 언제나 생성되는 것이며 존재하는 즐거움 따위는 없다는 말을 듣지 않았던가? 우리에게 이 이론을 증명해 보이려는 몇몇 재치 있는 철학자들이 있는데, 우리는 그들에게 고마워해야 할 걸세.

프로타르코스 왜 그렇지요?

소크라테스 자네에게 몇 가지 질문을 더 던짐으로써 이 문제를 자세히 설명해보겠네, 친애하는 프로타르코스.

프로타르코스 말씀 계속하세요. 그리고 질문해주세요. d

소크라테스 사물에는 두 종류가 있는데, 하나는 그 자체로 존재하고 다른 하나는 언제나 뭔가 다른 것이 필요하네.

프로타르코스 무슨 말씀이신지요? 그것들이 어떤 것들이죠?

소크라테스 하나는 본성상 언제나 당당하고, 다른 하나는 그런 점이 없네.

프로타르코스 더 자세히 설명해주세요.

소크라테스 자네도 아름답고 훌륭한 연동(戀童)[79]들이 남자다운 연인(戀人)[80]들과 함께하는 것을 봤을 테지.

프로타르코스 봤고말고요.

소크라테스 이번에는 우리가 말하고 있는 모든 관계에서 이들과 같은 다른 한 쌍을 찾아보게나.

e **프로타르코스** 세 번째로 부탁드려야 하나요? 무슨 말씀인지 더 자세히 설명해주세요, 소크라테스 선생님.

소크라테스 복잡할 것 없네, 프로타르코스. 우리의 논의가 익살스러운 구석이 있긴 하지만, 그 취지는 간단하네. 사물들은 두 부류로 나뉘는데, 그중 한 부류는 언제나 어떤 목적을 위해 존재하고, 다른 부류는 그 때문에 첫 번째 부류에 속하는 것들이 그때그때 존재하게 되는 목적이라는 걸세.

프로타르코스 그렇게 거듭해서 설명해주시니 겨우 이해할 수 있을 것 같네요.

소크라테스 여보게 젊은이, 논의가 진척되면 우리는 아마 머지않아 더 잘 이해하게 될 걸세.

프로타르코스 물론 그렇겠지요.

54a **소크라테스** 이번에는 다른 한 쌍을 고찰해보세.

프로타르코스 어떤 한 쌍 말씀인가요?

소크라테스 한쪽은 만물의 생성[81]이고, 다른 한쪽은 존재[82]일세.

프로타르코스 선생님께서 말씀하신 존재와 생성이라는 한 쌍을 받아들일게요.

소크라테스 좋아. 그런데 우리는 이 가운데 어느 것이 다른 것을 위해 존재한다고 말할 텐가? 생성이 존재를 위해 존재하는가, 아니면 존재가 생성을 위해 존재하는가?

프로타르코스 지금 선생님께서는 존재라고 불리는 것이 생성이라는 목적을 위해 존재하느냐고 물어보시는 건가요?

소크라테스 그렇다네.

프로타르코스 맙소사! 그것은 선생님께서 사실상 이렇게 물어보시는 거나 다름없어요. "프로타르코스, 말해보게. 자네는 조선술이 함선들을 위해 존재한다고 주장하는가, 아니면 함선들이 조선술을 위해 b
존재한다고 주장하는가?" 그런 종류의 다른 질문들 말예요.

소크라테스 그게 정확히 내 말뜻일세, 프로타르코스.

프로타르코스 그렇다면 왜 자문자답하지 않으세요, 소크라테스 선생님?

소크라테스 그럴 수도 있었겠지. 하지만 나는 자네도 논의에 참가하기를 바란다네.

프로타르코스 물론 그러시겠지요.

소크라테스 그러니까 내 주장은 모든 성분과 모든 도구와 모든 재료는 언제나 어떤 생성을 위해 제공되지만, 각각의 생성은 어떤 특정한 존재를 위해 발생하고 생성 전체는 존재 전체를 위해 발생한다는 c

79 paidika. 남자끼리의 동성애에서 여자 역할을 하는 연하의 미소년.

80 erastes. 연동의 보호자 구실을 하는 연상의 남자.

81 genesis.

82 ousia.

걸세.

프로타르코스 그야 자명하지요.

소크라테스 따라서 즐거움이 생성이라면, 즐거움은 필연적으로 어떤 존재를 위해 발생하는 걸세.

프로타르코스 물론이지요.

소크라테스 그러나 수단과 목적이라는 이런 관계가 존재하는 곳에서는 언제나 목적이 좋음의 부류에 속하네. 그러니 여보게, 수단은 다
d 른 부류에 속할 수밖에 없네.

프로타르코스 그렇고말고요.

소크라테스 그러니 즐거움이 생성이라면, 즐거움은 좋음의 부류가 아닌 다른 부류에 배정하는 것이 옳겠지?

프로타르코스 옳고말고요.

소크라테스 그렇다면 내가 이번 논의의 첫머리에서 말했듯이, 우리는 즐거움은 생성되는 것일 뿐 결코 존재하는 것이 아니라고 일러준 사람에게 고마워해야 하네. 그는 분명 즐거움은 좋음이라고 주장하는 사람들을 비웃고 있으니까.

프로타르코스 물론이지요.

소크라테스 그런 사람은 또한 생성을 목적으로 여기는 사람들도 비웃을 걸세.

e **프로타르코스** 무슨 말씀이신지요? 그게 어떤 사람들인가요?

소크라테스 배고픔과 목마름, 그리고 생성에 의해 치유될 수 있는 그 밖의 다른 고통에서 치유된 자들 말일세. 그들은 생성이 즐거움인 줄 알고 생성을 즐기면서, 만약 목마름과 배고픔 등등에 후속되는 느낌

들을 경험할 수 없다면 목마름과 배고픔 등등이 없는 삶은 살고 싶지 않다고 주장한다네.

프로타르코스 그게 그들의 주장인 것 같아요.

소크라테스 생성의 반대는 소멸이라는 데에 우리는 모두 동의할걸세.

프로타르코스 당연하지요. 55a

소크라테스 따라서 이런 삶을 선택하는 사람은 소멸과 생성을 선택하는 것이며, 즐거움도 괴로움도 없고 최대한 순수한 사유만 있는 저 제3의 삶[83]을 선택하는 것이 아닐세.

프로타르코스 소크라테스 선생님, 누가 즐거움은 좋음이라고 말한다면 그는 아주 불합리한 주장을 하는 것 같아요.

소크라테스 불합리하고말고. 우리가 다음과 같은 방법으로 논의를 계속한다면 말일세.

프로타르코스 그게 어떤 방법이죠?

22. 향락주의에 대한 바람직한 태도(55b~55c)

소크라테스 누가 좋음과 아름다움은 몸이나 그 밖의 다른 것에는 없고 혼에만 있는데, 혼에서도 즐거움만이 좋음이고 용기·절제·지성 따위는 좋음이 아니라고 주장한다면 어찌 불합리하지 않겠는가? 그 b

83 여기서 '제3의 삶'이란 22c~d에 나온 즐거움과 지성의 '혼합된 삶'이 아니라, 43d~e에 나온 즐거움도 괴로움도 없는 '중간적인 삶'을 말한다.

는 또한 즐거움이 아니라 괴로움을 느끼는 사람은 설사 세상에서 가장 훌륭한 사람이라 해도 괴로움을 느끼는 동안에는 나쁜 사람이고, 반대로 즐거움을 느끼는 사람은 즐거움을 느끼는 동안에는 더 강렬한 즐거움을 느낄수록 미덕에서 그만큼 더 탁월하다고 인정해야 할 걸세.

c **프로타르코스** 소크라테스 선생님, 그런 것들은 모두 불합리의 극치겠지요.

23. 지식의 분류(55c~59c)

소크라테스 그러니 우리는 즐거움은 가능한 온갖 방법으로 철저히 검토하면서 지성과 지식은 지나치게 관대하게 대하는 것처럼 보이지 않도록 하세. 그보다는 어디에 흠결은 없는지 지성과 지식을 빙 돌아가며 과감하게 두드려보세.[84] 그렇게 함으로써 우리는 그것들 중에서 본성적으로 가장 순수한 것을 알게 될 테고, 그렇게 되면 그것들과 즐거움의 가장 참된 부분들을 이용해서 함께 판결을 내릴 수 있을 걸세.

프로타르코스 옳은 말씀입니다.

소크라테스 그렇다면 지식의 한 부분은 제작과 관계가 있고, 다른 부분은 지식이나 양육과 관계가 있네. 그렇지 않은가?

d **프로타르코스** 그렇고말고요.

소크라테스 우리는 먼저 손재주 가운데 한 부분은 지식과 더 밀접한 관계가 있고 다른 부분은 덜 밀접한 관계가 있는지 살펴본 다음, 이어서 한쪽은 가장 순수한 것으로, 다른 한쪽은 덜 순수한 것으로 간주해야 하는지 검토하세.

프로타르코스 당연히 검토해야지요.

소크라테스 그렇다면 그것들 각각에서 주도적인 요소들을 가려내도록 하세.

프로타르코스 어떤 요소들을 어떻게 구분한다는 거죠?

소크라테스 이를테면 모든 기술에서 세어보기와 재어보기와 무게 달기를 떼어낸다면 각 기술의 나머지는 말하자면 하찮은 것이 될 걸세.

프로타르코스 하찮겠지요. e

소크라테스 그러고 나면 어림짐작이나 경험과 실험을 통한 감각들의 훈련만 남겠지. 그러면 우리는 어림짐작으로 알아맞히는 능력에 의존해야 하는데, 이런 능력이 수련과 노고를 통해 효력을 발휘하면 대다수가 그걸 기술이라고 부른다네.

프로타르코스 전적으로 동의합니다. 56a

소크라테스 예를 들자면 무엇보다도 음악이야말로 그런 것들로 가득 차 있네. 음악은 재어보기보다는 훈련된 어림짐작으로 알아맞힘에 근거하여 화음을 조성하니까. 이를테면 현악기 연주[85]는 모두 떨리는 각 현의 음의 정확한 고저를 어림짐작으로 알아맞힌다네. 그래서 현악기 연주는 부정확한 점이 많고, 정확성이 떨어지는 것이라네.

84 마치 금속 제품이나 도자기가 흠결이 없는지 두드려보는 것처럼.

85 원전의 '피리 연주'(auletike)를 Hermann에 따라 '현악기 연주'(psaltike)로 고쳐 읽었다.

프로타르코스 더없이 참된 말씀입니다.

소크라테스 우리는 또한 의술, 농업, 항해술, 전술도 모두 마찬가지라는 것을 발견하게 될 걸세.

b **프로타르코스** 그야 물론이지요.

소크라테스 그러나 내 생각에 건축술은 자와 도구들을 더 많이 사용하는 만큼 더 정확하므로 대부분의 다른 지식들보다 더 수준 높은 기술인 것 같네.

프로타르코스 어떤 점에서 그렇지요?

소크라테스 조선술과 건축술과 그 밖의 다른 수많은 목공술을 보게나. 거기에서는 곧은 자와 선반과 컴퍼스와 먹줄과 기발한 곱자가 사용되네.

c **프로타르코스** 전적으로 옳은 말씀입니다, 소크라테스 선생님.

소크라테스 그렇다면 우리는 이른바 기술을 두 부류로 구분할 수 있을 걸세. 한 부류는 음악과 같은 것들로 그 제작물에는 정확성이 떨어지고, 다른 부류는 건축술과 같은 것들로 더 정확하네.

프로타르코스 그렇다고 해요.

소크라테스 그러나 가장 정확한 것은 우리가 방금 으뜸가는 기술이라고 말한 것들일세.

프로타르코스 산술, 그리고 방금 산술과 함께 언급하신 기술들을 두고 그렇게 말씀하시는 것 같군요.

소크라테스 물론이지. 그런데 프로타르코스, 그것들도 두 가지라고 말해야 하지 않을까? 자네 생각은 어떤가?

d **프로타르코스** 두 가지라니, 그게 어떤 것들이죠?

소크라테스 먼저 산술부터 살펴보자면, 우리는 대중의 산술과 철학자들의 산술을 구분해야 하지 않을까?

프로타르코스 어떤 기준에 따라 산술을 그렇게 두 가지로 나누는 건가요?

소크라테스 둘 사이에는 적잖은 차이가 있네, 프로타르코스. 대중적인 산술가는 같지 않은 단위들로 수를 세네. 그의 '둘'은 두 군대(軍隊)이거나 두 소 떼일 수도 있으며, 둘 중 하나는 세상에서 가장 작은 것이고 다른 하나는 세상에서 가장 큰 것일 수도 있네. 그러나 철학적인 산술가는 결코 그들을 따라 하지 않을 걸세. 무수히 많은 단위들 가운데 어떤 것도 다른 단위들 가운데 어떤 것과 다르지 않다는 e
데에 동의하지 않는 한 말일세.

프로타르코스 선생님께서 수에 관여하는 사람들의 적잖은 차이를 잘 설명해주시니, 산술이 두 가지라는 것이 이치에 맞는 듯해요.

소크라테스 어떤가? 건축가와 상인들이 사용하는 계산술과 측정술과 철학자들이 사용하는 기하학과 계산은 각각이 한 가지라고 말할 텐가, 아니면 두 가지라고 말할 텐가?

프로타르코스 지금까지 말한 것에 따라 나는 그 각각은 두 가지라는
데 투표하겠어요. 57a

소크라테스 그러는 게 옳겠지. 그런데 자네는 우리가 무엇 때문에 이런 문제들을 제기했는지 알겠는가?

프로타르코스 알 것 같아요. 그렇지만 지금 이 문제는 선생님께서 설명해주셨으면 좋겠어요.

소크라테스 내 생각에, 우리의 이 논의는 논의를 시작했을 때 못지않

게 지금 여기서 우리가 즐거움에 관해 제기한 것과 비슷한 질문을 제기한 것 같네. 우리는 지금 마치 어떤 즐거움이 다른 즐거움보다 더 순수하듯 어떤 지식은 다른 지식보다 더 순수한지 알아내야 한다는 말일세.

b **프로타르코스** 그것이 분명 우리의 이번 논의의 목적이었어요.

소크라테스 어떤가? 기술들은 그 영역이 다르면 정확성에서도 차이가 난다는 것이 앞의 논의에서 벌써 밝혀지지 않았는가?

프로타르코스 물론 밝혀졌지요.

소크라테스 또한 거기서는 이들 기술 가운데 어떤 것은 하나의 이름을 갖는다고 언급하여 그것이 하나의 기술이라는 인상을 주었네. 그렇지만 그 인상이 기술은 두 가지라는 인상으로 바뀐 지금은 이렇게 그 기술들의 순수성과 정확성에 관한 질문이 제기되었네. 철학자들
c 이 사용하는 기술과 철학자가 아닌 사람이 사용하는 기술 가운데 어느 쪽이 더 정확한가?

프로타르코스 사실 그게 이 질문의 요지인 것 같아요.

소크라테스 그렇다면 프로타르코스, 그에 대해 우리는 뭐라고 대답할 텐가?

프로타르코스 우리는 정확성과 관련해 한 종류의 지식과 다른 종류의 지식 사이에 놀랄 만큼 큰 차이가 있다는 것을 알게 됐어요.

소크라테스 그걸 알면 대답하기가 더 쉬워지겠지?

프로타르코스 물론이지요. 우리는 이렇게 대답해요. 산술과 측정술이 다른 기술들보다 훨씬 우월하며, 산술과 측정술 중에서도 진정한 철학자들의 열성이 내포된 것들이 측정과 수의 사용에서 엄청나게

더 정확하고 참되다고 말입니다. d

소크라테스 자네가 말한 대로라고 해두세. 우리는 자네를 믿고 용기를 내어 논의를 왜곡하는 데 능란한 자들[86]에게 대답할 참이라네. . .

프로타르코스 뭐라고 대답한다는 거죠?

소크라테스 산술은 두 종류가 있고, 측정술도 두 종류가 있다고. 또한 하나의 이름을 갖고 있어도 이런 이중성을 띤 관련 기술들도 많다고 말일세.

프로타르코스 소크라테스 선생님, 선생님께서 능란하다고 말씀하신 그자들에게 우리는 행운을 빌며 그렇게 대답하기로 해요.

소크라테스 그러니까 우리는 이런 종류의 지식들이 가장 정확하다고 e
주장하는 것인가?

프로타르코스 물론이죠.

소크라테스 하지만 프로타르코스, 우리가 다른 기술을 더 선호하다가는 변증술[87]에게 외면당할 걸세.

프로타르코스 변증술이라는 게 대체 어떤 기술이죠?

소크라테스 내가 지금 말하고 있는 기술이 어떤 것인지는 분명 누구나 다 알고 있을 걸세. 내 생각에, 조금이라도 지성을 가진 사람이라
면 존재하는 것, 그러니까 참으로 존재하며 그 본성이 영원불변하는 58a
것에 관한 지식을 단연 가장 참된 지식으로 여길 것 같으니 말일세.

86 소피스트들. 『테아이테토스』 주 35 참조

87 he tou dialegesthai dynamis(대화 또는 문답을 통해 진리를 규명하는 능력). he dialektike(techne)라고도 한다.

자네 생각은 어떤가? 자네는 이 문제를 어떻게 판정할 텐가?

프로타르코스 소크라테스 선생님, 나는 고르기아스[88]님이 말하는 것을 여러 번 들었는데, 그분은 설득술은 모든 것을 억지로가 아니라 자발적으로 자기에게 종속시키므로 다른 모든 기술보다 훨씬 우월하며, 따라서 모든 기술 중에서 단연 가장 참된 것이라고 주장하곤 했
b 어요. 그래서 나는 지금 선생님에게도 반대하고 싶지 않지만 그분에게도 반대하고 싶지 않아요.

소크라테스 내가 보기에 자네는 처음에 "무기를 들라!"고 말하고 싶었지만 겸손하게 무기를 내린 것 같네.

프로타르코스 선생님 좋으실 대로 생각하세요.

소크라테스 자네가 잘못 이해한 것이 내 탓이라는 말인가?

프로타르코스 내가 무얼 잘못 이해했나요?

소크라테스 친애하는 프로타르코스, 내가 찾고 싶었던 것은 어떤 기술 또는 어떤 지식이 단연 가장 위대하고 가장 훌륭하며 가장 유익하
c 냐가 아닐세. 우리가 지금 여기서 찾고 있는 것은 설령 사소하고 덜 이롭다 해도 어떤 것이 명확하고 정확하고 가장 참되냐는 것일세. 문제를 이렇게 보게나. 자네가 고르기아스의 노여움을 사는 일은 없을 걸세. 만약 자네가 그의 기술이 인간들을 위한 유용성과 관련해서는 더 우월하다는 것을 인정하되, 내가 지금 말하고 있는 학과[89]와 관련해서는 내가 아까 흰색에 관해 말한 것이 적용된다고 한다면 말일세. 자네도 기억하겠지만 나는 그때 참됨이라는 점에서는 소량의 순수한 흰색이 다량의 불순한 흰색을 능가한다고 말했네. 심사숙고 끝에 우
d 리는 이런 기술을 찾되 어떤 것이 유익하거나 평판이 높은지가 아니

라, 우리 혼의 어떤 능력이 진리를 사랑하며 진리를 위해서라면 무엇이든 할 수 있는지를 고려해야 하네. 만약 그런 능력이 있다면 우리는 그것을 면밀히 검토하며 논의의 주제로 삼아야 하네. 그러면 우리는 그것이 지성과 지혜를 가장 순수하게 갖고 있음 직한지 말할 수 있을 걸세. 아니면 우리는 그보다 더 권위 있는 능력을 찾아야 할 걸세.

프로타르코스 살펴보고는 있어요. 하지만 다른 지식 또는 기술이 그보다 진리에 더 가까이 접근한다고 인정하기는 어려울 것 같아요.

소크라테스 자네가 그런 대답을 하다니, 대다수의 기술과 거기에 종 e
사하는 사람들은 우선 의견에 의존하며 의견에 관한 일들을 열심히 연구한다는 것을 알고서 하는 말인가? 자네는 그런 사람들 가운데
누가 자신은 사물의 본성을 탐구하고 있다고 생각해도 사실은 주위 59a
세계와 관련하여 그것이 어떻게 생겼으며, 어떻게 당하고 어떻게 행하는지 연구하면서 한평생을 지낸다는 것을 알고 있는가? 그렇다고 말해도 될까? 아니면 자네 생각은 어떤가?

프로타르코스 그렇다고 말해도 되겠네요.

소크라테스 그렇다면 우리 가운데 그런 사람이 애써 탐구하는 것은 언제나 존재하는 것들이 아니라, 생성된 것들과 생성되는 것들과 생성될 것들이 아니겠는가?

88 고르기아스(Gorgias 기원전 485년경~380년경)는 시칠리아의 레온티노이(Leontinoi) 시 출신 소피스트로, 사회적으로 출세하려면 무엇보다 수사학을 배워야 한다고 주장했다.

89 변증술.

프로타르코스 지당한 말씀입니다.

소크라테스 그렇다면 우리는 그중 어떤 것도 같은 상태로 있지 못했고 있지 못할 것이며 현재에도 있지 못하는 것들에 대해 엄격한 진리의 잣대로 판단하면 확실한 무언가를 주장할 수 있을까?

b **프로타르코스** 어떻게 그럴 수 있겠어요?

소크라테스 하긴 그 자체가 확고하지 못한 것들과 관련하여 그게 무엇이든 확고한 무언가를 성취하기를 어떻게 바랄 수 있겠는가?

프로타르코스 결코 그럴 수 없을 것 같아요.

소크라테스 그렇다면 그런 것들은 최고의 진리를 파악하는 지성 또는 지식의 대상이 아닐세.

프로타르코스 아닌 것 같아요.

소크라테스 그러니 우리는 자네든 나든 고르기아스든 필레보스든 특정인은 염두에 두지 말고, 우리 논의와 관련해서 다음과 같이 엄숙히 선언해야 하네.

프로타르코스 엄숙한 선언이라니, 그게 뭐죠?

소크라테스 확고한 것, 순수하고 참된 것, 우리가 오염되지 않은 것이
c 라고 부르는 것은 언제나 같은 상태로 있으며, 아무것도 섞이지 않은 것들 또는 그런 것들과 최대한 동류인 것들에서 발견하게 되리라고 말일세. 그 밖의 다른 것은 모두 이차적이고 버금가는 것이라고 불려야 하네.

24. 좋은 삶에 대한 이전 결론들의 요약. 좋은 삶은 좋은 혼합이지만, 그것의 좋음은 어디에 있는가(59c~61c)

프로타르코스 지당한 말씀입니다.

소크라테스 그런데 그런 것들에 대한 이름들 가운데 가장 아름다운 이름들은 가장 아름다운 것들에 붙이는 것이 가장 옳지 않겠는가?

프로타르코스 그럴 것 같아요.

소크라테스 그런데 지성과 지혜는 가장 존중돼야 할 이름이 아닌가?

프로타르코스 네, 그래요.

소크라테스 그러니 그런 이름들은 정말로 존재하는 것[90]에 대한 사유[91]에 붙여질 때 가장 적절하게 사용하는 것이라고 할 수 있을 걸세. d

프로타르코스 그렇고말고요.

소크라테스 내가 아까 판정을 위해 후보로 내세웠던 것도 바로 이 이름들일세.

프로타르코스 물론이죠, 소크라테스 선생님.

소크라테스 좋아. 그런데 지성과 즐거움의 혼합과 관련하여, 누가 우리 처지를 건축에 사용할 원료나 재료를 가진 건축가들의 처지에 비긴다면, 그건 적절한 비유가 될 걸세.

프로타르코스 적절하고말고요. e

소크라테스 그렇다면 우리의 다음 과제는 혼합하는 일에 착수하는 거겠지?

프로타르코스 네, 맞아요.

90 to on ontos.

91 ennoia. 또는 '통찰력'.

소크라테스 그런데 이런 것들은 앞서 말한 것을 상기하는 편이 더 좋지 않을까?

프로타르코스 그게 어떤 것들이죠?

소크라테스 아까 우리가 상기한 바 있는 것들일세. 그렇지만 "훌륭한 것은 두 번이고 세 번이고 되풀이해야 한다"는 속담이 여기서는 잘 맞는 것 같네.

프로타르코스 물론이지요.

60a **소크라테스** 그렇다면 제우스에 맹세코, 아까 우리가 논의한 것의 요점은 대충 이런 것이었네.

프로타르코스 이런 것이라니, 그게 뭐죠?

소크라테스 필레보스의 주장에 따르면, 즐거움은 모든 생명체의 올바른 목표이므로 모든 생명체는 즐거움을 추구해야 하며, 따라서 즐거움은 모두에게 좋음이므로 '좋다'와 '즐겁다'라는 두 이름은 본성상 하나를 가리킨다고 보는 것이 옳다는 것일세. 그러나 소크라테스의 주장에 따르면, '좋다'와 '즐겁다'는 하나가 아니라 이름이 둘이듯 사실은 둘이고 본성상 서로 다른 것이며, 좋음에는 즐거움보다도 지
b 혜가 더 많이 관여한다는 것일세. 우리가 아까 말한 것은 그런 게 아니었던가, 프로타르코스?

프로타르코스 그렇고말고요.

소크라테스 우리는 또한 이것에도 아까 그랬듯이 지금도 동의하는가?

프로타르코스 그게 뭐죠?

소크라테스 좋음은 이 점에서 다른 것들과 본성상 다르다는 것 말일세.

프로타르코스 어떤 점에서 다르다는 거죠?

소크라테스 좋음을 언제나 모든 면에서 완벽하게 가진 생명체는 더는 다른 것이 필요 없고 완전히 자족하며 살 걸세. 안 그런가?

프로타르코스 그렇고말고요. c

소크라테스 그런데 우리는 즐거움이 지혜와 섞이지 않고 마찬가지로 지혜도 최소한의 즐거움을 갖지 못하도록 이 둘을 따로 떼어서 개별 생명체에 적용해보려고 이론적으로 실험하지 않았던가?

프로타르코스 그랬지요.

소크라테스 그때 우리는 어떤 생명체에게든 둘 중 하나면 충분하다고 확신하지 못했네. 그렇지 않은가?

프로타르코스 어찌 그럴 수 있겠습니까?

소크라테스 만약 그때 뭔가 실수가 있었다면 지금이야말로 누가 문제를 제기해서 이를 바로잡을 때일세. 그는 기억, 지혜, 지식, 참된 의견 d
을 같은 부류에 속하는 것으로 가정하고는 누가 이런 것들 없이도 가장 큰 즐거움이든 가장 강렬한 즐거움이든 즐거움은 물론이고 다른 것을 갖거나 획득하기를 바랄 것인지 자문하게 하세. 만약 자신이 즐거움을 느낀다는 참된 의견을 갖지 못하고, 자신이 무엇을 느꼈는지 전혀 알지 못하고, 자신이 즐거움을 느꼈다는 한순간의 기억조차 없다면 말일세. 그는 또한 지혜에 대해서도 같은 질문을 해야 할 걸세. 어떤 즐거움들을 수반하는 지혜보다도 어떤 즐거움이나 순간의 즐거움도 수반하지 않는 지혜를 선호해야 할지, 아니면 어떤 지혜를 수반 e
하는 즐거움보다 지혜를 수반하지 않는 모든 즐거움을 선호해야 할지 말일세.

프로타르코스 그건 불가능해요, 소크라테스 선생님. 같은 질문을 자꾸 제기할 필요는 없으니까요.

소크라테스 그러니까 둘 중 어느 쪽도 완전하고 모두에게 바람직하고 절대로 좋은 것은 아니겠지?

프로타르코스 어찌 그럴 수 있겠어요?

61a **소크라테스** 그렇다면 우리는 좋음이 무엇인지 정확하게 또는 대강이라도 알아내야 하네. 그러지 않으면 아까 말했듯이 어느 것에 2등상을 줘야 할지 모를 테니까.

프로타르코스 지당한 말씀입니다.

소크라테스 그런데 우리는 어떤 의미에서는 좋음에 이르는 길을 찾아내지 않았던가?

프로타르코스 그게 어떤 길이었지요?

소크라테스 자네가 누구를 찾을 때 먼저 그의 주거지를 알아낸다면, 그것이 자네가 원하는 사람을 찾아내는 데 큰 도움이 될 걸세.

프로타르코스 왜 아니겠어요?

b **소크라테스** 첫머리에서 그랬듯이 지금도 우리의 논의는 혼합되지 않은 삶이 아니라 혼합된 삶에서 좋음을 찾아야 한다고 일러주었네.

프로타르코스 그렇고말고요.

소크라테스 하지만 우리가 찾는 것은 잘못 혼합된 삶보다는 훌륭하게 혼합된 삶에서 모습을 나타낼 가능성이 더 많지 않을까?

프로타르코스 훨씬 많겠지요.

소크라테스 그렇다면 프로타르코스, 이런 혼합을 관장하는 것이 디오뉘소스[92]든 헤파이스토스[93]든 그 밖의 다른 신이든 간에 신들께 기도하며 혼합하도록 하세.

프로타르코스 물론이지요. c

소크라테스 우리는 술 따르는 시종들과 같고, 우리 옆에는 두 개의 샘이 있네. 그중 하나는 꿀 못지않은 즐거움의 샘이고, 다른 하나는 주기(酒氣)가 없으며 몸에 좋은 물과도 같은 맑은 정신의 지혜의 샘일세. 우리는 이 둘을 되도록 훌륭하게 섞기 위해 최선을 다해야 하네.

프로타르코스 왜 아니겠어요?

25. 좋은 삶에는 어떤 종류의 지식과 즐거움이 허용되는가(61d~64a)

소크라테스 자, 먼저 이 점을 살펴보게. 모든 즐거움을 모든 지혜와 섞으면 가장 훌륭하게 섞은 것일까?

프로타르코스 아마도 그렇겠지요.

소크라테스 그러나 그건 안전하지 못하네. 하지만 그것들을 섞는 더 d
안전한 방법을 자네에게 보여줄 수 있을 것 같다는 생각이 들기는 하네.

프로타르코스 그게 어떤 방법인지 말씀해주세요.

소크라테스 우리는 어떤 즐거움은 다른 즐거움보다 더 참되며, 어떤 기술은 다른 기술보다 더 정확하다고 생각하지 않았던가?

프로타르코스 왜 아니겠어요?

92 Dionysos. 포도주의 신.

93 Hephaistos. 불과 대장장이 신.

소크라테스 또한 지식들 사이에도 차이가 있어서, 어떤 지식은 생성
되고 소멸하는 것들에 초점을 맞추지만 어떤 지식은 생성되지도 소멸
하지도 않고 영원불변하는 것들에 초점을 맞춘다는 것을 발견했네.
e 참됨의 관점에서 검토해본 결과 우리는 후자의 지식이 전자의 지식보
다 더 참되다고 판단했네.

프로타르코스 전적으로 옳은 말씀입니다.

소크라테스 그렇다면 우리가 먼저 각각의 가장 참된 부분들을 함께
섞을 경우, 이 혼합은 우리에게 가장 바람직한 삶을 제공할까, 아니
면 우리에게는 덜 참된 다른 것들도 필요할까?

프로타르코스 내가 보기에, 우리는 각각의 가장 참된 부분들을 함께
섞어야 할 것 같아요.

소크라테스 그렇다면 정의 자체가 무엇인지 이해하고, 자신의 지혜에
62a 걸맞은 이성을 갖고 있으며, 다른 모든 것에 대해서도 같은 종류의 지
식을 가진 사람이 있다고 가정해보게.

프로타르코스 있다고 해요.

소크라테스 그런데 그런 사람이 신적인 원(圓)과 신적인 구(球)는 정
의할 수 있지만 인간의 구와 인간의 원들은 몰라서 집을 짓거나 할
때 자기가 사용하는 것이 자(尺)인지 원인지조차도 모른다면, 우리는
그가 충분한 지식을 갖고 있다고 말할 수 있을까?

프로타르코스 소크라테스 선생님, 만약 우리가 신적인 지식에만 관심
b 을 쏟는다면 우리야말로 가소로운 상태에 있다고 할 수 있겠지요.

소크라테스 그게 무슨 말인가? 우리가 거짓된 자와 원을 사용하는 믿
음직하지도 순수하지도 않은 기술까지 함께 섞어 넣어야 한다는 뜻

인가?

프로타르코스 섞어야 해요. 만약 우리 가운데 누가 원할 때 집으로 가는 길을 찾아내려 한다면 말입니다.

소크라테스 우리가 조금 전에 어림짐작과 모방으로 가득 차 있어 순수성이 결여되어 있다고 말한 음악도 섞어 넣을까?

프로타르코스 내 생각에는 그래야 할 것 같아요. 우리의 삶이 어떻게든 삶이려면 말예요. c

소크라테스 그렇다면 자네는 내가 군중에게 떼밀린 문지기처럼 저항을 포기한 채 문을 활짝 열어젖히고 순수한 것이 덜 순수한 것과 뒤섞인 채 모든 종류의 지식이 몰려들어오게 내버려두기를 바라는가?

프로타르코스 소크라테스 선생님, 나는 누가 으뜸가는 지식들을 갖고 있다면 다른 모든 지식을 다 가진다고 해서 어떤 해를 입을 수 있는지 정말 모르겠어요.

소크라테스 그렇다면 나는 그것들이 모두 호메로스가 '합수머리'라고 d 멋있게 표현한 것[94] 속으로 흘러들게 허용할까?

프로타르코스 물론이지요.

소크라테스 허용되었네. 이제 우리는 즐거움의 샘으로 되돌아가야 하네. 우리는 먼저 참된 부분들만 취해서 함께 섞으려 했지만, 지식을 향한 애착 탓에 즐거움에 앞서 모든 종류의 지식이 몰려들어오도록 허용하는 바람에 본래 의도를 실행할 수 없었으니까.

94 호메로스, 『일리아스』 4권 452~454행 참조.

프로타르코스 지당한 말씀입니다.

소크라테스 그렇다면 즐거움에 대해서도 우리가 모든 즐거움을 한꺼
e 번에 몰려들어오게 내버려둘지, 아니면 이번에는 참된 즐거움들에
우선권을 주어야 할지 의논할 때가 된 것 같네.

프로타르코스 우선 참된 즐거움들이 들어오도록 허용하는 것이 훨씬 더 안전하겠지요.

소크라테스 그것들이 들어오도록 허용하세. 그다음에는 어떡하지? 지식의 경우처럼 즐거움도 필요한 것들이 몇 가지 있다면, 우리는 그것들도 섞어 넣어야 하지 않을까?

프로타르코스 당연히 그래야겠지요. 그것들이 필요한 것들이라면.

소크라테스 우리는 모든 기술을 탐구하며 한평생을 지내는 것은 해롭
지 않고 유익하기도 하다고 말한 바 있는데, 만약 즐거움들에 대해서
도 같은 말을 할 수 있다면, 다시 말해 모든 즐거움을 누리며 한평생
63a 을 지내는 것이 우리 모두에게 이롭고 해롭지 않다면, 즐거움도 모두
섞어 넣어야 할 걸세.

프로타르코스 우리는 그런 즐거움들에 대해서는 뭐라고 말해야 하며, 어떻게 행동해야 하나요?

소크라테스 프로타르코스, 그런 것은 우리에게 묻지 말고 즐거움들과 지혜들에게 직접 물어보게. 그리고 다음과 같은 방법으로 물어봄으로써 그것들이 서로에게 어떤 감정을 품고 있는지 알아내도록 하게나.

프로타르코스 그게 어떤 방법이죠?

소크라테스 "친구들이여, 너희를 즐거움이라고 불러야 하든 아니면

다른 이름으로 불러야 하든, 너희는 모든 지혜와 함께 살고 싶은가 아니면 어떤 지혜와도 함께 살고 싶지 않은가?" 즐거움들은 이렇게 b 대답할 수밖에 없을 걸세.

프로타르코스 어떻게요?

소크라테스 앞서 말한 바에 따르면 그 대답은 다음과 같을 걸세. "한 부류가 섞이지 않고 외따로 떨어져 산다는 것은 아예 가능하지도 않거니와 이롭지도 않아요. 그렇지만 우리는 다른 것들뿐만 아니라 우리 각자를 최대한 완전하게 알고 있는 가장 훌륭한 지식과 함께 살고 싶어요."

프로타르코스 "명답일세" 하고 우리는 말하겠지요. c

소크라테스 옳은 말일세. 그다음에는 지혜와 지성에게 물어야 하네. "너희는 혼합된 것에 즐거움들이 덧붙여지기를 원하는가?" 우리가 그렇게 물으면 지혜와 지성은 "어떤 즐거움들 말인가요?"라고 되물을 걸세.

프로타르코스 그럴 것 같아요.

소크라테스 그러면 우리의 대화는 이렇게 이어질 걸세. 우리는 지혜와 지성에게 "너희는 참된 즐거움들에 더하여 가장 크고 가장 강렬한 즐거움들도 너희와 동거하기를 원하는가?"라고 물을 걸세. 그러면 아마 지혜와 지성이 대답할 걸세. "소크라테스님, 우리에게 왜 그 d 런 것들이 필요하죠? 그런 것들은 우리가 살고 있는 혼들을 광적인 즐거움들로 혼란에 빠뜨림으로써 우리의 앞길에 수많은 장애물이 되고, 그렇게 함으로써 우리가 아예 생겨나지도 못하게 하는데 말예요. 게다가 그런 것들은 우리한테서 자식이 태어나면 나태하고 건망증이 심하게 만들어 대부분 완전히 망가뜨려놓지요. 그러나 그대가 말한 참되고 순수한 즐거움들은 우리의 친족으로 여겨도 좋아요. 그 밖에
e 도 건강과 절제의 즐거움들과, 모든 미덕을 신처럼 모시며 어디로든 수행하는 즐거움들도 혼합된 것에 덧붙이도록 하세요. 그렇지만 언제나 어리석음과 다른 나쁨을 따라다니는 즐거움들을 지성과 섞는 것은 가장 안정적인 최상의 섞음 또는 혼합을 발견하려는 사람에게는 아주 어리석은 짓이겠지요. 특히 그런 사람이 이런 혼합에서 인간에게는, 그리고 우주에서는 무엇이 좋음인지 배우려 할 때는, 바꿔 말해 좋음의 본성이 무엇인지 미리 알고 싶어 할 때는 말예요." 지성
64a 이 자신과 기억과 올바른 의견을 위해 이렇게 변론한다면, 우리는 지성의 이런 대답이 현명하고 지성답다고 말하지 않을 텐가?

프로타르코스 전적으로 동의합니다.

26. 좋음은 혼합된 삶에서 아름다움·균형·참됨이라는 세 형상으로 나타나며, 즐거움보다는 지성이 그 하나하나와 더 동류이다(64a~66a)

소크라테스 우리가 덧붙여야 할 것이 또 있네. 그것 없이는 어떤 것도 생성될 수 없으니까.

프로타르코스 그게 뭐죠?

소크라테스 참됨이 섞이지 않은 것은 결코 진실로 생성될 수 없으며, 생성된다 해도 존속할 수 없네.

b **프로타르코스** 그럴 수 없고말고요.

소크라테스 물론 없겠지. 우리의 혼합에 더 필요한 것이 있다면 자네

와 필레보스가 지적해주게. 내가 보기에, 우리의 주장은 생명체를 다스리기 위한 비물질적인 체계[95]로서 전혀 손색이 없는 것 같으니까.

프로타르코스 나도 선생님과 의견을 같이하는 것으로 생각하세요, 소크라테스 선생님.

소크라테스 그렇다면 지금 우리는 좋음이 사는 집 문간에 서 있다고 해도 틀린 말은 아니겠지?

프로타르코스 아닌 것 같아요.

소크라테스 혼합의 어떤 요소가 가장 중요하며 그런 삶을 누구에게 c
나 매력적인 것으로 만드는 주된 요인인가? 이것을 알아낸 다음 우리는 그 요인과 더 가까운 친족관계에 있는 것이 우주 안의 즐거움인지, 아니면 지성인지 고찰할 걸세.

프로타르코스 옳은 말씀입니다. 그렇게 하는 게 우리가 판정하는 데 가장 도움이 되겠지요.

소크라테스 모든 혼합에서 어떤 요인이 그 혼합을 매우 가치 있는 것
으로 또는 전혀 가치 없는 것으로 만드는지 아는 것은 사실 어렵지 d
않네.

프로타르코스 무슨 말씀이신지요?

소크라테스 그것을 모르는 사람은 아무도 없을 걸세.

프로타르코스 그게 뭐죠?

소크라테스 적도와 균형이 결여된 혼합은 어떤 종류이건 혼합된 성분

95 asomatos kosmos.

들은 물론이고 맨 먼저 자신을 파괴한다는 것 말일세. 그럴 경우 참된 혼합은 없고 혼합되지 못한 잡동사니만 있어서 혼합된 것들에 언제나 사고뭉치가 될 걸세.

e **프로타르코스** 지당한 말씀입니다.

소크라테스 이제 우리가 찾고 있는 좋음이라는 자질은 아름다운 것의 영역으로 숨어버렸네. 적도와 균형은 어디서나 아름다움과 미덕이니까.

프로타르코스 물론이지요.

소크라테스 우리는 또한 우리의 혼합에는 이런 자질들과 더불어 참됨도 포함된다고 말했네.

프로타르코스 물론이지요.

소크라테스 따라서 만약 우리가 아름다움을 하나의 형상(形相)[96]으로는 포착할 수 없다면, 그것을 포착하기 위해 우리는 아름다움, 균형, 참됨이라는 세 가지 형상을 사용해야 하네. 그리고 우리가 이 셋
65a 을 하나로 보고 그것의 좋음이 혼합된 것들도 좋게 만든다는 점에서 그것이 혼합된 것들의 원인이라고 생각한다면 틀린 생각은 아닐 걸세.

프로타르코스 지당한 말씀입니다.

소크라테스 프로타르코스, 즐거움과 지혜 가운데 어느 것이 최고의 좋음[97]과 더 동류이며 신과 인간들 사이에서 더 소중한 것인지, 이제는 누구든지 판단할 수 있을 걸세.

b **프로타르코스** 그건 자명하지만, 그래도 우리 논의에서 끝까지 규명하는 것이 더 좋겠어요.

소크라테스 그렇다면 그 셋을 따로따로 즐거움과 지성에 적용해보세. 우리는 동족관계에 근거하여 둘 중 어느 것에 각각의 자질을 배정해야 할지 알아야 하니까.

프로타르코스 아름다움, 참됨, 적도 말인가요?

소크라테스 그렇다네, 프로타르코스. 먼저 참됨을 붙든 다음 세 가지, 즉 지성과 참됨과 즐거움을 눈여겨보게. 그런 다음 자네에게는 참됨과 더 동류인 것이 즐거움인지 아니면 지성인지 서두르지 말고 자문자답해보게. c

프로타르코스 시간 끌 필요 있나요? 내가 보기에는 큰 차이가 있는 것 같아요. 즐거움은 사람들 말마따나 가장 사기성이 농후하며, 즐거움 중에서도 가장 강렬하다고 여겨지는 사랑의 즐거움과 관련해서는 거짓 맹세를 해도 신들이 용서해줘요. 즐거움은 지성이라고는 조금도 없는 어린아이들 같아요. 반면 지성은 참됨과 같은 것이거나, 아니면 참됨을 가장 닮았다는 점에서 가장 참된 것입니다.

소크라테스 다음에는 적도를 같은 방법으로 고찰해보게. 적도는 지혜보다는 즐거움이 가진 자질인가, 아니면 즐거움보다는 지혜가 가진 자질인가? d

프로타르코스 그 문제 역시 어렵지 않아요. 내 생각에 즐거움과 황홀보다 더 절제 없는 것은 없고, 지성과 지식보다 더 절제 있는 것은 없

96 idea.

97 또는 '최고선'.

는 것 같으니까요.

소크라테스 훌륭하게 말했네. 세 번째 기준에 대해서도 자네 의견을 말해주게. 우리가 보기에 지성이 즐거움의 부류보다 아름다움에 더 많이 관여하며, 그래서 지성이 즐거움보다 더 아름다운가 아니면 그
e 반대인가?

프로타르코스 소크라테스님, 꿈이건 생시건 지혜와 지성의 추한 모습을 봤거나, 지혜와 지성이 어떻게든 추해졌다거나 추해지고 있다거나 추해질 것이라고 생각하는 사람은 아무도 없을 거예요.

소크라테스 옳은 말일세.

프로타르코스 그렇지만 누가 즐거움 특히 가장 큰 즐거움들을 즐기는 것을 보면 우리는 거기서 가소롭거나 외설스러운 요소를 보게 돼요. 그래서 우리는 남의 시선을 의식하여 그런 즐거움들은 되도록 은폐하며, 햇빛에 노출해서는 안 되는 것처럼 어두운 밤에만 그런 짓들을 행하지요.

66a

27. 좋음은 다섯 등급으로 나뉜다. 거기서 즐거움은 최하등으로 격하된다(66a~67b)

소크라테스 그렇다면 프로타르코스, 자네가 전령을 보내 온 세상에 알리거나 이 자리에 모인 사람들에게 직접 말하고자 하는 바는, 즐거움은 으뜸가는 소유물도 버금가는 소유물도 아니며, 으뜸가는 것은 어떻게든 적도, 절제 있는 것, 시의적절함 등과 관계가 있다는 것이겠구먼.[98]

프로타르코스 그게 우리 논의의 당연한 귀결인 듯해요.

소크라테스 그렇다면 버금가는 것은 균형, 아름다움, 완전함, 충분함, 그리고 이 부류에 속하는 모든 것일세.

프로타르코스 네, 그런 것 같아요.

소크라테스 예언하건대, 지성과 지혜를 세 번째 것으로 간주한다면 b
자네는 참에서 크게 벗어나지 않을 걸세.

프로타르코스 아마 그럴 것 같아요.

소크라테스 우리가 앞에서 혼 자체에 속하는 것으로 간주한 지식, 기술, 바른 의견들을 처음 세 가지에 이어 네 번째 것으로 간주하더라도 참에서 크게 벗어나지 않겠지? 이런 것들은 즐거움보다는 좋음과 더 동류이니까.

프로타르코스 아마 그렇겠지요.

소크라테스 우리가 따로 떼어서 괴로움이 수반되지 않는 것들이라고 c
정의한 즐거움들이 다섯 번째 것이 되겠지? 우리가 혼 자체의 순수한 즐거움이라고 말한 즐거움들 말일세. 그중 어떤 것들은 지식에 수반되고, 어떤 것들은 감각적 지각에 수반되네.

프로타르코스 그럴 것 같아요.

소크라테스 "그렇지만 너희는 여섯 번째 세대[99]에서 잘 정돈된 노래[100]를 그칠지어다"라고 오르페우스[101]는 말하고 있네. 우리 논의에서도 여섯 번째 판정이 마지막 판정일 것 같네. 이제 우리에게 남은

98 마지막 세 낱말 ten aidion eiresthai는 의미가 연결되지 않아서 빼고 읽었다.

일은 우리의 논의를 마무리하는 것일세.

프로타르코스 그래야겠지요.

d **소크라테스** 그러면 자, 세 번째 잔을 구원자 제우스에게 헌주하면서[102] 우리의 주장을 재삼 확인하도록 하세.

프로타르코스 어떤 주장 말씀이죠?

소크라테스 필레보스는 어떤 종류의 것이든 즐거움은 모두 좋음이라고 주장했네.

프로타르코스 소크라테스 선생님, 선생님께서는 방금 '세 번째'라고 말씀하셨는데, 이는 우리가 앞서 논의한 것을 처음부터 다시 요약하겠다는 뜻인 것 같군요.

소크라테스 그렇다네. 하지만 그다음 것도 들어보게. 나는 방금 내가 자세히 설명한 것들을 염두에 두고 있던 터라, 필레보스와 그 밖의 수많은 사람들이 늘 주장하는 이론이 역겨워서 지성이 즐거움보다
e 훨씬 더 나으며 인간의 삶에 더 유익하다고 말했던 것이라네.

프로타르코스 네, 그러셨지요.

소크라테스 그러나 다른 좋음도 많이 있지 않을까 싶어서, 만약 어떤 것이 이 둘보다 더 좋다는 점이 드러나면 나는 지성이 2등상을 타도록 즐거움에 맞서 싸울 것이며, 그리되면 즐거움은 2등상도 타지 못할 것이라고 말했네.

프로타르코스 네, 그렇게 말씀하셨어요.

소크라테스 이어서 이 둘 가운데 어느 것도 충분하지 못하다는 사실이 백일하에 드러났네.

67a **프로타르코스** 더없이 옳은 말씀입니다.

소크라테스 그렇다면 이 논의에서 지성과 즐거움은 어느 것도 좋음 자체가 아니라는 점이 드러나지 않았는가? 그것들은 둘 다 자족하지 못하고 충분하지 못하며 완전하지 못하니까.

프로타르코스 지당한 말씀입니다.

소크라테스 그리고 이들 둘보다 더 나은 제3의 경쟁자가 나타나자, 즐거움보다는 지성이 우승자의 성격과 천 배 만 배 더 가깝고 더 동류라는 것이 드러났네.

프로타르코스 왜 아니겠어요?

소크라테스 우리의 논의가 내린 판정에 따르면, 즐거움은 다섯 번째 자리를 차지하게 될 걸세.

프로타르코스 그럴 것 같아요.

소크라테스 하지만 첫 번째 자리를 차지하지는 못할 걸세. 설사 모든

99 웨스트(M. L. West)의 『오르페우스 시편』(*The Orphic Poems*, Oxford 1983, p. 118)에 따르면 여섯 세대란 ①뉙스(Nyx 밤의 여신), ②우라노스(Ouranos 하늘의 신)와 가이아(Gaia 또는 Ge 대지의 여신), ③오케아노스(Okeanos)와 테튀스(Tethys), ④포르퀴스(Phorkys)와 크로노스(Kronos)와 레아(Rhea)와 다른 신들, ⑤제우스(Zeus)와 헤라(Hera)와 다른 신들, ⑥그 밖의 모든 신들이다. 플라톤의 '여섯 번째 세대'란 63e에서 포함시키기로 합의한 필요한 즐거움들을 말하는 것 같다.

100 '잘 정돈된 노래'의 원어 kosmos aoides는 직역하면 '노래의 우주' '노래의 체계'가 되겠지만, 여기에서는 단순히 '노래'라는 뜻인 것 같다.

101 Orpheus. 그리스의 전설적인 가인(歌人)으로, 그의 노래를 들으면 야수들도 유순해졌다고 한다.

102 고대 그리스인들은 주연(酒宴)을 시작하기 전에 헌주 삼배를 했는데, 첫 번째 잔은 제우스와 올륌포스(Olympos) 신들에게, 두 번째 잔은 영웅들에게, 마지막으로 세 번째 잔은 구원자(soter) 제우스에게 바쳤다.

소와 말과 온갖 동물들이 즐거움을 추구함으로써 그렇다고 증언하
더라도 말일세. 마치 예언자들이 새들을 믿듯이,[103] 대다수는 그런 동
b 물들을 믿고는 즐거움이야말로 훌륭한 삶을 사는 데 가장 중요한 요
인이라고 판단한다네. 그들은 동물들의 애욕이 철학의 무사[104]에 의
해 고취된 논의들보다 더 권위 있는 증거라고 생각하는 거지.[105]

프로타르코스 소크라테스 선생님, 선생님께서 더없이 참된 말씀을 하셨다는 데에 우리 모두 동의합니다.

소크라테스 그렇다면 자네들은 이제 나를 놓아주는 거지?

프로타르코스 아직도 사소한 일이 남아 있어요,[106] 소크라테스 선생님. 선생님께서는 분명 우리보다 먼저 포기하지는 않으실 테니, 남은 일이 무엇인지 내가 일깨워드릴게요.

103 고대의 예언자들은 새들이 나는 방향이나 울음소리를 듣고 점을 쳤다.

104 Mousa. 시가(詩歌)의 여신.

105 향락주의자들의 논리는 간단하다. "쾌락은 선이다. 모든 동물이 쾌락을 추구하니까."

106 50d에서 소크라테스는 혼합된 즐거움에 관해 차후에 논의하겠다고 약속한 바 있는데, 이제 그 약속을 이행해달라는 뜻인 것 같다.

T i m a i o s

티마이오스

우주론

티마이오스 차례

본론 Ⅱ 필연의 작업

본론 Ⅲ 이성과 필연의 협력

68e~69d	28. 하위 신들의 작업
69d~73a	29. 혼의 사멸(死滅)하는 부분들과 그것들의 신체 기관들
73b~73d	30. 인체의 주요 구조: 골수
73e~76e	31. 뼈, 힘줄, 살 ; 살갗, 모발, 손발톱
76e~77c	32. 식물(植物)
	33. 소화와 호흡
77c~79a	(a)통발
79a~81b	(b)순환적인 밀어냄
81b~81e	34. 정상적인 성장과 쇠퇴: 자연사(自然死)
	35. 몸의 질병들
81e~82b	(a) 네 가지 구성성분의 불균형으로 인한 것들
82b~84c	(b) '이차적 형성'에 의한 질병들
84c~86a	(c) 호흡과 점액과 담즙으로 인한 질병들 ; 신열(身熱)들
86b~87b	36. 혼의 질병들
87c~88c	37. 혼과 몸의 균형
88c~89d	38. 몸의 건강과 약물 사용 절제
89d~90d	39. 혼의 건강
90e~92e	40. 생식욕: 여자, 새, 뭍짐승, 파충류, 어패류의 출현
92c	41. 결론

대담자

소크라테스(Sokrates 기원전 469~399년) 아테나이 출신의 철학자. 이때 나이 40대 중반쯤 된 것으로 보인다.

티마이오스(Timaios) 남(南)이탈리아의 로크리스(Lokris) 출신 학자. 실존 인물인지는 확실하지 않다.

크리티아스(Kritias) 여기에 등장하는 크리티아스가 플라톤의 외종숙이자 악명 높은 30인 참주 정권의 일원이었던 크리티아스(기원전 460년경~403년)인지, 아니면 그와 이름이 같은 그의 할아버지인지는 단정하기 어렵다. 다만 그때로서는 90세가 넘은 노인이 이런 대화에 참여한다는 것은 사실상 불가능할 것 같아 옮긴이는 전자로 보았다.

헤르모크라테스(Hermokrates) 시칠리아 쉬라쿠사이(Syrakousai) 시의 정치가이자 장군으로, 아테나이의 시칠리아 원정대(기원전 415~413년)를 격퇴하는 데 큰 공을 세운다.

1. 머리말로서의 대화 (a) 소크라테스의 인사말: 대화편 『국가』의 핵심 부분 요약(17a~20c)

소크라테스 한 분, 두 분, 세 분. 그런데 티마이오스님, 네 번째 분[1]은 어디 계시오? 여러분 네 명은 어제는 내게 환대받았지만[2] 오늘은 나를 환대하게 되어 있는데 말입니다. 17a

티마이오스 그분은 몸이 불편한가 봐요, 소크라테스님. 그렇지 않다면 그분이 오늘 모임에 빠질 리가 없어요.

소크라테스 그러면 그분 빈자리를 메우는 것은 그대와 여기 있는 우리 친구들 몫이겠군요. 그렇지 않은가요?

1 누구인지 알 수 없다.

2 대화 또는 담론으로.

b **티마이오스** 그야 물론이지요. 아무튼 우리는 최선을 다할 것입니다.
어제 그대는 예를 갖춰 우리를 손님으로 환대했는데, 우리가 그대의
환대에 보답하려고 최선을 다하지 않는다면 도리가 아니겠지요.

소크라테스 그렇다면 여러분은 내가 여러분에게 정해준 주제들과 그 것들의 범위를 기억하시겠네요?

티마이오스 일부는요. 우리가 잊어버린 것들은 그대가 이 자리에 와 있으니 상기시켜주십시오. 그보다도, 너무 수고롭지 않다면 그대가 그것들을 처음부터 끝까지 간단하게 들려주십시오. 그러면 더 확실히 기억하겠지요.

c **소크라테스** 그렇게 하겠소. 어제 나의 주된 논제는 최선의 정체(政
體)[3]와 그 구성원에 대한 내 견해를 피력하는 것이었던 듯합니다.[4]

티마이오스 그리고 소크라테스님, 그대가 기술하신 정체는 무척이나 우리 모두의 마음에 들었어요.

소크라테스 그런데 우리는 먼저 시민들을 농부처럼 기술에 종사하는 부류와 국방에 종사하는 부류로 구분하지 않았던가요?[5]

티마이오스 네, 그랬지요.

소크라테스 우리는 또한 각자에게 적성에 맞는 직업을 하나씩만 배정
d 하며, 모두를 위해 싸워야 하는 자들은 밖으로부터의 또는 안으로부
터의 적대행위에 맞서는 국가의 수호자 구실만 해야 한다고 말했소.
18a 우리는 또한 그들은 본성적으로 친구들인 피치자(被治者)를 재판할
때는 아량을 베풀되 싸움터에서 만난 적군에게는 일호의 가차도 없
어야 한다고 말했소.[6]

티마이오스 물론이지요.

소크라테스 내 생각에 우리는 또한 수호자들이 친구에게 적절히 온유하거나 적에게 적절히 준엄하기 위해서는 그들의 본성이 남달리 기개(氣概)와 지혜 사랑[7]을 겸비해야 한다고 말했던 것 같습니다.

티마이오스 네, 그랬지요.

소크라테스 그들의 교육에 관해서는 우리는 무슨 말을 했나요? 그들은 체육과 시가(詩歌)[8]와 그들의 역할에 어울리는 모든 학과목을 배워야 한다고 말하지 않았던가요?[9]

티마이오스 물론 그렇게 말했지요.

소크라테스 우리는 또한 그들이 그렇게 교육받은 만큼 금도 은도 그 b 밖의 어떤 것도 자신의 사유재산으로 여겨서는 안 되며, 자신들의 피보호자들을 안전하게 지켜준 대가로 용병(傭兵)들처럼 보수를 받되 그 보수는 그들의 절제 있는 생활방식에 어울리는 정도여야 한다, 그리고 그들은 그 보수를 공동으로 사용하면서 다른 업무에서는 완전히 해방되어 미덕[10]에만 전념하며 공동생활을 해야 한다고 말했소.[11]

3 politeia.
4 여기서 소크라테스는 대화편 『국가』 2~5권을 요약하고 있다.
5 『국가』 369e 이하, 374e 이하 참조.
6 『국가』 375b 이하 참조.
7 thymos, philosophia.
8 gymnastike, mousike.
9 『국가』 376d 이하 참조.
10 arete.
11 『국가』 416d 이하 참조.

티마이오스 네, 우리는 그렇게 말했어요.

c **소크라테스** 우리는 또한 여자 수호자들을 언급하면서, 여자들도 모
두 전쟁이나 일상생활에서 남자들이 하는 일을 분담해야 하는 만큼
여자들의 본성은 남자들의 본성과 조화를 이루도록 조율되어야 한
다고 말했소.[12]

티마이오스 우리는 그렇게도 말했지요.

소크라테스 그렇다면 아이들의 출산에 관해서는 우리가 무슨 말을
했나요? 그에 관한 발언은 예사롭지 않아 여러분도 잘 기억하실 텐
데, 다음과 같은 내용이었소. 우리는 그들 모두가 처자(妻子)를 공유
하게 하여 어느 누구도 제 자식을 알아보지 못하고 모두가 자신들을
d 한 가족으로 여기게끔 대책을 강구했소. 그들이 일정 연령층은 형제
자매로, 이전 세대에 태어난 연장자들은 부모나 조부모로, 나중 세대
에 태어난 연하자들은 자식과 손자로 여기도록 말이오.[13]

티마이오스 맞아요. 그대의 말씀처럼 그런 것은 잘 기억하고 있어요.

소크라테스 여러분도 기억하겠지만 우리는 또한 그들이 태어나는 순
간부터 되도록 최선의 자질을 지닐 수 있도록, 남녀 통치자들은 그들
e 이 짝짓기를 할 때 열등한 남자들과 훌륭한 남자들이 분리되어 자신
들을 닮은 여자들에게 배정되도록 제비뽑기에서 몰래 방책을 세워야
한다고도 말했소. 그러면 그들은 그렇게 배정된 것을 우연 탓이라 믿
고는 서로 반감을 품지 않을 테니 말이오.[14]

티마이오스 우리도 기억하고 있어요.

19a **소크라테스** 여러분은 또한 훌륭한 남녀의 자식들은 교육을 받게 하
되 열등한 남녀의 자식들은 나라 안 여러 곳으로 몰래 보내버려야 한

다고, 그리고 통치자들은 아이들이 자라는 동안 늘 지켜보면서 그럴 가치가 있는 아이들은 끌어올리고 자신의 지위를 누릴 자격이 없는 아이들은 끌어올려진 아이들 자리로 강등해야 한다고 말한 것도 기억하시오?[15]

티마이오스 우리는 그렇게 말했지요.

소크라테스 그렇다면 친애하는 티마이오스님, 우리는 어제 토론의 요점들을 모두 요약한 것인가요, 아니면 여전히 뭔가 미진한 데가 있나요?

티마이오스 없어요, 소크라테스님. 그것들이 바로 우리가 논의한 것 b
들입니다.

소크라테스 그렇다면 이번에는 우리가 기술한 정체에 대한 내 느낌이 어떤 것인지 여러분에게 들려주고 싶어요. 내 느낌은 그림이나 실생활에서 아름다운 동물이 쉬고 있는 모습을 보고는 그것들이 움직이며 저마다 체격에 맞는 행위에서 서로 겨루는 것을 보고 싶어 하는
사람의 느낌과도 흡사해요. 우리가 논의한 국가에 대한 내 느낌은 바 c
로 그런 것이라오. 우리 나라가 국가 간 경쟁에서 다른 나라들과 경쟁하되 당당하게 전장으로 나아가고, 전시에는 그 구성원이 군사적인 성취나 다른 나라들과 협상하는 방법에서 자신들이 받은 교육과

12 『국가』 451c 이하 참조.
13 『국가』 457a 이하, 461d 참조.
14 『국가』 458 이하 참조.
15 『국가』 414b ~ c, 459d 이하 참조.

양육에 걸맞은 자질들을 보여준다고 누가 말하면, 나는 기꺼이 귀 기울이고 싶단 말이오.

d 아무튼 크리티아스와 헤르모크라테스님, 내가 판단하기에 나는 우리 나라와 그 구성원을 충분히 찬양할 능력이 없는 것 같아요. 내게 그럴 능력이 없다는 것은 놀랄 일이 못 되지만, 내가 보기에 옛날 시인이건 오늘날 시인이건 시인들도 그 점에서는 마찬가지인 것 같아요. 내가 시인 일반을 경시하는 것이 아니라, 모방하는 자는 그 안에서 자신들이 자라온 삶은 가장 훌륭하고 가장 쉽게 모방하지만 경험해보지 못한 것을 행위로 모방하기는 어려우며, 말로 훌륭하게 모방
e 하기는 더더욱 어렵다는 것은 누구에게나 명백하기에 하는 말이오. 한편 소피스트[16] 족속은 내가 보기에 다른 주제에 대해 온갖 아름다운 연설문을 작성하는 데는 전문가이지만 한곳에 정착하지 못하고 이 나라에서 저 나라로 떠돌아다니는 까닭에, 철학자이자 동시에 정치가인 사람들이 적과 교전하거나 협상할 때 전장에서 행하거나 말할 법한 것들을 알아맞히지 못할까 염려스러워요.

20a 이제 남은 것은 여러분 같은 마음가짐을 갖춘 사람들뿐이오. 천성과 교육에 의해 철학과 정치에 관여하게 된 사람들 말이오. 이를테면 여기 있는 티마이오스님은 잘 다스려지고 있는 이탈리아 도시 로크리스 출신으로, 재산과 가문에서 그곳 사람들 누구 못지않고 그 나라의 최고 관직과 영직에 참여했으며, 내가 보기에 철학의 모든 분야에 통달했습니다. 또한 크리티아스님은 우리가 논의하고 있는 이런 분야들에 문외한이 아니라는 것쯤은 이곳 아테나이에 사는 우리 모두가 알고 있습니다. 헤르모크라테스님 역시 타고난 천성과 교육 덕

분에 그런 문제를 다룰 자격이 있다고 보증해줄 믿음직한 증인이 많이 있습니다.

어제도 나는 이런 생각을 하고 있었기에 정체에 관해 설명해달라는 여러분의 요구에 기꺼이 응했던 것이라오. 나는 여러분이 그러기로 마음만 먹는다면 어느 누구도 그 뒷이야기를 여러분보다 더 훌륭하게 해줄 수 없으리라는 걸 알았단 말이오. 지금 살아 있는 사람들 중에서는 여러분만이 우리 나라가 제격에 맞는 전쟁을 수행하는 것을 제대로 기술할 수 있을 테니까요. 그러니 내가 여러분의 청을 들어주었을 때, 나는 여러분에게 내가 방금 설명한 과제를 내준 셈이지요. 여러분은 서로 상의하여 오늘 담론 형태로 내 환대에 보답하기로 합의하였고, 그래서 나는 잘 차려입고 여기 앉아 있는 것이며, 여러분에게 환대받을 준비가 누구보다 잘되어 있습니다.

b

c

2. 머리말로서의 대화 (b) 아틀란티스 섬의 신화(20c~27b)

헤르모크라테스 소크라테스님, 여기 있는 티마이오스님의 말처럼 우리의 열성이 부족한 일은 없을 것입니다. 그대의 청을 거절하려고 핑계 따위를 대고 싶지도 않고요. 그래서 사실 어제 우리가 묵고 있는 크리티아스님 집으로 돌아가자마자, 아니, 그에 앞서 그곳으로 돌아가는 길에 우리는 이 문제를 살펴보았는데, 그때 여기 있는 크리티아

d

16 『테아이테토스』 주 35 참조.

스님이 오래전에 들은 이야기를 들려주었어요. 크리티아스님, 이번에는 그 이야기를 소크라테스님에게도 들려주시오. 오늘 하는 이야기가 우리 목적에 적합한지 아닌지 판단하실 수 있도록 말입니다.

크리티아스 그래야겠지요. 우리 그룹의 세 번째 구성원인 티마이오스님이 동의하신다면.

티마이오스 나야 물론 동의하지요.

크리티아스 그렇다면 소크라테스님, 들어보십시오. 내 이야기가 몹시 이상하게 들릴지 몰라도, 일찍이 일곱 현인[17] 중에서도 가장 현명한
e 솔론[18]이 말하였듯 틀림없는 실화(實話)랍니다. 솔론은 내 증조부 드로피데스[19]와는 친족이자 막역지우(莫逆之友)였습니다. 솔론 스스로 자신의 시(詩) 여기저기에서 그렇게 말하고 있지요. 이 이야기를 드로피데스께서는 내 조부이신 크리티아스[20]께 들려주셨고, 크리티아스께서는 또 이를 기억하고 있다가 노인이 되었을 때 우리에게 들려주시곤 했지요. 그 이야기의 내용인즉, 옛날에 우리 도시 아테나이가 놀라운 위업(偉業)들을 남겼지만 세월이 흐르고 인간들이 사멸하는[21] 바람에 사라져버렸다는 것이었어요. 그중 한 가지 업적이 특히 인상
21a 적이었는데, 오늘 그 업적을 기리는 것은 그대에게 적절히 사의(謝意)를 표하는 일도 되고, 우리 여신[22]의 축제일[23]을 맞아 여신에게 찬가로써 진실하고 올바르게 경의를 표하는 일도 될 것입니다.

소크라테스 좋은 말씀이오. 그런데 크리티아스님이 솔론에게서 듣고 그대에게 전했다는, 우리 도시가 예전에 실제로 이룩했으나 기록은 없다는 그 위업이란 대체 어떤 것인가요?

크리티아스 이야기하겠습니다. 비록 연만하신 분에게 오래전에 들은

이야기지만 말이오. 그때 크리티아스께서는 당신 말로 아흔 살이 다 되셨고, 나는 겨우 열 살쯤이었소. 그날은 마침 아파투리아제[24]의 세 b 번째 날로 쿠레오티스제가 열렸어요. 이때는 우리 소년들을 위한 통상적인 행사도 있었는데, 아버지들이 상(賞)을 내걸고 우리더러 시를 음송하며 겨루게 했지요. 많은 시인의 많은 시가 음송되었지만, 소년

17 고대 그리스 세계의 이른바 '일곱 현인'은 밀레토스(Miletos 이오니아 지방의 항구도시)의 탈레스(Thales), 아테나이(Athenai)의 솔론(Solon), 프리에네(Priene 소아시아 이오니아 지방의 뮈칼레 곶에 있는 도시)의 비아스(Bias), 스파르테(Sparte)의 킬론(Chilon), 린도스(Lindos 로도스 섬에 있는 도시)의 클레오불로스(Kleoboulos), 코린토스(Korinthos)의 페리안드로스(Periandros), 미틸레네(Mitylene 또는 Mytilene 레스보스 섬에 있는 도시)의 핏타코스(Pittakos)이다.

18 솔론(기원전 640년경~560년경)은 아테나이의 입법자이자 시인으로, 기원전 594년 아테나이의 아르콘(archon)으로 선출된 바 있다.

19 Dropides.

20 Kritias. 고대 그리스에서는 손자가 할아버지의 이름을 쓰는 일이 흔했다.

21 대홍수 같은 자연재해로 인하여.

22 아테나이의 수호여신 아테나(Athena). 아테나는 전쟁과 직조와 도예와 올리브 재배의 여신이다.

23 판아테나이아제(Panathenaia)는 아테나이의 수호여신 아테나의 탄생을 기리는 대규모 여름 축제로, 해마다 지금의 7월 말에 개최되었다. 이때 아테나이 시민들은 파르테논(Parthenon) 신전의 프리즈(frieze)에서 볼 수 있듯이 파르테논을 향해 행렬을 지어 올라갔고 황소들을 제물로 바쳤으며 신전 안에 안치된 거대한 여신상에 새 옷(peplos)을 지어 바쳤다. 4년에 한 번씩 대규모로 개최된 대(大)판아테나이아제 때는 각종 경기, 경마, 시가(詩歌) 경연도 곁들여졌다.

24 아파투리아제(Apatouria)는 지금의 10월과 11월 사이에 아테나이에서 사흘 동안 개최되던 축제이다. 세 번째 날인 쿠레오티스제(Koureotis) 때는 시민의 아들들이 부족원으로 등록되었는데, 이날은 아버지들이 상을 내걸고 아들들이 다투어 시를 음송하게 했다고 한다.

들 대부분이 솔론의 시를 음송했습니다. 당시에는 그의 시들이 새로
웠으니까요. 그런데 집안 어른들 가운데 한 분이, 그때는 실제로 그렇
게 생각했기 때문이든 아니면 내 할아버지 크리티아스를 즐겁게 해
c 주고 싶어서였든, 자기가 보기에는 솔론이야말로 사람들 중 가장 지
혜로울 뿐 아니라 그의 시는 그가 모든 시인들 중에서 가장 자유민다
운[25] 시인임을 보여준다고 말했습니다. 그러자 연로하신 할아버지께
서—나는 똑똑히 기억하고 있어요—기분이 몹시 흐뭇해서 미소를
지으며 말씀하셨어요. "그렇소, 아뮈난드로스.[26] 솔론이 소일거리 삼
아 작시(作詩)하는 대신 남들처럼 진지하게 쓰게 했더라면 좋았을 거
요. 만약 솔론이 아이겁토스[27]에서 갖고 돌아온 이야기를 완성했더라
면, 그리고 이곳으로 돌아온 그가 파쟁과 다른 악들을 만나 그 이야기
를 포기할 수밖에 없지 않았다면, 내가 생각하기에 헤시오도스[28]도
d 호메로스[29]도 또 다른 시인들도 솔론보다 더 유명해지지 못했을 거
요." "크리티아스님, 그게 대체 어떤 이야기였습니까?" 하고 아뮈난
드로스가 물었습니다. "그것은 이 도시가 이룩한 가장 큰 업적으로
널리 알려질 만한 가치가 있는 일이었지만, 세월이 흐르고 거기에 참
가했던 사람들이 사멸하는 바람에 우리 시대까지 전승되지 못했던
것이라오." "처음부터 들려주십시오" 하고 아뮈난드로스가 말했습니
다. "솔론이 들었다는 그 '실화'란 대체 어떤 것이었습니까? 솔론은
그것을 어떻게, 누구한테서 들었답니까?"

e "아이겁토스에는" 하고 크리티아스께서 말씀하셨어요. "네일로
스[30] 강이 갈라지는 삼각주 꼭대기에 사이티코스[31]라 불리는 지역이
있소. 이 지역에서 가장 큰 도시는 사이스[32]인데, 그곳은 아마시스[33]

왕이 태어난 곳이기도 해요. 이 도시를 창건한 여신의 이름은 아이컵토스어로는 네이트,[34] 헬라스[35]어로는 아이컵토스인들에 따르면 아테나[36]래요. 그곳 사람들은 아테나이에 매우 우호적이고 어떤 의미에서는 자기들이 우리 아테나이인들과 친족 사이라고 주장한대요. 솔론이 말하기를, 자기는 바로 그곳에 갔다가 융숭한 대접을 받았을 뿐만 아니라, 고사(古事)에 가장 밝은 사제들에게 옛일을 물어 22a
보다가 자신도 다른 헬라스인도 고사에 관해서는 완전히 무지하다는 것을 깨달았대요. 한번은 솔론이 사제들을 고사 관련 토론에 끌어들이려고 우리 설화들 중 가장 오래된 이른바 최초의 인간이라는

25 보수나 보답을 바라지 않는.

26 Amynandros. 그에 관해서는 달리 알려진 것이 없다.

27 Aigyptos. 이집트.

28 Hesiodos. 기원전 700년경에 활동한 그리스의 서사시인이다. 작품으로 『신들의 계보』, 『일과 날』(*Erga kai hemerai*) 등이 남아 있다.

29 고대 그리스의 서사시인. 『일리아스』『오뒷세이아』의 작가로 알려져 있다.

30 Neilos. 나일 강.

31 Saitikos.

32 Sais.

33 Amasis. 그에 관해서는 헤로도토스(Herodotos), 『역사』(*Histories apodexis*) 2권 172장 이하 참조.

34 Neith.

35 Hellas. 그리스.

36 주 22 참조.

37 아르고스(Argos) 지방의 신화에 따르면 포로네우스(Phoroneus)는 초기 또는 최초의 인간이었다고 한다.

b 포로네우스[37]와 니오베[38]의 이야기에서 시작해 데우칼리온과 퓌르라[39]가 어떻게 대홍수에서 살아남았는지 말했대요. 그리고 솔론은 데우칼리온과 퓌르라의 자손들 계보를 읊으면서 그런 사건들이 일어난 뒤 얼마나 많은 세월이 흘렀는지 계산하려고 했대요.

그러자 고령의 사제 한 명이 솔론에게 말했대요. '오, 솔론, 솔론. 그대들 헬라스인은 언제나 아이들이오. 헬라스에는 노인 같은 것은 없어요.' 이 말을 듣고 솔론이 물었대요. '그게 무슨 말씀이죠?' 그러자 그 사제가 말했대요. '그대들은 모두 마음이 젊어요'라고. '그대들의 마음속에는 오래 묵은 전통에 뿌리내린 믿음도 예로부터 전해오
c 는 지식도 없어요. 그 이유는 다음과 같소. 인간들은 여러 가지 재앙으로 몇 차례 사멸했고 앞으로도 사멸할 것인데, 가장 심한 경우는 불과 물 때문이었고, 그보다 덜한 다른 경우들은 수없이 많은 원인들 때문이었지요. 이를테면 그대들에게는 언젠가 태양신 헬리오스[40]의 아들 파에톤[41]이 아버지의 마차에 말들을 맸지만 아버지가 다니던 궤도를 따라 마차를 몰 수가 없어 대지의 표면에 있는 것들을 모조리 불태우고 자신도 벼락 맞아 죽었다는 이야기가 있어요. 이 이야기는
d 신화로 전해오는데, 대지 주위를 회전하는 천체가 긴 시간 간격을 두고 궤도를 이탈하여 지상에 있는 것들을 대화재로 파괴한다는 사실을 암시하고 있다오. 그럴 때는 산지(山地)나 건조한 고지대에 사는 사람들이 강이나 바닷가 사람들보다 더 많이 죽지요. 그러나 늘 우리를 구원해주는 네일로스 강은 그럴 때에도 풀려나[42] 우리를 구원해준다오. 한편 신들이 홍수로 대지를 청소할 때 산지의 목자들과 양치
e 기들은 목숨을 건지지만 그대들 도시에 거주하는 주민들은 불어난

강물에 휩쓸려 바다로 가지요. 그러나 우리 나라에서는 그럴 때나 다른 때나 물이 위에서 우리 들판들로 흘러내리는 것이 아니라,[43] 밑에서 위로 저절로 솟아오른다오.[44]

그래서 이곳에 보존된 전승들이 가장 오래된 것이라는 말을 듣는 것이지요. 혹한이나 혹서 때문에 사람들이 실제로 거주할 수 없는 곳이 아니라면 언제 어디서고 사람들이 때로는 많이, 때로는 적게 모여 살겠지만 말이오. 그러나 그대들의 나라나 이곳 아이겁토스나 그 23a
밖의 다른 곳에서 훌륭하고 위대하고 특이한 사건이 일어났다는 소문이 들리면 우리는 예부터 빠짐없이 이곳 신전들에 기록하고 보존해왔지요. 반면 그대들의 나라나 다른 곳에서는 문자와 도시 생활에 필요한 그 밖의 것들이 구비되자마자 또다시 통상적인 날들이 지나고 나면 하늘에서 폭우가 전염병처럼 덮쳐 그대들 가운데 문맹자들과 교양 없는 자들만 남겨놓는다오. 그래서 그대들은 이곳에서 또는 b

38 Niobe. 포로네우스의 딸로, 제우스와 교합해 아르고스인들의 시조 할머니가 되었다고 한다.

39 그리스인들의 조상으로 여겨지는 데우칼리온(Deukalion)과 퓌르라(Pyrrha) 부부가 대홍수에서 살아남은 이야기는 구약 「창세기」에 나오는 노아(Noah)의 방주를 떠올리게 한다.

40 Helios.

41 Phaeton.

42 강물을 관개시설을 통해 방방곡곡에 방류한다는 뜻인 듯하다.

43 이집트는 강수량이 적기로 유명한 곳이다.

44 나일 강은 지중해 연안의 여느 강과는 달리 여름에 범람하고 겨울에 수량이 줄어드는데, 이는 고대 그리스 학자들 사이에 끝없는 연구 대상이었다.

그대들의 나라에서 옛날에 일어났던 일들은 아무것도 모른 채 다시 어린아이가 되겠지요.

이를테면 솔론, 그대가 방금 언급한 그대 동포들의 계보는 아이들에게 들려주는 동화와 별로 다를 게 없어요. 첫째, 그대들은 이전에 있었던 수많은 대홍수 가운데 하나만 기억하고 있어요. 게다가 그대들은 세상에서 가장 고상하고 가장 훌륭한 종족이 그대들의 나라에 살았다는 건 모르고 있어요. 그대도 지금 그대의 나라 모든 시민
c 도 얼마 남지 않은 이 종족의 후손들이라오. 하지만 그대들은 이 사실을 모르고 있어요. 살아남은 자들이 여러 세대에 걸쳐 어떤 기록도 남기지 않고 사라졌기 때문이지요.

솔론, 가장 파괴적인 대홍수가 있기 전에는 지금의 아테나이인들의 나라는 전쟁에도 가장 능했지만 모든 면에서 탁월하게 잘 다스려지고 있었소. 그 나라의 업적과 정체(政體)는 우리가 전해들은 것들 중 세상에서 가장 훌륭한 것이었다니까요.'

d 솔론이 말하기를, 자기는 이 말을 듣고 놀라서 우리의 옛 시민들에 관한 이야기의 자초지종을 이야기해달라고 사제들에게 청했대요. 그러자 그 사제가 말했대요. '솔론, 내 기꺼이 이야기하리다. 그대와 그대의 도시를 위해. 특히 그대들의 나라와 이 나라 수호여신으로서 이
e 두 나라를 길러주고 가르쳐주신 여신[45]을 위해. 여신은 가이아[46]와 헤파이스토스[47]한테서 씨를 받아[48] 먼저 그대들의 나라를 세우고 나서 1천 년 뒤에 우리 나라를 세웠소. 이곳 섬들은 우리 신전에 보관되어 있는 기록에 따르면 8천 년 가까이 된 것이라오. 그러니 나는 9천 년 전에 살았던 시민들의 법률과 가장 훌륭한 업적을 그대에게

간략히 밝히려는 것이오. 그것을 소상히 논하는 일은 나중에 여가가 날 때 기록을 앞에 두고 할 수 있을 테니까요. 24a

그대는 그들의 법률을 우리 법률과 비교해보시구려. 그대는 당시 그대들의 나라에 있던 것들의 많은 예(例)를 지금 이곳에서 발견하게 될 거요. 첫째, 사제 계급은 나머지 계급과 분리되어 있소. 다음, 목자나 사냥꾼이나 농부 같은 장인 계급은 저마다 자기 직업에 종사하고 남 일에는 참견하지 않아요. 그대는 틀림없이 이곳 전사 계급이 b 다른 모든 계급과 분리되어 있는 것을 보았을 것인데, 그들은 전쟁 말고 다른 일에 관심을 두는 것이 법으로 금지되어 있다오. 거기에 그들의 무구(武具)는 창과 방패인데, 아시아인들[49] 중 우리가 처음으로 그런 것들을 들고 다녔지요. 그대들이 살고 있는 그쪽 지역에서는 여신이 맨 먼저 그대들한테 그리하도록 가르쳤듯, 그렇게 하도록 여신이 우리를 가르쳤기 때문이지요. 또한 지혜[50]와 관련해서도, 그대는 이곳에서의 우리 생활방식이 처음부터 지혜에 얼마나 주의를 기울이는 c 지 틀림없이 보았을 거요. 우리는 우주의 질서를 철저히 공부하다가

45 아테나.

46 Gaia. 대지의 여신.

47 Hephaistos. 불과 대장장이 신.

48 아테나이의 전설에 따르면, 헤파이스토스가 아테나를 겁탈하려다 실패하여 정액이 대지에 떨어지자 거기에서 아테나이인들의 시조인 에릭토니오스(Erichthonios)가 태어났다고 한다.

49 고대 그리스인들은 이집트를 아시아의 일부로 간주했다.

50 phronesis.

그런 신성한 원리에 따라 예언술과 건강에 필요한 의술을 포함해 인
생사와 관련된 모든 것을 발견했으며, 그런 원칙들에서 비롯되는 다
른 분야의 지식들도 모두 습득했지요.

이런 모든 질서와 제도를 여신은 그대들의 나라를 세울 때 먼저 그
대들에게 부여했어요. 그대들이 태어난 곳을 여신이 택한 까닭은 기
후가 온화한 데서 가장 지혜로운 사람들이 태어나리라는 걸 미리 알
d 았기 때문이지요. 여신은 전쟁을 좋아하고 지혜를 사랑하는지라 자기
를 가장 닮은 사람들이 태어날 곳을 골라서 그곳에 맨 처음으로 도시
를 건설한 것이라오. 그리하여 그대들은 내가 말한 것과 같은 법을 준
수하며 그곳에 살기 시작했어요. 사실 그대들은 우리보다 더 나은 제
도를 갖추고 있었고 모든 미덕[51]에서 모든 사람들을 능가했는데, 놀랄
일은 아니지요. 그대들은 신들의 자손들이자 피보호자들이니까요.

이곳에 기록되어 있는 그대들 나라의 많은 위업이 경탄을 자아내
지만, 그중에서도 하나의 위업이 중요성과 탁월함에서 모든 것을 능
e 가한다오. 우리 기록에 따르면, 에우로페[52]와 아시아의 도시들을 공
격하기 위해 아틀란티스 해[53]에 있던 기지에서 오만불손하게 진격
해온 큰 세력을 그대들의 도시가 제지했다고 하오. 그때는 아틀란티
스 해를 항해할 수 없었는데, 그대들이 헤라클레스의 기둥들[54]이라
고 부른다는 해협 앞에 섬[55] 하나가 있었기 때문이지요. 그 섬은 리뷔
에[56]와 아시아를 합친 것보다 더 컸어요. 당시 항해자들은 이 섬에서
25a 다른 섬들에 접근할 수 있었고, 다른 섬들에서 다시 진정한 대양[57]이
라고 불릴 자격이 있는 바다를 둘러싼 맞은편 육지의 어느 지점으로
든 건너갈 수 있었지요. 우리가 말한 해협 이쪽의 모든 것들은 입구

가 좁은 항구 같은 데 반해, 저쪽 바다는 말 그대로 대양이고 그 바다를 둘러싸고 있는 육지는 진정한 의미의 대륙[58]이라고 불릴 자격이 있기에 하는 말이라오. 그런데 이 아틀란티스 섬에 강대하고 놀라운 왕조(王朝)가 생겨나 이 섬 전체만이 아니라 다른 많은 섬과 대륙의 일부도 지배했지요. 더하여 그 왕조는 해협 안쪽의 아이귑토스에 이르 b
는 리뷔에 땅과 튀르레니아[59]에 이르는 에우로페 땅까지 다스렸다오. 그런데 이 모든 세력이 똘똘 뭉쳐 그대들의 나라와 우리 나라와 해협 안쪽 모든 지역을 일거에 예속시키려 했지요. 솔론, 그때 그대들 나라의 능력과 탁월함과 힘이 만천하에 확연히 드러났다오. 그대들 나라 c
는 용기와 전술에서 두각을 나타내며 처음에는 헬라스인들을 이끌다가, 나중에는 다른 헬라스인들이 이탈하는 바람에 혼자서 싸울 수밖에 없게 되자 극단적인 위험을 무릅쓰며 침략자들을 제압하고 전승기념비를 세웠으니까요. 그대들의 나라는 아직 예속되지 않은 사

51 arete.
52 Europe. 지금의 유럽 대륙.
53 to Atlantikon pelagos. 지금의 대서양.
54 Herakleous stelai. 지금의 지브롤터(Gibralter) 해협의 에스파냐 쪽에 있는 칼페(Calpe) 산과 아프리카 해안에 있는 아빌레(Abyle) 산. 헤라클레스는 인간을 위협하던 수많은 괴물을 퇴치한 그리스의 영웅이다.
55 he Atlantis nesos.
56 Libye. 지금의 북아프리카.
57 pontos.
58 epeiros.
59 Tyrrhenia. 이탈리아 중서부 지방 에트루리아(Etruria)의 그리스어 이름.

람들이 예속되는 것을 막아주었고, 헤라클레스의 기둥들 안쪽에 거
주하던 나머지 다른 사람들도 모두 너그럽게 해방시켜주었으니까요.
d 그러나 얼마 뒤 엄청난 지진과 홍수가 발생했고 끔찍한 하룻밤과
하루 낮이 지나는 사이 그대들의 전사들은 모두 한꺼번에 땅 밑으로
가라앉았고, 아틀란티스 섬도 바다 아래로 가라앉더니 사라져버렸
소. 그래서 그쪽 바다는 지금도 항해하거나 탐험할 수 없다오. 가라
앉은 섬의 잔재인 수면 바로 밑의 진흙이 항해를 방해하니까요.'"

소크라테스님, 나는 이상으로 연만하신 크리티아스가 솔론님한테
e 듣고 내게 전해주신 이야기를 요약하여 그대에게 전했어요. 어제 그
대가 그대의 정체와 그 구성원에 관해 하시는 말씀을 들었을 때 나는
방금 전해드린 이야기가 생각났고, 그대의 이야기가 솔론의 이야기
26a 와 신기하게도 일치하는 것에 놀랐어요. 그러나 그때는 그렇다고 말
하고 싶지 않았어요. 하도 오래전 일이라 솔론의 이야기가 확실하게
기억나지 않았거든요. 그래서 나는 이야기 전체를 남들에게 전하기
전에 먼저 마음속으로 연습하기로 작정했습니다. 내가 어제 그대의
요구에 선뜻 응했던 것도 그 때문이었어요. 그런 경우에 목적에 맞는
논제(論題) 제시가 언제나 가장 어려운 일인데, 그런 일이라면 우리
가 어려움을 겪지 않으리라고 생각했던 것이지요. 그래서 헤르모크
b 라테스님 말처럼 이곳을 떠나자마자 나는 일행들에게 기억나는 대로
그 이야기를 들려주었고, 그들과 헤어진 뒤에는 밤에 곰곰이 생각해
봄으로써 그 이야기를 사실상 고스란히 기억해냈습니다. 어릴 때 배
운 것은 놀랍도록 오래 기억에 남는다는 속담이 꼭 맞는 듯해요. 나
로 말하면 어제 들은 것은 다 기억할 자신이 없지만, 아주 오래전에

들었던 그 이야기를 일부라도 기억하지 못한다면 몹시 놀랄 것 같으
니까요. 그때 소년이었던 내게는 이야기가 참으로 흥미진진했고 어르
신께서는 수많은 나의 질문에 기꺼이 답변해주셨기에, 내 기억 속에 c
는 지울 수 없는 세세한 것들이 새겨졌지요. 게다가 나는 오늘 아침
에 여기 일행에게 그 이야기를 다 얘기했어요. 그들도 나처럼 말할 거
리를 가지라고 말입니다.

그러니 소크라테스님, 본론으로 돌아가 이제 나는 그 이야기를 요
약해서가 아니라 내가 들은 대로 자세히 들려드릴 준비가 되어 있어
요. 우리는 어제 그대가 말씀하신 국가와 그 구성원을 설화(說話)의
세계에서 현실세계로 옮겨, 그대의 그 국가는 아테나이라고 가정하 d
고 그 구성원은 아이귑토스의 사제가 말한 우리의 진짜 선조들이라
고 주장할래요. 그들은 정확하게 일치할 것이므로, 그들이 그때의
아테나이인들이라고 해도 우리가 터무니없이 말하는 건 아닐 거예
요. 우리는 그대의 요구에 부응하기 위해 작업을 분담하여 저마다 최
선을 다하려 합니다. 그러니 소크라테스님, 말씀해주십시오. 그대는
이 이야기가 우리 목적에 부합한다고 생각하십니까, 아니면 우리는
다른 이야기를 찾아야 합니까? e

소크라테스 크리티아스님, 그보다 더 나은 선택이 어디 있겠소? 그대
의 이야기는 여신[60]과 관계있는 만큼 오늘 개최되는 여신의 축제에
가장 적합할 것이며, 그것이 지어낸 설화가 아니라 실화라는 점이 가

60 아테나.

장 중요하오. 우리가 이 이야기를 버린다면, 어디서 어떻게 이만한 이
야기를 찾을 수 있겠소? 그것은 불가능해요. 그러니 행운이 여러분
과 함께하기를 빌 터이니, 여러분은 그 이야기를 들려주시오. 나는
어제 내가 들려준 이야기에 대한 보답으로 여러분이 들려주는 이야
27a 기를 이번에는 느긋하게 듣기만 할 것이오.

크리티아스 그렇다면 소크라테스님, 그대를 환대하려고 우리가 세운
계획을 검토해주십시오. 우리는 이렇게 하기로 정했어요. 티마이오
스님은 우리 중에서 천문학에 가장 밝고 우주의 본성을 연구하는 일
에 전념하신 만큼 맨 먼저 말하되, 우주 생성에서 시작해 인간의 본
성에서 이야기를 마무리하기로 했답니다. 이어서 나는 인류가 티마
이오스님이 기술한 것처럼 생겨났으며, 그중 일부는 그대가 말씀하
b 신 탁월한 교육을 받았다고 가정하고는 이들을 솔론의 이야기와 법
에 따라 배심원들 앞으로 데려가듯 우리 앞으로 데려와서는, 이들이
야말로 사제들의 기록이 망각의 늪에서 구해준 그 옛날 아테나이인
들이라는 이유로 이들을 위해 아테나이 시민권을 요구할 것입니다.
그리고 그때부터 나는 이들이 우리와 같은 아테나이 시민들이라고
가정하고 말을 이어갈 것입니다.

소크라테스 보아하니 나는 내가 들려준 이야기에 대한 보답으로 호화로운 이야기 환대를 받을 것 같군요. 티마이오스님, 이제 이야기하는 것은 그대 몫인 듯하네요. 그렇지만 관습에 따라 먼저 신들을 부르도록 하시지요.

3. 서론. 우주론. '그럴듯한 설명'(27c~29d)

티마이오스 그래야겠지요, 소크라테스님. 조금이라도 분별 있는 사람 c
이라면 누구나 큰일이든 작은 일이든 무슨 일을 시작할 때는 언제나 신을 부르니까요. 그러니 우리는 우주가 어떻게 생겨났는지 아니면 생겨난 것이 아닌지 논의하려 하는 만큼, 우리가 완전히 실성한 것이 아니라면 당연히 남녀 신들을 부르며 우리 논의가 특히 그분들 마음
에 들고 그래서 우리 마음에도 들게 해달라고 기도해야겠지요. 이것 d
으로 신들에게 도움을 청했다고 보고, 우리는 우리 자신의 능력에도 도움을 청해야 합니다. 여러분은 가장 쉽게 이해하고, 나는 우리에게 제시된 주제들을 명료하게 잘 설명할 수 있게 해달라고 말입니다.

내 생각에 우리는 먼저 다음 것들을 구분해야 할 것 같아요. 언제나 존재하지만 생성되지 않는 것은 무엇이며, 언제나 생성되지만 결
코 존재하지 않는 것은 무엇인가? 앞의 것은 지성[61]과 합리적인 논리 28a
에 따라 파악할 수 있는 것으로 언제나 같은 것이지만, 뒤의 것은 의견[62]과 비합리적인 감각의 대상으로 생성되었다가 소멸하며 실제로 존재하는 것이 결코 아닙니다. 또한 생성되는 모든 것은 필연적으로 어떤 원인에 의해 생깁니다. 그 어떤 것도 원인 없이 생성될 수는 없으니까요. 따라서 어떤 장인(匠人)[63]이 영원불변하는 것을 눈여겨보며

61 noesis.

62 doxa.

63 demiourgos.

그것을 모형[64]으로 이용해 그것의 형태와 성격을 재현한다면, 그 결
b 과물은 언제나 아름다울 수밖에 없어요. 하지만 장인이 생성된 것을 눈여겨보며 그것을 모형으로 이용한다면, 그 결과물은 아름답지 못해요.

그런데 하늘[65] 전체와—문맥에 따라서는 세계[66] 또는 그 밖의 다른 이름으로 부를 수도 있겠지요—관련하여 우리가 먼저 물어볼 게 있는데, 이것은 무엇을 탐구하든 맨 먼저 제기해야 하는 질문입니다. 그것은 생성의 시작[67]도 없이 언제나 존재했는가, 아니면 어떤 시작에서 출발하여 생성되는가? 그것은 생성된 것입니다. 그것은 볼 수 있고 만질 수 있고 몸을 갖고 있는데 그런 것들은 모두 지각될 수 있
c 으며, 지각될 수 있는 것들은 앞서 증명했듯이 의견과 감각의 대상이며 생겨난 것들이고 생성될 수 있는 것들이니까요.

또한 생성된 것은 필연적으로 어떤 원인에 의해 생성되었다는 것이 우리 주장이었어요. 그러나 이러한 우주[68]의 창조자와 아버지를 찾아내기란 힘든 일이며, 설사 찾아낸다 해도 누구에게나 그분에 관해 말한다는 것은 불가능해요. 그러니 우리는 되돌아가 우주와 관련하여 이렇게 질문해야 합니다. 창조자가 우주를 만들 때 둘 중 어
29a 느 것을 모형으로 이용했는가? 그가 눈여겨본 것은 영원불변하는 것인가, 아니면 생성된 것인가? 만약 우주가 아름답고 그것을 만든 장인이 훌륭하다면, 그가 눈여겨본 것은 분명 영원한 것입니다. 그러나 말하기조차 불경스럽지만 그렇지 못하다면, 그는 생성된 것을 눈여겨본 것입니다. 생성된 것들 중 우주가 가장 아름답고, 원인들 중에서는 그것을 만든 장인이 가장 훌륭하기에 하는 말입니다. 따라서 우

주는 이렇게 생성되었기에 논리와 지혜에 의해 파악될 수 있고 영원
불변하는 것을 모형으로 해서 만들어졌음에 틀림없으며, 사정이 그 b
렇다면 우리의 이 우주는 필연적으로 어떤 것의 모상(模像)[69]일 수밖
에 없어요.

그런데 주제가 무엇이든 가장 중요한 것은 그것의 본성에 걸맞게
시작하는 것입니다. 따라서 모상과 그것의 모형과 관련하여 우리는
우리의 설명이 과연 그것이 기술하는 대상들과 같은 종류의 것인지
확인해봐야 합니다. 그래서 한결같고 확고하며 지성에 의해 파악될
수 있는 것들에 대한 설명들은 한결같고 변하지 않는 법이지요. 그런
설명들은 설명으로서 가능한 범위 내에서 최대한 논박할 수 없고 공
박할 수 없는 것이어야 합니다. 그런가 하면 모형의 모상으로 만들어 c
진 만큼 사실은 모상인 사물들에 대한 설명들은 먼젓번 설명들과 비
슷할 따름이지요. 진리와 믿음의 관계는 존재와 생성의 관계와 같은
것이니까요. 그러니 소크라테스님, 우리가 신들과 우주의 창조를 논
하다가 모든 점에서 앞뒤가 맞는 정확한 설명을 하지 못하더라도 놀
라지 마십시오. 대신 우리가 여느 설명 못지않게 그럴듯한 설명을 제
시한다면 그것으로 만족해야 합니다. 말을 하는 나나 판단하는 여러 d

64 paradeigma.
65 ouranos.
66 kosmos.
67 arche.
68 to pan.
69 eikon.

분이나 인간에 불과하다는 점을 명심하시고 말입니다. 그러니 이런 문제들과 관련해서는 그럴듯한 이야기면 받아들이고 더는 요구하지 않는 것이 바람직합니다.

소크라테스 참 좋은 말씀입니다, 티마이오스님. 우리는 그대가 말했듯이 그런 이야기면 당연히 받아들여야겠지요. 그대의 놀라운 서론을 우리가 이미 받아들였으니, 이제는 본론으로 들어가도록 하시지요.

본론 I. 이성의 작업

4. 우주 창조를 위한 이성(29d~32a)

티마이오스 그렇다면 창조자가 끊임없이 생성하는 이 우주를 왜 창조
e 했는지 설명하겠습니다. 그분은 훌륭한 분이었는데, 훌륭한 분은 그
어떤 것과 관련해서도 시새우는 일이 없는 법이지요. 그리고 시새움
이 없는지라 그분은 만물이 되도록 자신을 닮기를 원했습니다. 현인
30a 들이 말하기를 생성과 우주에게 이보다 더 중요한 원리는 없다고 하
니, 우리가 이를 받아들이는 것은 백번 잘한 일이겠지요. 신은 되도
록 만물이 훌륭하고 그 어떤 것도 하찮지 않기를 원했으니까요. 그래서 신은 가시적인 우주가 가만있지 못하고, 조화롭지 못하고 혼란스럽게 움직이는 것을 발견하고는 그것을 혼란에서 질서로 옮겨놓았는데, 질서가 모든 면에서 무질서보다 더 낫다고 판단했기 때문이지요. 가장 훌륭한 자가 가장 아름다운 것 말고 다른 것을 행한다는 것은

예나 지금이나 있을 수 없는 일입니다. 그래서 신은 숙고 끝에 대체로
말해서 본성상 가시적인 것들 가운데 지성이 없는 제작물은 지성이 b
있는 제작물보다 더 아름다울 수 없으며, 어떤 것도 혼 없이는 지성
을 가질 수 없다는 결론에 도달했던 것이지요. 이런 이유에서 신은
우주를 창조할 때 자신의 제작물이 본성상 가장 아름답고 가장 훌륭
한 것이 되도록 혼에는 지성을 심고 몸에는 혼을 심었던 것입니다. 이
것은 그럴듯한 설명이며, 따라서 우리는 이 세계가 사실은 신의 선견
지명에 힘입어 혼과 지성을 가진 살아 있는 생명체로 생겨난 것이라 c
고 말해야 합니다.

그렇다고 전제하고 우리는 다음과 같은 질문을 해야 합니다. 창조
자가 우주를 창조할 때 우주가 어떤 살아 있는 생명체를 닮게 했는
가? 우주가 본성상 부분의 성격을 띨 수밖에 없는 어떤 것을 닮았다
고 생각해서는 안 됩니다. 불완전한 것의 모상은 어떤 것도 아름다울
수 없으니까요. 오히려 우리는 우주야말로 다른 살아 있는 생명체들
은 모두 개별적으로나 집단적으로나 그것의 부분들인 저 살아 있는
생명체를 가장 많이 닮았다고 생각하기로 합시다. 저 살아 있는 생명
체는, 마치 우주가 우리와 모든 가시적인 피조물을 포함하듯이, 지
성을 가진 살아 있는 모든 생명체를 자신 안에 포함하고 있으니까요. d
왜냐하면 신은 우주가 지성을 가진 것들 중에 가장 아름답고 모든 면
에서 가장 완전한 것을 닮게 하고 싶어, 우주를 본성상 동류인 모든
생명체를 자신 안에 포함하는 하나의 가시적인 생명체로 구성했기 31a
때문이지요.

그런데 우주는 하나라고 하는 것이 옳을까요, 아니면 우주는 다수

라고 또는 무수히 많다고 하는 것이 더 옳을까요? 만약 우주가 모형
에 따라 만들어졌다면, 하나라고 하는 것이 옳겠지요. 지성을 가진
생명체를 모두 포함하는 것은 둘 중 하나일 수 없으니까요. 그렇다면
이 둘을 포함하는 또 다른 생명체가 있어야 할 것이고, 이 둘은 그것
의 부분이 될 것이며, 그럴 경우 이 우주는 이 둘을 닮은 것이 아니라
이 둘을 포함하는 저 다른 하나를 닮았다고 말하는 것이 더 옳겠지
b 요. 그래서 우리의 이 우주가 유일무이하다는 점에서 저 완전한 생명
체를 닮게 하려고 창조자는 우주를 둘 또는 무수히 많이 만들지 않
았던 것이지요. 오히려 우리의 이 우주는 예나 지금이나 유일한 우주
이고, 앞으로도 그럴 것입니다.

그런데 생성된 것은 몸을 갖고 있어야 하고, 볼 수 있고 만질 수 있
어야 합니다. 그렇지만 어떤 것도 불 없이는 볼 수 없고 단단함 없이
는 만질 수 없는데, 어떤 것도 흙 없이는 단단해질 수 없습니다. 그래
서 신은 불과 흙으로 우주의 몸을 만들기 시작했어요. 그러나 셋째 것
c 없이 둘만을 적절히 결합하는 것은 불가능했기 때문에, 이 둘 사이에
서 둘을 묶어줄 어떤 끈[70]이 있어야 했습니다. 그런데 가장 훌륭한 끈
은 그 자체와 그것이 묶어주는 것들을 최대한 하나로 만들어주는 것
으로, 그것은 본성상 비례(比例)[71]가 가장 훌륭하게 해낼 수 있는 일
32a 입니다. 왜냐하면 그것들이 세제곱수든 제곱수든, 세 개의 수 가운
데 중항(中項)이 그것에 대한 첫째 항의 관계가 셋째 항에 대한 그것
의 관계와 같은 것일 때는, 또는 반대로 중항에 대한 마지막 항의 관
계가 첫째 항에 대한 중항의 관계와 같은 것일 때는, 중항은 첫째 항
과 마지막 항이 되고 마찬가지로 첫째 항과 마지막 항은 중항이 되므

로, 모든 항은 필연적으로 서로 같은 관계를 맺게 될 것이고, 그렇게 서로 같은 관계를 맺음으로써 모든 것이 하나가 될 것이기 때문입니다.[72]

5. 우주의 몸: 흙, 공기, 불, 물(32a~34b)

그런데 만약 우주의 몸이 깊이가 없는 평면으로 만들어졌다면 하나
의 중항으로도 중항과 다른 항들을 충분히 결합할 수 있었겠지요. b
그러나 우주의 몸은 입체여야 했고, 입체는 하나의 중항에 의해서는
결코 결합되지 않고 언제나 두 개의 중항에 의해 결합됩니다.[73] 그래
서 신은 물과 공기를 불과 흙 사이에 자리 잡게 하고는 그것들이 최
대한 같은 비율을 유지하게 만들었지요. 공기에 대한 불의 관계가 물
에 대한 공기의 관계와 같고, 물에 대한 공기의 관계가 흙에 대한 물
의 관계와 같도록 말입니다. 이렇게 신은 그것들을 한데 묶어서 볼
수 있고 만질 수 있는 우주로 구성했던 것입니다. 이런 이유들로 말미
암아 우주의 몸은 비례를 통해 조화를 이루도록 네 가지 구성요소에 c
서 생겨났습니다. 또한 네 가지 구성요소는 우주의 몸에 우애[74]를 부

70 desmos.

71 analogia.

72 예를 들면 2, 4, 8이 플라톤의 이러한 요구를 충족할 수 있다. 2:4=4:8에서는 중항에 대한 첫째 항의 관계가 마지막 항에 대한 중항의 관계와 같고, 중항에 대한 마지막 항의 관계는 첫째 항에 대한 중항의 관계와 같다. 4:2=8:4 또는 4:8=2:4에서 중항은 첫째 항과 마지막 항이 되고, 첫째 항과 마지막 항은 중항이 된다.

73 a:b=c:d에서처럼.

74 philia.

여했는데, 그것이 일단 자기 자신과 하나가 되자 그것을 함께 묶은 분 말고는 어느 누구에 의해서도 해체될 수 없게 되었습니다.

그런데 우주를 만들 때 이 네 가지 구성요소는 저마다 전부 다 사용되었습니다. 창조자는 모든 불과 물과 공기와 흙으로 우주를 만들고 그것들 각각의 어떤 부분이나 힘도 남겨두지 않았는데, 그분의 의
d 도는 다음과 같았습니다. 첫째, 우주는 생명체로서 가능한 한 완전
33a 한 부분들로 이루어진 완전한 전체여야 한다. 둘째, 우주는 하나여야 하는데, 그러자면 아무것도 남은 것이 없어 그것과 같은 다른 것이 생겨날 수 없게 해야 한다. 셋째, 우주는 늙지도 병들지도 않아야 한다. 그분은 뜨거운 것이나 차가운 것이나 그 밖에 강력한 힘을 가진 다른 것들이 이 복합적인 몸을 바깥에서 포위공격하면, 때가 되기도 전에 그 몸이 해체되고 병들고 늙어 소멸하게 된다는 것을 알았던 것이지요. 이런 이유에서, 그리고 이런 계산에서 그분은 이 우주를 모두가 전체인 부분들로 구성된 늙지도 병들지도 않는 하나의 완전한 전체로 만들었던 것입니다.

b 그분이 그것에 부여한 형태도 그것의 본성에 맞는 적절한 것이었습니다. 자신 안에 모든 생명체를 포함하게 되어 있는 생명체에게는 자신 안에 가능한 모든 형태를 포함하는 형태가 적절할 것입니다. 그래서 그분은 우주를 중심에서 사방의 맨 끝 점들까지의 거리가 일정한 구형(球形)으로 만들었던 것입니다. 구형은 모든 형태 중에서 가장 완전하고 가장 자신을 닮은 것이니까요. 그러니까 그분이 우주를 구형으로 만든 이유는 자신을 닮은 것이 자신을 닮지 않은 것보다 비교할 수 없이 우월하다고 판단했기 때문입니다.

그분은 또한 여러 가지 이유에서 우주의 표면 전체를 빙 돌아가며 매끈하게 마무리했습니다. 우주는 바깥에 볼 수 있는 것이라고는 아무것도 남아 있지 않았기에 눈이 필요 없었고, 들을 수 있는 것이라고는 아무것도 남아 있지 않았기에 귀도 필요 없었습니다. 또한 우주 주위에는 그것이 숨 쉬는 데 필요한 공기도 없었으며, 우주는 자양분을 섭취하여 소화한 뒤 도로 내보낼 어떤 기관(器官)을 가질 필요도 없었습니다. 다른 것은 아무것도 없었기에 우주에서 나가는 것도 없고, 어디서 우주 안으로 들어오는 것도 없었으니까요. 우주는 자신의 노폐물을 자양분으로 섭취하고, 그것이 당하거나 행하는 모든 것은 자신 안에서 자신에 의해 일어나도록 설계되었던 것이지요. 우주를 구성한 분은 우주가 다른 것에 의존할 때보다는 자족(自足)할 때 더 완전하리라고 생각했으니까요.

c (at line 1), d (at line 10)

그분은 또한 우주가 아무것도 잡거나 막을 필요가 없는데 그것에 손을 달아주는 것은 물론이고, 발이나 서 있을 수 있는 다른 수단을 달아주는 것도 공연한 짓이라고 생각했습니다. 실제로 그분은 우주 34a
의 몸에 맞는 운동을 우주에 부여했는데, 그것은 일곱 가지 운동[75] 가운데 지성과 지혜와 가장 관계가 깊은 것입니다. 말하자면 그분은 우주가 자신의 축을 중심으로 같은 장소에서 일정하게 돌게 했고, 그렇게 함으로써 다른 여섯 가지 운동으로 이탈하는 것을 완전히 예방했던 것이지요. 그리고 우주가 회전운동을 하는 데는 발이 필요 없었

75 일곱 가지 운동이란 여기 나오는 회전운동 외에 상하, 전후, 좌우의 직선운동을 말한다.

기에 그분은 다리도 발도 없는 우주를 만들었던 것입니다.

언젠가 존재하게 될 신[76]과 관련하여 이런 계획을 다 세운 뒤에야
b 언제나 존재하는 신은 그것을 위해 매끈하고 고르고 중심에서 사방
으로 거리가 같으며 그 구성성분들 역시 완전한, 하나의 온전하고 완
전한 몸을 만들었습니다. 그분은 또한 그 중심에 혼이 자리 잡고 사
방으로 뻗치게 했을뿐더러 바깥에서도 몸을 혼으로 감쌌지요. 이렇
게 그분이 둥글고 회전운동을 하는 하나뿐인 천구(天球)를 만들어
내니, 그것은 외롭지만 자신의 미덕에 힘입어 자신 말고 다른 친구는
필요 없고, 자신을 알고 자신과 사귀는 것으로 만족했습니다. 이 모
든 이유에서 그분이 만든 우주는 축복받은 신이었습니다.

6. 우주의 혼: 같은 것의 회전과 다른 것의 회전—별과 행성들 (34b~37c)

c 혼은 우리가 시도하는 설명에서는 나중에 나오지만, 신은 혼을 몸보
다 더 연하자로 구상하지 않았습니다. 그분이 혼과 몸을 결합했을
때 연장자가 연하자의 지배를 받는 것은 결코 용납하지 않았을 테니
까요. 우리는 그때그때 되는대로 닥치는 대로 살아가는 경향이 강한
데, 그 점은 우리가 말할 때도 마찬가지입니다. 그러나 신은 출생에서
도 미덕에서도 혼에게 우선권과 연장자의 권리를 주어 혼이 몸의 주
35a 인 노릇을 하며 몸을 지배하고, 몸은 지배받게 했습니다. 그리고 신
은 다음과 같은 성분들로, 다음과 같은 방법으로 혼을 구성했습니
다. 신은 나눌 수 없는 영원불변하는 존재와 몸으로 생성되는 나눌

수 있는 존재로부터 이 양자의 중간에 있는 세 번째 종류의 존재를
혼합해냈습니다. 마찬가지로 신은 자신이 만든 같은 것과 다른 것의
경우에도 나눌 수 없는 것과 몸들로 나뉜 것으로부터 그 중간에 있
는 혼합물을 만들어냈습니다. 그러고 나서 신은 이 세 가지 구성성분
들로부터 본성상 섞이기 어려운 다른 것이 같은 것과 하나로 결합하
도록 강요하고, 이 양자를 다시 존재[77]와 섞음으로써 하나의 혼합물
을 만들었습니다. 그러나 신은 일단 같은 것과 다른 것을 존재와 섞 b
어 이 세 가지 성분으로부터 하나의 혼합물을 만든 다음 이번에는 혼
합물 전체를 적절한 분량만큼씩 나누되, 각각의 분량이 같은 것과
다른 것과 존재의 혼합물이 되게 했습니다.

그분은 혼합물을 다음과 같이 나누기 시작했습니다. 먼저 전체
에서 한 부분을 떼어내고, 다음에는 첫 번째 부분의 2배 되는 부분
을, 다시 세 번째로 두 번째 부분의 1.5배이자 첫 번째 부분의 3배를,
네 번째로 두 번째 부분의 2배를, 다섯 번째로 세 번째 부분의 3배
를, 여섯 번째로 첫 번째 부분의 8배를, 일곱 번째로 첫 번째 부분 c
의 27배를 떼어냈습니다.[78] 그러고 나서 그분은 2배인 것들의 간격과 36a
3배인 것들의 간격을 다음과 같은 방법으로 메웠습니다. 본래의 혼
합물에서 부분들을 더 떼어내 간격들을 메우며 간격마다 두 개의 중

76 우주.

77 ousia.

78 수열로 나타내면 1−2−3−4−9−8−27이다. 이는 다시 2배 간격의 수열인 1−2−4−8과 3배 간격의 수열인 1−3−9−27로 나뉜다.

간 것이 자리 잡게 하되, 하나의 중간 것[79]은 양 끝수들의 분수만큼
한 끝수보다는 많고 다른 끝수보다는 적게 하고, 다른 중간 것[80]은 같
은 수만큼 한 끝수보다는 많고 다른 끝수보다는 적게 했습니다.[81] 이
b 런 연결 항들은 원래의 간격들 안에 3:2, 4:3, 9:8의 간격을 만들었
습니다.[82] 이어서 그분은 모든 4:3 간격을 9:8 간격으로 메우며 번번
이 작은 부분을 남겼는데, 남은 부분의 간격은 256 : 243의 수적 비
율을 갖게 되었습니다.[83] 그리고 그 단계에서 그분이 이런 부분들을
잘라낸 혼합물은 완전히 소모되었습니다.[84]

그리고 나서 그분은 전체 구조물을 세로로 둘로 쪼개 두 개의 반
쪽이 X자 모양으로 가운데에서 서로 교차하게 하더니 그것들을 원
c 이 되도록 구부려 각각의 반쪽이 처음 교차점의 반대편에서 자신과
도 만나고 다른 반쪽과도 만나게 했습니다. 이어서 그분은 그것들에
같은 장소에서 일정하게 회전하는 운동을 부여한 다음, 그중 하나
는 바깥쪽 원이 되게 하고 다른 하나는 안쪽 원이 되게 했습니다. 그
러고는 바깥쪽 운동은 같은 것의 운동이라 부르고, 안쪽 운동은 다
른 것의 운동이라 불렀지요. 그리고 같은 것의 운동[85]은 왼쪽에서 오
른쪽을 향해 옆으로 돌게 하고,[86] 다른 것의 운동[87]은 오른쪽에서 왼
d 쪽을 향해 비스듬히 돌게 하되, 같은 것과 비슷한 것의 회전운동에
주도권을 부여했습니다. 그분은 같은 것의 원은 나누지 않고 온전하
게 두었지만, 안쪽 원은 각각 세 개씩인 두 배 또는 세 배 간격의 부등
(不等) 원 일곱 개[88]를 만들기 위해 여섯 번이나 나누었으니까요. 그분
은 또한 이 원들이 서로 반대방향으로 돌게 했는데, 셋[89]은 같은 속도
로 돌고 넷[90]은 저들끼리도 다르고 다른 세 개와도 다른 속도로 돌게

했습니다. 그러나 이들의 속도는 서로 일정한 비율을 유지했습니다.

혼의 전체 구조물이 뜻대로 완성되자 창조자는 혼 안에 몸을 가진 모든 것을 만들기 시작하며 이 둘의 중심이 서로 맞도록 했습니다. e
그리고 혼은 우주의 중심에서 사방으로 맨 바깥쪽에 이르기까지 몸과 함께 짜이면서 우주를 바깥에서 에워쌌으며, 언제까지나 자신 안에서 회전하면서 하나의 신으로서 영원히 끝나지 않는 지성적인 삶

79 '조화평균'(harmonic mean)을 말한다. 수식으로 나타내면 $2ab/a+b$이다.

80 '산술평균'(arithmetical mean)을 말한다. 수식으로 나타내면 $a+b/2$이다.

81 예컨대 끝수들이 6과 12일 때 조화평균은 8인데, 8은 6의 1/3만큼 한 끝수인 6보다는 많고, 12의 1/3만큼 다른 끝수인 12보다는 적다. 산술평균은 9인데, 9는 같은 수 3만큼 6보다는 많고 12보다는 적다.

82 원래 수열의 연속되는 두 수 사이에 조화평균과 산술평균을 삽입하면 다음과 같다.

2배 간격의 수열: **1** 4/3 3/2 **2** 8/3 〔3〕 **4** 16/3 6 **8**

3배 간격의 수열: **1** 〔3/2〕 〔2〕 **3** 9/2 〔6〕 **9** 27/2 18 **27**

두 수열에서 〔 〕 안의 수를 빼면 다음과 같은 단일 수열이 된다.

1 4/3 3/2 **2** 8/3 **3** **4** 9/2 16/3 6 **8** **9** 27/2 18 **27**

83 3:2, 4:3, 9:8의 간격은 각각 5도음과 4도음과 장조음의 간격에 해당한다. 256:243의 비율은 대충 지금의 반음에 해당한다.

84 마치 우주의 몸의 구성성분들이 소모되듯, 우주의 혼을 구성하는 성분들이 모두 소모되었다는 뜻이다.

85 항성의 운동.

86 천구의 적도에서 볼 때.

87 행성들의 운동.

88 태양, 달, 수성, 금성, 화성, 목성, 토성의 궤도를 말한다.

89 태양, 수성, 금성.

을 살기 시작했습니다. 우주의 몸이 가시적인 것과는 달리 우주의 혼
37a 은 비가시적이며, 이성과 조화에 관여하는 만큼 최고로 지성적이며 영원한 존재의 최고 창조물입니다. 그런데 혼은 우리가 말한 세 가지 구성성분인 같은 것과 다른 것과 존재의 혼합물이기에, 그리고 적당한 비율로 나뉘고 결합되어 있기에, 그리고 자신 안에서 회전하기에, 그 존재가 분산되어 있거나 또는 비가시적인 것과 접촉할 때마다 전체가 움직이며 알려줍니다. 그것이 어떤 것과 같고 어떤 것과 다른지,
b 말하자면 정확히 어떤 관점에서 언제 어디서 어떻게 개별 사물들이 같거나 다르고 그런 것으로 특징지어지는지 말입니다. 이 점은 생성된 것들에도, 언제나 같은 것들에도 적용됩니다.

그리고 마찬가지로 참된 설명이 다른 것에 관련되든 같은 것에 관련되든 스스로 회전하는 것 안에서 말이나 소리 없이 행해지되 지각할 수 있는 것에 관련되고 다른 것의 원이 곧장 나아가며 혼 전체에
c 이를 알리면, 의견과 확신[91]이 생겨납니다. 반면 그런 설명이 이성적인 것에 관련되고 같은 것의 원이 부드럽게 나아가 이를 알리면, 필연적으로 지성에 의한 이해와 지식[92]이 생겨납니다. 그러니 누가 이들 두 가지가 혼 안이 아니라 다른 곳에서 생겨난다고 말한다면, 그의 주장은 참과는 정반대되는 것입니다.

7. 시간과 그것의 계측(37c~39e)

우주가 영생하는 신들을 위한 신전[93]으로 생겨나 살아 움직이는 것을 보자 우주를 낳은 아버지는 기쁘고 마음이 흐뭇하여 우주가 그

모형을 더욱더 닮게 하기로 작정했습니다. 그래서 그 모형이 영생하 d
는 생명체이듯, 그분은 이 우주도 그 점에서 가능한 한 모형을 닮게 하려고 했습니다. 하지만 생명체의 본성은 영원한 것이기에 이를 생성된 것에 완전하게 부여한다는 것은 불가능했습니다. 그래서 그분은 영원(永遠)의 움직이는 모상(模像)[94]을 만들기로 결심했지요. 그리하여 그분은 우주에 질서를 부여하는 동시에 단일성 속에 머무르는 영원의, 수에 따라 진행되는 영원한 모상을 만들었는데, 우리는 이 수에 시간[95]이라는 이름을 붙였습니다.

우주가 생겨나기 전에는 주야도 연월도 없었는데, 그분은 우주 e
가 구성되는 것과 동시에 그것들을 창조할 구상을 했으니까요. 이것들은 모두 시간의 부분들이고, '있었다'와 '있을 것이다'는 생겨난 시간의 양상들인데, 우리는 그런 줄도 모르고 이를 영원한 존재에 잘못 적용하고 있어요. 우리는 영원한 존재가 '있었다' '있다' '있을 것이다'라고 말하지만 '있다'만이 진실로 영원한 존재에 걸맞은 표현입니
다. '있었다'와 '있을 것이다'는 시간 안에서 진행되는 생성에 사용하 38a
기 적절한 표현이지요. 이 둘은 운동이니까요. 그러나 움직이지 않고 언제나 같은 것은 시간의 경과 때문에 더 늙어질 수도 더 젊어질 수

90 달, 화성, 목성, 토성.

91 doxa, pistis.

92 nous, episteme.

93 agalma. '신상' 또는 '장식물'로 번역할 수도 있다.

94 eikon.

95 chronos.

도 없습니다. 그것은 그런 적도 없었고, 지금도 그렇지 않으며, 앞으로도 그럴 수 없을 것입니다. 대체로 말해 생성이 감각 세계에서 움직이는 것들에 부여한 특징들은 어떤 것도 영원한 존재에는 맞지 않아요. 오히려 그런 것들은 수에 따라 회전하며 영원을 모방하는 시간의
b 양상들로서 생겨난 것들이지요. 게다가 우리는 생겨난 것은 생겨난 것'이다',[96] 생기고 있는 것은 생기고 있는 것'이다', 생길 것은 생길 것 '이다', 존재하지 않는 것은 존재하지 않는 것'이다'라고 말하는데, 이 가운데 어느 것도 정확한 표현이 아닙니다. 그러나 지금은 이런 문제들을 세세히 따질 때가 아닌 것 같아요.

이처럼 시간은 우주와 함께 생겨났으며, 이들은 동시에 생겨난 만큼 해체될 때도 동시에 해체될 것입니다. 우주는 또한 영원한 본성을 지닌 모형에 따라 만들어졌는데, 이는 우주가 최대한 모형을 닮게 하
c 기 위해서였지요. 모형은 영원히 존재하는 것인 데 반해, 우주는 모든 시간에 걸쳐 존재했고 존재하고 존재할 것이니까요. 시간을 창조하려는 신의 이러한 의도와 계획에 힘입어 태양과 달과 '행성'[97]이라는 이름의 다른 다섯 별들이 시간의 수를 규정하고 보존하기 위해 생겨났습니다. 그리고 이들 각각을 위해 몸을 만든 다음 신은 이들 일
d 곱이 다른 것의 회전의 일곱 궤도에 자리 잡게 했는데, 달은 지구와 가장 가까운 궤도에, 태양은 지구 위 두 번째 궤도에, 금성과 헤르메스 신에게 바쳐졌다는 별[98]은 속도에서는 태양과 나란히 달리는 궤도에 자리 잡게 했지만, 태양과는 상반되는 힘[99]을 갖게 했지요. 그래서 태양과 헤르메스의 별과 금성은 똑같이 서로를 따라잡기도 하고, 서로에게 따라잡히기도 하지요.[100] 나머지 세 행성[101]과 관련하여 신이

어디에 왜 자리 잡게 했는지 하나하나 설명하려 한다면, 그것은 부차 e
적인 과제에 필요 이상으로 힘쓰는 것입니다. 그건 것들은 나중에 짬
이 나면 적절히 설명할 수 있겠지요.

아무튼 시간을 창조하는 일을 분담했던 천체가 적절한 운동을 배
정받고 몸이 혼의 끈으로 묶인 생명체가 되고 저마다 자기에게 주어
진 과제를 알게 되었을 때, 같은 것의 운동을 비스듬하게 가로지르며
그것에 종속되는 다른 것의 운동에 따라 회전하기 시작했습니다. 어 39a
떤 것들은 더 큰 궤도를 회전하고, 어떤 것들은 더 작은 궤도를 회전
했는데, 더 작은 궤도를 회전하는 것들은 더 빨리 움직이고 더 큰 궤
도를 회전하는 것들은 더 느리게 움직였어요. 그렇지만 같은 것의 운
동은 가장 빨리 회전하는 천체가 사실은 더 느리게 회전하는 천체를
따라잡는데도 이 천체에게 따라잡히는 것처럼 보이도록 했지요. 그
런 일이 일어나는 까닭은, 천체가 상반된 두 방향으로[102] 동시에 움직
이므로 같은 것의 운동은 천체의 모든 궤도가 나선형이 되게 함으로
써 자신으로부터 가장 느리게 움직이는 천체가 사실은 가장 빠른 운 b
동을 하는데도 자신과 가장 가까워 보이게 만들기 때문입니다.

96 einai. 영어의 be. '이다' '있다'.

97 planes.

98 수성.

99 dynamis. '힘'이 무엇을 뜻하는지 밝혀지지 않고 있다.

100 수성과 금성은 새벽에는 일출 직전 동쪽에 나타나므로 태양을 앞서는 것처럼 보이고, 초저녁에는 일몰 직후 서쪽에 나타나므로 태양에 뒤지는 것처럼 보인다.

101 화성, 목성, 토성.

102 서에서 동으로, 동에서 서로.

그리고 이들이 여덟 회전궤도를 따라 움직일 때 상대적인 속도의 뚜렷한 척도를 제공하기 위해서 신은 지구에 두 번째로 가까운 궤도에 우리가 지금 태양이라고 부르는 불을 켜서 온 우주를 비추게 했고, 그럴 자격이 있는 모든 생명체가 같은 것의 단일운동에서 배워
c 수(數)[103]를 알게 했지요. 그런 이유에서 그렇게 밤과 낮이 생겨났는데, 이는 단일하며 가장 지혜로운 회전주기입니다. 한 달은 달이 제 주기를 다 돌고 태양을 따라잡았을 때 다 차고, 한 해는 태양이 제 주기를 다 돌았을 때 다 찹니다.

다른 천체의 회전에 주목한 사람들은 소수에 불과했어요. 그래서 사람들은 그것들에 이름을 지어주지 못했고, 그것들 상호 간의 수적
d 인 관계도 계산하지 못했지요. 말하자면 사람들은 이들 다섯 천체가 많고 복잡한 것에 놀라며 이들의 떠돎이 곧 시간이라는 사실을 몰랐던 것이지요. 그러나 시간의 완전수가 완년(完年)[104]을 채우는 것은, 규칙적으로 움직이는 같은 것의 주기로 계산하여 여덟 주기 모두의 상대적인 속도가 동시에 궤도를 다 돌고 출발점에 도착하는 때라는 것은 알 수 있었지요. 우주를 지나 돌아오는 별들은 그런 이유에서 그렇게 만들어진 것인데, 이는 이 세계가 완전하고 지적인 생명체의
e 영원한 본성을 모방함으로써 그런 존재를 최대한 많이 닮게 하기 위해서였어요.

8. 살아 있는 피조물들: (a) 신들(39e~41a)

시간이 탄생하기 이전에 이미 우주는 모든 점에서 그 모형을 닮도록

만들어졌지만 다른 점도 있었으니, 아직은 모든 생명체를 자기 안에
포함하고 있지 않았어요. 생명체가 아직은 다 태어나지 않았으니까
요. 그래서 신은 이 점에서도 우주가 계속해서 그 모형을 닮게 했으
니, 우주가 완전한 생명체 안에서 지성이 식별할 수 있는 만큼이나
많은 종류의 생명체를 갖게 하기로 결심했던 것이지요. 그래서 우주
에는 네 가지 생명체가 있는데, 첫째는 하늘에 사는 신들의 종족이
고, 둘째는 공중을 나는 날개 달린 것들이고, 셋째는 물속에 사는 40a
것들이고, 넷째는 육지에 사는 발 달린 것들입니다. 그분은 신[105]들
을 대부분 불로 만들었는데, 가장 빛나고 가장 아름다워 보이게 하기
위해서였지요. 그분은 우주를 닮도록 그들을 둥글게 만들어 최고 지
성과 함께하게 했으며, 온 하늘에 분산하여 하늘 전체를 위한 수놓
은 장식물이 되게 했어요. 그분은 또한 그들 각자에게 두 가지 운동
을 부여했는데, 하나는 같은 장소에서의 회전운동으로 그들이 같은 b
것들에 대해 언제나 같은 생각을 할 수 있게 해주지요. 다른 하나는
전진운동으로 같은 것과 비슷한 것의 회전운동의 지배를 받지요. 하
지만 그분은 신들이 다른 다섯 가지 운동[106]에는 전혀 영향을 받지
않게 했으니, 그들 각자가 최대한 완전한 존재가 되게 하기 위해서였

103 arithmos.

104 '완년'(完年)이란 모든 행성이 동시에 출발점으로 돌아오는 이른바 대년(大年 magnus annus)을 말하는데, 플라톤은 이를 3만 6,000년으로 보았다. 『국가』 546b 이하 참조.

105 천체(天體).

106 34a, 43b 참조.

지요. 별들 중에서 떠돌지 않으며 신성하고 영원한 생명체들은 그런 이유에서 생겨나 언제나 같은 장소에서 변함없이 회전하고 있는 것이지요. 한편 회귀하는, 그래서 그런 의미에서 떠도는 별들이 어떻게 생겨났는지는 앞에서 설명한 바 있습니다.

c 그분은 또한 우주의 축을 감도는 우리의 유모인 지구를 밤과 낮의 수호자이자 창조자로, 그리고 우주 안에서 태어난 신들 가운데 으뜸가는 어른으로 고안해냈습니다. 이 신들의 윤무(輪舞)와 병렬(竝列), 그들의 궤도의 상대적인 역행과 순행에 관해 말하는 것은, 그리고 그들 중 어느 것이 합(合)과 충(衝)에서 같은 선상에 있으며, 어째서 그들이 주기적으로 우리 시야에서 사라졌다가 다시 나타나 그들의 운
d 동을 계산할 줄 모르는 사람들에게 두려움을 안겨주고 다가올 일의 전조를 보여주는지 설명하는 것은 가시적인 모형을 사용하지 않는다면 헛수고가 되겠지요. 그러니 우리는 이미 말한 것으로 만족하고, 생성된 가시적인 신들의 본성에 관한 우리 설명은 이쯤에서 끝내도록 하지요.

다른 신들[107]이 어떻게 태어났는지 알거나 말하는 것은 우리가 감당할 수 있는 일이 아니니, 우리는 자신들이 신들의 자손들이라고 주장하는 옛사람들[108] 이야기를 믿어야겠지요. 그들은 틀림없이 자기 조상들에 관해 잘 알고 있었을 테니까요. 그들이 그럴듯하거나 확실
e 한 증거를 제시하지 않더라도 우리는 신들의 자손들의 말을 믿을 수밖에 없겠지요. 아니, 우리는 관습에 따라 자신들의 가족사라는 그들의 이야기를 믿어야겠지요. 그러니 우리는 이 신들의 탄생과 관련한 그들의 이야기를 받아들여 그대로 전하기로 합시다. 가이아와 우

라노스[109]에게서 오케아노스와 테튀스[110]가 태어났고, 오케아노스와
테튀스에게서 포르퀴스와 크로노스와 레아[111]와 이들의 동료 신들이
태어났으며, 크로노스와 레아에게서 제우스와 헤라와 그 이름을 우 41a
리가 알고 있는 이들의 형제자매들이 태어났으며, 이들에게서도 자
식들이 태어났습니다.

8. 살아 있는 피조물들: (b) 인간의 혼과 몸(41a~41d)

아무튼 우리가 보는 앞에서 하늘을 도는 신들과 자신이 원할 때만
우리 앞에 나타나는 신들이 모두 태어나자, 우리의 이 우주를 만든
분은 그들에게 이렇게 말했습니다. "신들이여, 내가 너희를 만든 아
버지니라. 내가 만든 것들은 내 동의 없이는 해체되지 않으리라. 물
론 결합된 모든 것은 해체될 수 있겠지만, 잘 결합되어 좋은 상태에 b
있는 것을 해체하려는 것은 악의 특징이니라. 그러니 너희는 생성된
존재로서 전적으로 불사의 존재도 아니고 해체될 수 없는 존재도 아
니지만, 너희가 해체되거나 죽음을 맞는 일은 결코 없으리라. 너희가

107 daimones. 전통적인 신들.

108 오르페우스(Orpheus)와 무사이오스(Mousaios) 같은 전설적인 가인(歌人)들을 뜻한다.

109 Gaia('대지'), Ouranos('하늘').

110 Okeanos, Tethys.

111 Phorkys(해신), Kronos(제우스 형제자매들의 아버지), Rhea(제우스 형제자매들의 어머니).

태어날 때 너희를 묶었던 끈들보다 내 의지가 더 강력하고 더 우월하
다는 것을 너희는 알게 되리라. 그러니 너희는 내가 지금 이르는 말
을 명심하라. 사멸(死滅)하는 존재들 가운데 세 종류가 아직 태어나
지 않았는데, 그들이 태어나지 않는 한 우주는 완전하지 못하리라.
c 우주가 완전한 것이 되려면 반드시 가져야 하는 모든 종류의 생명체
를 아직은 자기 안에 갖지 못할 테니까. 하지만 그것들이 태어나 나
에게서 생명을 부여받으면 신들과 같아지리라. 그러니 사멸하는 존
재들이 존재하여 이 우주[112]가 진정한 의미에서 온전한 것[113]이 되도
록 너희 본성이 시키는 대로, 내가 너희를 만들 때 사용한 힘을 모방
하여 생명체들을 만드는 일에 착수하라. 그들에게 불멸이라는 이름
을 가질 자격이 있어 신적이라고 일컬어지며 정의와 너희를 따르려는
자들의 주도적인 원리가 되는 부분이 있다면, 내가 그 부분의 씨를
d 뿌리기 시작하여 너희에게 넘겨줄 터이니 마무리는 너희가 하라. 말
하자면 너희는 불사의 것과 사멸하는 것을 섞어 짜서 생명체들을 만
들고 탄생시킨 다음, 그것들에 영양분을 주어 자라게 하다가 그것들
이 사멸하면 다시 받아들이도록 하라."

9. 인간 혼의 구성과 운명(41d~42e)

이렇게 말하고 그분은 우주의 혼을 섞었던 바로 그 희석용 동이[114]에다 앞서 사용하고 남은 구성성분들을 부어 같은 방법으로 섞었지만, 더는 순도가 같지 못하고 한 단계 아니면 두 단계 낮았습니다. 일단 전체를 섞고 나서 그분은 그것을 별만큼 많은 혼으로 나눈 다음 별

하나에 혼을 하나씩 배분했어요. 그리고 나서 그분은 마치 전차에 태우듯 혼들을 별들에 태운 뒤 혼들에게 우주의 본성을 보여주며, 그들 중 어느 누구도 그분에게 불이익을 당하지 않도록 최초의 탄생은 모두에게 같은 것이 될 것이라고, 또한 각각의 혼은 자기에게 적합한 시간의 도구[115]에 뿌려져 생명체들 중에 가장 신을 공경하는 존재로 태어나게 될 것이라고, 또한 인간은 두 가지 성(性)이 있어 더 우월한 성이 나중에 '남자'라고 불리게 될 것이라고 운명의 법칙을 일러주었어요.

e

42a

그리하여 혼들이 필연적으로 일단 몸에 심어져 이들 몸에 들어오는 것도 생기고 나가는 것도 생기게 되면, 첫째, 그들 모두는 반드시 강렬한 인상에서 생기는 지각을 공유할 것이고, 둘째, 쾌락과 고통이 섞인 욕망[116]을 느낄 것이며, 그런 것들 외에도 두려움과 분노와 이런 것들에 수반되거나 상반되는 감정들을 느낄 것이라고 그분은 말했습니다. 그리고 그들이 올바른 삶을 사느냐 아니면 불의한 삶을 사느냐는, 이런 감정들을 지배하느냐 아니면 이런 감정들에 지배를 당하느냐에 달려 있다고 했어요. 또한 주어진 시간을 선용한 혼은 자기가 함께하던 별의 거처로 돌아가 성미에 맞는 행복한 삶을 살게 되지만,

b

112 to pan. '전체'.

113 hapan. '전체'.

114 krater. 고대 그리스인들은 희석용 동이에 포도주를 넣고 물로 희석해서 마셨다.

115 별.

116 eros.

이에 실패한 혼은 두 번째로 태어날 때는 여자로 바뀔 것이라고 했어
c 요. 그리고 상황이 그러한데도 그가 악을 삼가지 않으면 이번에는 그의 악행을 닮은 동물로 바뀔 것이라고 했어요. 그리고 그가 나중에 덧붙여진 불, 물, 공기, 흙으로 이루어진 덩어리를 자신 안의 같은 것과 비슷한 것의 회전에 종속시키기 전에는, 다시 말해 그것의 소란을
d 이성으로 제어해서 본래 최선의 상태로 되돌아가기 전에는 윤회(輪廻)의 고통에서 벗어나지 못할 것이라고 했어요.

그분은 그들이 나중에 저지를 악행에 책임지지 않으려고 그들에게 이 모든 규정을 정해준 뒤, 그들 중 일부는 지구에, 일부는 달에, 일부는 그 밖의 다른 시간의 도구들에 씨 뿌렸어요. 이렇게 씨 뿌리고 나서 그분은 새로 태어난 젊은 신들에게 사멸하는 몸을 만드는 일을 맡겼어요. 그분은 또한 이 신들이 인간의 혼에 필요한 그 밖의 다
e 른 첨가물들과 그런 첨가물들에 수반되는 것들을 만들게 하고 나서, 이 사멸하는 존재들이 자기에게 책임이 있는 악행을 제외하고는 최대한 고상하고 훌륭해지도록 힘닿는 데까지 잘 지도하게 했어요.

10. 인간 혼의 체화(體化)로 인한 혼란(42e~44d)

그분은 이런 조치들을 취한 뒤 자신의 본래 상태로 돌아가 거기에 머물렀고, 그동안 그분의 아들들은 그분의 지시를 명심하고 있다가 그 지시에 따르기 시작했습니다. 그들은 사멸하는 존재의 불사의 원리
43a 를 받아 자신들을 만든 분을 흉내 내어, 금세 돌려줄 요량으로 우주에서 불과 흙과 물과 공기의 일부를 빌려와 그것들을 한데 묶었어요.

하지만 그들은 빌려온 부분들을 그들 자신을 묶고 있는 풀 수 없는 끈들을 사용하지 않고 작아서 눈에 보이지 않는 수많은 못으로 묶어 각각의 몸이 네 가지 성분 모두로 구성된 하나의 단일체가 되게 했지요. 그리고 그들은 들어오는 것도 있고 나가는 것도 있는 몸에 불사하는 혼의 궤도들을 부여했어요. 그러나 이 궤도들은 강력한 흐름에 잠긴 까닭에 그 흐름을 제압하거나 그 흐름에 제압당하지 않고, 그 b
흐름을 격렬하게 뒤흔들기도 하고 그 흐름에 격렬하게 뒤흔들리기도 했어요. 그 결과 생명체 전체가 움직이기는 해도 여섯 가지 운동을 모두 하며 아무 질서도 없이 아무렇게나 되는대로 나아갔고, 그래서 전후·좌우·상하 여섯 방향으로 헤맸어요. 이는 그것들에 영양분을 대주려고 밀려왔다 밀려가는 파도가 강력하긴 하지만, 그것들이 공격당할 때 겪게 되는 혼란이 더 크기 때문이지요. 그런 혼란은 어떤 c
생명체의 몸이 외부의 다른 불이나 흙덩이나 흐르는 물과 부딪치거나 갑작스런 돌풍을 만날 때 생기지요. 그렇게 생긴 운동들은 몸을 통과해 혼을 공격하며, 그래서 나중에 감각적 지각[117]들이라 통칭되었고, 지금도 그렇게 불리고 있어요.

특히 우리가 말하고 있는 그런 순간에 혼란은 극에 달합니다. 그리고 그런 운동들은 끊임없이 흐르는 흐름과 합세하여 혼의 궤도들을 심하게 흔들며 같은 것의 회전과 반대방향으로 흐름으로써 그것 d

117 플라톤은 여기서 aisthesis('감각적 지각')라는 말이 '돌진하다'는 뜻의 aisso에서 유래했다고 보는 것 같다.

이 앞으로 나아가 지배하지 못하게 묶어놓는가 하면 다른 것의 회전
을 심하게 흔듭니다. 그리하여 세 쌍씩인 두 배 간격과 세 배 간격과
3:2, 4:3, 9:8 비율의 연결 중항[118]들은 그것들을 함께 묶은 신만이
완전히 해체할 수 있는 것이어서 그런 운동들에 의해 사방으로 뒤틀
e 렸고, 혼의 궤도들은 온갖 방법으로 구부러지고 훼손되었지요. 그래
서 혼의 궤도들은 간신히 함께 붙은 채 운동을 해도 그것들의 운동
은 불규칙하여, 어떤 때는 반대로, 어떤 때는 비스듬하게, 어떤 때는
거꾸로 움직였어요.

이를테면 어떤 사람이 머리를 땅에 대고 발은 어떤 것에 기대어 허
공으로 뻗은 채 거꾸로 서 있다고 가정해보십시오. 그럴 경우 그런 자
세를 취하고 있는 사람에게 오른쪽과 왼쪽인 것이 구경꾼들에게는
그와 정반대로 보이겠지요. 그런 일 또는 그와 비슷한 일을 혼의 궤
44a 도도 심하게 경험하게 되어, 외부 세계에서 같은 것에 속하는 것이나
다른 것에 속하는 것과 마주쳐 같은 것과 다른 것을 오판함으로써 자
신들이 잘못되고 어리석다는 것을 보여주지요. 그럴 때는 그것들 사
이에 주도하고 지도하는 궤도가 없는 것입니다. 그러나 지각들이 외
부에서 궤도들로 쳐들어와 궤도들과 함께 혼이 담겨 있는 용기 전체
를 끌고 가면, 그때는 궤도들이 지배하는 것처럼 보여도 사실은 지배
당하는 것입니다. 그리고 혼이 처음에 사멸하는 몸에 묶인 뒤로 오늘
b 날에도 처음처럼 지성을 갖지 못하는 것은 이런 경험들 탓입니다.

그렇지만 성장과 영양 공급의 흐름이 약해지고 시간이 지남에 따
라 혼의 회전운동들이 안정을 되찾으며 본래 주로(走路)로 돌아가고
사물들이 차츰 정상화하면, 그때부터 궤도들은 본래 모습을 되찾고

다른 것과 같은 것에 관해 바른말을 하며 그 궤도들을 가진 사람을
분별 있는 사람으로 만들지요. 또한 그런 사람이 이 단계에서 올바 c
른 양육에 더하여 교육을 받게 되면 최악의 질병[119]에서 벗어나 아주
온전하고 건강해지지요. 하지만 그가 교육받기를 소홀히 하면 평생
을 절뚝거리다가 불완전하고 어리석은 상태로 다시 하데스[120]로 돌아
가겠지요. 그러나 이것들은 나중 일이고, 지금은 우리에게 제기된 문
제를 더 면밀히 검토해야겠지요. 그리고 그에 앞서 신들이 몸과 혼을
부분별로 만든 이유와 의도를 되도록 그럴듯하게 설명해야겠지요. d

11. 인간의 몸: 머리와 사지(44d~45b)

신들은 우주의 모양이 둥근 것을 모방하여 혼의 신성한 두 궤도[121]를 구체(球體) 안에 묶었는데, 이것이 우리가 지금 머리라고 부르는 것입니다. 머리는 우리에게 가장 신성한 부분으로, 우리 안의 나머지 모든 것의 주인입니다. 그러고 나서 신들은 몸을 한데 모아 통째로 머리에게 넘겨주며 머리의 머슴 노릇을 하게 했으니, 몸은 장차 존재하게 될 모든 운동에 참여하리라는 것을 알았기 때문이지요.[122] 그래서 머

118 36b 참조.
119 무지(無知).
120 Hades. 저승 또는 저승의 신.
121 같은 것의 궤도와 다른 것의 궤도.
122 우주와 창조된 신들은 회전운동만 하지만 열등한 피조물은 전후, 좌우, 상하 운동이 가능하다. 34a, 43b 참조.

e 리가 온갖 종류의 높은 곳을 넘지 못하거나 낮은 곳에서 빠져나오지
못해 땅 위를 굴러다니는 것을 예방하기 위해 신들은 머리에게 돌아
다니기 쉬우라고 몸을 운반수단으로 주었지요. 그래서 몸은 길어지
고, 뻗을 수 있고 구부릴 수 있는 사지가 생겨났으니, 돌아다니라고
신들이 고안해낸 사지를 이용해 몸은 물건을 붙잡을 수도, 자신을 지
45a 탱할 수도, 어떤 곳이든 통과할 수도 있게 되었지요. 우리의 가장 신
적이고 가장 신성한 것의 거처를 꼭대기에 얹고 말입니다. 이런 이유
에서 이렇게 우리 모두에게 팔다리가 자라게 된 것입니다. 신들은 또
한 뒤쪽보다는 앞쪽이 더 명예롭고 인도하기 더 적절하다고 보고 우
리가 대체로 앞쪽으로 움직이게 했어요. 따라서 인간의 몸 앞쪽은 뒤
쪽과 다르고 구별되어야만 했지요. 그래서 신들은 얼굴이 머리통 앞
b 쪽에 자리 잡게 한 뒤 얼굴에다 혼의 모든 선견을 위한 기관들을 고
정하고 나서 우리의 이 자연스러운 앞쪽이 선도(先導)하게 했지요.

12. 눈과 시각(視覺): 잠, 꿈, 경상(鏡像) (45b~46c)

신들이 맨 먼저 만든 기관은 우리에게 빛을 주는 눈인데, 신들이 눈
을 얼굴에 붙인 이유는 다음과 같습니다. 신들은 불타지는 않고 부드
러운 빛을 가져다주는 성질을 지닌 불이 매일 낮[123]의 빛과 동족인 물
질[124]이 되게 했어요. 그러고 나서 신들은 이 낮의 빛과 동족인 우리
안의 순수한 불이 눈을 통해 흐르게 하되, 눈 전체, 특히 눈의 중앙
부[125]를 부드럽고 조밀하게 만들어 더 성긴 것은 무엇이든 다 차단하
c 고 이 순수한 불만 여과되게 했지요. 그리하여 눈을 통해 흐르는 광

선이 자기를 에워싸고 있는 낮의 빛 속으로 쏟아지면, 같은 것끼리 만나 서로 결합하며 눈에서 직선 방향으로 하나의 단일 물질이 형성되는데, 그런 곳에서는 어디서나 안에서 유출되는 흐름이 외부 대상들과 마주치게 되지요. 안으로부터의 불과 낮의 빛은 비슷한 것이기에 전체는 사실상 같은 것이며, 그것이 다른 것과 접촉하거나 다른 것이 그것과 접촉할 때 그것이 받는 영향을 곧바로 몸을 통해 혼에 전달하 d
면, 우리가 시각(視覺)이라고 부르는 감각이 생겨나지요.

그러나 해가 져서 동족인 불이 사라지면 시각의 흐름도 단절됩니다. 그것이 유출되더라도 이질적인 것을 만나 사라지고 꺼져버리고, 이제는 불을 잃어버린 주변의 공기와 더는 결합할 수 없으니까요. 그래서 그것은 보기를 그만두고 잠자기를 권하지요. 신들이 시각을 보호하기 위해 고안해낸 눈꺼풀들이 감기면 내부의 불의 힘이 갇히고, e
그러면 내부의 움직임들이 분산되고 부드러워지며 평온함이 찾아오기 때문이지요. 그리고 이런 평온함이 깊으면 잠을 자도 꿈을 거의 꾸지 않지만, 강력한 움직임들이 여전히 남아 있으면 성격과 수에서 아직도 남아 있는 움직임들의 유형과 위치에 상응하는 환상[126]들이 생 46a
겨납니다. 그리고 이 환상들은 안에서 생겼는데도 우리가 깨었을 때

123 '부드러운'이라는 뜻의 hemeros와 '날' '낮'이라는 뜻의 hemera의 발음이 비슷한 것을 가지고 언어유희를 하고 있다.

124 soma. '몸' 또는 '물체'.

125 눈동자.

126 phantasma.

는 외부에서 일어난 일로 기억하지요.

그리고 거울이나 그 밖에 다른 매끄럽고 밝은 표면 위에서 영상(映
像)들이 어떻게 생기는지 이해하는 것은 이제는 어려운 일이 아닙니
다. 그럴 경우 내부의 불이 외부의 불과 결합해서 부드러운 표면에
b 온갖 방법으로 모양이 바뀌는 하나의 불을 만들지요. 그렇게 반사된
얼굴 주변의 불과 눈 주변의 불이 매끄럽고 밝은 표면 위에서 만나면
필연적으로 그런 영상들이 생깁니다. 그리고 왼쪽이 오른쪽으로 보
이는 이유는 시각의 빛이 그 대상이 발하는 빛과 평상시와는 정반대
로 접촉하기 때문이지요. 그러나 시각의 빛이 결합 대상인 빛과 결합
하며 방향을 바꾸면 오른쪽은 오른쪽으로, 왼쪽은 왼쪽으로 보이는
데, 그런 일은 거울의 표면이 오목하여 시각의 빛의 오른쪽을 왼쪽으
c 로, 왼쪽을 오른쪽으로 밀어낼 때 일어납니다. 그런가 하면 같은 거
울이라도 세로로 돌려놓으면 시각의 빛의 아래쪽은 위쪽으로, 위쪽
은 아래쪽으로 바뀌면서 얼굴이 거꾸로 보이지요.

13. 부차적인 원인들과 지성적인 목적(46c~47e)

이 모든 것은 신이 사물들을 되도록 가장 훌륭하게 만드는 데 이바지
d 하는 부차적인 원인들입니다. 그러나 대부분의 사람들은 그것들을
부차적인 원인이 아니라, 만물의 진정한 원인이라고 여겨요. 그것들
은 차게도 하고 뜨겁게도 하며, 굳게도 하고 무르게도 하는 등의 효력
을 지니고 있으니까요. 하지만 그것들은 어떤 것도 이성이나 지성을
가질 수 없어요. 우리는 지성을 갖기에 적합한 유일한 존재는 혼이라

고 단언해야 하니까요. 또한 불, 물, 흙, 공기는 모두 가시적인 몸인
데 반해 혼은 비가시적인 존재입니다. 그리고 지성과 지식을 사랑하
는 사람은 반드시 맨 먼저 지성적인 종류의 원인들을 찾고, 그다음
다른 것들에 의해 움직여지고 다른 것들을 움직이게 마련인 것들의 e
원인을 찾아야 해요. 그러므로 우리도 그런 원칙에 따라 두 종류의
원인을 말하되, 지성을 갖고 있어 아름답고 훌륭한 것들을 만드는 원
인들과 지혜가 없어 그때그때 아무것이나 무질서하게 만들어내는 원
인들을 구별해야 합니다.

눈이 지금과 같은 기능을 하는 데 기여한 부차적인 원인들은 충분
히 논했으니, 이번에는 신이 왜 우리에게 눈을 주었는지, 눈이 우리에
게 주는 혜택이 무엇인지 설명해야겠지요. 내가 판단하기에 시각은 47a
우리에게 주어진 가장 큰 혜택의 원인인 것 같아요. 우리가 별과 태
양과 하늘을 볼 수 없었다면 우리가 지금 우주에 관해 말한 것을 하
나도 말할 수 없었을 테니까요. 그러나 지금 우리는 낮과 밤, 달[127]과
되돌아오는 해(年), 춘분·추분과 하지·동지를 볼 수 있기에 수(數)를
창안하고 시간 개념을 얻어 우주의 본성을 탐구할 수 있게 됐어요.
그리고 거기에서 우리에게 철학[128] 일반이 생겨났으니, 신은 일찍이 b
이보다 더 좋은 선물을 인간에게 준 적이 없고 앞으로도 주지 않을
것입니다.

나는 이것이 눈이 우리에게 주는 혜택이라고 주장해요. 그렇다면

127 영어의 month.

128 philosophia. '지혜 사랑'.

그보다 작은 혜택들을 일일이 찬양할 필요가 어디 있겠어요? 철학자
가 아닌 사람이나 그런 것들이 보이지 않으면 통탄하며 공연히 눈물
을 흘리겠지요.[129] 대신 우리는 신이 다음과 같은 이유에서 다음과 같
은 목적을 위해 우리에게 이런 선물을 준 것이라고 말하기로 합시다.
신은 우리가 하늘에 있는 지성의 궤도들을 보고는 그것들을 우리 자
신의 사유(思惟)[130]의 회전운동들에 응용하라고 시각을 창안해 우
c 리에게 주었다고 말입니다. 우리의 회전운동들은 불안정하고 하늘
의 궤도들은 안정적이지만 양자는 서로 동족 간이니까요. 또한 우리
가 하늘의 궤도들이 무엇인지 철저히 배우고 그것들을 본성에 따라
정확하게 계산할 수 있게 됨으로써 옆길로 새는 일이 전혀 없는 신의
회전운동들을 모방하여, 옆길로 새는 우리의 회전운동들을 바로잡
으라고 준 것이라고 말입니다.

우리는 소리와 청각에 대해서도 같은 말을 할 수 있겠지요. 이것
들도 같은 목적을 위해 같은 이유에서 신이 우리에게 준 선물이니까
요. 이를테면 말은 똑같은 목적을 위해 창안된 것이며, 사실 그런 목
d 적에 가장 많이 기여하지요. 또한 들을 수 있는 모든 음악 소리는 화
음[131] 때문에 우리에게 주어졌는데, 우리 혼 안의 궤도들과 비슷한
운동을 하는 화음은 음악을 지성적으로 사용하는 사람이면 누구나
알고 있듯이, 오늘날 흔히들 생각하는 것처럼 비이성적인 쾌락을 제
공하기 위해서가 아니라, 우리 안의 회전운동에서 발생하는 불협화
음을 질서와 조화로 수렴하도록 하늘이 보낸 원군으로 이용되어야
e 하니까요. 리듬 역시 같은 목적을 위해 같은 은인들이 우리에게 준
것입니다. 우리는 대부분 절제와 우아함이 부족하니까요.

본론 Ⅱ. 필연의 작업

14. 지성과 필연(47e~48e)

잠시 옆길로 샌 것[132] 말고는 우리는 앞서 논의한 거의 모든 것에서 지성에 의해 만들어진 것들을 제시했지만, 그와 나란히 필연에 의해 만들어진 것들도 논의해야겠지요. 이 우주는 필연과 지성이 결합해서 48a
생겨났으니까요. 지성은 대부분의 피조물을 최상의 결과물이 되도록 이끌라고 설득함으로써 필연을 지배했고, 그리하여 필연이 지성의 현명한 조언에 승복함으로써 처음에 우리의 이 우주가 생겨났던 것입니다. 그러니 누가 그런 원리에 따라 이 우주가 어떻게 생성되었는지 사실대로 말하려 한다면 옆길로 새는 원인을 끌어들여, 운동을 유발하는 것이 어째서 그것의 본성인지 설명해야겠지요. 따라서 우리는 온 길을 되돌아가 이런 사실들에 딱 맞는 다른 원리를 찾아내 b
어, 앞서 그랬듯이 처음부터 다시 시작해야 합니다.

우리가 할 일은 당연히 우주가 생성되기 전에는 불과 물과 공기와 흙이 어떤 성질을 띠고 있었으며, 그러기 전에는 대체 어떤 상태에 있

129 "통탄하며 공연히 눈물을 흘리겠지요"는 에우리피데스(Euripides)의 비극 『포이니케 여인들』(*Phoinissai*) 1762행을 조금 고쳐서 인용한 것이다.

130 dianoia.

131 harmonia.

132 45b ~ 46a.

었는지 고찰하는 것입니다. 그것들이 어떻게 생겨났는지 설명한 사람
은 지금까지 아무도 없으니까요. 그러나 우리는 그것들이 우주의 기
본 자모(字母)들이라고 가정하고는 마치 사람들이 불과 나머지 세 가
지를 알고 있는 양 그것들이 우주의 원리들이라고 말하는 경향이 있
c 는데, 조금이라도 분별 있는 사람이라면 그것들을 음절과 비교하는
것조차도 적절하지 않다고 여기겠지요. 그러니 우리는 이렇게 논의
를 진행해야 합니다. 우리는 만물의 원리 또는 원리들에 관해 그것들
이 무엇이라고 생각되든 지금은 말해서는 안 됩니다. 다른 이유는 제
쳐두고 우리의 현재 설명 방식으로는 우리 생각을 설명하기 어려우
니까요. 그러니 여러분은 내가 그런 식으로 설명해줄 거라고 기대하
지 마십시오. 나 또한 그런 큰일을 내가 떠맡는 것이 옳다고 나 자신
d 을 설득할 자신이 없어요. 대신 나는 처음에 내가 말한 바 있는 그럴
듯한 설명의 가치를 명심하고 다른 누구의 설명 못지않게, 아니, 그
보다 더 그럴듯하게 처음부터 개별적으로, 그리고 전체적으로 사
물들을 세세히 설명할까 해요. 그러니 우리는 다시 논의를 시작하
면서 이번에도 우리가 이상하고 낯선 설명을 안전하게 통과하여 그
e 럴듯한 결론에 도달하게 해달라고 신에게 도움을 청하도록 합시다.

15. 생성의 수용소(48e~49b)

우주를 둘러싼 논의를 새롭게 시작하려면 그 출발점은 전보다 더 세분화되어야 합니다. 그때는 우리가 두 종류를 구분했지만 이번에는 세 번째 종류가 있다는 것을 밝혀야 하니까요. 이전 논의에서는 두

가지면 충분했는데, 하나는 우리가 지성에 의해 알 수 있으며 영구불변하는 모형으로 전제했고, 다른 하나는 모형의 모방물로서 생성된 49a 가시적인 것이었어요. 그때는 우리가 세 번째 것을 구분하지 않았는데, 두 가지면 충분하리라 여겼기 때문이지요. 하지만 우리가 논의를 계속하려면 이제는 어렵고도 모호한 한 종류를 부득불 설명하지 않을 수 없게 된 것 같아요. 그렇다면 우리는 그것의 기능과 본성은 무엇이라고 생각해야 하나요? 우리는 그것을 무엇보다도 모든 생성의 수용소[133]라고, 말하자면 모든 생성의 유모라고 생각해야 합니다. 그러나 내 말은 참말이지만 그에 관해서는 더 자세한 설명이 필요한데, 그것은 어려운 일입니다. 그것은 무엇보다도 불과 다른 원소들에 관 b 한 문제를 먼저 논의하기를 요구하니까요. 이들 중 어느 것을 우리가 실제로 '불' 대신 '물'이라고 불러야 하는지, 또는 어느 것을 다른 이름이나 네 가지 이름 전부 대신 특정한 이름으로 불러야 하는지 설득력 있게 확실히 설명하기란 어려운 일이지요. 그것이 어려운 일이라면 그것들이 각각 무엇인지 우리가 어떻게 그럴듯하게 설명할 수 있겠어요? 그렇다면 이 세 번째 종류를 우리가 어떻게, 어떤 말로 설명할 수 있겠어요?

16. 불, 공기, 물, 흙의 겉모습들: 그것들의 실재성의 결여(49b~50a)

먼저, 우리는 방금 우리가 '물'이라고 불렀던 것이 굳으면 돌이나 흙

133 hypodoche.

c 이 되고, 같은 것이 다시 용해되고 분해되면 바람이나 공기가 되는 것을 봅니다. 공기가 점화되면 불이 되고, 반대로 불이 압축되고 꺼지면 도로 공기로 변합니다. 또한 공기가 모여 응축되면 구름과 안개가 되고, 구름과 안개가 더 압축되면 흐르는 물이 되고, 흐르는 물은 다시 흙과 돌로 변하는 것을 우리가 봅니다. 다시 말해 그것들은 일련
d 의 순환 과정을 거치면서 서로가 서로를 낳는 것 같아요. 그래서 그것들 가운데 어느 것도 결코 같은 것으로 나타나지 않는데, 그것들 가운데 어떤 것이 바로 '이것'이고 다른 것이 아니라고 단언한다면 어찌 낯 뜨거운 일이 아니겠어요? 아무도 그렇게 단언할 수 없어요. 훨씬 안전한 방법은 그것들에 대해 이렇게 말하는 것이겠지요. 말하자면 우리는 불처럼 끊임없이 변하는 것을 볼 때마다 '이것'이라 하지 않고 '이런 것'이라고 해야 합니다. 물도 '이것'이라 하지 않고 '이런 것'이라고 해야 하고요. 우리는 또한 우리가 무엇인가를 지시한다고 생각하고는 '이것' 또는 '저것'이라는 표현을 사용해서 가리키는 것들 가운데 어떤 것이 항구적인 것처럼 말해서도 안 됩니다. 그것들은 '이
e 것' 또는 '저것' 또는 사물들을 항구적인 것으로 특징짓는 다른 표현을 기다려주지 않고 피해 달아나니까요. 우리는 그것들 중 어떤 것을 '이것'이라고 말해서는 안 되고, '이런 것'이라고 말하는 것이 가장 안전해요. 그런 표현은 그것들 각각을, 그리고 모두를 기술하는 데 사용할 수 있고, 마찬가지로 생성의 모든 순환 과정에도 적용할 수 있으니까요. 이를테면 우리는 불을 '언제나 그런 것'이라고 말해야 하며, 이 점은 생성되는 모든 것도 마찬가지입니다. 우리는 그 안에서 그것
50a 들 각각이 생성되어 나타났다가 다시 사라지는 그것[134]에만 '이것' 또

는 '저것'이라는 표현을 사용해야 하며, '그런 것', 이를테면 뜨거운 것이나 차가운 것이나 그 밖의 상반된 것들 중 어떤 것이나 상반된 것들의 어떤 결합에도 그런 표현을 사용해서는 안 됩니다.

17. 수용소 자체는 특성이 없다(50a~51b)

그렇지만 이에 관해서는 더 명료하게 다시 설명하는 게 좋겠어요. 어떤 사람이 금으로 온갖 형태를 만들며 각각의 형태를 끊임없이 또 다른 형태로 만든다고 가정해보십시오. 그런데 그대가 그중 하나를 가리키며 "그게 무엇이오?"라고 묻는다면, 진실이라는 관점에서 가장 b
안전한 대답은 "그것은 금이오"라고 말하고, 자기가 만들고 있는 삼각형이나 그 밖의 다른 형태들이 실제로 존재하는 것처럼 말하지 않는 것이겠지요. 그것들은 그가 그렇게 말하는 동안에도 변하니까요. 오히려 그대가 안전하게 '그런 것'이라는 대답이라도 받아들이려 한다면 그는 그것으로 만족해야겠지요.

본성적으로 모든 물체를 수용하는 것에 대해서도 같은 말을 할 수 있겠지요. 그것은 결코 성격을 바꾸는 일이 없기 때문에 언제나 같은 것이라고 불릴 수 있어요. 그것은 언제나 모든 것을 받아들이면서도 자기 안으로 들어오는 것들 중 어떤 것과 어떤 식으로든 닮은 형태를 c
취하는 법이 없었으니까요. 그것은 본성상 모든 것을 위한 주형(鑄

134 앞서 말한 '생성의 수용소'.

型)으로 자기 안으로 들어오는 것들에 의해 움직이고 형태가 바뀌어 그것들로 인하여 그때그때 달라 보이기 때문이지요. 또한 그것에 들어갔다 나오는 것들은 영원히 존재하는 것들을 모방한 것으로, 말로 표현할 수 없는 놀라운 방법으로 그것들에 의해 주조된 것들입니다. 이 문제는 우리가 나중에[135] 추적할 것입니다.

d 아무튼 현재로서는 세 부류를 명심해야 하는데, 생성되는 것, 생성되는 곳, 생성되는 것의 모형이자 원천이 되는 것이 그것입니다. 그리고 수용소를 어머니에, 원천을 아버지에, 이들 사이에서 태어나는 것을 자식에 비유하는 것이 적절하겠지요. 우리는 또한 모형이 다양한 형태를 취하려면, 그 안에서 모형이 만들어지는 것이 형태가 없어 그것이 다른 곳에서 받아들이게 될 성격들에서 자유롭지 않고서는 결코 준비성이 좋지 못하리라는 점을 명심해야 합니다. 무엇보다도 그것
e 이 자기 안에 들어오는 것들 중 어떤 것을 닮아 있다면, 상반된 것이나 전혀 다른 것이 들어올 때는 그것들을 성공적으로 재현하지 못하겠지요. 그것은 거기에 자기 모습의 흔적도 남기게 될 테니까요. 따라서 자기 안에 온갖 부류를 받아들여야 할 것은 모든 성격에서 자유로워야 합니다. 이를테면 향수를 만드는 사람들은 먼저 온갖 재주를 부려 향을 받아들일 수 있는 냄새가 나지 않는 액체부터 만듭니다. 또한 부드러운 물체에 형태들을 새기려는 사람은 누구나 어떤 형태도 눈에 띄게 남아 있지 못하도록 그 표면을 최대한 매끈하게 만듭니다.

마찬가지로 영원한 존재들을 닮은 모든 것을 자신의 전체에 걸쳐
51a 되풀이해서 받아들여야 할 것은 그 본성에서, 모든 성격으로부터 자유로워야 합니다. 그러니 우리는 가시적인 것이나 지각할 수 있는 것

으로 생성된 것들의 어머니 또는 수용소가 흙이라거나 공기라거나 불이라거나 물이라거나, 또는 그것들의 혼합물이라거나 구성성분들이라고 말하지 않기로 합시다. 하지만 그것은 보이지도 않고 형태도 없으며 모든 것을 수용하고 불가사의한 방법으로 지성에 관여하며 더없이 파악하기 어려운 것이라고 말한다면 거짓은 아니겠지요. 그리 b
고 앞서 말한 것들에 근거하여 그것의 본성을 식별할 수 있는 한 그것의 점화된 부분은 매번 불로 보이고 젖은 부분은 물로 보이며, 다른 부분들은 흙과 공기의 모방물을 수용하는 한 흙과 공기로 보인다고 말하는 것이 사실에 가장 가깝겠지요.

18. 형상과 감각적 대상들의 차이(51b~51e)

그러나 우리는 세 부류에 대해 다음과 같은 문제를 제기함으로써 이 문제를 더 면밀히 검토하도록 합시다. 불 자체 같은 것이 존재하는가? 마찬가지로 우리가 그 자체로 존재한다고 말하는 다른 것들의 경우는 어떤가? 아니면 우리가 눈으로 보는 것들과 몸을 통해 지각 c
하는 다른 것들만이 그런 종류의 실체를 갖고 있는가? 또한 그것들 외에 다른 것은 아무것도 존재하지 않는가? 그래서 각 사물의 지성으로 알 수 있는 형상(形相)[136]이 있다고 말할 때마다 우리는 허튼소

135 53c 참조.

136 eidos.

리를 하는 것인가? 그것은 말에 불과한 것인가?

우리가 그런 것들이 존재한다고 주장하며 당면한 이 문제를 시험하거나 검토해보지도 않은 채 제쳐두어서는 안 되겠지만, 이미 긴 이
d 야기에 또다시 긴 여담을 덧붙여서도 안 되겠지요. 그렇지만 몇 마디 말로 어떤 중요한 원리를 제시할 수 있다면, 그것은 우리 목적에 가장 부합하는 것이겠지요. 그래서 나는 내 소견을 밝히겠습니다. 만약 지성과 참된 의견이 별개의 것이라면, '그 자체'들은 분명 존재합니다. 비록 그것들은 감각으로는 지각할 수 없고 지성에 의해서만 알 수 있긴 하지만 말입니다. 그러나 만약 어떤 사람들이 생각하듯 참된 의견이 지성과 전혀 다르지 않다면, 우리는 몸으로 감지하는 모든 것
e 을 가장 확실한 것으로 간주해야겠지요. 하지만 우리는 지성과 참된 의견은 별개의 것이라고 말해야 합니다. 그것들은 기원도 다르고 본성도 다르니까요. 첫째, 전자는 가르침의 산물이고, 후자는 설득의 산물입니다. 둘째, 전자는 자신에 대해 언제나 제대로 설명할 수 있지만, 후자는 설명하지 못합니다. 셋째, 전자는 설득을 해도 요지부동이지만, 후자는 설득하면 바뀝니다. 끝으로, 우리는 모든 사람이 참된 의견에 관여하지만, 지성에 관여하는 것은 신들과 소수의 인간들뿐이라고 말해야 합니다.

19. 형상, 감각적 대상, 수용소 또는 '공간'(52a~52d)

52a 따라서 우리는 한 부류는 불변의 형상으로 생성되지도 소멸되지도 않으며, 다른 것을 다른 곳에서 자신 속으로 받아들이지도 않고 자

신도 다른 것 속으로 들어가지 않으며, 시각이나 다른 감각으로 지각할 수 없는 지성의 대상이라는 것을 인정해야 합니다. 두 번째 부류는 형상과 이름이 같고 형상을 닮았지만 지각될 수 있고 생성되며 언제나 움직입니다. 그것은 특정 장소에서 생겨났다가 거기에서 사라져 버리니까요. 이 부류는 지각을 수반하는 의견에 의해 포착됩니다. 세 번째 부류는 언제나 존재하며 파괴될 수 없는 공간으로 생성되는 모든 것에 장소를 제공하는데, 그 자체는 지각이 수반되지 않을 때는 b
일종의 사이비 논리에 따라 파악되며 믿을 것이 못 됩니다. 아닌 게 아니라 우리가 그것을 바라볼 때는 일종의 꿈에 빠져들어, 존재하는 모든 것은 반드시 어딘가에 있어야 하고, 어떤 공간을 차지해야 하며, 하늘과 대지 어느 곳에도 없는 것은 아무것도 아니라고 말합니다.

이런 꿈꾸는 상태 때문에 우리는 잠에서 깨어나 이런 일들과 이에 관련된 다른 일들을 올바르게 구분할 수가 없어, 깨어 있는 진정한 실체와 관련해서도 진리를 말하지 못하는 것입니다. 진리를 말하 c
자면 모상(模像)은 언제나 움직이는 다른 것의 환영이기에 모상이 생기는 조건들은 모상 외부에 있으며, 따라서 모상은 자기와는 다른 것 안에서 생겨 어떻게든 존재에 들러붙거나, 아니면 아무것도 아닌 것이 되겠지요. 그러나 진실로 존재하는 것[137]은 정확하고 참된 논리로 뒷받침되기 때문에 이들 둘[138] 가운데 어느 것도 다른 것 안에서 생겨

137 to ontos on.
138 모상과 공간.

d 날 수 없어요. 그렇게 되면 둘은 하나이자 동시에 둘이 될 테니까요.

20. 태초의 혼돈(52d~53c)

이상이 내 소견인데, 이를 요약하면 다음과 같습니다. 존재와 공간과 생성이 존재하며, 이것들은 세 가지 별개의 것으로 우주가 생성되기 전에도 존재했습니다. 그리고 생성의 유모는 물에 젖기도 하고 불타기도 하고 흙과 공기의 성질을 받아들이기도 하고 이것들에 수반되
e 는 다른 상태들을 겪음으로써 겉모습이 다양해졌어요. 그러나 그것을 가득 채우고 있는 힘들은 서로 닮지도 않고 균형도 잡히지 않아, 그것은 어느 부분도 평형상태를 이루지 못한 채 그 힘들에 의해 사방팔방으로 기우뚱거리며 흔들렸고 또 그것이 움직이게 됨으로써 그 힘들도 흔들렸어요. 그리고 움직이는 것들은 끊임없이 분리되어 서로 다른 방향으로 이동했어요. 그것은 마치 키나 다른 도구로 곡식을
53a 까부르면 잘 여물어 무거운 것은 한쪽으로 가서 자리 잡고, 덜 여물어 가벼운 것은 다른 쪽으로 가서 자리 잡을 때와도 같아요.

그처럼 그때 흔드는 도구인 양 스스로 움직이던 수용소가 네 부류를 흔들자 그중 가장 닮지 않은 부류들은 서로 최대한 멀어지고, 가장 닮은 부류들은 최대한 가까워졌습니다. 그리하여 그것들은 질서 있는 우주로 정돈되기 전에도 공간의 다른 지역들을 점유하게 되었던 것이지요. 하지만 그 이전에는 네 부류가 모두 비례도 없고 척도
b 도 없었어요. 그러나 우주가 질서를 갖추기 시작했을 때 불, 물, 흙, 공기는 고유한 본성의 어떤 흔적들을 갖고는 있었지만, 전적으로 신

에게 버림받은 것들에게서 예상할 수 있는 그런 상태에 있었어요. 그것들이 그런 상태에 있는 것을 보고 신이 맨 먼저 취한 조치는 형상과 수를 이용하여 그것들에 일정한 형태를 부여하는 것이었어요. 그러니 우리는 무슨 말을 하건 신이 전에는 그렇지 않던 이 네 부류를 최대한 아름답고 훌륭한 상태로 만들었다는 것을 불변의 원칙으로 전제해야 합니다. 내가 지금 당장 해야 할 일은 그것들 각각의 구조와 기원을 여러분에게 설명하는 것입니다. 내 설명이 비록 생소하겠 c
지만, 여러분은 내가 내 설명에 응용하려는 지식 분야들[139]과는 친숙한 터라 따라올 수 있을 것입니다.

21. 네 가지 몸과 통상적인 입체들(53c~55d)

첫째, 불, 흙, 물, 공기가 물체[140]라는 것은 누구나 알 수 있습니다. 또한 모든 물체는 깊이를 갖고 있으며, 깊이가 있는 것은 필연적으로 면(面)에 둘러싸여 있고, 직선 형태의 면은 삼각형들로 구성되어 있습니다. 모든 삼각형은 두 가지 기본 삼각형에서 유래하는데, 이들 기본 삼각형에는 각각 직각 하나와 예각 둘이 있지요. 이 두 가지 기본 d
삼각형 중 하나[141]에서 이 두 예각은 저마다 같은 변들에 의해 나뉜

139 입체기하학.

140 soma.

141 이등변 직각삼각형. 정사각형을 대각선으로 이등분하면 두 개의 이등변 직각삼각형이 된다.

직각의 절반이고, 다른 기본 삼각형[142]에서 두 예각은 같지 않은 변들에 의해 두 부분으로 나뉜 직각의 같지 않은 부분들입니다. 우리는 개연성과 필연성을 두루 갖춘 방법에 따라 나아가며, 이것이 불과 다른 물체들의 원리라고 가정합니다. 이보다 더 궁극적인 원리들이 있다면 신과 신의 사랑을 받는 사람들만이 알겠지요.

e 그렇다면 이번에 우리는 서로 닮지는 않았지만 해체되어 서로 다른 것으로 변환될 수 있는 네 가지, 가장 아름다운 물체가 무엇인지 물어야 할 것입니다. 만약 이 질문에 대한 해답을 얻을 수 있다면 우리는 흙과 불과 이 둘 사이의 중항(中項) 노릇을 하는 물체들[143]의 생성에 관한 진리도 알게 될 것입니다. 종류별로 이 네 가지[144]보다 더 완벽한 가시적인 물체들이 있다거나 있을 수 있다고 누가 주장한다면 우리는 그에게 동의하지 않을 테니까요. 따라서 우리는 빼어나게 아름다운 네 가지 물체를 구성할 수 있도록, 그리고 우리의 목적을 위해 그것들의 본성을 충분히 파악했다고 주장할 수 있도록 최선을 다해야 합니다.

54a 두 가지 기본 삼각형 중에서 이등변 직각삼각형은 한 종류뿐이지만, 부등변 직각삼각형은 종류가 무수히 많아요. 따라서 우리가 정한 원칙에 맞게 출발하려면 무수히 많은 것들 중에서 가장 아름다운 것을 골라야 합니다. 그러니 만약 누가 네 가지 물체의 구성을 위해 더 아름다운 삼각형을 고르는 법을 말해줄 수 있다면 그의 승리는 우리에게 적의 승리가 아니라 친구의 승리가 될 것입니다. 하지만 그때까지 우리는 수많은 부등변 직각삼각형 중에서 한 가지를 다른 것들보다 월등히 아름다운 삼각형이라고 주장하는데, 그 둘이 합쳐

지면 등변삼각형[145]이 됩니다. 그 이유를 설명하자면 이야기가 길어지 b
겠지만, 누가 우리 주장을 잘못된 것이라고 반박할 수 있다면 우리는
그의 승리를 축하해줄 것입니다. 그러니까 불과 다른 원소들의 몸을
구성하는 삼각형은 두 가지인데, 그중 하나는 이등변 직각삼각형이
고, 다른 하나는 더 긴 변의 제곱이 언제나 더 짧은 변의 제곱의 3배
인 부등변 직각삼각형[146]입니다.

이번에는 우리가 앞서 모호하게 말한 것을 더 명확히 설명해야겠
지요. 우리는 네 가지 물체가 생성되는 과정에서 서로로 변환될 수
있다고 생각했는데,[147] 그건 착각입니다. 우리가 선택한 삼각형들에
의해 네 가지 물체가 생겨나지만, 그중 세 가지는 부등변삼각형으로 c

142 부등변 직각삼각형. 직사각형을 대각선으로 이등분하면 두 개의 부등변 직각삼각형이 된다.

143 물과 공기.

144 정6면체, 정4면체, 정8면체, 정20면체.

145 세 각과 세 변이 똑같은 정삼각형.

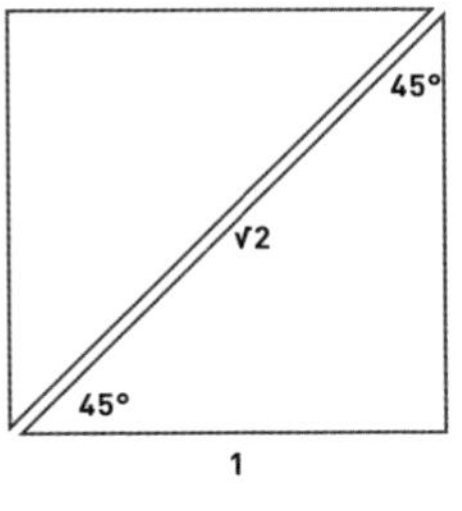

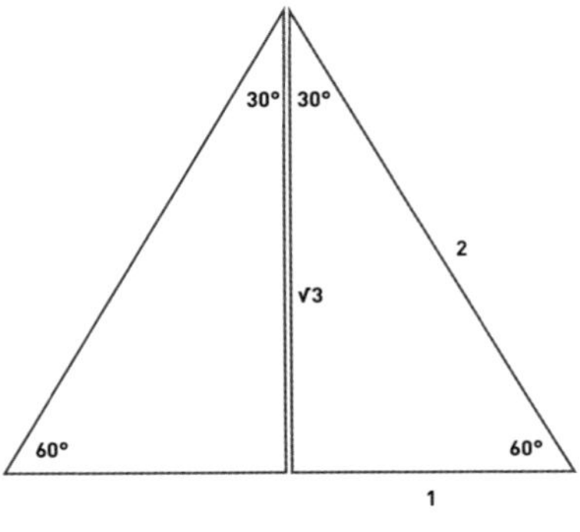

146 정삼각형을 둘로 나눈 삼각형을 말한다. 그러면 더 짧은 변은 1, 더 긴 변은 $\sqrt{3}$, 빗변은 2가 된다. 주 145 참조.

147 53e.

구성되고, 네 번째 것만이 등변삼각형으로 구성되니까요. 따라서 다
수의 작은 것이 결합해서 소수의 큰 것이 되거나 그 반대가 됨으로써
네 가지 모두가 서로로 해체될 수 있는 것이 아니라, 세 가지[148]만 그
게 가능합니다. 이것들은 모두 하나의 삼각형으로 구성되어 있고, 그
래서 큰 물체들이 해체되면 다수의 작은 물체들이 같은 성분들에서
생겨나 나름대로 적절한 형태를 취하고, 반대로 다수의 작은 물체들
d 이 그것들을 구성하고 있는 삼각형들로 해체되면 그 수가 하나가 될
경우 다른 종류의 큰 덩어리가 될 수 있기 때문이지요.

이들 네 가지 물체의 상호 생성에 관해서는 이쯤 해둡시다. 다음에
우리가 해야 할 일은 각각의 물체는 어떤 기하학적 도형을 가지며, 그
것이 얼마나 많은 구성성분으로 이루어져 있는지를 설명하는 것입니
다. 먼저 가장 단순하고 가장 작은 도형[149]의 구조부터 논하기로 합시
다. 그것의 기본요소는 빗변이 더 짧은 변보다 두 배나 긴 삼각형[150]입
니다. 이런 삼각형 한 쌍이 빗변을 따라 합쳐지되 이런 과정을 세 번
e 반복하고, 빗변들과 더 짧은 변들이 중심이 되는 같은 점에서 맞물리
면, 여섯 개의 기본 삼각형에서 하나의 등변삼각형[151]이 생깁니다. 그
리고 이런 등변삼각형 넷이 합쳐지면 세 개의 평면각이 만나서 하나
55a 의 입체각[152]을 이루는데, 그것은 최대 둔각 바로 다음 각[153]입니다.
그리고 이러한 입체각이 네 개 만들어지면, 자신을 둘러싸고 있는 구
체(球體)의 둘레를 동일하고 닮은 부분들로 나누는 최초의 입체 도
형[154]이 생겨납니다.

두 번째 입체 도형[155]도 똑같은 기본 삼각형들로 구성됩니다. 그러
나 이들 삼각형은 이번에는 여덟 개의 등변삼각형을 만들며, 하나의

입체각을 만들기 위해 네 개의 평면각을 이용하지요. 그리고 이런 입체각이 6개 만들어지면 두 번째 입체 도형이 완성됩니다. 세 번째 입체 도형[156]은 120개의 기본 삼각형으로 구성되고 12개의 입체각을 b
갖는데, 각각의 입체각은 5개의 등변삼각형의 평면으로 둘러싸여 있어요. 그리고 이 입체 도형은 그 하나하나가 등변삼각형인 20개의 면(面)을 갖지요.

두 가지 기본 삼각형 가운데 하나는 일단 이런 도형들을 만든 다음 활동을 중지했지만, 이등변삼각형은 네 번째 물체를 만들기 시작했지요. 그것은 넷씩 결합하며 그 직각들이 중심점에서 만나게 함으로써

148 물, 불, 공기.

149 정4면체.

150 주 145 참조.

151 정삼각형.

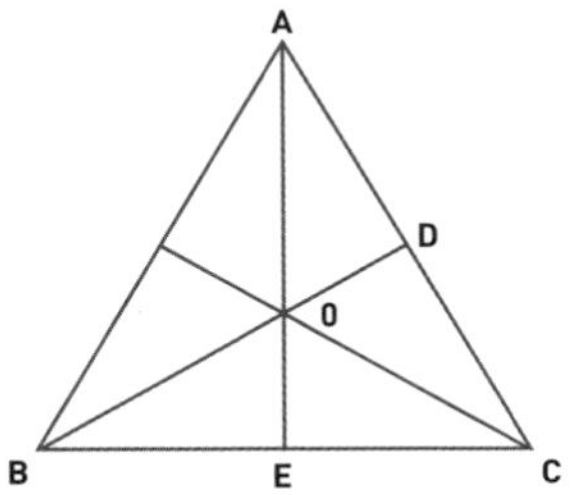

152 180°. 등변삼각형의 내각은 각각 60°이므로 이 셋을 합치면 180°가 된다.

153 179°가 아니라 180°를 말한다.

154 정4면체. 불의 분자.

155 정8면체. 공기의 분자.

156 정20면체. 물의 분자.

하나의 정사각형을 만들어냈습니다.[157] 그런 정사각형 여섯 개가 결합
c 해 여덟 개의 입체각을 만들어냈는데, 그 각각은 세 개의 평면 직각으로 이루어져 있지요. 그래서 생긴 물체의 형태가 입방체[158]인데, 그 면들은 6개의 정사각형 평면입니다. 아직도 다섯 번째 구조물[159]이 남아 있었는데, 신은 우주를 다채롭게 장식하는 데에 그것을 사용했어요.[160]

그런데 누가 이 모든 걸 생각해보고 나서, 우주의 수가 무한하다고 말하는 것이 옳은지 아니면 유한하다고 말하는 것이 옳은지 의문을 제기한다고 가정해보십시오. 그러면 그는 그런 질문을 제기하는 것
d 이 잘못은 아니지만, "무한히 많다"고 대답하는 것은 당연히 알고 있어야 할 것들에 한없이 무지한 사람의 의견이라는 결론에 이르게 될 것입니다. 오히려 우주가 본성상 하나인가 아니면 다섯[161]인가 하는 문제를 제기하는 편이 더 합리적이라고 할 수 있겠지요. 본성상 단 하나의 신적인 우주가 존재한다는 설명이 가장 그럴듯하다는 것이 우리의 판단이지만, 다른 사람은 다른 점들에 주목하여 다른 결론을 내리겠지요. 하지만 우리는 이 문제는 제쳐두고, 방금 우리 논의에서 생겨난 도형들을 불, 흙, 물, 공기에 배정하기로 해요.

22. 입체들을 네 가지 몸에 배정하다(55d~56e)

e 먼저 흙에는 입방체를 배정하기로 해요. 흙은 네 가지 부류 중에서 가장 덜 움직이고 네 가지 물체 중에서 가장 조형성이 높은데, 이런 것들은 가장 안정된 면(面)들을 가진 도형의 특징이니까요. 또한 우리가 처음에 가정한 삼각형[162]들 가운데 이등변삼각형의 면이 본성상

부등변삼각형의 면보다 더 안정되어 있어요. 또한 이 두 가지 삼각형들로 구성된 평면 도형들 가운데 등변사각형[163]이 본성상 부분들에서나 전체적으로나 등변삼각형보다 더 안정된 면을 갖고 있습니다.

따라서 이 도형을 흙에 배정하면 우리 설명이 그럴듯해지겠지요. 56a
한편 우리는 나머지 도형들 가운데 가장 덜 움직이는 것을 물에, 가장 잘 움직이는 것을 불에, 그 중간 것을 공기에 배정할 것입니다. 또한 가장 작은 물체를 불에, 가장 큰 물체를 물에, 그 중간 것을 공기에 배정하는가 하면, 가장 모난 것을 불에, 두 번째로 모난 것을 공기에,

157

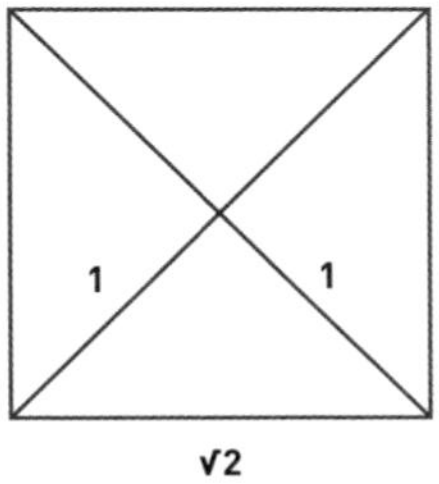

이 정4각형들이 정6면체들을 만든다.

158 정6면체. 흙의 분자.

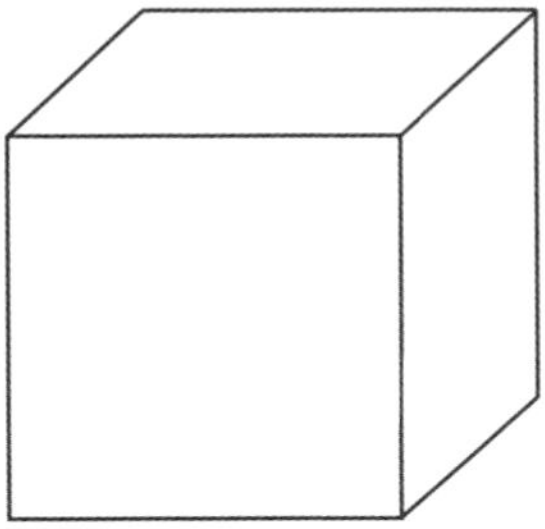

159 정12면체.

세 번째로 모난 것을 물에 배정할 것입니다. 이 모든 도형들 중에서 면이 가장 적은 것[164]이 가장 잘 움직일 수밖에 없는데, 그것은 가장 모
b 가 나서 뚫는 힘이 가장 강하기 때문입니다. 그것은 또한 가장 가벼울 수밖에 없는데, 가장 적은 수의 같은 부분들로 구성되어 있기 때문이지요. 두 번째 것[165]이 이런 점들에서 두 번째이고, 세 번째 것[166]이 이런 점들에서 세 번째입니다. 그렇다면 그럴듯할뿐더러 올바르기도 한 우리 설명에 따라 우리가 구성한 입체 도형들 가운데 피라미드형[167]을 불의 요소 또는 씨[168]라고 합시다. 우리가 구성한 도형들 가운데 두 번째 것[169]은 공기의 요소 또는 씨이고, 세 번째 것[170]은 물의 요소 또는 씨라고 말하기로 해요.

물론 우리는 이것들이 너무 작아서 네 부류 가운데 어느 것에 속
c 하는 것이든 개별적으로는 눈에 보이지 않지만, 다수가 한데 모이면 눈에 보인다고 생각해야 합니다. 우리는 또한 이것들의 수와 운동과 다른 특성들과 관련하여, 필연이 기꺼이 승복할 만큼 물체들이 정확하게 완성될 때 신이 그것들을 적정 비율로 결합한다고 생각해야 합니다.

23. 변환 과정(56c~57c)

우리가 네 부류와 관련하여 앞서 말한 모든 것으로 미루어 다음과
d 같은 결론이 가장 그럴듯하겠지요. 흙이 불을 만나 불의 날카로움에 의해 해체되면, 해체가 불 자체에서 일어나든 공기나 물의 덩어리에서 일어나든, 흙의 부분들은 어딘가에서 서로 만나 결합하여 다시

160

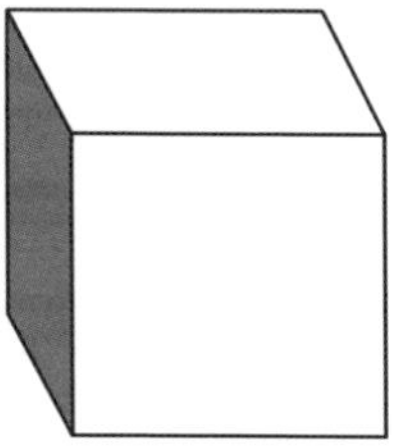

흙–정6면체

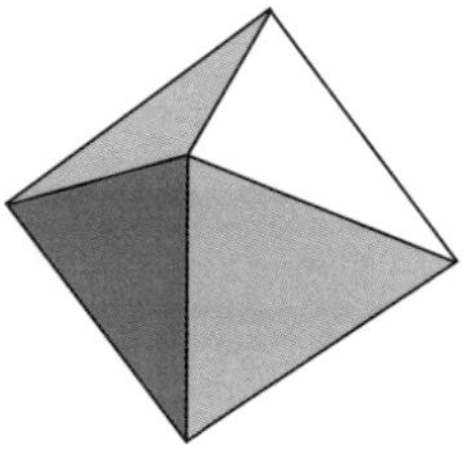

공기–정8면체

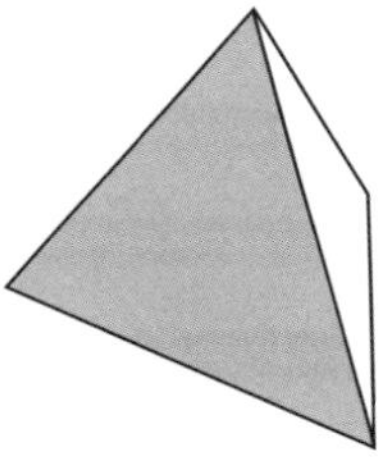

불–정4면체

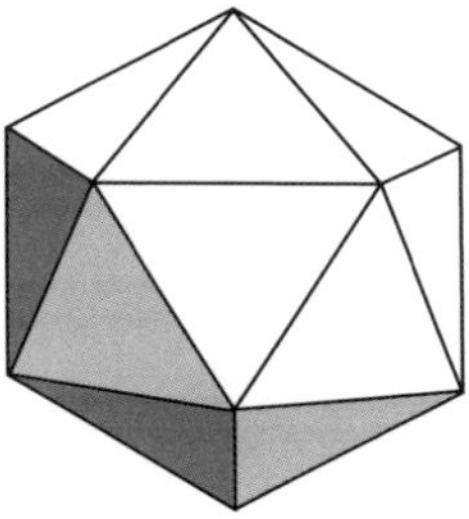

물–정20면체

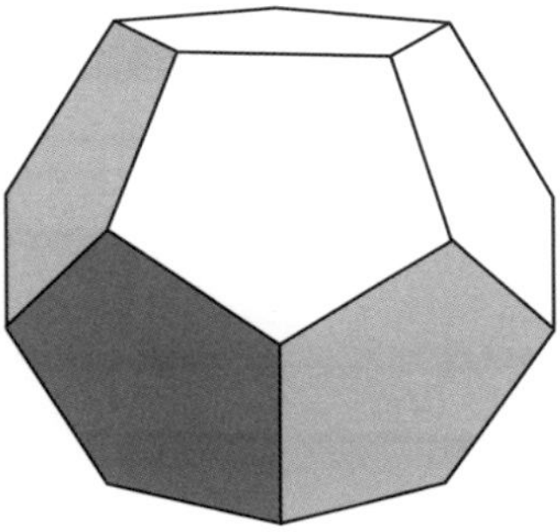

우주–정12면체

161 플라톤의 다섯 입체에 대응하는 다섯 우주.

162 직각삼각형.

163 정사각형.

164 정4면체.

165 정8면체.

166 정20면체.

167 정4면체.

흙이 될 때까지 떠돌겠지요. 흙의 부분들은 다른 부류로 변할 수 없으니까요. 그러나 물이 불이나 또는 공기에 의해 부분들로 나누어지면, 부분들은 다시 결합하여 하나의 불 입자와 두 개의 공기 입자를
e 만들 수 있지요.[171] 또한 해체된 공기 입자 하나가 조각나면 불 입자 두 개가 될 수 있어요.[172] 반대로 약간의 불이 다량의 공기나 물이나 흙에 둘러싸여 움직이는 이들 덩어리 안에서 계속 움직이다가 싸움에 져서 조각나면 불 입자 두 개가 결합하여 공기 도형 하나를 만들지요. 또한 공기가 져서 부서지면 공기 입자 2와 2분의 1이 결합해 하나의 완전한 물 도형으로 응축돼요.[173]

여기서 다른 방법으로 다시 계산해보기로 해요. 다른 물체들 가
57a 운데 하나가 불에 포위되어 불의 각도와 변의 날카로움에 의해 잘릴 때는, 그것이 불로 재구성되면 잘리기를 멈춰요. 자신을 닮고 자신과 동일한 부류는 어떤 경우에도 자신과 같은 상태에 있는 것을 변하게 할 수도 없고 그것에 의해 변할 수도 없으니까요. 그러나 변환 과정에서 약자가 강자에 맞서 싸우는 동안에는 해체 과정이 멈추지 않
b 아요. 또한 소수의 작은 입자들이 다수의 큰 입자들에 포위되어 쪼개지고 소멸할 때는, 그것들이 우세한 부류의 도형으로 결합되는 데 동의하면 소멸 과정이 멈추고 불은 공기로, 공기는 물로 변해요. 그러나 작은 입자들이 큰 입자들이나 다른 물체들 중 하나를 만나서 싸우게 되면 해체 과정이 계속되지요. 그것들이 짓눌려 완전히 해체된 뒤 부류가 같은 것에게로 도망치거나, 아니면 싸움에 져서 이긴 물체와 부류가 같은 하나의 물체가 되어 이긴 물체와 동거하기까지는 말입니다.

더구나 이런 일들을 겪는 와중에 그것들은 모두 영역을 서로 바꿉니다. 각 부류의 큰 덩어리는 수용소의 운동[174]에 힘입어 자신만의 별도 영역에 모이지만, 그때그때 자신을 닮지 않고 다른 것들을 닮는 부분들은 그 흔들림으로 말미암아 자신이 닮아가는 다른 것들의 영역으로 옮겨지기 때문이지요. c

24. 여러 가지 크기의 기본 삼각형들(57c~57d)

이상이 혼합되지 않은 일차적인 물체들이 생겨난 원인들입니다. 그러나 그것들의 종류가 다양한 이유는 두 가지 기본 삼각형 저마다의 구
조 때문이지요. 그 구조는 처음에 한 가지 크기만의 삼각형들을 만들 d
어낸 것이 아닙니다. 삼각형들은 더 작기도 하고 더 크기도 했는데, 크기의 수는 각 형상 안의 부류만큼이나 많아요. 그래서 그것들이 자신들이나 다른 것과 결합하면 무한한 다양성이 생겨나는데, 이것을 고찰하는 것은 자연을 그럴듯하게 설명하려는 사람이 할 일입니다.

168 sperma.

169 정8면체.

170 정20면체.

171 물(정20면체)은 두 개의 공기 입자(정8면체)와 한 개의 불 입자(정4면체)로 바뀔 수 있다.

172 $20=(2\times8)+4$, $8=2\times4$.

173 $(8\times2)+4=20$이 되는데, 물은 정20면체이기 때문이다.

174 52e 이하 참조.

25. 끊임없는 변환 과정(57d~58c)

만약 우리가 운동과 정지[175]에 관해 그것들이 어떤 조건에서 어떻게
발생하는지 서로 의견이 일치하지 못한다면 앞으로의 연구에 어려움
e 이 많을 것입니다. 우리는 이미 운동과 정지에 관해 웬만큼 언급했지
만, 거기에 운동과 같음[176]은 양립할 수 없다는 말을 덧붙여야 해요.
움직이게 하는 것 없이 움직이는 것이 존재한다거나, 또는 움직이는
것 없이 움직이게 하는 것이 존재한다고 생각하기는 어려운 정도가
아니라 아예 불가능하니까요. 따라서 움직이게 하는 것과 움직이는
것이 없으면 운동은 존재할 수 없어요. 그리고 그것들은 같은 것일
수 없어요. 따라서 우리는 언제나 정지는 같음과 결부시키고, 운동은
58a 같지 않음에 귀결시켜야 해요. 또한 다름의 원인은 같지 않음인데,
같지 않음의 기원은 우리가 이미 논의한 바 있습니다.[177]

그러나 우리는 왜 네 가지 입자가 부류에 따라 서로 완전히 분리되
어 상호 변환과 자신의 영역을 향한 이동을 멈추지 않았는지는 설명
하지 않았어요. 우리는 그것을 이렇게 설명하기로 해요. 네 부류를
에워싸고 있는 우주의 둘레는 둥근지라 본성적으로 자신에게로 모
이는 경향이 있기 때문에, 모든 것을 압축하여 어떤 공간도 빈 상태
b 로 남아 있는 것을 허용하지 않아요. 그래서 불이 모든 것에 가장 잘
침투하고, 미세한 공기가 두 번째로 잘 침투하며, 나머지 두 가지도
미세한 쪽이 더 잘 침투하지요. 물체의 구성성분이 클수록 그것의 구
조에 더 많은 틈새가 남고, 구성성분이 작을수록 더 적은 틈새가 남
기 때문이지요. 그래서 압축 과정에서 응축되면서 작은 부분들은 어

쩔 수 없이 큰 부분들 사이의 틈새로 밀려들어가지요. 그 결과 작은 부분들이 큰 부분들 옆에 놓이게 되면 작은 부분들은 큰 부분들을 나누고 큰 부분들은 작은 부분들을 결합시키며 모든 것이 제각기 자 c 신의 영역을 향해 위아래로 움직여요. 저마다 크기가 바뀌면 영역의 위치도 바뀌니까요. 그리하여 이런 이유에서 이처럼 같지 않음이 꾸준히 생겨나 물체들이 현재에도 미래에도 영구 운동을 지속할 수 있게 해주는 것이지요.

26. 네 가지 몸의 변종과 혼합물들: (a) 불과 공기(58c~58d)

다음으로 우리는 여러 종류의 불이 있다는 점에 유의해야 합니다. 첫째, 화염이 있고, 둘째, 태우지는 않고 눈에 빛을 제공하는 화염의 방출이 있으며, 셋째, 화염이 꺼진 뒤 등걸불 속에 남아 있는 화염의 잔재가 있어요. 그 점은 공기도 마찬가지지요. 이른바 아이테르[178]라고 d 불리는 가장 밝은 종류가 있는가 하면, '안개' 또는 '암흑'이라 불리는 가장 어둠침침한 종류도 있으며, 그 밖의 다른 것들은 이름이 없기는 하지만 삼각형들의 크기가 같지 않은 데서 생긴 것들이지요.

175 kinesis, stasis.

176 homalotes.

177 57c~d 참조.

178 aither. 상공의 맑은 공기.

26. 네 가지 몸의 변종과 혼합물들: (b) 물(58d~59d)

물은 우선 두 가지로 나뉘는데, 액체 상태로 있는 것과 녹을 수 있는 것이 그것입니다. 액체 상태로 있는 것은 크기가 같지 않은 작은 물 입자들로 구성되어 있는데, 그 균등하지 못함과 입자들의 형태 때문에 그 자체도 잘 움직이지만 다른 것에 의해서도 쉽게 움직여질 수 있
e 지요. 한편 녹을 수 있는 부류는 크고 균등한 입자들로 구성되어 액체 상태인 것보다 더 안정되어 있고 균등하기에, 압축되어 있어 무겁기도 해요. 그러나 불이 그 속으로 침투해서 해체하기 시작하면 그것은 균등함을 잃어 쉽게 움직이게 되고, 쉽게 움직이게 되면 가까이 있는 공기에 떠밀려 땅 위에 퍼지게 되지요. 이런 과정에는 저마다 고유한 이름이 있는데, 덩어리가 녹는 것을 우리는 '녹음'이라 부르고, 땅 위로 퍼지는 것을 '흐름'이라고 부릅니다.

59a 그러나 반대로 불이 녹을 수 있는 부류에서 쫓겨나면, 불은 틈새로 들어가지 못하는지라 가까이 있는 공기에 압력을 가하게 돼요. 그러면 그 공기는 아직도 유동적인 액체 상태의 덩어리를 불이 차지하고 있던 자리로 밀어넣음으로써 액체 상태의 덩어리가 자신과 섞이게 하지요. 이렇게 압력을 받으면 액체 상태의 덩어리는 균등하지 못함을 야기하는 불이 떠나는 까닭에 균등함을 회복하며 본래 상태로 돌아가요. 불이 떠나는 것은 '냉각'이라 불리고, 불이 떠나면서 수축되는 것은 '응고'라고 불리지요.

b 우리가 녹을 수 있는 것이라고 말한 물의 모든 부류 중에서는 금이 가장 특이하고 가장 값나가요. 금은 매우 섬세하고 균등한 입자

들로 구성되어 밀도가 매우 높고, 노랗게 빛나며, 바위를 통해 여과된 뒤 응고돼요. 그리고 밀도가 높기 때문에 매우 단단하고 검은빛을 띠는 금의 곁가지는 아다마스[179]라고 불려요. 다른 부류는 입자들이 금과 같지만 그 입자들은 균등하지 않아요. 그것은 금보다 밀도가 높으며 단단하게 만드는 섬세한 흙이 덜 섞여 있지만, 더 큰 틈새 c
들을 내포하고 있어서 더 가벼워요. 이것이 물이 밝게 응고된 부류들 가운데 하나인 구리의 구조이지요. 거기에 섞여 있는 흙은 세월이 흘러 물과 흙이 분리되기 시작하면서 금속의 표면에 모습을 나타내는데 녹청(綠靑)이라 불리지요. 그와 비슷한 그 밖의 다른 부류들을 설명하는 것은 결코 어렵지 않아요. 우리는 그럴듯한 이야기라는 원칙만 고수하면 될 테니까요. 누가 기분전환을 위해 영원히 존재하는 것들에 대한 이야기들을 잠시 접어두고 생성에 대한 그럴듯한 이야기들을 고찰함으로써 후회할 일 없는 즐거움을 누린다면, 그는 자신의 d
삶에 절제 있고 지혜로운 소일거리를 덧붙이게 되겠지요. 그러니 우리는 이 소일거리를 마음껏 즐기며 이 주제에 대한 그럴듯한 다음 이야기들을 다음과 같이 계속하기로 해요.

26. 네 가지 몸의 변종과 혼합물들: (c) 물의 혼합물들(59d~60b)

불과 섞여 있는 물은 섬세하고 액체 상태로 있습니다. 그것이 '액체

179 adamas('깨뜨릴 수 없는 것'). 강철이나 금강석을 말하는 듯하다.

상태로 있다'고 일컬어지는 이유는 그것의 유동성과 땅 위를 굴러가는 방식 때문이지요. 그것은 또한 부드럽기도 한데, 그것의 면(面)들이 흙의 면들보다 덜 안정되어 압력에 굴하기 때문이지요. 이런 물이
e 불과 공기와 분리되어 혼자 남으면 더 균등해지지만 동시에 그것을 떠나는 입자들에 의해 압축되어 응고하지요. 물이 이 과정을 공중에서 다 거치면 '우박'이라 불리고, 땅 위에서 거치면 '얼음'이라고 불려요. 물이 이런 과정을 다 거치지 않고 반쯤 언 것은 공중에 있을 때는 '눈'이라 불리고, 땅 위에서는 이슬이 언 것으로 '서리'라 불리지요.

그런데 서로 섞여 있는 물의 부류들은 대개 식물을 통해 걸러지기
60a 때문에 '즙'이라고 통칭돼요. 그리고 그것들은 여러 가지 방법으로 서로 섞일 수 있는지라 대개는 따로 이름이 없지만, 네 가지는 불을 내포해서 특히 눈에 띄기 때문에 고유한 이름이 있어요. 그중 하나는 포도주인데, 몸과 혼을 함께 따뜻하게 해주지요. 두 번째 것은 부드럽고 시각 광선을 확장하므로 보기에 밝고 빛나며 반짝거리는데, 여기에는 송진, 피마자유, 올리브유 같은 기름 종류들과 그 밖에 같은
b 기능을 하는 모든 것들이 포함돼요. 세 번째 것은 입안의 수축된 기공(氣孔)들을 자연스러운 상태로 이완해줌으로써 그런 능력에 힘입어 단맛을 느끼게 해주는데, '꿀'이라고 통칭되지요. 네 번째 것은 살을 태워 해체하며 거품을 일으키는데, 이것은 다른 모든 즙과 구별되는 것으로 '산'(酸)이라고 불려요.

26. 네 가지 몸의 변종과 혼합물들: (d) 흙의 변종과 혼합물들 (60b~61c)

여러 부류의 흙 가운데 물에 의해 걸러진 것은 다음과 같은 방법으로 돌이 돼요. 흙과 섞인 물이 혼합 과정에서 마모되면 공기로 변하는데, 그렇게 해서 생긴 공기는 제 영역으로 밀고 올라가려 하지요. c
그러나 혼합물 위에는 빈 공간이 없어서 새로 생긴 공기는 인접한 공기를 떠밀게 돼요. 한데 이 인접한 공기는 무거운지라, 떠밀리게 되면 흙더미 위로 확산되면서 흙더미에 심한 압력을 가해 새로운 공기가 상승하며 떠나간 공간으로 밀어넣어요. 그러면 공기의 압력을 받은 흙은 물에도 녹지 않는 돌이 되지요. 그중 동일하고 균등한 입자들로 구성되고 투명한 것이 더 아름다우며, 그 반대의 것이 더 열등합니다.

흙이 잠깐 동안 불에 닿아 금세 습기를 다 빼앗기면 앞의 것보다 더 부서지기 쉬운 제품이 생산되는데, 우리는 이를 '도기'(陶器)라고 d
통칭해요. 그러나 때로는 습기가 조금 남아서 불에 녹을 수 있는 흙이 생기는데, 이것이 냉각되고 나면 검은빛의 돌[180]로 변하지요.

흙과 물의 혼합물에서 다량의 물이 빠져나감으로써 같은 방식으로 만들어지는 물체가 두 가지 더 있는데, 둘 다 흙의 미세한 입자들로 이루어졌고 짠맛이 나며, 둘 다 반쯤 응고되어 있고 물에 녹아요. 그중 한 가지는 기름과 때를 제거하는 소다이고, 다른 것은 여러 가

180 용암.

e 지 맛과 잘 어울리는 소금인데, 전해오는 이야기에 따르면 신에게 사랑받는 물질이랍니다

흙과 물의 어떤 혼합물들은 불에는 녹지만 물에는 녹지 않는데, 그 이유는 다음과 같아요. 불도 공기도 흙덩이를 녹이지 못해요. 불과 공기의 입자들은 흙의 구조에 있는 틈새들보다 더 작아서 강제력을 행사하지 않고도 통과할 수 있는 공간이 넉넉하기에 흙을 녹이지 않고 그대로 두어요. 그러나 물의 입자들은 본성상 그 틈새들보다 더

61a 크기 때문에 억지로 통과하며 흙을 해체하고 녹여요. 흙이 강제로 압축되지 않았을 때는 이렇게 물만이 흙을 녹일 수 있지만, 강제로 압축되었을 때는 불만이 녹일 수 있어요. 불 말고 다른 것은 흙의 구조 속으로 뚫고 들어갈 수 없으니까요. 물도 엄청난 압력을 받은 것은 불만이 해체할 수 있지만 압력을 덜 받은 것은 불에 의해서도 공기에 의해서도 해체될 수 있는데, 불은 그것의 틈새들로 침투함으로써 해체하고 공기는 그것의 삼각형들로 부스러뜨림으로써 해체하지요. 한편 공기는 압축되면 오직 그것의 요소들로 해체될 수 있고, 압축되지 않으면 불에 의해서만 해체될 수 있어요.

b 흙과 물의 혼합물로 되돌아가, 흙 안의 틈새들이 비록 압력을 받아 크기가 줄어들었다 해도 물로 가득 차 있는 한 외부에서 달려드는 물의 입자들은 틈새들 속으로 침투하지 못하고 덩어리 전체의 주위를 흐르다가 그것을 해체하지 못한 채 내버려둬요. 그러나 불의 입자들은 물의 틈새들 속으로 침투하여 물이 흙에게 행하는 것과 같은 행위를 물에게 행해요. 따라서 혼합물이 해체되고 녹게 할 수 있는 것은 불의 입자들뿐이에요. 이들 혼합물 가운데 어떤 것들은 흙보다

물을 적게 포함하고 있는데, 이를테면 유리와 이른바 녹을 수 있는 모든 돌이 여기에 속해요. 어떤 것들은 흙보다 물을 많이 포함하고 있는데, 이를테면 온갖 종류의 왁스와 향(香)이 여기에 속해요. c

27. 감각적 지각들: (a) 촉감(61c~64a)

이상으로 우리는 여러 가지 형태와 결합과 상호 변환에 의해 구별되는 물체의 여러 부류를 충분히 설명한 것 같습니다. 다음에는 그것들이 어떻게 해서 그런 성질들을 띠게 되었는지 설명해야겠지요. 그러려면 우리의 논의는 언제나 감각적 지각의 존재를 전제해야 하지만, 우리는 살이나 살에 속하는 것들이나 혼의 사멸하는 부분의 생성은 아직 논하지 않았어요. 아닌 게 아니라 그런 것들은 감각적 지각들을 논하지 않고는 적절하게 설명할 수 없으며, 역(逆)도 또한 참입니다. d
그런가 하면 둘을 동시에 논하는 것도 불가능해요. 따라서 우리는 일단 어느 한쪽을 전제하고, 전제했던 것은 나중에 재검토해야 합니다. 그러니 우리가 물체들의 종류에 대한 설명에서 그것들의 성질에 대한 설명으로 곧장 나아갈 수 있도록 몸과 혼이 존재한다고 전제하도록 해요.

그렇다면 먼저 왜 우리가 불을 '뜨겁다'고 하는지 살펴보도록 해요. 이 문제는 불이 째고 베고 함으로써 우리 몸에 끼치는 영향에 주목하면 해결할 수 있을 것입니다. 우리는 모두 불이 날카롭다고 느 e
끼니까요. 불의 모서리들의 섬세함, 각도들의 날카로움, 입자들의 작음, 운동의 빠름은 모두 불이 무엇을 만나든 침투할 수 있는 힘을 부

62a 여하는데, 그런 특징들은 우리가 불의 도형의 생김새를 떠올리면 설명돼요. 그러니 우리는 불은 무엇보다도 우리 몸에 침투하여 해체할 수 있는(kermetizo) 능력을 타고났기에 우리가 '뜨겁다'(thermos)고 말하는 것에 그런 성질과 이름을 부여하는 것이라고 봐야 해요.

그와 반대되는 성질은 자명하지만, 그래도 설명해야겠지요. 우리 몸 주위에 액체 상태로 있는 것들의 더 큰 입자들은 더 작은 입자들을 밀어내지만 자신들은 그것들이 차지하고 있던 공간으로 들어가지
b 못하고 우리 몸 안의 습기를 압축하고, 균등하지 못해 움직이던 것을 균등해지고 압축되어 움직이지 않게 함으로써 응고시켜요. 그러나 억지로 압축된 것은 본성적으로 그러한 압축에 대항하며 본래 상태로 자신을 밀어내는데, 이러한 대항과 진동에는 '전율' 또는 '오한'이라는 이름이 주어지고, 이런 경험 전체와 이런 경험을 야기하는 것은 둘 다 '차가움'이라고 불리지요.

우리 살이 뒤로 밀리는 것들은 '단단하다'고 하고, 뒤로 말리는 것들은 '부드럽다'고 해요. 따라서 이 용어들은 상대적입니다. 무엇이든 작은 면 위에 서 있는 것은 뒤로 밀려요. 그러나 사각형 면들로 이
c 루어진 것은 바닥이 매우 안정되어 저항력이 아주 강해요. 또한 고도로 압축되어 밀도가 높은 것일수록 그만큼 더 저항력이 강합니다.
'무겁다'와 '가볍다'는 우리가 '위'와 '아래'라고 부르는 것과 결부해서 고찰하면 가장 알기 쉽게 설명할 수 있지요. 우주는 본성상 두 개의 상반된 영역으로 나뉘어 있는데, 그중 하나는 무게가 있는 모든 물체가 가라앉는 '아래'이고, 다른 하나는 어떤 물체도 자진해서는 올라가지 않는 '위'라고 생각하는 것은 결코 옳지 못하니까요. 우주는 구

형인지라, 우주의 모든 끝점들은 중심에서 똑같은 거리만큼 떨어져 있고 따라서 본성상 모두 똑같은 끝점들이며, 한편 중심은 끝점들에서 똑같은 거리만큼 떨어져 있는지라 모든 끝점들에 똑같이 대립되기 때문이지요. 이것이 우주의 본성인 만큼 방금 언급한 영역들 가운데 어느 것을 '위' 또는 '아래'로 분류할 수 있겠어요? 그렇게 하면 부적절한 용어들을 사용한다는 정당한 비판을 피할 수 없겠지요. 우주의 중심지역은 그냥 중앙이라고 해야지 본성적으로 '위' 또는 '아래'라고 하는 것은 옳지 못하니까요. 또한 주변은 중앙에 있지도 않거니와, 그것의 어떤 부분도 그것에 상반된 어떤 부분보다 중앙에 더 가까움으로써 여느 부분과 다르지 않아요.

(본문 여백: d — 첫째 행, e — 다섯째 행)

어떤 것이 본성상 사방으로 균일할 때 거기에 어떤 상반된 용어들을 쓸 수 있으며, 어떻게 써야 적절하게 쓰는 것으로 여겨질 수 있겠어요? 만약 어떤 입체가 균형이 잡힌 채 우주의 중앙에 있다면, 이 물체는 어느 끝점 쪽으로도 움직이지 않을 것입니다. 이 끝점들은 어느 방향으로도 똑같으니까요. 반면 누가 우주의 둘레를 빙 돈다면 누차 자신의 이전 위치의 대척점들에 서게 되어, 같은 지점을 '위'라고도 하고 '아래'라고도 하겠지요. 그러니 앞에서도 말했듯이, 우주는 구형인 만큼, 어떤 부분은 '위'라고 말하고 다른 부분은 '아래'라고 말하는 것은 분별없는 사람이나 할 짓입니다.

(본문 여백: 63a — 셋째 행)

그러나 이런 용어들이 어디에서 유래했으며 어떤 경우에 적용하는 것이 적절하기에, 우주 전체를 이렇게 나누는 데에도 우리가 이를 전용(轉用)하는 버릇을 들였는지는 이렇게 가정해보면 알 수 있겠지요. 어떤 사람이 불이 그쪽을 향해 움직일뿐더러 가장 큰 불덩어리가 모여 있는, 불에게 배정된 우주의 영역에 서 있다고 가정해보십시오. 또한 그는 불의 부분들을 떼어내 그것들을 저울의 접시들에 담아 무게를 달 수 있다고 가정해보십시오. 그가 저울대를 들어올려 불을 이
c 질적인 공기 속으로 억지로 끌어당긴다면, 분명 다량의 불보다는 소량의 불을 들어올릴 때 힘이 덜 들겠지요. 두 덩어리가 같은 힘에 의해 들어올려진다면, 들어올리는 힘에 대한 더 큰 쪽의 저항이 더 작은 쪽의 저항보다 필연적으로 더 클 것이며, 그래서 더 큰 쪽은 '무겁다'고 '아래로' 향한다고 일컬어지고, 더 작은 쪽은 '가볍다'고 '위로' 향한다고 일컬어질 테니까요.

바로 이것이 우리가 지금 우리 영역에서 하고 있는 행위라는 것을 알아야 합니다. 우리가 대지 위에 서서 흙의 부류들이나 때로는 흙 자체의 무게를 달려고 할 때는, 그것들을 본성에 반해 억지로 이질적
d 인 공기 속으로 끌어당겨요. 그것들은 둘 다 자기와 동족인 땅에 달라붙지만, 더 작은 것은 더 큰 것보다 더 순순히 우리가 가하는 힘에 복종하여 이질적인 물질 속으로 올라가요. 그래서 우리는 그것을 '가볍다'고 그것이 강제로 들어가는 장소를 '위'라고 부르며, 그와 반대되는 성질과 장소에는 '무겁다'와 '아래'라는 용어들을 사용하지요.

따라서 네 가지 기본 물체의 주된 덩어리들이 상반된 영역을 점유하고 있어서 이런 성질들은 필연적으로 상대에 따라 서로 다를 수밖
e 에 없어요. 그래서 우리는 한 영역에서 가볍거나 무겁거나 아래이거나 위인 것이 다른 영역에서 이런 성질을 띠고 있는 것과 정반대이거나 엇비스듬하거나 전혀 다르거나 또는 그렇게 되는 것을 발견하겠지요. 이 모든 것과 관련하여 우리가 명심해야 할 점은, 어떤 물체의 친

족 집단으로의 이동이 그 물체를 무겁게 만들고 그 물체가 향하는 영역을 '아래'로 만들며, 이와 상반되는 조건들은 이와 상반된 결과를 낳는다는 것입니다. 이런 성질들에 관한 설명은 이쯤 해두지요.

'매끈하다'와 '거칠다'와 관련해서는 이런 성질들의 원인이 무엇인지 누구나 다 알고 있고 남들에게 설명할 수도 있을 것입니다. 어떤 것이 딱딱하고 고르지 못하면 거칠고, 어떤 것이 고르고 밀도가 높으 64a
면 매끄러우니까요.

27. 감각적 지각들: (b) 즐거움과 괴로움(64a~65b)

몸 전체에 공통된 경험들과 관련하여 아직도 남아 있는 중요한 문제는, 우리가 논의한 그런 경험들에서, 다시 말해 몸의 부분들에 의해 감지되면 고통과 즐거움이 동시에 수반되기 마련인 모든 경험들에서 즐거움과 괴로움의 원인을 설명하는 것입니다.

지각할 수 있는 것이든 지각할 수 없는 것이든 어떤 경험의 원인을 설명하려면 앞서 우리가 본성상 움직이기 쉬운 것과 본성상 움직 b
이기 어려운 것을 구별했던 일을 상기할 필요가 있어요. 그러는 것이 우리가 원하는 해답을 찾는 데 도움이 될 테니까요. 본성상 쉽게 움직이는 것은 경미한 자극에 노출되어도 한 부분이 다른 부분에게 빙 돌아가며 그것을 전달하므로, 결국에는 그 부분들이 의식(意識)에 이르러 그런 자극을 주는 것의 성질을 알려주기 때문이지요. 반대로 본성상 잘 움직이지 않는 것은 가만있기에 자신만 자극을 경험할 뿐
인접한 것들에게 전파하지 못해요. 따라서 부분들이 그 자극을 서로 c

전달하지 못하므로 원래의 자극은 생명체 전체를 움직이지 못하고, 생명체도 그 자극을 의식하지 못해요. 이런 일은 뼈와 머리털과 그 밖에 주로 흙으로 이루어진 우리 몸의 다른 부분들에서 일어납니다. 그와 반대되는 일은 특히 시각과 청각 기관에서 일어나는데, 이들 기관에서는 불과 공기의 비중이 가장 크기 때문이지요.

따라서 즐거움과 괴로움의 본성은 이렇게 이해해야 합니다. 자연
d 스러운 상태의 갑작스러우며 강요된 변경은 괴롭고, 자연스러운 상
태로의 갑작스러운 회복은 즐거워요. 또한 부드럽고 점진적인 변경
은 지각되지 않지만, 그와 반대되는 변경은 지각돼요. 그런데 아주
쉽게 발생하는 변경은 무엇이든 아주 잘 지각되지만 거기에는 괴로
움이나 즐거움이 수반되지 않아요. 이를테면 시각 광선의 경우가 그
러한데, 우리는 앞서[181] 시각 광선을 낮에 우리 자신에게 부착되는 물
체라고 말한 적이 있어요. 시각 광선이 베기나 태우기나 그 밖의 다
e 른 일을 겪어도 괴로운 것은 아니며, 그것이 이전 상태로 회복되어도
즐거운 것은 아니니까요. 하지만 그것이 겪는 여러 가지 경험과 그것
이 접촉하는 대상들에 대한 우리의 지각은 가장 중요하고도 가장 선
명해요. 시각이 잘리거나 다시 모이는 데 강제성은 전혀 없으니까요.
반면 큰 입자들로 이루어진 기관들은 자신들을 변경하려는 것에게
마지못해 굴복하며 그것의 운동을 기관 전체에 전달하지만 즐거움
65a 과 괴로움을 느끼는데, 정상 상태에서 이탈하면 괴로움을 느끼고 정
상 상태로 회복되면 즐거움을 느껴요. 정상 상태에서 벗어나고 비워
지는 것은 점진적으로 느끼지만 채워지는 것은 갑작스럽고 대규모로
느끼는 물체들은, 비워지는 것은 감지하지 못하고 채워지는 것은 감

지하게 되어 혼의 사멸하는 부분에 괴로움을 주지 않고 강렬한 즐거움을 제공해요. 향기(香氣)가 그 좋은 예가 되겠지요. 그러나 정상 상태가 갑자기 변경되었다가 점진적으로 어렵사리 회복되면 결과는 그 b
와 정반대예요. 몸이 화상이나 자상을 입는 경우가 그 좋은 예가 되겠지요.

27. 감각적 지각들: (c) 맛(65b~66c)

이상으로 몸 전체에 공통된 경험들과 그런 경험들을 야기하는 것들에 붙여진 이름들은 대충 설명했습니다. 이번에는 우리 몸의 특수 기관들에서 일어나는 일들과 그런 일들이 일어나게 하는 것들을 설명해야겠지요. 우리가 설명할 수 있다면. 그러니 먼저 우리가 맛에 관 c
해 말할 때 빠뜨렸던 것을, 다시 말해 혀 고유의 경험들을 최선을 다해 밝혀야 해요. 이것들 역시 다른 많은 경험과 마찬가지로 모종의 수축과 이완 탓이지만, 다른 어떤 감각적 경험보다도 거칢과 부드러움에 더 의존하는 것 같아요. 흙의 입자들이 혀에서 심장까지 뻗어
있는 맛을 식별하는 관(管)들 안으로 들어와서는 물기와 부드러운 살 d
과 접촉하며 관들을 수축시키고 말릴 때, 흙의 입자들이 더 거칠면 시큼한 맛이 나고 덜 거칠면 씁쓰름한 맛이 나요.

입자들이 이 작은 관들을 세정하고 혀의 표면 전체를 씻어내되 그

181 45c 참조.

e 정도가 지나쳐 소다처럼 혀의 일부가 녹을 정도로 혀를 공격하면 모
두 '쓰다'고 불려요. 그러나 입자들이 소다만큼 강력하지 않아 적당
한 정도로 세정하면 짭짤한 맛이 나는데, 쓴맛이 나지 않아서 한결
쾌적하게 느껴지지요. 입의 열을 흡수하여 부드러워지는 것들은 뜨
거워지면서 자신을 뜨겁게 한 것을 뜨겁게 하지요. 그것들은 가벼워
66a 서 머리의 감각 기관들로 올라가다가 부딪치는 것을 모두 베는데, 이
런 성질 때문에 모두 '맵다'고 불려요.

그런가 하면 분해 과정을 통해 미리 가벼워진 뒤 좁은 관들로 들어
가는 입자들도 있어요. 이런 입자들은 관들 안에 있는 흙의 입자들
과도 공기의 입자들과도 적절히 균형을 이룸으로써 이 입자들을 움
직여 서로가 서로의 주위를 돌게 만들지요. 그렇게 돌면 흙의 입자들
과 공기의 입자들이 서로 상대방 속으로 들어가며 외부에서 들어오
b 는 입자들을 에워싸는 주머니를 만들어요. 그리하여 순수한 것이든
흙이 섞인 것이든 물기의 빈 주머니가 공기를 에워싸면, 물기 있는 공
기주머니 또는 빈 물주머니들이 만들어져요. 이것들이 순수하고 투
명하면 '거품'이라 불리고, 흙이 섞인 채 한꺼번에 솟아오르면 '끓어
오르다' '발효하다'라고 불리지요. 이런 모든 과정의 원인이 되는 것
은 '신맛'이라고 불려요.

방금 언급한 모든 것과 반대되는 경험은 반대되는 원인에서 기인
c 해요. 액체 상태로 입안에 들어오는 입자들의 구성성분이 혀의 상태
와 비슷해지면 혀의 거칠어진 부분들을 부드럽고 매끄럽게 하고, 경
우에 따라 부자연스럽게 이완된 부분들은 수축시키고 부자연스럽게
수축된 부분들은 이완시켜 최대한 정상 상태로 회복시켜주지요. 그

런 비정상적인 긴장 상태와 이완 상태를 낫게 해주는 치료제는 누구에게나 즐겁고 쾌적하며, '달콤하다'고 불려요.

27. 감각적 지각들: (d) 냄새(66d~67a)

미각에 대해서는 이쯤 해둡시다. 후각의 경우에는 일정한 유형[182]들 d
이 없어요. 냄새는 모두 반쯤 생성되다 만 것이어서, 냄새를 갖는 데 필요한 비율은 어느 도형[183]에도 없으니까요. 우리의 후각 관(管)들은 흙과 물을 받아들이기에는 너무 좁고, 불과 공기를 붙들어두기에는 너무 넓어서, 그런 것들의 냄새를 맡은 사람은 아무도 없어요. 냄새
가 나는 것은 물체가 눅눅해지거나 썩거나 녹거나 증발될 때입니다. e
냄새는 물이 공기로 변하거나 공기가 물로 변하는 중간 단계에서 나니까요. 모든 냄새는 김이거나 안개인데, 안개는 공기가 물로 변하는 것이고 김은 물이 공기로 변하는 것입니다. 따라서 모든 냄새는 물보다는 밀도가 더 낮지만 공기보다는 밀도가 더 높아요. 이 점은 호흡을 막는 장애물을 통해 억지로 숨을 들이쉬어보면 알 수 있지요. 그럴 때는 어떤 냄새도 스며들지 않고, 아무 냄새도 나지 않는 공기만 통과하니까요.

따라서 이들 여러 가지 냄새는 두 집단으로 나뉘는데, 이 두 집단 67a

182 미각에서 '신맛' '단맛' '쓴맛' 같은.

183 정4면체, 정8면체 등을 말한다.

은 이름도 없고 여러 가지 유형으로 이루어져 있지도 않아요. 우리는 단지 쾌적한 것과 불쾌한 것을 구분할 수 있을 뿐이지요. 불쾌한 냄새는 정수리에서 배꼽 사이의 강(腔) 전체를 거칠게 하고 공격하지만, 쾌적한 냄새는 그곳을 부드럽게 해주고 기분 좋게 정상 상태로 되돌려놓아요.

27. 감각적 지각들: (e) 소리(67a~67c)

우리가 고찰해야 할 우리 안의 세 번째 감각 기관은 청각 기관인데,
b 우리는 그와 관련된 여러 가지 경험의 원인을 설명해야 해요. 소리는 일반적으로 귀를 통해 뇌와 피에 가해져서 혼에 전달되는 공기에 의한 충격으로 정의할 수 있을 것이며, 청각은 머리에서 시작하여 간(肝)이 있는 곳에서 끝나는 이 충격에서 비롯되는 운동입니다. 이 운동이 빠르면 고음이 나고, 이 운동이 느릴수록 저음이 나요. 규칙적인 운동은 고르고 부드러운 소리를 내며, 불규칙적인 운동은 거친
c 소리를 내요. 운동의 규모가 크면 요란한 소리가 나고, 규모가 작으면 부드러운 소리가 나요. 소리의 조화에 관해서는 나중에[184] 논의할 것입니다.

27. 감각적 지각들: (f) 색깔(67c~68d)

아직 네 번째 감각이 남아 있는데, 이것은 다양한 종류를 포함하기 때문에 세분할 필요가 있어요. 이 다양한 종류들은 '색깔'이라는 이

름으로 통칭돼요. 색깔은 모든 종류의 물체에서 유출되는 일종의 화염이며 그 입자들은 감각적 지각이 가능하도록 우리의 시각 광선과 균형을 이루어요. 시각 광선이 생성되는 원인은 앞의 논의에서 이미 설명한 바 있어요. 그러므로 여기서 다음과 같이 색깔에 관한 그럴듯 d
한 이야기를 덧붙이는 것은 적절하고 당연할 것입니다.

다른 물체들에서 와서 시각 광선에 부딪치는 입자들은 시각 광선 자체의 입자들보다 더 작기도 하고 더 크기도 하며, 크기가 같기도 해요. 그 입자들이 크기가 같을 때는 지각할 수 없으며, 우리는 그것들을 '투명하다'고 불러요. 그 입자들이 더 크면 시각 광선을 수축시키고 더 작으면 확장시키는데, 이들 더 큰 입자와 더 작은 입자는 살의 경우 뜨거운 입자들과 찬 입자들과, 혀의 경우 시큼한 입자들과 화끈거리기 때문에 우리가 '맵다'고 일컬은 입자들과 대동소이해요. 우 e
리가 '희다'고 부르는 입자들과 '검다'고 부르는 입자들도 사실은 이들과 성질이 같아요. 다른 영역에서 나타나기 때문에 겉모습이 달라 보일 뿐이지요. 따라서 시각 광선을 확장하는 것에는 '희다'는 이름이, 시각 광선을 수축시키는 것에는 '검다'는 이름이 배정되어야 해요.

그런데 더 빨리 움직이는 다른 종류의 불이 시각 광선을 덮쳐 눈이 있는 곳까지 곧장 침투하며 동공 안의 통로들을 억지로 밀어젖히고 68a
녹이면, 우리가 눈물이라고 부르는 불과 물의 덩어리가 거기에서 쏟아지지요. 이렇게 바깥에서 들어오는 불이 반대편에서 다가오는 불

184 80a 참조.

과 마주치면, 나가는 불은 번개처럼 튀어나가고 들어오는 불은 물기
속에서 꺼져버려요. 그 와중에 온갖 종류의 색깔이 생겨나는데, 우
리는 이런 경험을 '눈부심'이라 부르고, 그렇게 만드는 것을 '빛나다'
b '번쩍이다'라고 불러요. 이 둘의 중간에 다른 종류의 불이 있는데, 이
불은 눈의 물기에 이르러 그것과 섞이기는 하지만 번쩍이지는 않아
요. 이 불이 눈의 물기와 섞여서 빛을 내면 그 광선은 핏빛을 띠는데,
우리는 그것을 빨간색이라고 불러요.

밝은색이 빨간색과 흰색과 섞이면 노란색이 돼요. 그러나 어떤 비
율로 섞여야 하는지 말하는 것은 설사 누가 알고 있다 해도 어리석은
짓이겠지요. 이런 것들에 대해서는 대략적으로라도 필연적인 이유를
제시하거나 그럴듯하게 설명하기가 불가능하니까요.

c 빨간색이 검은색과 흰색과 섞이면 자주색이 돼요. 이렇게 섞은 것
을 더 태우고 거기에 검은색을 더 섞으면 보라색이 돼요. 황갈색은
주황색과 회색이 섞인 것이고, 회색은 검은색과 흰색이 섞인 것이며,
노란색은 흰색과 주황색이 섞인 것입니다. 흰색을 밝은색과 섞은 뒤
진한 검은색에 담그면 군청색이 되고, 군청색이 흰색과 섞이면 청록
색이 되고, 황갈색이 검은색과 섞이면 초록색이 됩니다.

d 어떻게 섞어야 나머지 색깔들이 생기는지도 이런 예들을 바탕으
로 분명히 알 수 있겠지요. 우리 이야기가 그럴듯하게 들리려면 말입
니다. 그러나 누가 이런 것들을 실제로 실험하려 한다면 그는 자신
이 인간적인 본성과 신적인 본성의 차이를 모르고 있다는 것을 보여
주게 되겠지요. 신은 능히 여럿을 하나로 섞고 다시 하나를 여럿으로
분리할 줄 알고 할 수도 있지만, 이 가운데 어느 한 가지라도 감당할

수 있는 인간은 지금도 없고 앞으로도 없을 테니까요.

본론 Ⅲ. 이성과 필연의 협력

28. 하위 신들의 작업(68e~69d)

이 모든 것이 필연에 따라 그러한 본성을 갖도록 만들어지자, 생성되 e
는 것들 중에서 가장 아름답고 가장 훌륭한 것을 만드는 분[185]은 자족적이며 가장 완전한 신[186]을 만들 때 이것들을 넘겨받았어요. 그분은 이런 종류의 원인들을 조력자로 이용했지만 생성되는 모든 것에서의 '좋음'[187]은 그분이 몸소 궁리해낸 것입니다. 따라서 우리는 두 가지 원인을 구분해야 하는데, 그중 하나는 필연적인 것이고 다른 하
나는 신적인 것입니다. 우리 본성이 허용하는 행복한 삶을 위해서는 69a
매사에 신적인 원인을 찾아야 해요. 하지만 그렇다고 해서 필연적인 원인을 무시해서는 안 돼요. 왜냐하면 필연적인 원인 없이는 유일하게 우리의 진지한 관심사인 신적인 원인을 이해하는 것도, 파악하는 것도, 그 밖의 다른 방법으로 그것에 관여하는 것도 불가능하니까요.

이제 두 종류의 원인이 마치 목수를 위해 목재가 분류되듯 우리를

185 demiourgos.

186 우주.

187 to eu.

위해 분류되어 준비돼 있으니 우리는 그것들을 이용해 나머지 이야
기를 엮어나가야 하겠지요. 그러기 위해 잠시 출발점 쪽으로 방향을
b 바꿔 우리를 여기로 인도한 길을 서둘러 되돌아가도록 해요. 그러고
나서 우리 이야기에서 지금까지 말한 것과 앞뒤가 맞는 최종 결론을
이끌어내도록 합시다.

우리가 처음에 말했듯이 이 모든 것은 혼돈 상태에 있었는데, 그
것들이 비율과 비례를 감당할 수 있는 한도 내에서 신이 온갖 방법으
로 그것들 사이에 내적·외적 비례관계를 도입했습니다. 처음에는 그
것들 가운데 어떤 것도 우연히 그런 경우를 제외하고는 그런 비례관
계에 있지 않았고, 우리가 지금 사용하고 있는 불·물 등의 이름으로
c 부를 만한 것은 아무것도 없었으니까요. 그래서 신이 이 모든 것에
처음으로 질서를 부여하고 나서 그것들로 이 우주를 조립했는데, 이
우주는 사멸하는 생명체와 불사하는 생명체를 모두 포함하는 유일
한 생명체[188]입니다. 신적인 것들은 신이 손수 창조했지만, 사멸하는
것들을 창조하는 일은 자기 자식들에게 맡겼어요. 이들은 아버지에
게서 혼의 불사의 원리를 넘겨받은 뒤 아버지를 모방해서 그것을 에
워싼 사멸하는 몸을 만들고, 몸 전체가 그것의 운반수단이 되게 했
어요.

그들은 또한 무섭지만 불가피한 감정들을 포함하는 사멸하는 다
d 른 종류의 혼도 몸속에 살게 했어요. 먼저 악의 가장 강력한 미끼인
쾌락이, 다음에는 선을 기피하게 만드는 고통이, 나아가 어리석은 조
언자들인 만용과 두려움이, 그리고 달래기 어려운 분노[189]와 잘 속는
희망이 그것입니다. 이런 혼합물에 비이성적인 감각적 지각과 아무것

에나 덤벼드는 욕구를 덧붙였으니, 그들이 조립한 혼은 필연적으로 사멸하지 않을 수 없었지요.

29. 혼의 사멸(死滅)하는 부분들과 그것들의 신체 기관들(69d~73a)

그래서 그들은 꼭 필요한 정도 이상으로 이런 사멸하는 감정들로 신적인 혼을 오염시키지 않기 위해 사멸하는 혼이 몸 안의 별도 거처에
자리 잡게 했는데, 머리와 가슴을 떼어놓으려고 이들 사이에 일종의 e
지협(地峽)과 경계로서 목이 자리 잡게 했던 것이지요. 그리하여 그들은 사멸하는 혼을 가슴과 이른바 몸통에 가두었어요. 그리고 사멸하는 혼에는 더 나은 부분들과 더 못한 부분들이 있게 마련이므로
그것들 사이에 일종의 격벽으로서 횡격막을 삽입함으로써, 마치 남 70a
자들의 거처와 여자들의 거처로 집을 구분하듯, 몸통의 빈 곳을 나누었어요.

그들은 용기와 분노와 야심에 관여하는 혼의 부분을 머리에 더 가까이, 그러니까 횡격막과 목 사이에 자리 잡게 했는데, 이는 그 부분이 이성에 복종하여 욕구들로 이루어진 부분이 성채에서 하달되는 명령에 복종하기를 거부할 때마다 이성과 힘을 모아 이 부분을 힘으로 제압하게 하기 위해서지요. 그래서 그들은 심장이 그곳의 경비 초

188 zoion.
189 thymos. 문맥에 따라 '기개'(氣槪)라고 번역할 수도 있다.

b 소에 자리 잡게 했는데, 그렇게 한 이유는 심장이 혈관들의 연결점이
자 힘차게 고동치며 온 사지를 순환하는 피의 원천이기 때문이에요.
예컨대 외부로부터 또는 내적 욕구에 의해 몸에 위해가 가해지고 있
다고 이성이 보고한다고 가정해보십시오. 그러면 보고를 받고 분노
가 활활 타오르며 몸의 모든 통로를 통해 격려의 말과 위협의 말을 전
달하여 몸의 감각이 있는 부분은 모두 거기에 복종하게 하지요. 그러
면 모든 부분이 완전 복종하며 가장 훌륭한 부분이 자기들을 지배하
게 하지요.
c 또한 위험이 예상되거나 화가 치밀어 심장이 뛰면 그들은 우리 몸
의 화가 난 부분이 이렇게 부풀어오르는 이유는 불 때문이라는 것을
미리 알고는 그 치료제로서 몸 안에 폐를 심었어요. 폐는 부드럽고 피
가 흐르지 않는 데다 안에는 해면처럼 구멍이 나 있어서, 숨과 마실
것을 받아들임으로써 심장을 식혀주고 열기 속에서도 심장이 숨을
d 돌리고 편안함을 느끼게 해주기 때문이지요. 그래서 그들은 폐에 이
르도록 숨통을 뚫어놓고 폐가 일종의 완충장치로서 심장을 둘러싸
게 했으니, 이는 분노가 극에 달할 때 고동치는 심장이 부드러운 것
에 부딪혀 열을 덜 받도록 하기 위해서지요. 심장은 고통을 덜 받을
수록 이성에 더 잘 봉사할 수 있으니까요.
그들은 먹을거리와 마실 거리와 몸에 필요한 그 밖의 다른 것을 욕
e 구하는 혼의 부분은 횡격막과 그것의 배꼽 쪽 경계 사이에 자리 잡
게 하여, 이 부위 전체가 몸을 부양하기 위한 일종의 구유가 되게 했
어요. 그들은 혼의 이 부분을 인간 종족이 존속하려면 함께 부양할
수밖에 없는 야수인 양 그곳에다 묶어둔 것입니다. 그들이 이 부분을

그곳에 배치한 것은, 이 부분이 구유에서 계속 먹어대기는 하지만 숙
고하는 부분으로부터 되도록 멀리 떨어져 있어 되도록 소란과 소동
을 덜 피워서, 우리의 최고 부분이 우리 모두에게 전체적으로 개별적 71a
으로 무엇이 유익한지 조용히 숙고할 수 있게 하려는 것이지요.

혼의 이 부분은 결코 이성을 이해하지 못하며, 설사 어렴풋이 알
고 있다 해도 본성상 이성적인 논의에 주의를 기울일 수 없고 밤에도
낮에도 모상(模像)과 환영에 현혹되리라는 것을 알고 신[190]은 이런 약
점을 이용해서 간을 만들어 혼의 이 부분이 사는 곳에 넣었지요. 그 b
는 간을 조밀하고 매끈하고 달콤하고 씁쓸하게 만들었는데, 지성에
서 유래하는 사고들이 인상을 받아들였다가 우리 시각에 되돌려주
는 거울인 양 거기에 반사되게 하려는 것입니다. 그리하여 그런 사고
들이 간의 타고난 씁쓸한 맛을 이용해 위협적으로 다가오면 혼의 이
부분을 놀라게 할 수 있어요. 그런 생각들은 간의 표면 전체를 갑자
기 담즙으로 뒤덮음으로써 담즙 색으로 보이게 하고, 간을 온통 오 c
그라들고 주름지고 울퉁불퉁하게 만들며, 간엽(肝葉)이 뒤틀리고
쪼그라지게 함으로써 또는 구멍들과 입구를 막음으로써 고통을 느
끼게 하고 구역질이 나게 하지요. 그런가 하면 그런 사고들에서 부드
러운 숨결이 불어와 간의 표면에 그와 정반대되는 그림을 그리면, 그
런 사고들은 이질적인 것을 자극하거나 건드리기를 거부함으로써 씁
쓸한 맛을 누그러뜨리지요. 대신에 간이 타고난 단맛을 이용하여 간

190 여기에서는 복수 대신 단수를 쓰고 있다.

d 의 모든 부분을 뒤틀림과 쪼그라짐과 막힘에서 해방시켜줌으로써 그
런 생각들은 간 주위에 자리 잡은 혼의 부분을 온유하고 즐겁게 해
주며, 밤에는 미래를 예언해주는 꿈이라는 적당한 소일거리를 갖게
해줘요. 그 부분은 어차피 이성과 지혜에는 관여하지 못하니까요. 우
리를 만든 분들은 인간의 종족을 최대한 훌륭하게 만들라는 아버지
e 의 지시를 명심하고는 우리의 열등한 부분도 나름대로 진리에 참여
할 수 있게끔 예언의 자리가 간에 자리 잡게 했던 것이지요.

예언은 인간의 어리석음을 보상하기 위해 신들이 준 선물이라는 명
백한 증거가 있어요. 우리가 제정신일 때는 신들린 진정한 예언을 할
수 없고, 잠이 들거나 병이 들어 이해력에 족쇄가 채워지거나 아니면
신이 들려 정상 상태가 아닐 때만 그럴 수 있으니까요. 그러나 잠들었
을 때건 깨어 있을 때건 예언이나 신들림에 의해 전달된 것들을 기억
72a 하고 해석하며, 모습을 나타낸 모든 환영을 합리적으로 분석하며, 그
것들이 어떤 의미에서 누구의 미래 또는 과거 또는 현재의 나쁜 일 또
는 좋은 일을 뜻하는지 분간하는 것은 정상 상태에 있는 사람이 할 일
입니다. 자신의 환영들과 발언들을 해석하는 것은 정상 상태에서 벗
어나거나 여전히 벗어나 있는 사람이 할 일이 아닙니다. 정신이 온전
한 사람만이 자신에 관계되는 일을 행하고 알 수 있다는 옛말이 옳
b 아요. 그래서 해몽가들로 하여금 신들린 사람들이 본 전조를 판단
하게 하는 것이 관행이에요. 어떤 사람들은 해몽가들을 예언자들이
라고 부르는데, 이는 해몽가들이 사실은 예언자들이 아니라 수수께
끼 같은 예언과 환영의 해석자들이며, 따라서 '예언하는 자들의 해석
자들'이라고 부르는 것이 가장 타당하다는 것을 모르기 때문이지요.

그러니까 간이 우리가 말한 그런 본성을 지니고 있고, 그런 부위에
자리 잡고 있는 것은 다름 아니라 예언을 위해서입니다.[191] 그런데 어
떤 동물이든 살아 있는 동안에는 그 간이 비교적 뚜렷한 전조를 보여
주지만, 생명을 잃고 나면 간이 흐릿해져서 그 전조들이 확실한 의미
를 띠기에는 너무 모호해요. 또한 간 바로 왼쪽에 비장이 그런 모양 c
을 하고 자리 잡고 있는 이유는, 마치 거울을 닦을 수 있도록 헝겊 조
각이 항상 마련되어 있듯이, 간을 언제나 밝고 깨끗하게 유지하기 위
해서지요. 몸에 병이 나서 간의 표면에 불순물이 낄 때마다 속이 비
어 있고 피를 머금지 않는 조직이 성긴 비장이 그것을 모두 흡수해서
청소해주니까요. 그래서 비장이 간의 불순물로 가득 차면 붓고 곪다 d
가, 몸이 정화되고 나면 부기가 가라앉으면서 비장은 본래 크기로 줄
어들지요.

이상으로 우리는 혼과 관련하여 어디까지가 사멸하는 부분이고
어디까지가 불사의 부분인지, 이 둘은 어디에 자리 잡고 있고 어떤 기
관들과 함께하며 왜 서로 떨어져 있는지 설명했지만, 신이 확인해주
어야만 우리의 주장이 사실이라고 단언할 수 있겠지요. 그러나 지금
도, 그리고 나중에 재검토한 뒤에도 우리의 설명은 그럴듯한 것이라
고 감히 주장할 수 있을 것입니다. 그러니 그렇다고 해둡시다.

몸의 나머지 부분들은 어떻게 생겨났는가 하는 다음 주제도 우리 e

191 고대 그리스인들은 가축을 제물로 바치고 그 간의 생김새와 색깔을 보고 길흉을 점쳤다.

는 같은 원칙에 따라 규명해야 해요. 몸은 다음과 같은 의도에서 구성되었다고 보는 것이 가장 타당할 것입니다. 인간 종족을 만든 신들은 우리가 마실 거리와 먹을거리에 대해 자제력이 없으리라는 점과 식탐 때문에 적정량이나 필요량보다 훨씬 더 많이 소모하리라는 것을 알았어요. 그래서 그들은 우리 인류가 질병으로 인해 재빨리 멸
73a 망하고 다 자라기도 전에 금세 종말을 고하는 것을 막기 위해 이른바 아랫배를 남아도는 음식을 담아둘 저장소로 만들었고, 음식물이 재빨리 통과함으로써 몸이 어쩔 수 없이 더 많은 음식을 요구하여 식탐이 충족될 수 없게 되는 것을 막기 위해 장(腸)이 똬리를 틀게 했습니다. 그런 식탐은 우리 인류 전체가 철학과 문화를 멀리하게 하고, 우리 안의 가장 신적인 부분의 명령에 귀머거리가 되게 만들기 때문이지요.

30. 인체의 주요 구조: 골수(73b~73d)

b 뼈와 살과 그와 비슷한 우리의 다른 부분들은 다음과 같이 만들어졌어요. 이것들 모두의 출발점은 골수의 형성이었어요. 혼이 몸에 묶여 있는 한 생명의 끈들은 사멸하는 피조물의 뿌리로서 골수에 고착되어 있으니까요. 그러나 골수 자체는 다른 성분들로 만들어졌어요. 신은 모든 유형의 삼각형들 중에서 부드럽고 비뚤어지지 않아 불과 물과 공기와 흙을 가장 정확하게 만들 수 있는 원초적인 삼각형들을 따
c 로 떼어낸 뒤 이것들을 알맞은 비율로 섞어, 사멸하는 부류를 위한 일종의 보편적인 씨[192]로서 골수를 만들었어요. 그런 다음 신은 골수

에 여러 종류의 혼을 심었어요. 그리고 처음 배분할 때부터 골수를 여러 종류의 혼들이 지니게 되어 있는 수많은 유형과 상이한 형태들로 나누었어요. 그러고 나서 신은 신적인 씨를 담게 되어 있는 경작지를 둥글게 만든 뒤 골수의 이 부분을 뇌[193]라고 불렀는데, 각각의 피 d
조물이 완성되면 뇌를 담게 될 그릇이 그것의 머리[194]가 될 것임을 말해주려는 것이지요. 혼의 사멸하는 부분들을 담게 되어 있는 골수의 나머지 부분을 둥글고 길쭉한 형태로 나누며 전체를 '골수'라고 통칭했고, 이것들이 닻인 양 혼 전체의 끈들을 이것들에 묶었어요. 그러고 나서 먼저 온몸을 보호해줄 뼈로 된 방패를 만든 다음 온몸이 이 골수를 에워싸게 했지요.

31. 뼈, 힘줄, 살: 살갗, 모발, 손발톱(73e~76e)

신은 뼈를 다음과 같이 조립했어요. 그분은 순수하고 부드러운 흙을 e
체질한 뒤 반죽해서 골수에 담갔습니다. 그런 다음 그분은 그것을 불속에 집어넣었다가 물에 담갔고, 다시 불속에 집어넣었다가 다시 물에 담갔어요. 이런 과정을 반복함으로써 그것이 둘 중 어느 것에도 녹지 않게 만들었어요. 그분은 그것을 이용해 뇌를 둘러쌀 뼈로 된 구체(球體)를 만들고 그것에 좁은 출구를 남겨두었어요. 그러고 나 74a

192 panspermia.
193 enkephalos.
194 kephale.

서 그것을 이용해 목과 등의 골수를 에워쌀 등골뼈들을 만들어 차곡차곡 포갬으로써 머리에서 시작하여 몸통 전체를 통해 회전축(回轉軸)들 구실을 하게 했지요. 그렇게 그분은 씨 전체를 보호하기 위해 그것에 일종의 돌담을 두르고, 운동과 구부림을 제공하기 위해 돌담 안에 다름의 성질을 매개자로 이용해서 관절들을 만들었어요.

b 그러나 그분은 뼈의 구조가 지나치게 부서지기 쉽고 잘 구부러지지 않는다는 점과, 반복적으로 더위와 추위에 노출되면 뼈가 썩어서 그 안의 씨를 파괴하게 되리라는 점을 생각하고는 그런 이유에서 힘줄과 살을 고안해냈어요. 그분은 회전축들 주위에서 수축되고 이완되는 힘줄들로 모든 사지를 함께 묶음으로써 몸이 구부러지고 펴질 수 있게 했던 것이지요. 한편 살은 여름 더위와 겨울 추위를 막아줄
c 방패가 되게 했을뿐더러 넘어졌을 때는 모전(毛氈) 제품처럼 우리 몸에 부드럽고 유연하게 눌림으로써 부상을 방지하게도 했어요. 그분은 또한 살이 따뜻한 물기를 머금어 여름에는 이 물기가 땀으로 분비되게 함으로써 자력으로 온몸을 식혀주게 하고, 겨울에는 자체의 온기로 외부에서 포위 공격하는 추위를 적절히 막아주게 했어요.

밀랍으로 조형하는 사람처럼 우리를 만들어낸 그분은 이런 점들을 염두에 두고는 물과 불과 흙을 적절히 배합한 뒤 거기에 신 것과
d 짠 것으로 구성된 발효제를 첨가하여 액즙이 많은 말랑말랑한 살을 만들어냈던 것이지요. 그분은 또한 뼈와 발효제가 들지 않은 살을 섞어서 양자의 중간 성질을 띤 단일 물질을 만들고 거기에 노란색을 첨가함으로써 힘줄을 만들었어요. 그래서 힘줄은 살보다는 더 딱딱하고 질기지만, 뼈보다는 더 부드럽고 탄력이 있어요. 그분은 힘줄과

살로 뼈와 골수를 에워쌌어요. 하지만 먼저 뼈들을 힘줄로 한데 묶고 나서 그것들 전체에 살을 덮어씌웠어요.

그러나 그분은 혼이 가장 많이 들어 있는 뼈들은 가장 연한 살로 e
에워싸고, 생명이 가장 적게 들어 있는 뼈들은 가장 단단한 살로 가장 두껍게 에워쌌어요. 그리고 뼈의 관절들에는 이치를 따져 꼭 그래야 하는 곳을 제외하고는 살이 적게 자라도록 했어요. 그분의 의도는 첫째, 관절이 구부러지는 것을 살이 방해하여 몸이 굼떠지고 움직이기 어려워지는 것을 막자는 것이고, 둘째, 너무 두껍게 뒤룩뒤룩 살이 찜으로써 그 단단함 탓에 감각이 둔해지고 기억력이 쇠퇴하고 이해력이 무뎌지는 것을 막자는 것이지요.

그래서 넓적다리와 종아리와 엉덩이 주변 부위와 위팔과 아래팔 75a
과 그 밖에 관절이 없거나 또는 그 골수 안에 혼을 조금밖에 포함하지 않아 지성이 결여되어 있는 몸속의 다른 뼈들은 모두 살을 많이 갖되, 지성이 자리 잡고 있는 부분들은 살을 적게 갖도록 만들었던 것이지요. 물론 혀처럼 살 자체가 감각 기관이 되도록 만들어진 부분은 예외이지만 말입니다. 그러나 대부분의 경우는 내가 말한 대로입
니다. 그 생성과 성장이 필연의 지배를 받는 어떤 부분이 두꺼운 뼈 b
와 많은 살을 갖는 동시에 예민한 감각도 갖는다는 것은 불가능하니까요.

만약 이 둘이 합쳐질 수 있는 것이었다면 무엇보다도 머리가 그것들을 합쳐 가졌을 것이고, 살과 힘줄로 강화된 머리를 갖게 된 인간들은 지금보다 두 배 또는 여러 배나 긴 삶을, 그것도 더 건강하고 더 고통 없는 삶을 누렸겠지요. 그러나 우리를 만든 장인들인 신들은 장

c 수하지만 더 못한 종족을 만들 것인지 아니면 단명하지만 더 나은 종
족을 만들 것인지 저울질하다가, 단명하고 더 나은 삶이 장수하지만
더 못한 삶보다 누구에게나 모든 점에서 더 바람직하다는 결론에 도
달했어요. 그래서 그분들은 우리 머리를 얇은 뼈로 덮고 살과 힘줄로
는 덮지 않았는데, 머리에는 관절이 없었기 때문이지요. 따라서 그분
들이 각자의 몸에 붙여준 머리는 몸보다 더 민감하고 더 지적이지만
d 훨씬 더 약한 편이에요. 또한 그런 이유에서 그런 방식으로 신은 목
과 이어지는 머리의 맨 밑부분에 힘줄들을 둥글게 가지런히 맸고, 턱
뼈의 끝 부분은 얼굴 바로 밑에서 힘줄들에 고정했지요. 그리고 그
분은 나머지 힘줄들은 관절과 관절을 연결하도록 지체들 여기저기에
분산했어요.

우리 몸을 정돈한 분들은 입이 이와 혀와 입술과 더불어 지금과
같은 질서를 갖추게 했는데, 그렇게 하는 것이 필요할뿐더러 우리에
e 게 가장 이로웠으니까요. 그분들은 입을 필요한 것이 들어오는 입구
이자 가장 훌륭한 것들이 나가는 출구로 고안했던 것이지요. 입으로
들어와 몸에 영양분을 공급하는 것은 무엇이든 필요한 것이고, 지성
에 봉사하기 위해 우리 입에서 흘러나오는 말의 흐름이야말로 모든
흐름 중에서 가장 아름답고 가장 훌륭하니까요.

그분들은 또한 여름철의 혹서와 겨울철의 혹한 때문에 두개골이
그냥 드러나게 할 수도 없었고, 살덩어리에 덮여 무디고 둔감해지게
76a 내버려둘 수도 없었어요. 그래서 완전히 말라버리지 않은 상체의 살
에서 오늘날 우리가 '살갗'이라고 부르는 엄청나게 큰 피막(皮膜)이
분리되었지요. 그리고 이 피막이 뇌 주위의 물기를 만나 자라더니 머

리 둘레를 에워쌌어요. 그러자 물기가 봉합선을 뚫고 올라와 살갗을 적시며 정수리에서 일종의 매듭을 짓게 했어요. 그리고 봉합선의 유형이 다양한 것은 혼의 회전운동과 영양섭취 때문인데,[195] 이 둘 사이의 투쟁이 더 격렬하면 봉합선이 더 많고, 덜 격렬하면 봉합선이 더 적어요.

이 살갗 전체를 빙 돌아가며 혼의 신적인 부분[196]이 불로 구멍을 뚫 b
자, 그 구멍들을 통해 물기가 빠져나가기 시작했지요. 순수한 물기와 온기는 모두 빠져나갔지만 살갗과 같은 성분들로 혼합된 부분은 그 운동에 의해 위로 들려서 살갗 바깥으로 길게 뻗었는데, 그 하나하나의 가늘기는 구멍의 크기와 같았어요. 그러나 그것은 에워싸고 있던 공기의 압력에 운동 속도가 느려지면서 도로 살갗 밑으로 밀려
들어가 그곳에서 뿌리를 내렸지요. 이런 과정을 거쳐 살갗에 털이 나 c
게 된 것입니다. 털은 살갗과 같은 성분들이 섬유 모양으로 된 것이지만, 냉각되면 압축된 탓에 더 단단하고 더 밀도가 높아요. 개개의 털은 살갗에서 돋아나오면서 냉각되고 압축되니까요. 우리를 만든 분은 우리가 앞서 언급한 원인[197]들을 이용해 우리 머리를 이렇듯 텁수룩하게 만들었는데, 그분의 의도는 뇌를 보호하기 위해 살이 아닌 다
른 종류의 안전한 덮개를 제공하는 것이었어요. 털은 가벼울뿐더러 d
뇌의 민감성을 저해하지 않으면서 여름에는 적당히 그늘을 지어주고

195 43a 이하 참조.

196 뇌.

197 부차적인 원인. 46c ~ d 참조

겨울에는 가림막을 제공하니까요.

또한 손가락과 발가락의 끝 부분에서는 힘줄과 살갗과 뼈가 서로 엮였는데, 그것들의 혼합물이 마르면서 하나의 단단한 덮개를 형성했어요. 그러나 그것들은 이것을 만든 보조적인 원인들이고, 그것을 만든 진정한 원인은 미래의 생성을 배려하기 위해서였지요. 우리를
e 만든 분들은 언젠가는 남자들에게서 여자들뿐만 아니라 여러 종류의 동물이 생겨나리라는 것과, 이 동물 중 다수에게는 여러 가지 목적을 위해 손발톱이 필요하리라는 것을 알았기 때문이에요. 그래서 그분들은 인간들이 태어나자마자 손발톱이 생겨나게 구상했던 것이며, 그런 이유와 그런 의도에서 사지들의 끝 부분에 살갗과 털과 손발톱이 자라나게 했던 것입니다.

32. 식물(植物) (76e~77c)

그리하여 사멸하는 생명체의 모든 부분과 모든 사지가 하나의 전체
77a 로 결합했습니다. 그러나 그것은 어쩔 수 없이 불과 공기에 둘러싸인 삶을 살아야 했고, 그래서 불과 공기에 해체되고 소진되고 소멸하자 신들이 그것을 위해 구제책을 생각해냈으니, 인간의 본성과 동족이지만 형태와 감각이 달라 사실상 다른 생명체인 다른 본성이 자라게 했던 것이지요. 나무와 식물과 씨앗들 말입니다. 이것들은 지금은 농
b 업에 의해 우리의 목적에 맞게 길들여지고 순화되었지만, 처음에는 야생종만 있었고 그것이 더 오래된 것입니다.

생명을 가진 것은 무릇 '생명체'라고 불려 마땅하기에 나는 이들

식물을 생명체라고 부르기는 하지만, 지금 논의 중인 그런 생명체는 우리가 횡격막과 배꼽 사이에 자리 잡게 한 세 번째 유형의 혼[198]을 가질 뿐인데, 이 유형은 의견과 추론과 지성에는 전혀 관여하지 않고 욕구에 수반되는 즐거움과 괴로움만 느낍니다. 그것은 언제나 완전히 수동적이고, 처음 만들어질 때부터 자의식을 갖거나 자신의 어떤
국면에 대해 추론하는 능력을 타고나지 못했으니까요. 바깥으로부터 c
의 운동은 물리치고 자체 운동만 하면서 자기 안에서 자기 주위를 도는 것만이 그런 자질들을 가지는 법이지요. 그래서 그것은 분명 살아있는 생명체이지만 자체 운동[199]을 할 수 없기에 한곳에 뿌리내리고 고착되어 있는 거예요.

33. 소화와 호흡: (a) 통발(77c~79a)

우리보다 더 우월한 신들은 자기들보다 더 허약한 우리를 먹여 살리기 위해 식물들이 자라게 한 다음 우리 몸에 과수원의 관개수로와도 같은 도관(導管)들을 뚫었는데, 밀려드는 흐름으로 우리 몸에 수분을 공급하기 위해서였지요. 그러나 몸의 도관들은 살갗과 살이 만나
는 곳 아래 감추어졌어요. 그분들은 먼저 두 개의 혈관이 두 줄기 도 d
관처럼 양쪽 등줄기를 타고 흘러내리게 했어요. 우리 몸은 좌우가 대

198 혼의 욕구적인 부분을 말한다.

199 여기서 '자체 운동'이란 장소 이동을 말한다.

칭을 이루니까요. 그러자 이 혈관들은 그것들 사이에 있는 생명을 주는 골수가 최대한 활기 넘치게 했으며, 또 위에서 아래로 흐르기에 여기서 몸의 나머지 부분으로 수분이 쉬이 고르게 배분되도록 했어요.

그런 다음 그분들은 머리에서 이들 혈관을 나누어 그것들을 몸의
e 오른쪽 것은 왼쪽으로, 왼쪽 것은 오른쪽으로 서로 엇갈리게 엮었는데, 정수리 주위에는 머리를 붙잡아줄 힘줄들이 없기 때문에[200] 살갗이 머리를 몸에 연결시키는 데 도움도 줄 겸 양쪽 지체들에서 몸 전체로 감각적 지각이 확실하게 전달되도록 하기 위해서였지요.

그러고 나서 그분들은 다음과 같은 방법으로 관개 체계를 정비하
78a 기 시작했는데, 이는 우리가 더 작은 입자들로 구성된 것은 무엇이든 더 큰 입자들이 관통할 수 없지만 더 큰 입자들로 구성된 것은 더 작은 입자들이 관통할 수 있다는 원칙에 먼저 동의한다면 한결 쉽게 이해할 수 있을 겁니다. 그런데 불이야말로 가장 작은 입자들로 구성되어서 물, 흙, 공기와 이것들로 구성된 모든 물체를 관통하며, 불이 관통하는 것을 막을 것은 아무것도 없어요. 이 원칙은 우리 배(腹)에도 적용해야 해요. 먹을거리와 마실 거리가 들어오면 배는 그것을 간직
b 하지만, 불과 우리가 들이쉬는 공기는 우리 배의 입자들보다 더 작은 입자들로 구성되어서 배가 그것을 간직하지 못하니까요.

그래서 신은 배에서 혈관들로 수분을 공급하는 데 공기와 불을 이용했으니, 공기와 불로 마치 어부의 통발[201]과도 같은 망(網)을 만들었던 거지요. 이 망은 입구에 한 쌍의 깔때기가 있었고, 그중 하나는 다시 둘로 갈라졌어요. 그리고 이들 깔때기에서 끈 같은 것들이 뻗

어 한쪽 끝부터 다른 쪽 끝에 이르기까지 구조물 전체를 휘감게 했어요. 그분은 망의 내부는 전부 불로 만들었지만 깔때기들과 외피는 공기로 만들었어요. c

그분은 이 제작물을 집어 자신이 만든 생명체에 다음과 같은 방법으로 둘렀어요. 두 개의 깔때기를 입안에 삽입해 그중 하나는 숨통을 타고 폐로 내려가게 하고, 다른 하나는 숨통을 따라 배로 들어가게 했어요. 그리고 첫 번째 깔때기를 다시 두 부분으로 나누어 두 부분이 모두 콧구멍을 통해서 함께 나가게 했는데, 이는 입을 통하는 다른 깔때기가 작동하지 않을 경우 입의 흐름들도 코를 통해 공급되게 하기 위해서지요. d

그리고 통발의 나머지 부분인 외피는 우리 몸의 속이 빈 부분을 에

200 75c ~ d 참조.

201 리(D. Lee)는 통발을 다음과 같이 생각하고 있다.

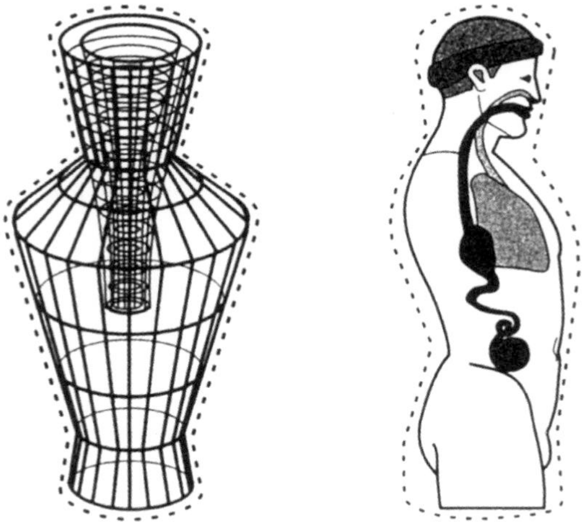

워싸고 자라게 했는데, 그 전체가 번갈아가며 어떤 때는 공기로 만들어진 만큼 부드럽게 깔때기들 안으로 함께 흘러들었다가 어떤 때는 깔때기들에서 도로 흘러나오게 하여 그와 동시에 망이 다공질(多孔質)인 우리 몸을 통해 드나들게 했으며, 망 안에 부착되어 있는 불의 광선들이 양쪽 방향으로 공기의 흐름을 뒤따르게 했지요. 이런 과정
e 은 사멸하는 생명체가 해체되지 않는 한 쉴 새 없이 계속되는데, 이름 짓는 분이 이런 과정에 '들숨'과 '날숨'이라는 이름을 지어주었다고 우리는 말하지요.

이런 능동적인 과정과 수동적인 과정 전체가 추구하는 유일한 목적은 인간의 몸이 수분을 공급받고 원기를 되찾음으로써 영양을 섭취해 목숨을 부지하는 것입니다. 외피 안의 불은 공기에 묶여 있는지
79a 라 공기가 드나들면 배 속으로 따라 들어가서 그곳의 음식물을 잘게 부수어 분해한 뒤 그것이 다니는 출구들을 거쳐 운반하다가, 마치 물이 샘에서 관개수로로 흐르듯, 분해된 조각들이 혈관들 속으로 흘러들게 하여 혈관들 속의 그 흐름들이 몸의 도관을 통과하도록 하기에 하는 말입니다.

33. 소화와 호흡: (b) 순환적인 밀어냄(79a~81b)

그렇지만 호흡에 관해 그것이 어째서 지금처럼 작동하게 되었는지 한 번 더 고찰해보기로 합시다. 그것은 다음과 같아요. 움직이는 물체는
b 허공[202]으로 들어갈 수 없지만, 우리가 내쉬는 공기는 우리 몸에서 나가므로 허공으로 나가는 것이 아니라 이웃한 공기를 그 자리에서 밀

어낸다는 것은 누구에게나 자명해요. 이렇듯 밀려난 공기가 이웃한
공기를 계속해서 밀어내기 때문에, 공기는 모두 필연적으로 돌고 돌
아 내쉬었던 공기가 나왔던 원래 자리로 들이쉬는 공기를 따라 들어
가서는 그 자리를 다시 채워요. 이런 일은 마치 구르는 수레바퀴처럼
모두 동시에 일어나는데, 그 까닭은 허공이라는 것이 존재하지 않기 c
때문이지요. 그리하여 가슴과 폐는 공기를 밀어내자마자 몸을 에워
싸고 있는 공기로 다시 채워지는데, 이 공기는 돌고 돌아 다공질인 우
리 살을 통해 안으로 밀려드는 것입니다. 반대로 공기가 방향을 바꿔
몸을 통해 밖으로 나갈 때는 들이쉰 숨을 빙 돌려서 입과 콧구멍들
을 통해 억지로 안으로 밀어넣어요.

우리는 이런 과정이 시작된 원인은 다음과 같다고 가정해야 합니
다. 모든 생명체의 내부에서 가장 뜨거운 곳은 피와 혈관에 가까운 d
부위들인데, 그런 부위들은 우리 몸속에 있는 불의 원천이라 할 수
있지요. 우리는 그것을 어부의 통발에 비기며 내부는 모두 불로 엮여
있지만 외부는 공기로 엮여 있다고 말했습니다. 그런데 뜨거운 것은
본성적으로 자기 영역에 있는 동류(同類)를 향해 움직인다는 것은
이론의 여지가 없어요. 그리고 이 경우 출구는 둘인데, 하나는 몸의
구멍들을 통하는 것이고 다른 하나는 입과 콧구멍들을 통하는 것이
지요. 그래서 뜨거운 것이 한쪽 통로로 나가면 공기를 빙 돌려 다른 e
쪽 출구로 밀어내지요. 그러면 밀리는 공기는 내부의 불에 노출되어

202 kenon.

데워지지만, 일단 몸 밖으로 나가면 식게 돼요. 그리고 둘 중 한 통로
로 들어오는 공기의 온도가 올라가면 그 공기는 더 뜨거워진 까닭에
들어왔던 통로 쪽으로 방향을 바꿔 동류를 향해 움직이면서 다른 통
로 쪽 공기를 빙 돌려 밀어냅니다. 이 공기는 다시 같은 방법으로 비
슷한 작용과 반작용을 하게 되는데, 이러한 두 원리에 따라 연속적인
순환운동이 발생하여 '들숨'과 '날숨'이 가능하게 해주는 것이지요.

부항단지나 음료를 들이켜는 행위라든가, 발사된 뒤 공중 또는 지
80a 상으로 이동하는 물체의 발사 행위도 같은 원리에 따라 설명할 수 있
어요. 이 원리는 또한 왜 속도가 빠른가 느린가에 따라 소리가 고음
또는 저음으로 들리는지, 소리가 이동하며 우리 안에서 만들어내는
운동이 불규칙적인가 규칙적인가에 따라 불협화음 또는 협화음이
되는지도 설명해줄 것입니다. 느린 소리가 먼저 도착한 더 빠른 소리
의 운동을 따라잡을 때는 빠른 소리의 운동은 차츰 추진력을 잃고
b 는 나중에 도착한 느린 소리의 운동과 속도가 비슷해져요. 그 과정
에서 느린 소리는 새로운 운동을 도입하지만 불협화음을 내지 않고
고음과 저음을 혼화(混和)해서 하나의 효과를 산출하는데, 이제 시
작되는 느린 운동은 막 끝나가는 빠른 운동과 비슷하기 때문이지요.
그리하여 그것은 어리석은 사람들에게는 쾌감을 주지만, 사멸하는
운동들로 신적인 조화를 모방한 것이기에 지혜로운 사람들에게는
즐거움을 주지요.

c 또 다른 예를 들자면 흐르는 물이나 낙뢰(落雷)나 호박이나 천연
자석의 '인력'[203]을 생각해보십시오. 사실 어느 경우에도 '인력' 같은
것은 없어요. 제대로 탐구하는 사람이라면 허공은 존재하지 않는다

는 것을, 이 모든 경우 순환적인 밀어내기가 작동한다는 것을, 모든 물체는 서로 자리를 바꾸는 과정에서 나뉘기도 하고 결합하기도 하며 원래 위치로 돌아간다는 것을, 간단히 말해 '마술'처럼 보이는 것은 이런 현상들의 복합적인 상호관계 때문이라는 것을 발견할 것입니다.

이런 논의의 출발점이 되었던 호흡이 가능한 것은, 앞서 말했듯이, d
같은 원리와 과정의 또 다른 사례입니다. 불은 음식물을 분해하며 우리 몸속에서 숨을 따라 이리저리 진동하는데, 그렇게 진동함으로써 분해된 음식물을 배에서 퍼올려 혈관들을 가득 채우지요. 또한 이 과정을 거쳐 영양분의 흐름이 모든 동물의 온몸에 계속해서 흐르게 된 거예요. 그리고 우리의 양식이 되라고 신이 심어놓은 열매든 채소
든 간에 인간의 체질을 닮은 것들 중에서 방금 분해된 것들은 서로 e
섞이기 때문에 온갖 색깔을 띠지만 대개 붉은색이 주류를 이루는데, 이는 불이 수분 많은 음식물을 분해하면서 거기에 남긴 자국이라고 할 수 있습니다. 그래서 우리 몸속을 흐르는 이 액체는 우리가 말한 그런 색깔을 띠게 된 것이지요. 우리가 '피'라고 부르는 이 액체는 살
과 몸 전체를 먹여 살리며, 거기에서 우리 몸의 부분들이 수분을 공 81a
급받아 비어 있는 곳들이 다시 채워지게 돼요.

그런데 채움과 비움은 만물은 같은 것을 향해 움직인다는 우주의 보편적인 운동 방식을 따릅니다. 바깥에서 우리를 둘러싸고 있는 것

203 helxis. holke.

들은 언제나 우리를 마모시켜 개개의 입자를 동류에게로 보내버리는 데 반해, 피의 입자들은 우리 안에서 잘게 쪼개진 다음 마치 하늘에
b 둘러싸이듯 생명체에게 둘러싸여 우주의 운동을 모방하지 않을 수 없기에 하는 말입니다. 바꿔 말하자면 우리 안에서 분해된 조각들은 모두 동류를 향해 움직여 그때 비어 있던 부분을 다시 채워요.

34. 정상적인 성장과 쇠퇴: 자연사(自然死)(81b~81e)

들어오는 것보다 나가는 것이 더 많으면 몸은 쇠퇴하고, 더 적으면 성장합니다. 그래서 동물의 체질이 전체적으로 아직 젊고 그것을 구성하는 삼각형들이 갓 진수된 배와 같다면, 그것은 튼튼하게 맞물려
c 있어요. 비록 최근에야 골수에서 형성되고 젖을 먹고 자랐기에 몸집 전체는 유연하게 구성되어 있지만 말입니다. 그런데 젊은 생명체의 음식물을 구성하는 삼각형들이 외부에서 젊은 생명체의 몸속으로 들어와 그 안에 갇히면 젊은 생명체의 새 삼각형들은 자기들보다 더 늙고 허약한 이들 다른 삼각형을 분해하고 흡수하는데, 그러면 젊은 생명체는 자신과 비슷한 삼각형을 많이 섭취해서 크게 자라지요. 그러나 오랜 기간 수많은 적들과 수많은 전투를 치르느라 삼각형들의
d 뿌리가 느슨해지면 섭취하는 음식물의 삼각형들을 자기와 비슷한 것들로 더는 분해하지 못하고, 오히려 자신들이 외부 침입자들에 의해 쉬이 분해돼요. 이 전쟁에서 지면 모든 생명체는 쇠퇴하며, 우리가 '노령'이라 부르는 것을 경험하게 되지요.

끝으로, 골수의 삼각형들이 튼튼한 노끈들로 서로 연결되어 있는

데도 더 이상 노고를 견디지 못하고 풀리면 혼의 끈들도 풀려요. 그리고 이런 일이 자연스럽게 일어나면 혼은 기꺼이 날아가버려요. 무엇이든 자연에 반(反)하는 것은 괴롭고 자연스럽게 일어나는 것은 즐 e
거운 법이니까요. 그래서 질병이나 부상으로 인한 죽음은 괴롭고 부자연스러운 반면, 노령으로 인해 자연스럽게 삶의 종말을 맞는 죽음은 가장 덜 괴롭고 고통보다는 오히려 즐거움을 수반해요.

35. 몸의 질병들: (a) 네 가지 구성성분의 불균형으로 인한 질병들

(81e~82b)

질병의 근원이 무엇인지는 누구에게나 명백해요. 몸을 구성하는 성
분은 흙, 불, 물, 공기 이렇게 네 부류인데, 갈등과 질병이 발생하는 82a
것은 이 가운데 하나가 부자연스럽게 많거나 모자라기 때문이거나, 이 가운데 하나가 제자리에서 다른 것의 자리로 옮겨가기 때문이거나, 몸의 어떤 부분이 불이나 다른 부류의 부적절한 변종을(이런 것들에는 몇 가지 변종이 있으니까요) 받아들이기 때문이거나, 이런 종류의 그 밖의 다른 원인들 때문이지요. 이 부류들 가운데 어떤 것
이 부자연스럽게 형성되거나 자리바꿈하게 되면, 전에 차가웠던 부 b
분들은 뜨거워지고, 마른 것은 축축해지고, 가벼운 것은 무거워지는 등 온갖 종류의 변화가 일어나기 때문이지요. 단언컨대, 몸의 어떤 부분과 같은 것이 모든 점에서 그 부분과 상응하고 적정비율을 유지하며 드나들 때에만 몸은 자신과의 동질성을 유지하며 온전하고 건강해요. 그렇지만 드나들 때 이런 한계를 넘어서는 것은 온갖 종류의

변화와 끝없는 질병과 쇠락을 가져다줄 것입니다.

35. 몸의 질병들: (b) '이차적 형성'에 의한 질병들(82b~84c)

c 게다가 자연에는 이차적 형성이라는 것이 있으므로, 질병을 이해하려는 사람은 이 점도 연구해야 합니다. 골수, 뼈, 살, 힘줄, 그리고 방법이 다르기는 하지만 피도 이들 네 부류로 구성되어 있으며, 대개는 내가 방금 말한 대로 질병에 걸리는데, 가장 심각한 질병에 걸리는 것은 이런 것들이 정반대로 생성될 때지요. 이런 일이 일어나면 그것들은 쇠퇴해요. 정상적으로는 살과 힘줄은 피에서 생기는데, 힘줄은
d 동족관계에 있는 섬유소에서 생기고, 살은 피가 섬유소에서 분리되어 응고될 때 이 응고된 것에서 생겨요. 다시 힘줄과 살에서 기름기 있는 끈끈한 액체가 분비되어 살을 뼈에다 접착시킬 뿐 아니라 골수를 둘러싸고 있는 뼈에 영양분을 공급하여 자라게 합니다. 끝으로, 가장 부드럽고 가장 유연한 삼각형들로 구성된 가장 순수한 부분이 밀도가 높은 뼈를 통과하는데, 일단 통과하고 나면 뼈에서 방울방울 흘러나와 골수를 적셔주지요.

e 매 과정이 이런 순서로 진행될 때는 대개 건강할 것이고, 그 반대로 진행될 때는 질병에 걸리겠지요. 분해되는 살이 분해된 쓰레기를 혈관들 속으로 돌려보내면 혈관들 속에는 우리가 들이쉬는 공기와 함께 많은 피가 흐르게 되는데, 매우 다양한 색깔과 더불어 신맛과 짠맛뿐 아니라 쓴맛을 가졌는데, 이 피에는 온갖 종류의 담즙과 장액(漿液)과 점액이 포함되어 있기 때문이지요. 이 분해와 부패의 산

물들은 먼저 피 자체를 파괴하고, 혈관들을 통해 사방으로 움직이며 몸에 영양분을 공급하지 않을뿐더러 자연스러운 순환 질서를 더는 지키지 않아요. 그것들은 서로 반감을 품고 있어 서로 반목할 뿐만 아니라 몸속에서 전열을 가다듬고 제자리를 지키는 것은 무엇이든 공격하여 파괴하고 해체해요. 83a

그런데 살의 가장 오래된 부분이 분해될 때는 동화되기를 거부하고 고온에 오래 노출되어 새카맣게 변하며 심하게 부식되어 쓴맛을 띠므로, 아직 부패하지 않은 몸의 모든 부분에 위험한 공격자가 돼 b
요. 때로는 그것의 쓴맛이 조금 묽어지는데, 그럴 때는 검은빛을 띤 것이 쓴맛 대신 신맛을 띠게 돼요. 때로는 쓴 것이 피에 적셔져 붉은 빛을 띠는데, 이것이 검은빛과 섞이면 초록색이 되지요. 끝으로, 염증의 불에 의해 새살이 해체될 때는 노란색과 쓴맛이 결합하지요. 이 모든 증상은 '담즙'이라는 이름으로 통칭되는데, 의사들이 붙인 이름이거나, 아니면 서로 다른 다수를 보고는 그 속에서 하나의 이름 c
을 요구하는 하나의 부류를 분간할 줄 아는 사람들이 붙인 이름이겠지요. 그렇지만 우리가 담즙의 일종으로 보는 다른 것들은 모두 색깔에 따라 구분된 것입니다.

장액 가운데 혈청은 무해하지만 검은색을 띠는 산성 담즙의 분비물은 가열되어 산성과 결합하면 유해한데, 그것은 산성 점액이라고 불려요. 또한 부드러운 새살이 분해되며 공기에 노출되어 생기는 물질도 있는데, 이 물질이 공기에 부풀어오르고 물기에 둘러싸이면 기 d
포(氣泡)들이 생기지요. 이 기포들은 개별적으로는 너무 작아서 눈에 보이지 않지만 하나의 집단을 이루면 눈에 보이는데, 거기에서 생긴 거품이 희게 보이기 때문이에요. 이렇게 부드러운 살이 공기와 결합하여 해체되는데 우리는 이것을 '흰 점액'이라고 불러요. 또한 새
e 로 생성되는 점액의 물기는 땀과 눈물과 그 밖에 우리 몸을 정화하며 날마다 배출되는 다른 물질들입니다.

따라서 피가 음식물에 의해 정상적으로 다시 채워지지 않고 자연의 이치를 거슬러 위험한 물질들에 의해 불어난다면, 이 모든 물질은 질병의 원인이 돼요. 살의 어떤 부분이 질병에 의해 분해되더라도 그 기초만 튼튼하게 남아 있으면 피해는 반감(半減)돼요. 살은 쉬이 회
84a 복되니까요. 그러나 살을 뼈에 묶어주는 물질이 병들어 이제는 그 자체가 살과 힘줄에서 분리된 까닭에 더 이상 뼈에 영양분을 공급하거나 살을 뼈에 묶어주지 못하고, 윤기 있고 매끄럽고 끈적이는 상태에서 나쁜 섭생 탓에 거칠고 짜고 메마른 상태가 되면, 그때는 그런 상태가 된 물질은 모두 뼈에서 떨어져나가면서 살과 힘줄 속으로 도로
b 부스러져 들어갑니다. 그리고 살은 그 뿌리에서 떨어져나가면서 힘줄들이 드러나고 염분이 가득 찬 채로 내버려두지요. 살 자체는 피의 흐름 속으로 도로 휩쓸려 들어가 앞서 언급한 질병들[204]을 더 악화시켜요.

이런 몸 상태들도 심각하지만 질병의 원인이 더 깊은 곳에 자리 잡고 있을 때는 더욱 심각합니다. 예컨대 살의 밀도가 높아서 충분히 통풍이 되지 않으면 뼈는 과열된 나머지 썩게 돼요. 그러면 뼈가 괴저(壞疽)에 걸려 영양분을 흡수하기는커녕 그 자체가 부스러져 거꾸로
c 영양분에 흡수되며, 그러면 영양분은 살에 흡수되고 살은 피에 흡수되어 이런 모든 질병을 앞서 언급한 질병들보다 더 악성으로 만들지

요. 그러나 최악의 경우는 어떤 모자람이나 지나침 때문에 골수 자체가 병에 걸릴 때입니다. 이것은 가장 심각하고 치명적인 질병을 일으키는데, 몸의 본성 전체가 흐름을 바꾸도록 강요당하기 때문이지요.

35. 몸의 질병들: (c)호흡과 점액과 담즙으로 인한 질병들; 신열(身熱)들 (84c~86a)

또한 세 번째 부류의 질병도 있는데 우리는 이를 호흡으로 인한 것, 점액으로 인한 것, 담즙으로 인한 것으로 나눌 수 있지요. 우리가 들 d
이쉬는 공기를 몸에 배분하는 일을 하는 폐가 분비물로 막히고 그 통로가 오염되면 몸의 어떤 부분에는 공기가 들어가지 못하고, 다른 부분들에는 적정량 이상의 공기가 들어가게 돼요. 첫 번째 경우 몸의 어떤 부분들은 통풍이 되지 않아 썩기 시작하며, 두 번째 경우 공기가 억지로 혈관들 속으로 뚫고 들어가 혈관들을 뒤틀며 몸을 분해하다가 결국 횡격막을 포함하는 몸의 중심부위에 갇히면서 고통스러운 e
질병이 수없이 생기게 하는데, 이런 질병에 걸리면 종종 땀을 뻘뻘 흘리지요. 또한 살이 분해되면서 몸속에 생긴 공기가 배출되지 못하는 경우도 있는데, 그렇게 되면 공기가 바깥에서 유입되어 갇혔을 때처럼 격렬한 통증을 느끼게 되지요. 그러나 가장 격렬한 고통은 몸속에서 생긴 공기가 힘줄들과 그곳의 혈관들 주위에 모여 부풀어오르

204 82e~83a 참조.

면서 근육[205]들과 거기에 붙어 있는 힘줄들을 뒤로 젖힐 때 생깁니다. 이 질병들이 테타노스와 오피스토토노스[206]라는 이름을 갖게 된 것은 물론 이런 긴장 상태 때문이지요. 이런 질병들은 치료제를 찾기가 어려워요. 실제로 이런 질병들은 대개 뒤이어 발생하는 신열(身熱)에 의해 해결돼요.

85a 흰 점액이 몸속에 갇히면 그 기포들 안의 공기 때문에 위험하지만 몸 밖으로 배출되면 덜 심각해요. 비록 온몸에 농포와 부스럼 같은 피부병을 일으켜 꼴사납게 만들기는 하지만. 그러나 흰 점액이 검은 담즙과 섞이면 머리 안의 가장 신성한 회전들[207]에 퍼져 그것들을 혼란에 빠뜨릴 수 있어요. 이런 일이 잠자는 동안 일어나면 덜 위험하지
b 만, 깨어 있는 동안에 그런 공격을 당하면 벗어나기가 더 어려워요. 그것은 우리의 신성한 부분이 걸리는 병인지라 '신성한 병'[208]이라 일컬어지는 것은 아주 당연한 일입니다. 시고 짠 점액은 체액 유출로 인한 모든 질병의 근원입니다. 이런 질병들은 유출된 체액이 흘러드는 부위가 다양하므로 이름이 여러 가지입니다.

몸의 어떤 부위가 뜨거워지거나 불타오르면 '염증'이 생겼다고 하는데, 염증이 생기는 이유는 모두 담즙 탓이지요. 담즙이 몸 밖으로
c 배출되면 여러 가지 종기가 생기지만, 몸 안에 갇히면 수많은 염증성 질환을 일으켜요. 최악의 상황은 담즙이 깨끗한 피와 섞이면서 피의 섬유소들의 정상적인 배열을 혼란에 빠뜨리는 것입니다. 핏속에 분산되어 있는 이 섬유소들이 하는 일은 너무 묽지 않고 너무 진하지도 않은 상태를 유지하여, 피가 열에 의해 너무 액화되어 몸의 작은 구멍들을 통해 새어나가는 것도 막고, 피가 진해져서 혈관 안을 순환하

기에는 너무 느려지는 것도 막는 것입니다. 섬유소들은 본성상 이 두 d
상태 사이의 적정 균형을 유지하도록 구성되어 있어요. 죽은 뒤에 피
가 식어갈 때도, 섬유소를 따로 모아두면 나머지 피는 모두 액체 상
태를 유지하지만, 섬유소가 핏속에 그대로 남아 있으면 피를 에워싸
고 있는 냉기에 힘입어 피를 응고시켜요.

따라서 섬유소는 핏속에서 이런 작용을 하기 때문에, 오래된 피에
서 생겨났다가 이제는 살이 녹아서 도로 핏속으로 돌아온 담즙이 뜨
거운 액체 상태로 조금씩 핏속으로 들어오기 시작할 때는 섬유소의
작용으로 인해 응고되는데, 담즙이 이렇게 응고되면서 부자연스럽게 e
열을 빼앗기면 몸에 오한이 납니다. 그러나 담즙이 다량으로 유입되
면 그 열로 섬유소를 제압하고 끓어오르게 하여 섬유소가 뒤흔들려
무질서 상태에 빠지게 하지요. 그리고 결국 담즙이 주도권을 쥐게 되
면 골수 속으로 들어가 그것을 태움으로써 그곳에 매어둔 닻줄을 풀
고 혼을 놓아주지요.[209] 그러나 담즙이 덜 유입되고 몸이 분해되는 것
에 저항하면 담즙 자체가 제압되어 몸 전체에 걸쳐 몸 밖으로 쫓겨나
거나, 아니면 혈관을 통해 아랫배나 윗배로 쫓겨 들어갔다가 마치 내

205 epitonos. 영어권에서는 대개 tendon으로 번역된다. 어깨와 목 주위의 근육을 말하는 것으로 보는 이들도 있다.

206 tetanos('파상풍', 근육의 '강직 경련'), opisthotonos(머리, 목, 척추의 본의 아닌 '뒤로 젖혀짐'). 둘 다 teinein('당기다') 동사에서 파생된 이름이다.

207 43a ~ 44d 참조.

208 hieron nosema. 간질(癎疾).

209 죽음에 이르게 된다는 뜻이다.

86a 전이 벌어져 나라에서 추방당하는 사람처럼 몸에서 쫓겨나며 설사나 이질 같은 질병을 가져다주지요.

불의 지나침 때문에 몸이 병들면 지속적으로 열이 나고, 공기의 지나침은 매일열을, 물의 지나침은 삼일열[210]을 낳지요. 물은 공기나 불보다 느리니까요. 넷 중에서 가장 느린 흙은 정화되는 데 네 배의 기간이 필요한지라 흙의 지나침은 사일열[211]을 낳는데, 이는 떨쳐버리기가 어려워요.

36. 혼의 질병들(86b~87b)

b 몸의 질병들과 그 원인들에 대해서는 이쯤 해두고, 다음에는 몸의 상태 때문에 생기는 혼의 질병들을 살펴보기로 해요. 어리석음[212]은 혼의 질병이고, 어리석음에는 광기와 무지[213] 두 종류가 있다는 것은 논란의 여지가 없어요. 따라서 누가 어떤 상태에서 이 둘 중 하나를 겪게 되건, 그 상태는 질병이라 불려야 합니다. 그리고 우리는 지나친 쾌락[214]과 고통[215]을 혼이 걸릴 수 있는 가장 심각한 질병으로 보아야 해요. 왜냐하면 어떤 사람이 지나치게 기쁘거나 또는 그와 반대로 괴
c 로울 때는 서둘러 한쪽은 붙잡고 다른 한쪽은 피하려다 무엇을 제대로 볼 수도 들을 수도 없으니까요. 한마디로 그는 광기에 사로잡혀 적어도 광기가 지속되는 동안에는 합리적으로 사고할 수 있는 능력을 완전히 상실하고 말아요.

또한 누군가의 골수 속 정액이 너무 많아서 넘쳐흘러 열매가 너무 많이 열린 나무 꼴이 되면, 욕구들과 그 결실들을 통해 수많은 진통

과 쾌락을 느끼게 돼요. 그는 이런 강렬한 쾌락과 고통 탓에 생의 대부분을 미친 상태로 보내니까요. 하지만 그의 혼은 몸의 상태 때문에 d 건강과 판단력을 상실했는데도, 그는 병자가 아니라 고의적인 악인으로 간주돼요. 그러나 사실 성적인 방종[216]은 대개 뼈에 기공이 많아 몸속에 넘쳐흐르는 어떤 한 물질의 상태로 인해 생기는 혼의 질병입니다. 그러니 일반적으로 말해 마치 사람들이 고의적으로 사악한 것처럼 쾌락에서 무절제[217]라고 불리는 모든 것을 나무라는 것은 옳지 못해요. 고의적으로 사악한 사람은 아무도 없으니까요. 나쁜 사 e 람을 나쁘게 만드는 것은 건강하지 못한 몸과 무식한 양육인데, 이런 가증스러운 일들이 자기에게 일어나기를 바라는 사람이 어디 있겠어요!

마찬가지로 몸의 고통들도 혼에 나쁜 영향을 많이 끼쳐요. 시고 짠 점액과 쓴 담즙성 체액이 배출구를 찾지 못하고 몸속에 갇히면 몸속을 이리저리 떠도는데, 그러다가 그것들에서 나오는 증기가 혼 87a 의 운동과 섞이면 강도와 범위가 서로 다른 온갖 질병을 유발해요.

210 삼일열: 학질의 하나로, 하루 걸러 발작하며 좀처럼 낫지 않는다.
211 사일열: 이틀씩 걸러서 열이 나는 열대열.
212 anoia.
213 mania, amathia.
214 hedone.
215 lype.
216 akolasia.
217 akratia.

이들 질병은 혼의 세 거처[218] 가운데 어느 곳을 공격하느냐에 따라 온갖 증상의 성마름과 의기소침함 또는 조급함과 소심함 또는 건망증과 아둔함을 낳지요. 게다가 이처럼 체질적으로 건강하지 못한 사람
b 들이 나쁜 정체(政體)[219]를 가진 국가에서 살며 가정에서나 공석에서 유해한 연설을 듣는다면, 더하여 그들이 이 모든 악을 치유해줄 수 있는 것을 어릴 때부터 전혀 배우지 않는다면, 우리 중에 나쁜 사람들이 나쁜 사람이 된 것은 본의 아닌 이 두 가지 요인[220] 때문입니다. 우리는 언제나 자식보다는 부모를, 양육되는 사람보다는 양육하는 사람을 나무라야 해요. 그러나 우리는 교육과 직업과 학습을 통해 나쁨은 피하고 좋음은 취하도록 최선을 다해야 해요. 하지만 이것은 다른 논의에서 다룰 주제입니다.

37. 혼과 몸의 균형(87c~88c)

c 그렇다면 이번에는 그와 반대되는 주제를 다루며 어떻게 돌봐야 우리 몸과 마음이 건전할지 논의하는 것이 옳고 적절하겠지요. 나쁜 것들보다는 좋은 것들을 논의하는 것이 더 옳으니까요. 그런데 좋은 것은 언제나 아름답고, 아름다운 것은 불균형하지 않아요. 따라서 생명체가 아름다우려면 균형이 잘 맞아야 합니다. 그런데 우리는 사소한 일에서는 균형을 잘 식별하고 이해하면서도 가장 중차대한 일에
d 서는 잘 따지지 못해요. 건강과 질병, 미덕과 악덕[221]을 위해서는 혼과 몸 사이의 균형과 불균형보다 더 중요한 것은 없기에 하는 말입니다. 그러나 우리는 이런 것에 전혀 주목하지 않으며, 강력하고 모든

면에서 위대한 혼이 상대적으로 허약하고 왜소한 체구에 의해 운반되거나 또는 혼과 몸이 정반대로 결합하면 생명체 전체가 가장 중요한 균형을 결여하여 아름답지 못하다는 것을 알아차리지 못해요. 그런데 혼과 몸의 적절한 균형은 그것을 볼 줄 아는 사람에게는 가장 아름답고 매력적인 광경입니다.

이를테면 다리가 너무 길거나 다른 지체가 너무 커서 균형이 맞지 e
않는 몸이 있다고 가정해보십시오. 그런 몸은 보기 추할뿐더러 수많은 고통을 안겨줘요. 그런 몸의 부분들이 서로 협력할 때는 지치거나 경련을 일으키거나 균형을 잃고 넘어지기 일쑤이니까요. 우리가 생명체라고 부르는 혼과 몸의 복합체도 그럴 것이라고 생각해야 해요. 그것의 혼이 몸보다 더 강하다고 가정해보십시오. 그런 혼이 비정상적 88a
으로 열정에 사로잡히면 온몸을 뒤흔들며 몸을 속병들로 가득 채워요. 또한 그런 혼이 이런저런 연구나 탐구에 몰입하면 몸을 쇠약하게 만들어요. 그리고 그와 같은 혼이 가르침이나 공석이나 사석에서의 논의에 말려들면 말다툼이 벌어지고 경쟁심이 생기는 까닭에 몸이 달아오르고 뒤흔들리며 분비물을 유출하게 하는데, 이른바 의사들은 대부분 그 원인을 제대로 알지 못하고 오진을 하지요. 한편 세력균형이 혼보다는 몸 쪽으로 기울어서 큰 몸이 작고 허약한 혼과 결합

218 69c ~ 70a 참조.

219 politeia.

220 건강하지 못한 체질과 나쁜 교육.

221 arete, kakia.

b 하면, 인간은 본성적으로 음식에 대한 몸의 욕구와 지혜에 대한 우리 안의 가장 신성한 부분[222]의 욕구라는 두 가지 욕구를 가지고 있는 만큼, 더 강한 쪽의 운동이 우위를 차지하면서 자신의 이익은 증대시키는 반면 혼을 아둔하고 어리석고 건망증이 심하게 만들어 무지라는 가장 심각한 질병에 걸리게 해요.

이 두 가지 위험에 대한 예방책은 한 가지밖에 없는데, 몸을 도외시한 채 혼을 움직이지 않고 혼을 도외시한 채 몸을 움직이지 않음으
c 로써 둘 사이에 건전한 균형을 유지하는 것입니다. 그래서 수학이나 그 밖의 다른 고된 지적 작업에 전념하는 사람은 체육에 참가함으로써 몸도 움직여야 하며, 한편 몸매 만드는 일에 열중하는 사람은 시가(詩歌)와 철학 일반에 관심을 기울임으로써 혼도 적당히 움직여야 해요. 그래야만 진실로 '아름답고도 훌륭하다'는 말을 들을 자격이 있어요.

38. 몸의 건강과 약물 사용 절제(88c~89d)

우리는 몸의 부분들도 우주의 구조를 모방하여 같은 원칙에 따라 돌
d 봐야 해요. 우리 몸은 들어오는 것들에 의해 안에서 더워지거나 식기도 하고 외부 환경에 의해 마르거나 젖기도 하면서 이 두 가지 운동에 따른 변화를 겪기 마련이지요. 그런데 누가 이런 운동들에 피동적으로 몸을 맡긴다면 그의 몸은 제압되어 망가지고 말겠지요. 반면 누가 우리가 우주의 유모이자 양모(養母)[223]라고 불렀던 것을 모방하여 되도록 그의 몸이 피동적이 되게 내버려두지 않고 계속 움직이게 하

며 운동을 통해 몸 전체를 흔들면, 내부의 움직임과 외부의 움직임 e
은 자연스럽게 균형을 유지하겠지요. 그렇게 적당히 흔들어줌으로써 그는 이런 혼란들과 동족관계에 따라 온몸을 떠도는 입자들에게 우리가 앞서 우주와 관련하여 설명한 것과 같은 방법으로[224] 질서와 체계를 부여하는 데 성공할 것입니다. 그러면 그는 적이 적 옆에 자리 잡게 함으로써 몸에 전쟁이 일어나고 질병이 생기도록 내버려두지 않고, 친구가 친구 옆에 자리 잡게 함으로써 몸이 건강해지게 할 것입니다.

운동들 가운데 가장 훌륭한 것은 자신에 의해 자신 안에서 일어 89a
나는 운동입니다. 그것이 사유와 우주의 운동에 가장 가까우니까요. 타자에 의해 우리 안에 일어나는 운동은 그만 못하고, 최악의 것은 몸은 활동하지 않는데 몸의 부분들이 외부 동인들에 의해 움직이는 운동입니다. 따라서 몸을 정화하고 복원하는 최선책은 체력을 단련하는 것이고, 차선책은 배나 사람을 지치게 하지 않는 어떤 탈것에
탄 채 흔들리는 것이지요. 세 번째 방법은 만부득이한 경우에는 유 b
용하지만 분별 있는 사람이라면 다른 경우에는 사용해서는 안 되는 것인데, 다름 아니라 의술과 약물에 의한 정화입니다.

질병은 아주 위험하지 않은 한 약물로 자극해서는 안 돼요. 모든 질병은 구조적으로 어떤 식으로든 생명체들을 닮아 있는데, 생명체

222 혼의 이성적인 부분.
223 51a, 52d~53a 참조.
224 53a 참조.

들은 종(種) 전체가 정해진 수명을 살도록 구성되어 있어요. 그 종의
개체들 역시 불가피한 사고를 당하는 경우를 제외하고는 일정 기간
c 의 수명을 타고 태어나요. 모든 생명체의 삼각형들은 처음부터 일정
기간 지탱할 수 있도록 결합되어 있으니까요. 생명체는 그 기간이 지
나면 살 수 없어요. 질병들도 비슷한 구조를 취하고 있어요. 그래서
누가 때가 되기도 전에 약물로 질병을 제거하려 하면 문제가 더 심각
해지고 복잡해지기 일쑤이지요. 따라서 모든 종류의 질병은 그럴 시
d 간이 있다면 섭생으로 다스려야 하며, 완고한 질병을 약물로 자극하
지 말아야 합니다.

39. 혼의 건강(89d~90d)

전체로서의 생명체와 그것의 신체적인 부분들에 대해서는, 그리고
사람이 어떻게 자신을 교육해야 그 교육에 힘입어 가장 이성적인 삶
을 살 수 있는지에 대해서는 이쯤 해둡시다. 그래서 우리가 무엇보다
도 먼저 서둘러 해야 할 일은 우리를 교육하게 될 그 부분이 교육자
로서의 역할을 가장 아름답고 가장 훌륭하게 해낼 수 있도록 최선을
다해 준비하는 것이라고 나는 생각해요. 이 주제를 세세히 다루는
e 것은 그 자체로 적잖은 일거리가 되겠지요. 그러나 이 주제를 부제(副
題)로 다루면서 앞의 논의에 따라 이렇게 윤곽만 제시하더라도 크게
잘못하는 것은 아닐 것입니다. 우리가 누차 말했듯이 우리 안에는 세
종류의 혼이 살고 있는데, 그것들은 저마다 자체 운동을 해요. 그래
서 우리는 이번에도 같은 맥락에서 그것들 가운데 어떤 것이든 나태

하게 살면서 자체 운동을 하지 않고 쉬면 매우 허약해질 수밖에 없지만, 자체 운동을 계속하는 것은 매우 강해질 수밖에 없다고 아주 간단하게 말할 수 있겠지요. 그래서 우리는 이들 운동이 서로 균형을 90a
이루도록 유의해야 해요.

그런데 우리는 우리 혼의 가장 중요한 부분을 우리를 인도하는 수호신[225]이 되라고 신이 우리에게 준 선물로 여겨야 합니다. 우리 몸의 정수리에 살고 있는 이 부분은 마치 우리가 대지가 아니라 하늘에 매인 식물인 양 우리를 대지에서 하늘에 있는 고향으로 들어올린다고 말하는 것이 가장 타당해요. 우리 뿌리인 머리를 혼이 처음 태어난 하늘에 매닮으로써 신은 우리 몸이 똑바로 서게 하니까요. 따라서 누가 b
욕구와 야망에 전념하며 그런 것들에 노력을 쏟는다면 그의 모든 의견은 필연적으로 사멸하는 것이 될 것이며, 인간으로서 가능한 범위 내에서 그는 철저히 사멸하는 존재가 될 수밖에 없어요. 그가 키운 것은 그의 사멸하는 부분이니까요. 그러나 누가 배우기를 좋아하고 참된 지혜에 정성을 들이며 특히 자신의 그 부분을 훈련시켰다면, 그가 진리를 파악할 수 있을 경우 그의 생각들은 필연적으로 불멸하고 신 c
적일 것이며, 그는 인간으로서 가능한 범위 내에서 불사(不死)에 관여할 수밖에 없어요. 그는 또한 자신의 신적인 부분을 늘 돌보며 자신과 동거하는 수호신을 훌륭한 상태로 유지한 까닭에 남달리 행복할 수밖에 없어요. 무엇을 돌보는 데는 한 가지 방법밖에 없는데, 다름 아니

225 daimon.

라 그것에 알맞은 영양분과 운동을 제공하는 것입니다. 그리고 우리 안의 신적인 부분과 동족관계에 있는 운동은 우주의 사고들과 회전
d 들입니다. 따라서 우리는 저마다 이 운동들에 유의하면서 우주의 조화와 회전들을 철저히 배움으로써 우리가 태어날 때 궤도에서 이탈한 우리 머릿속의 회전들을 수정해야 하며, 우리의 이해력이 타고난 본성에 따라 이해의 대상과 다시 일치하게끔 만들어야 해요. 그렇게 하면 우리는 현재에도 미래에도 최선의 삶이라는, 신들이 인간에게 정해놓은 목표를 달성하게 될 것입니다.

40. 생식욕: 여자, 새, 뭍짐승, 파충류, 어패류의 출현(90e~92e)

e 이제야 우리는 인류의 탄생에 이르기까지 우주의 내력을 들려주겠다는 우리 목표를 어지간히 달성한 것 같군요. 다른 생명체들이 어떻게 생겨났는지는 간단하게 언급해도 충분할 것입니다. 긴말이 필요 없어요. 다른 생명체들에 관해 이야기할 때는 그러는 편이 더 적절하다고 판단되니까요. 그러니 이 이야기는 이렇게 시작하기로 해요.

그럴듯한 이야기에 따르면, 처음 태어나서 비겁하거나 불의한 삶을 산 남자들은 두 번째로 태어날 때는 모두 여자로 환생했다고 해요.
91a 그래서 그때 신들은 생식욕을 생각해내어 혼을 가진 이 생명체 가운데 하나는 남자 안에, 다른 하나는 여자 안에 만들었어요. 신들은 그 각각을 다음과 같이 만들었습니다. 우리 몸에는 음료의 통로가 있어서, 우리가 마신 것이 폐를 거쳐 콩팥으로 들어가 거기서 방광에 이르면 공기의 압력에 따라 방광에서 밖으로 배출돼요. 이 통로로부터

신들은 머리에서 목을 지나 척추를 따라 뻗어 있는 골수와 연결되도
록 구멍을 뚫었는데, 이 골수를 우리는 앞의 논의에서 '씨'[226]라고 불 b
렀지요. 그리고 이 골수는 혼을 부여받은 데다 출구를 갖게 된 까닭
에 출구가 있는 부위에 배출하고 싶은 강한 욕구를 느끼게 해주었
고, 그렇게 함으로써 생식욕을 유발했어요. 그래서 남자의 생식기는
이성에 복종하려 하지 않는 동물처럼 복종할 줄 모르고 제멋대로이
며 광적인 욕구에 이끌려 무엇이든 제압하려 하지요.

같은 이유에서 여자 안에는 모체(母體) 또는 자궁이 있는데, 아이 c
를 갖기를 원하는 여자에게 내재하는 이 생명체가 지나치게 오랫동
안 불임 상태로 머물면, 괴로워서 안절부절못하고 몸속을 이리저리
떠돌다가 숨의 통로를 막아 극심한 고통을 안겨주며 온갖 질병을 유
발해요. 그리고 이런 상태는 여자의 임신 욕구와 남자의 생식 욕구가
서로 만나, 말하자면 나무에서 열매를 딸 때까지 계속돼요. 남자와 d
여자가 자궁이라는 밭에다 너무 작아 눈에 보이지 않는 생명체들을
씨 뿌리면 처음에는 충분히 형태를 갖추지 못한 이 생명체들은 분화
하기 시작하고, 자궁이 영양분을 공급하면 드디어 생명체로서 충분
히 성장하여 햇빛 속으로 나오지요.

이것이 여자들과 여성의 기원입니다. 그러나 새들은 머리털 대신
깃털이 자란 일종의 변종으로, 천체에 관심이 많기는 하지만 천문학
에서 가장 확실한 증거는 시각적인 관찰에 의한 것이라고 믿을 만큼 e

226 73c, 74a 참조.

순진하다는 점에서 악의는 없어도 어리석은 사람들이 환생한 것입니다. 한편 뭍짐승들은 머릿속의 회전들[227]을 사용하기를 그만두고 가슴속에 자리 잡고 있는 혼의 부분들의 지도를 따른 까닭에 철학과는 무관하며 우주의 본성을 고찰해본 적이 없는 사람들이 환생한 것입니다. 이런 생활방식 때문에 그것들의 앞다리들과 머리는 유유상종의 원칙에 따라 땅 쪽으로 끌려 땅에 의지하게 되었고, 그들의 머리
92a 는 길쭉해지거나, 사용하지 않은 탓에 각자의 회전들이 찌그러진 모양에 따라 여러 가지 형태를 띠게 되었지요. 이런 종류의 동물이 네 발 또는 더 많은 발을 가진 까닭은, 어리석을수록 신이 더 많은 버팀대를 주어 그것들이 땅에 더 가까이 끌리게 했기 때문이지요. 뭍짐승들 가운데 가장 어리석은 것들은 전신이 땅바닥에 뻗어 있는데, 더는 발을 사용할 필요가 없는지라 신은 그것들이 발 없이 땅 위를 기어다니게 만들었던 것이지요.

b 그러나 네 번째 부류인 수생동물은 가장 어리석고 가장 무식한 자들이 환생한 것입니다. 그들의 혼은 온갖 종류의 범법 행위로 오염되어 있는지라 그들을 환생시킨 신들은 그들이 더는 순수하고 맑은 공기를 호흡할 자격이 없다고 보고는, 그들을 혼탁한 심연 속에 빠뜨려 그곳에서 숨 쉬게 했던 것이지요. 이것이 물고기와 조개와 그 밖의 다른 수생동물의 기원인데, 그것들은 가장 깊은 무지에 빠진 벌로 가
c 장 깊은 곳에 거처를 할당받은 것입니다. 모든 생명체는 예나 지금이나 이런 원칙들에 따라 꾸준히 서로 형태를 바꾸는데, 그것은 지성 또는 어리석음을 잃느냐 아니면 얻느냐에 달려 있어요.

41. 결론(92c)

이제 우리는 우주에 관한 우리 논의가 완결되었다고 말할 수 있어요. 우리의 이 세계가 사멸하는 생명체와 불사의 생명체들을 어떻게 받아들여 그것들로 가득 찼는지 설명했으니까요. 그것은 가시적인 생명체를 모두 내포하는 가시적인 생명체이며, 지성적인 신을 닮은 지각될 수 있는 신입니다. 우리의 이 우주는 가장 위대하고 가장 훌륭하고 가장 아름답고 가장 완전하니, 그야말로 유일무이한 존재입니다.

227 43a, 44d 참조.

K r i t i a s

크리티아스

아틀란티스 섬의 전설

크리티아스 차례

대담자

소크라테스(Sokrates 기원전 469~399년) 아테나이 출신의 철학자. 이때 나이 40대 중반쯤 된 것으로 보인다.

티마이오스(Timaios) 남(南)이탈리아의 로크리스(Lokris) 출신 학자. 실존인물인지는 확실하지 않다.

크리티아스(Kritias) 여기에 등장하는 크리티아스가 플라톤의 외종숙이자 악명 높은 30인 참주 정권의 일원이었던 크리티아스(기원전 460년경~403년)인지, 아니면 그와 이름이 같은 그의 할아버지인지는 단정하기 어렵다. 다만 그때로서는 90세가 넘은 노인이 이런 대화에 참가한다는 것은 사실상 불가능할 것 같아 옮긴이는 전자로 보았다.

헤르모크라테스(Hermokrates) 시칠리아 쉬라쿠사이(Syrakousai) 시의 정치가이자 장군으로, 아테나이의 시칠리아 원정대(기원전 415~413년)를 격퇴하는 데 큰 공을 세운다.

1. 머리말로서의 대화(106a~108d)

티마이오스 소크라테스님, 내 이제 이야기를 무사히 끝내고 긴 여정 106a
을 마친 나그네처럼 쉴 수 있게 되어 얼마나 기쁜지 모르겠어요. 그래서 나는 실제로는 오래전에 태어났지만 내 이야기에서는 방금 태어난 신[1]에게 기도합니다. 우리가 적절하게 말한 것은 안전하게 간직하
도록 해주되 우리가 본의 아니게 틀린 말을 했다면 합당한 벌을 내려 b
달라고. 그리고 누군가 음조에 맞지 않는 연주를 할 때 그에게 내리는 올바른 벌은 그가 음조에 맞게 연주하도록 하는 것이라고 말입니다. 그래서 나는 앞으로 우리가 신들의 탄생에 대해 말하는 것이 모두 바른말이 되도록 신이 약(藥) 중에서도 가장 좋고 가장 효험 있는

1 우주. 『티마이오스』 34b, 92c 참조.

지식[2]을 우리에게 내려달라고 기도하는 것이랍니다. 또한 그렇게 기도하면서 나는 다음 이야기할 순번을 우리가 합의한 대로[3] 크리티아스님에게 넘기겠습니다.

크리티아스 그렇다면 티마이오스님, 내가 넘겨받지요. 그대는 이야기
c 를 시작하며 먼저 너그럽게 들어달라고 양해를 구했는데, 나도 지금 방대한 이야기를 하려는 만큼 똑같은 양해를 구하지 않을 수 없군
107a 요. 사실 주제의 성격상 내가 더 큰 양해를 구해야 할 것 같아요. 내 부탁이 주제넘고 예의에 어긋나는 줄은 잘 알지만 그럼에도 양해를 구하지 않을 수 없어요. 지각 있는 사람이라면 누가 감히 그대 이야기를 훌륭하지 못하다고 주장할 수 있겠어요? 내가 할 수 있는 일이라야 내 주제가 더 어려운 만큼 더 너그럽게 들어주어야 한다는 것을 보여주려고 노력하는 것이겠지요. 티마이오스님, 우리 사이에서 인
b 간들에 관해 말할 때보다는 인간들에게 신들에 관해 말할 때 능변가라는 인상을 주기가 더 쉽기에 하는 말입니다. 청중이 주제와 관련해 경험이 없고 생판 무지하다면 청중에게 말하기가 한결 쉬우니까요. 그런데 신들에 관해 우리가 얼마나 무지한지는 우리가 잘 알고 있어요.

이 길로 조금만 더 나를 따라오면 내 말뜻이 더 분명해질 것입니다. 우리가 말하는 것은 모두 모방과 모사(模寫)[4]일 수밖에 없어요. 그러니 화가가 신들과 인간들의 몸을 그릴 때, 보는 사람들에게 그것
c 이 제대로 모방된 것으로 보이는 게 쉬운 일인지 어려운 일인지 살펴보기로 해요. 우리는 어떤 화가가 대지와 산들과 강들과 숲들과 하늘과 별들과 행성들을 그리되 조금만 비슷하게 그려도 우리가 곧 만

족하는 것을 보게 될 것입니다. 더구나 우리는 그런 것들을 정확히 알지 못하기 때문에 그의 그림들을 따지거나 비판하지 않고, 이런 경 d 우에는 부정확하고 기만적인 소묘에도 만족할 것입니다. 그러나 화가가 인체를 모사하려 한다면, 우리는 인체에 친숙한지라 그의 실수를 금세 알아차리고는 완전하게 모사하려다 실패한 화가를 혹독하게 비판하지요.

말을 하는 경우에도 같은 일이 벌어진다는 것을 알아야 합니다. 주제가 하늘과 신들에 관한 것일 때는 조금만 비슷해도 우리는 만족하지만, 주제가 사멸(死滅)하는 존재와 인간들에 관한 것일 때는 꼬치꼬치 따지니까요. 그러니 내가 지금 이야기하려는 것과 관련해서도 e 내 이야기가 언제나 주제에 적합하지 않더라도 양해 바랍니다. 사람들의 기대에 어긋나지 않게 인간사를 모사한다는 것은 쉬운 일이 아니라는 점을 우리는 알아야 합니다. 소크라테스님, 내가 이렇게 서론 108a 을 길게 늘어놓는 까닭은, 여러분이 이런 사실들을 명심하시고 내가 지금 말하려는 것을 더 너그럽게 들어달라고 양해를 구하고 싶어서입니다. 그러니 내 요구가 정당하다 싶으면, 여러분은 기꺼이 내 부탁을 들어주십시오.

소크라테스 우리는 물론 그대의 청을 들어줄 것이오. 게다가 세 번째로 말하게 될 헤르모크라테스의 이야기도 우리는 너그럽게 들어주도

2 episteme.

3 『티마이오스』 27a 참조.

4 mimesis, apeikasia.

록 합시다. 조금 뒤 그가 말할 차례가 되면 그도 그대들과 같은 부탁
b 을 할 것이 분명하니까요. 그러니 그가 똑같은 첫머리를 되풀이할 필요를 느끼는 대신 다른 첫머리를 생각해낼 수 있도록, 그도 말할 차례가 되었을 때 우리가 너그럽게 들어주리라는 것을 알고 말하게 합시다. 하지만 친애하는 크리티아스님, 그대의 청중의 마음 상태와 관련해 그대에게 충고할 게 있는데, 앞서 말한 시인[5]이 요란한 박수갈채를 받은 만큼[6] 그에 필적하려면 아주 많은 양해가 필요할 것입니다.

헤르모크라테스 소크라테스님, 그 충고는 여기 이분 못지않게 나에게도
c 적용돼요. 하지만 크리티아스님, 용기 없는 사람들이 전승기념비[7]를 세운 적은 없어요. 그대는 용감하게 이야기를 전개하되 파이온[8]과 무사 여신들[9]의 가호를 빌며 그대의 옛 동료 시민들이 훌륭했다는 것을 드러내고 칭송하도록 하십시오.

크리티아스 친애하는 헤르모크라테스님, 그대가 아직도 자신만만한 까닭은, 그대는 후미 대열에 자리 잡고 있고 그대 앞에는 그대를 지켜줄 누군가가 있기 때문이오. 그러나 선두 대열에 선다는 것이 어떤 것인지 그대도 곧 경험하여 알게 되겠지요. 하지만 나는 그대의 충고와
d 격려를 받아들여 그대가 말한 신들에 덧붙여 다른 신들, 특히 므네모쉬네[10] 여신의 가호를 빌어야겠지요. 내 이야기의 성패는 사실상 그 여신에게 달려 있다 해도 과언이 아니니까요. 만약 내가 솔론이 사제들에게 듣고 귀향할 때 이곳으로 가져온 이야기를 충분히 기억하고 전달할 수 있다면, 확신컨대 이 자리에 모인 내 청중인 여러분은 내가 맡은바 과업을 성공적으로 수행했다고 생각할 것입니다. 이제 더

는 지체하지 말고 내가 맡은바 과업을 수행해야겠지요.

2. 시간 계측과 대재앙(108e~110c)

우리가 무엇보다 먼저 명심해야 할 것은, 기록에 따르면 헤라클레스 e
의 기둥들 바깥쪽에 살던 사람들과 안쪽에 살던 사람들 사이에 전쟁이 벌어진 이후로 9천 년쯤 경과했다는 것입니다. 나는 지금 이 전쟁을 소상히 언급하려 해요. 사람들이 말하기를, 한쪽 군대는 전쟁이 끝날 때까지 아테나이가 지휘했고, 다른 쪽 군대는 아틀란티스 섬의 왕들이 지휘했다고 합니다. 우리가 말했듯이, 이 아틀란티스 섬은 한때는 리뷔에와 아시아를 합친 것보다 더 컸습니다. 비록 지금은 지진
으로 가라앉으며 해협에서 대양으로 나가려는 항해자들의 통행을 109a
가로막는, 항해할 수 없는 진흙만 남겼지만 말입니다. 우리가 이야기 보따리를 풀다 보면 당시 거주했던 수많은 이민족[11]과 헬라스인 부족들에 관해 소상히 이야기할 기회가 있겠지요. 그러나 우리는 먼저 당

5 티마이오스.

6 여기서 소크라테스는 티마이오스와 크리티아스와 헤르모크라테스를 비극 경연에 참가한 세 명의 시인에 견주고 있다.

7 tropaion. 적군이 등을 돌려 달아나기 시작한 곳에 세웠다.

8 Paion 또는 Paian. 승리의 신으로서의 아폴론(Apollon)의 별명.

9 Mousai(단수형 Mousa). 시가(詩歌)의 여신들.

10 Mnemosyne. 기억의 여신.

11 barbaros. '비(非)그리스인' '야만인'이라고도 번역한다. Hellas. 그리스.

시의 아테나이인들과 그들의 전쟁 적수들의 국력과 정체(政體)를 논해야 할 것이며, 그중에서도 아테나이인들 이야기를 먼저 해야 할 것입니다.

b 옛날 옛적에 신들은 추첨을 통해 대지 전체를 자기들끼리 영역별로 나누어 가졌고, 그 때문에 다투지는 않았어요.[12] 신들이 자기들 각자에게 적합한 것을 몰랐다거나, 알고 있으면서도 남들에게 더 적합한 것을 다툼을 통해 제 것으로 삼으려 했다고 생각하는 것은 사리에 맞지 않으니까요. 신들은 저마다 자기에게 정당하게 배정된 것을 흔쾌히 받아들여 자기 영역에 공동체들을 건설했고, 그러고 나서 자신의 소유물이자 피조물인 우리를 마치 목자가 가축 돌보듯 보살피
c 기 시작했지요. 그러나 신들은 마치 목자들이 가축 떼를 막대기로 쳐서 풀밭으로 몰고 가듯 물리적인 강압수단을 사용하지는 않았어요. 오히려 신들은 방향을 바꾸기가 가장 쉬운 후미에서 피조물을 조종하되, 마치 키잡이가 키를 이용하듯 설득을 통해 자신들의 계획대로 혼(魂)을 장악한 다음, 죽기 마련인 모든 피조물을 그런 방법으로 이끌고 조종했습니다.

추첨 결과 다른 신들은 다른 영역들을 배정받아 그곳을 다스리기 시작했어요. 그러나 헤파이스토스와 아테나는 같은 아버지에게서 태어난 오누이[13]인 데다 둘 다 지혜와 기술을 추구하는 성격도 같은지라 이곳 아테나이를 공동 영역으로 배정받았지요. 이곳은 미덕과
d 지혜에 어울리는 고장이니까요. 그리고 두 신은 이곳의 대지에서 용감한 사람들이 태어나게 하여[14] 그들에게 나라를 어떻게 다스릴 것인지 가르쳐주었지요.

최초의 아테나이인들 이름은 남아 있지만 그들의 행적은 후계자들이 사멸하고 오랜 세월이 경과한 탓에 잊히고 말았어요. 내가 앞서 말했듯이,[15] 잇단 파멸에서 살아남은 자들은 무식한 두메산골 사람들로 나라의 통치자들의 이름만 들었을 뿐 그들의 업적에 관해서는 아는 바가 거의 아무것도 없었으니 말입니다. 그래서 그들은 자식들
에게 선조들의 이름을 붙여주는 것으로 만족했고, 선조들의 미덕과 e
관습과 관련해서는 그 각각에 관해 막연한 소문만 들었을 뿐 아는 것
이 하나도 없었지요. 여러 세대 동안 그들과 그들의 자식들은 생필품 110a
이 부족하여, 생필품을 구하는 데 전념하며 이 문제와 관련한 대화를 나눌 뿐 먼 과거사에는 관심이 없었으니까요. 신화나 과거사에 대한 탐구는 사람들에게 생필품이 충분히 비축되어 있는 것을 보고서야 여가와 더불어 도시들을 방문하는 법이지요.

아무튼 이런 이유에서 옛날 사람들의 이름은 보존되었지만 행적들은 보존되지 않았습니다. 내가 그렇게 주장하는 근거는, 솔론이 전하는 바에 따르면, 아이귑토스의 사제들이 당시의 전쟁에 관해 들려

12 이와 달리 전통적인 그리스 신화에서는 포세이돈과 아테나 여신이 앗티케(Attike) 지방의 영유권을 놓고 서로 다투었다고 한다.

13 아테나는 어머니 없이 아버지 제우스의 머리에서 태어났고, 헤파이스토스는 제우스와 헤라 사이에서 태어났다고 한다.

14 아테나이의 전설에 따르면 에렉테우스(Erechtheus) 같은 그곳의 초기 왕들은 대지에서 태어난 반인반사(半人半蛇)의 괴물이었다고 한다. 그래서 아테나이인들은 자기들이 먼 옛날부터 앗티케 지방을 차지하고 살던 토박이라고 주장한다.

15 『티마이오스』 22d 이하.

준 이야기에는 케크롭스, 에렉테우스, 에릭토니오스, 에뤼식톤[16]과
b 그 밖에 테세우스[17]의 다른 전임자들 이름이 대부분 나올 뿐 아니라
여자들의 이름도 나온다는 것입니다. 무엇보다도 아테나 여신의 무
구들과 입상(立像)들을 생각해보십시오. 그때는 남자와 여자가 함께
군사훈련에 참가했습니다. 그래서 이런 관습을 반영하기 위해 무장
c 한 여신상을 만들었던 것인데, 이는 무리 지어 사는 모든 동물은 암
컷이든 수컷이든 각 종족 고유의 미덕을 최대한 공동으로 실현할 수
있다는 것을 암시하는 것이지요.[18]

3. 선사시대의 아테나이: 국토, 주민, 제도(110c~112e)

그때 이 나라에 살던 시민 계급은 대부분 수공업과 농경에 종사했습
니다. 그러나 신과 같은 사람들[19]에 의해 처음부터 격리되었던 전사
계급은 따로 살았지요. 생계와 교육에 필요한 것을 모두 구비하고서
d 말입니다. 그들은 누구도 사유재산을 갖지 않았고 자신들의 모든 재
산을 모두의 공유물로 간주했습니다. 그들은 또한 다른 시민들에게
적정량의 식량 공급 말고는 아무것도 요구하지 않았습니다. 사실 그
들의 생활방식은 모든 점에서 어제 가상적인 수호자들에 관해 논할
때 말했던 것과 같습니다.[20]

게다가 우리 영토에 관한 아이귑토스 사제들의 이야기도 믿을 만
한 사실이었어요. 무엇보다도 그 무렵 우리 영토의 경계는 서쪽으로
e 는 코린토스 지협[21]에, 본토의 북쪽으로는 키타이론 산과 파르네스[22]
산 정상에 이르다가, 오른쪽의 오로포스와 왼쪽의 아소포스[23] 강 사

이를 지나 동쪽 바다로 내려갔다니 말입니다. 그리고 우리 나라는 어느 나라보다 토양이 비옥하여 농사일을 면제받은 대군(大軍)을 먹여 살릴 수 있었다고 해요. 우리 나라의 토양이 비옥했다는 확실한 증거로, 아직도 남아 있는 그 잔재가 온갖 양질의 농작물을 넉넉히 수확하게 해주고 온갖 종류의 가축에게 꼴을 넉넉히 대준다는 점에서 어느 나라에도 뒤지지 않는다는 사실을 지적할 수 있겠지요. 그런데 그 111a
때 우리 나라가 생산한 농작물은 양도 많았지만 질도 좋았다고 합니다.

어떻게 그 말을 믿을 수 있느냐고요? 무슨 근거로 오늘날의 앗티케 지방의 토양을 당시 토양의 잔재라 할 수 있느냐고요? 앗티케 지

16 Kekrops, Erechtheus, Erichthonios. 이들은 아테나이의 전설상의 왕들이다. 에뤼식톤(Erysichthon)은 텟살리아 지방의 왕으로, 농업과 곡물의 여신 데메테르(Demeter)의 원림에 있던 참나무를 베어낸 죄로 평생 허기에 시달린다.

17 테세우스(Theseus)는 아테나이 왕 아이게우스(Aigeus)의 아들로 우두인신(牛頭人身)의 식인 괴물인 크레테 섬의 미노타우로스(Minotauros)를 퇴치하는 등 혁혁한 전공을 세워 아테나이의 국민적인 영웅이 된다.

18 『국가』 471d, 540c 참조.

19 아테나이의 가상적인 창건자들.

20 『티마이오스』 17c~19a 참조.

21 Isthmos.

22 키타이론(Kithairon)은 앗티케 지방과 북서쪽의 보이오티아(Boiotia) 지방의 경계를 이루는 산이다. 파르네스(Parnes) 산도 그 남동쪽에서 두 지방의 경계를 이루는 산이다.

23 오로포스(Oropos)는 아소포스 강 하구 남쪽에 있는 앗티케 지방의 도시이다. 아소포스(Asopos)는 보이오티아 지방의 강이다.

방은 기다란 반도처럼 본토에서 바다로 툭 튀어나와 있고, 그것을 둘러싸고 있는 해안은 어디서나 갑자기 수심이 깊어집니다. 그리하여 지난 9천 년 동안 — 그때 이후로 지금까지 그만큼 시간이 경과했으
b 니까요 — 대홍수가 여러 차례 발생했고, 그렇게 주기적으로 자연재해가 발생하는 동안에는 고지대에서 씻겨 내려간 토양이 다른 지방에서처럼 이렇다 할 퇴적층을 형성하지 못하고 계속 바닷속으로 사라져버렸습니다. 실제로 남은 것은 불모의 작은 섬들과 같으며, 당시의 앗티케에 견주면 지금의 앗티케는 병든 몸의 앙상한 뼈와 같아요. 두텁고 부드럽던 표토(表土)는 씻겨 내려가고 육지는 뼈만 남았으니까요.

c 그러나 그때는 우리 나라가 피해를 입지 않아, 산 대신 경작할 수 있는 구릉지들이 있었고, 이른바 '돌밭'들은 두터운 표토로 덮이고, 산들은 우거진 숲으로 덮여 있었는데, 우거진 숲의 흔적은 지금도 찾을 수 있습니다. 우리 나라의 몇몇 산들은 지금은 벌 떼나 먹여 살릴 정도지만, 얼마 전까지만 해도 가장 큰 건물의 지붕으로 쓰일 목재들이 거기서 베어졌는데 그 지붕들이 아직도 건재하기에 하는 말입니다. 또한 조림(造林)된 키 큰 나무들도 많아서 가축 떼에게 먹이를 무
d 한정 대주었지요. 또한 우리 나라 토양은 제우스께서 해마다 내려주시는 빗물의 덕을 보았으며, 지금처럼 빗물이 벌거숭이 땅에서 바다로 흘러 사라져버리는 일은 없었습니다. 대신 빗물은 두터운 토양에 흡수되어 저수(貯水) 능력이 뛰어난 점토층에 저장되어 있다가 고지대에서 골짜기로 흘러내리며 곳곳에서 수많은 샘물과 강물로 모습을 드러냈지요. 그리고 이전에 샘이 있던 곳에 아직도 남아 있는 사당

(祠堂)들은 우리 나라에 관한 지금의 이 이야기가 사실이라는 증거입
니다.

이것이 이 나라 농촌지역 일반의 자연적인 조건이었어요. 그리고 e
그곳은 농부들이 진정한 전업(專業) 농부로서 아름다운 것을 사랑하
고 훌륭한 천성을 타고났으며 가장 기름진 땅과 넉넉한 물과 더없이
온화한 날씨를 누릴 경우 우리가 예상할 수 있는 대로 가꾸어졌어요.
한편 도성(都城)은 당시 다음과 같이 정비되었습니다. 우선 아크로폴 112a
리스[24]가 지금과 달랐어요. 지금은 단 하룻밤의 폭우로 그곳의 토양
이 유실되고 아크로폴리스만 벌거숭이로 남았는데, 그것은 끔찍한
대홍수와 — 그것은 데우칼리온이 겪은 대홍수 이전에 세 번째로 발
생한 물에 의한 파국(破局)이었어요 — 지진들의 합작품이었습니다.
그전에는 아크로폴리스가 에리다노스 강과 일리소스[25] 강에 이르고
프뉙스[26] 언덕을 포함했으며 그 맞은편의 뤼카벳토스[27] 산과 경계를
이루었지요. 아크로폴리스는 전체가 흙으로 덮여 있었고, 대부분 평
평했습니다. 아크로폴리스 바깥쪽 비탈면 바로 아래 장인(匠人)들과 b
인근 들판을 경작하던 농부들이 살았지요. 그리고 아크로폴리스 꼭
대기에는 전사 계급이 마치 한집의 정원인 양 하나의 울타리로 둘러

24 akropolis. 도시의 언덕에 있는 신전 겸 성채.

25 에리다노스(Eridanos)는 아테나이 북쪽을, 일리소스(Ilisos)는 남쪽을 흐르는 강이다.

26 프뉙스(Pnyx)는 아테나이 서쪽에 위치한 언덕으로 민회(民會)가 개최되던 곳이다.

27 Lykabettos. 아테나이의 산이다.

싸인 아테나와 헤파이스토스의 신전 주위에 저들끼리 살고 있었어
요. 그들은 아크로폴리스의 북쪽 가장자리에 공동주택과 겨울에 공
동으로 식사할 식당들을 지었으며, 신전들 외에도 공동생활에 필요
c 한 건물을 모두 구비하고 있었지요. 하지만 그들에게 금과 은은 없
었으며, 어떤 목적을 위해서도 금과 은을 사용하지 않았어요. 과시
와 쩨쩨함 사이의 중용을 추구하던 그들은 반듯한 집을 지어 거기에
서 자손들과 함께 늙도록 살다가 자기들을 닮은 후손들에게 계속 그
대로 물려주곤 했습니다. 여름이 되면 그들은 정원들과 체육관들과
공동식당들을 떠나 아크로폴리스의 남쪽 부분을 그런 용도로 사용
했어요. 지금의 아크로폴리스가 있는 자리에는 샘이 하나 있었는데,
d 지진으로 막혀버린 지금 그것은 가는 물줄기가 되어 그 주위로 졸졸
흐르지만 그때는 모든 사람들에게 넉넉히 물을 공급했으며 겨울에
도 여름에도 일정 온도를 유지했습니다.

그들은 이렇게 살았어요. 말하자면 그들은 동료 시민들과 기꺼이
추종하는 그 밖의 다른 헬라스인들의 수호자들로서, 벌써 또는 아직
도 전투 능력이 있는 남녀 전사들의 수가 자기들 사이에서 항상 2만
e 명 수준으로 유지되도록 최선을 다했지요.

당시 아테나이인들은 그런 사람들이었고, 그들의 생활방식은 내
가 말한 것과 대동소이했어요. 그들은 자신들의 업무와 헬라스의 업
무를 공정하게 처리했으므로 육체적인 아름다움과 혼의 온갖 미덕
덕분에 온 에우로페와 아시아에 명성이 자자했고, 당시 사람들 중 그
들의 명성을 따를 자는 아무도 없었습니다. 이번에는 아테나이인들
에게 맞서 싸웠던 자들과 관련하여, 내가 어릴 때 들었던 그들의 성

격과 기원을 아직도 기억할 수 있다면 지금 여러분에게 털어놓을까 합니다. 친구들의 재산은 공유물이니까요.

4. 아틀란티스 섬

(a) 명칭에 대한 설명(113a~113b)

이야기를 시작하기 전에 여러분에게 간단하게 설명해둘 것이 있습니 113a
다. 그러지 않으면 여러분은 이민족에게 헬라스어 이름이 계속 사용되는 것에 놀라움을 금치 못할 테니까요. 그래서 내가 그 이유를 말하려는 겁니다. 솔론은 이 이야기를 소재로 작시할 구상을 하고 있던 터라 이름들의 의미를 물어보다가 아이귑토스인들이 처음으로 그 이야기를 기록하면서 거기에 나오는 이름들을 자기들 말로 번역했다는 것을 알게 되었어요. 그래서 솔론은 그 반대 과정을 거쳐 먼저 이름
들의 의미를 알아낸 다음 그것을 헬라스어로 기록한 것이지요. 바로 b
그 원고들이 내 할아버지 손에 들어갔다가 지금은 내 수중에 있어요. 나는 어릴 때 그 원고들을 숙독한 적이 있습니다. 그러니 여러분은 헬라스에서 사용되는 것과 같은 이름들을 듣더라도 놀라지 마십시오. 이제 그 이유를 알았을 테니까요. 아무튼 그것은 긴 이야기이며, 대략 이렇게 시작합니다.

(b) 혈통: 포세이돈과 클레이토, 그들의 자손들, 섬의 천연자원 (113b~115c)

앞서 말했듯이, 신들은 대지 전체를 저들끼리 나누어 가지며 더러는
c 더 큰 몫을, 더러는 더 작은 몫을 차지하고는 자신들을 위해 신전을
세우고 제물을 바치게 했습니다. 포세이돈[28]은 아틀란티스 섬을 몫
으로 받아 인간 여자가 그에게 낳아준 자식들을 지금 내가 설명하려
는 이 섬의 어떤 지역에 정착시켰어요. 바닷가에서 섬 전체의 중앙까
지 평야가 펼쳐져 있었는데, 모든 평야 중에서 가장 아름답고 비옥했
다고 해요. 평야 근처에는 바닷가에서 50스타디온[29]쯤 떨어진 곳에
야트막한 언덕이 하나 있었습니다. 이 언덕에는 대지에서 태어난 이
d 섬의 원주민 가운데 한 명인 에우에노르라는 이름의 남자가 아내 레
우킵페[30]와 함께 살고 있었습니다. 그들에게는 클레이토[31]라는 외동
딸이 있었어요. 그런데 그녀가 결혼 적령기에 이르렀을 때 어머니도
아버지도 세상을 떠났어요. 그러자 포세이돈이 그녀에게 반해 그녀
와 살을 섞었고, 그녀가 살던 언덕을 바닷물과 육지로 된 다른 크기
의 동심원(同心圓)들로 번갈아 에워쌈으로써 요새로 만들었어요. 동
심원들 가운데 둘은 육지고 셋은 바닷물이었는데, 그는 마치 섬 중앙
을 선반의 회전축으로 삼은 것처럼 이것들이 섬의 중앙에서 사방으
e 로 같은 거리만큼 떨어져 있게 만들었지요. 그리하여 그 언덕에는 사
람이 접근할 수 없었습니다. 그때는 아직 배도 없고 항해할 줄도 몰
랐으니까요.

포세이돈은 신인지라 섬의 중앙을 손쉽게 정비했으니, 지하에서

분수들을 끌어올린 뒤 그중 하나에서는 더운물이, 다른 하나에서는 찬물이 솟아오르게 하여 대지에서 온갖 농작물이 풍성하게 자라게 했어요. 그는 아들 쌍둥이 다섯 쌍을 낳아 길렀고, 아틀란티스 섬 전체를 열 부분으로 나누었어요. 그는 가장 나이 많은 쌍둥이 중 먼저 태어난 아들에게 가장 넓고 가장 기름진 어머니의 거주 지역과 그 주 114a
변 토지를 주며 다른 형제들을 다스리게 했고, 다른 아들들에게는 각자 인구가 많은 넓은 지역을 주며 다스리게 했습니다.

포세이돈은 아들들에게 모두 이름을 지어주었는데, 왕인 장남에게는 거기에서 섬 전체와 주변 대양의 이름이 유래한 이름을 지어주었어요. 그 주변 대양이 아틀란티코스 해[32]라고 불리는 것은 그 섬의 최초의 왕 이름이 아틀라스[33]였기 때문이니까요. 그다음에 태어난 그의 쌍둥이 아우는 헤라클레스의 기둥들에 가장 가까우며 지금은 b
가데이라라고 불리는 곳과 마주 보고 있는 섬의 가장자리를 몫으로 받았는데, 그의 이름은 헬라스어로는 에우멜로스이지만 그 지역 말로는 가데이로스[34]였으니, 가데이라라는 지명은 거기서 유래한 것 같

28 포세이돈은 그리스 신화에서 바다와 지진의 신이다.

29 당시 아테나이에서 1스타디온(stadion)은 177.6미터였다.

30 Euenor, Leukippe.

31 Kleitho.

32 to Atlantikon pelagos.

33 Atlas.

34 Gadeira, Eumelos, Gadeiros. 가데이라는 오늘날 에스파냐의 서남해안 앞바다에 있는 카디스(Cadiz) 섬이다.

습니다. 포세이돈은 두 번째 쌍둥이 가운데 한 명은 암페레스, 다른 한 명은 에우아이몬[35]이라 불렀으며, 세 번째 쌍둥이 가운데 형은 므
c 네세우스, 아우는 아우토크톤[36]이라 이름 지었어요. 그리고 네 번째 쌍둥이 가운데 형은 엘라십포스, 아우는 메스토르[37]라 불렀으며, 다섯 번째 쌍둥이 가운데 형은 아자에스, 아우는 디아프레페스[38]라 이름 붙였지요. 그의 아들들과 그들의 자손들은 누대(累代)에 걸쳐 이 섬에 살면서 대양에 있던 수많은 다른 섬들을 다스렸을뿐더러, 내가 앞서 말했듯이[39] 아이귑토스와 튀르레니아에 이르기까지 헤라클레스의 기둥들 이쪽에 사는 사람들도 모두 지배했어요.

d 아틀라스 집안은 자손들이 번성하고 남들에게 존경받았으며, 대대로 장자에서 장자로 왕권을 계승했어요. 그리하여 그들은 여러 대에 걸쳐 왕권을 유지하며 이전의 어떤 왕가도 모은 적 없고 훗날의 어떤 왕가도 모으기 쉽지 않을 만큼 막대한 부를 축적했으며, 도시와 그들 영토의 여타 지역에서 생활하는 데 필요한 것을 모두 갖추었어
e 요. 그들의 제국은 많은 물품을 해외에서 들여왔지만, 섬 자체가 대부분 생필품을 대주었으니까요. 첫째, 그들에게는 석재든 광물이든 땅에서 채굴할 수 있는 것은 무엇이든 다 있었으며, 실제로 섬의 여러 지역에서 지금은 이름만 남았지만 그때는 이름 이상이었으며, 황금 말고는 가장 값진 광물이던 오레이칼코스[40]가 대량으로 채굴되었어요. 둘째, 숲은 건축용 목재를 넉넉히 공급했으며 길들인 동물들과 야생동물들에게 먹을거리를 충분히 제공했습니다. 게다가 코끼리도 상당수 있었어요. 늪가나 호숫가나 강가나 산중이나 들판에 서식하
115a 는 모든 동물뿐만 아니라 덩치가 가장 크고 먹성이 가장 좋은 이 동

물들에게도 충분한 목초지가 있었으니까요.

셋째, 오늘날 대지가 기르는 모든 방향제는 뿌리든 잎이든 줄기든 꽃이나 열매에서 짠 수지든 당시 그 섬에서 모두 생산되었어요. 넷째, 농작물로는 우리의 주식인 곡류와 우리가 콩이라고 통칭하는 다른 식재료들은 물론이고, 보관하기는 어려워도 우리를 즐겁게 해주 b
고 기분을 전환해주며 배불리 먹어 나른한 사람에게 반가운 후식으로 제공되는 마실 거리와 먹을거리와 기름의 공급원인 나무 열매들이 있었습니다. 이 모든 것이 햇살이 내리쬐는 이 신성한 섬에서 당시 놀랍도록 아름답게, 대량으로 생산되었어요. 그리고 이런 농작물이 대량으로 생산되자 그들은 신전과 궁전과 항구와 조선소들을 짓기 c
시작했고, 자신들의 영토 전체를 이렇게 정비했어요.[41]

(c) 도시와 건축물들(115c~117e)

그들이 맨 먼저 한 일은 어머니가 원래 살던 곳을 에워싼 바닷물 원들에 다리를 놓아 궁전에 드나들 수 있는 길을 만드는 것이었습니다.

35 Ampheres, Euaimon.

36 Mneseus, Autochthon.

37 Elasippos, Mestor.

38 Azaes, Diaprepes.

39 『티마이오스』 25a~b 참조.

40 oreichalkos('산에서 나는 구리')가 어떤 금속인지 알 수 없지만, 동과 주석 또는 동과 금의 합금으로 보는 이들도 있다.

그러고 나서 포세이돈과 자신들의 선조가 살던 곳에 곧바로 이 궁전
을 짓기 시작했는데, 그것은 대물림되면서 새 왕이 등극할 때마다 전
d 왕(前王)이 장식해놓은 것을 능가하려고 최선을 다했기에 보기에 놀
랍도록 크고 아름다운 저택이 되었어요. 또한 그들은 바다에서 맨 바
깥쪽 바닷물 원에 이르는 너비 3플레트론, 깊이 100푸스,[42] 길이
50스타디온의 운하를 파기 시작했는데, 입구가 넓어서 아무리 큰 배
들도 바다에서 맨 바깥쪽 원으로 항해해 들어와 그곳을 항구로 이용
할 수 있었지요. 게다가 바닷물 원들을 갈라놓는 육지 원들에는 다
e 리를 놓은 지점들에 삼단노선[43] 한 척이 너끈히 통과할 수 있을 만큼
넓은 수로(水路)를 만든 다음 지붕을 씌워 배가 그 밑으로 통과할 수
있게 했습니다. 육지 원들의 둑이 해수면보다 꽤 높았기 때문이지요.
바다와 연결되어 있는 가장 큰 바닷물 원은 너비가 3스타디온이고,
그다음의 육지 원도 너비가 같았어요. 두 번째 쌍 가운데 바닷물 원
은 너비가 2스타디온이고, 육지 원도 그 앞의 바닷물 원과 너비가 같
116a 았어요. 중앙의 섬을 직접 에워싸고 있는 바닷물 원은 너비가 1스타
디온이고, 궁전이 있던 섬은 지름이 5스타디온이었어요.

그들은 중앙 섬과 육지 원들과 너비가 1플레트론이나 되는 다리
양옆을 돌담으로 에워쌌고, 다리 양옆에는 바다로 나가는 지점들에
탑을 세우고 문을 달았습니다. 또한 중앙 섬과 안쪽과 바깥쪽 육지
원들에서 돌을 캤는데, 어떤 것은 희고 어떤 것은 검고 어떤 것은 붉
b 었어요. 그리고 그렇게 돌을 캐내어 지붕이 돌로 된 움푹 들어간 선
착장 두 곳을 만들었어요. 그들은 어떤 건물들은 한 가지 색깔로 지
었지만, 단조로움을 깨기 위해 어떤 건물들에는 여러 가지 색깔의 돌

을 섞어 사용함으로써 눈을 즐겁게 했어요. 그들은 맨 바깥쪽 육지
원의 외벽에는 빙 돌아가며 마치 칠을 하듯 청동을 입혔고, 안쪽 육
지 원의 외벽에는 녹인 주석을, 아크로폴리스 자체의 외벽에는 불처 c
럼 번쩍이는 오레이칼코스를 입혔습니다.

41 그림으로 나타내면 다음과 같다.

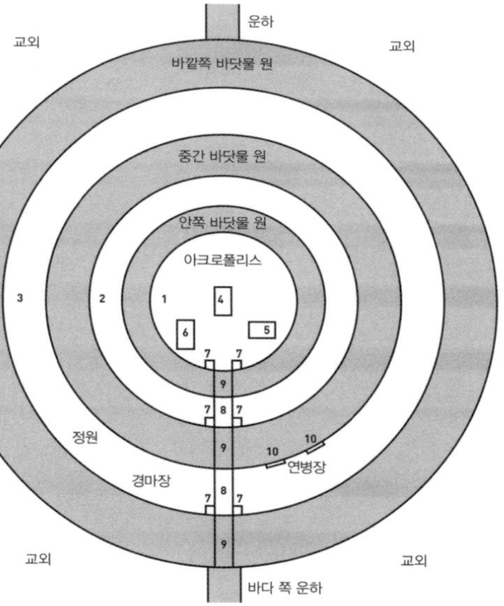

1 중앙 섬 **4** 성소 **7** 탑과 문 **10** 조선소
2 안쪽 육지 원 **5** 샘 **8** 지붕을 씌운 수로
3 바깥쪽 육지 원 **6** 궁전 **9** 다리

42 당시 아테나이에서 1플레트론(plethron)은 29.6미터이고, 1푸스(pous)는 29.6센티미터였다.

43 삼단노선(trieres)은 좌우 양현에 노 젓는 자리들이 3층씩 있는, 당시로서는 최신형 전함이었다. 최대 너비 5미터이며, 노꾼만 170명이나 되었고 모두 200명쯤 승선했다.

아크로폴리스에 있는 궁전은 다음과 같이 지었어요. 아크로폴리스
한복판에는 클레이토와 포세이돈에게 봉헌된 성소(聖所)가 있었는
데, 황금 담이 둘러져 있었어요. 이곳은 처음에 10명의 왕이 배태(胚
胎)되었다가 출산된 곳입니다. 또한 10곳의 영지에서 해마다 첫 수확
물을 바치면 10명의 왕은 저마다 이 성소에서 제물을 받았어요. 그
d 곳에는 포세이돈의 신전도 있었는데, 길이가 1스타디온이고 너비가
3플레트론이었으며, 높이는 길이나 너비와 보기 좋게 균형을 이루었
지만 어딘가 비(非)헬라스적이라는 인상을 풍겼어요. 신전 외부는 도
금된 박공(牔栱) 위의 상(像)들 말고는 온통 은으로 덮여 있었지요.
내부의 천장은 온통 상아인데 금과 은과 오레이칼코스로 장식되어
있었고, 그 밖에 벽과 기둥과 바닥은 모두 오레이칼코스로 덮여 있었
습니다. 그 안에는 날개 달린 말 여섯 필이 끄는 전차를 타고 있는 신
e 의 황금상이 안치되어 있었는데, 신은 천장에 머리가 닿을 만큼 키가
컸어요. 신은 또한 네레우스[44]의 딸 100명이 돌고래를 타고 있는 상
들에 둘러싸여 있었어요. 그때 사람들은 네레우스의 딸들이 100명이
라고 믿었으니까요.

신전 안에는 개인들이 봉헌한 다른 상들도 많았습니다. 신전 바깥
에는 빙 돌아가며 10명의 왕들과 그들의 아내들과 그 자손들의 황금
상들과 함께 이 도시와 그 영토 출신의 왕들과 개인들이 바친 대규모
117a 봉헌물이 많이 안치되어 있었어요. 제단은 크기와 솜씨에서 건물에
어울렸으며, 궁전 또한 제국의 크기와 신전의 아름다움에 걸맞았습
니다.

그들은 두 개의 샘을 사용했는데 그중 한 곳에서는 찬물이, 다른

곳에서는 더운물이 나왔어요. 두 샘 모두 물맛이 좋고 수질도 좋아
제구실을 톡톡히 했을뿐더러 수량도 풍부했어요. 그들은 샘들 주위
에 건물들을 짓고 그곳의 수온에 맞는 나무들을 심고 저수시설들 b
을 만들었는데, 일부는 노천시설이었고 일부는 겨울에 온천으로 사
용하려고 지붕을 이었습니다. 이 저수시설들은 왕족 전용, 일반인
전용, 여자들 전용, 말들과 짐 나르는 가축들 전용으로 구분되어 각
각 그 용도에 맞는 시설을 갖추었습니다. 넘쳐흐르는 물은 토양이 비
옥하여 각종 나무가 놀랍도록 아름답고 크게 자라는 포세이돈의 원
림(園林)으로 돌렸다가 다리 옆 배수로를 통해 바깥쪽 원들로 빼냈 c
어요.

이 바깥쪽 원들에는 수많은 신들에게 바쳐진 수많은 신전이 세워
졌고, 정원과 연병장도 많았어요. 바닷물 원들에 의해 형성된 두 섬
에는 저마다 사람을 위한 연병장과 말 훈련장이 분리되어 있었으며,
무엇보다도 이 섬들 가운데 더 큰 섬 중앙에는 따로 경마장이 마련되
어 있었어요. 경마장은 너비가 1스타디온이고, 길이는 섬을 온전히
한 바퀴 돌 정도였어요. 근위병들 대부분은 경마장 양쪽에 있는 숙
소에 거주했지만, 더 믿음직한 근위병에게는 아크로폴리스에 더 가 d
까운 더 작은 육지 원에 있는 숙소가 배정되었고, 가장 믿음직한 근
위병들에게는 아주 가까운 곳에서 왕을 호위하도록 아크로폴리스

44 Nereus. '바다 노인'이라고도 불리는 해신 가운데 한 명으로, 그에게는 50명의 아리따운 딸들(Nereides)이 있었다고 한다.

안 숙소에 배정되었습니다. 조선소들은 필요한 장비를 빠짐없이 갖춘 삼단노선들로 가득 차 있었고요.

왕궁 주변에는 이런 시설들이 갖추어져 있었어요. 일단 세 군데의 바깥쪽 항구[45]를 통과하면 성벽이 있었는데, 그것은 바다에서 시작
e 하여 가장 큰 바닷물 원과 그 항구에서 50스타디온의 거리를 유지한 채 한 바퀴 빙 돌아 출발점인 바다 쪽 운하로 되돌아옵니다. 이 성벽 안쪽에는 수많은 집들이 밀집해 있었고, 바다 쪽 운하와 가장 큰 항구는 각지에서 모여든 상선들과 상인들로 넘쳐나 고함 소리와 떠드는 소리가 밤이고 낮이고 그칠 줄을 몰랐어요.

(d) 섬의 나머지 부분들(117e~118e)

도성과 유서 깊은 왕궁에 관한 이야기는 내가 전해 들은 대로 대충
118a 다 전했으니, 이번에는 당연히 그 나라의 다른 지역은 어떠했으며 어떻게 정비되었는지 말해야겠지요. 먼저 나라 전체가 해수면보다 훨씬 높은 데다 해안선을 따라 가파른 암벽으로 둘러싸여 있었다고 합니다. 그러나 도시 주위에는 평야밖에 없었고, 평야는 바다까지 비탈진 산들로 둘러싸여 있었어요. 평야는 드넓고 평탄했으며 그 모양이 대체로 직사각형이었는데, 길이는 3천 스타디온이고 해안에서 그 중
b 심까지는 2천 스타디온이었어요. 이 지역은 섬의 남향이라 북풍을 피할 수 있었어요. 평야를 에워싸고 있던 산들은 많기도 하고 높기도 하고 아름답기도 하여 당시 칭송의 대상이었어요. 그런 점에서 거기에 견줄 만한 산들은 오늘날 어디에도 없어요. 산중에는 인구가 많은

부유한 마을이 많았고, 그곳의 강과 호수와 목초지들은 온갖 종류의 길들인 동물들과 야생동물들에게 먹을거리를 넉넉히 대주었습니다. 또한 온갖 건축물에 쓸 만큼 여러 가지 목재도 넉넉히 공급되었어요.

평야는 원래 그렇게 생긴 데다 여러 왕들이 대를 이어 오랫동안 노 c
력을 기울인 결과 다음과 같은 특징을 띠게 되었어요. 평야는 원래는 변(邊)이 직선에 가까운 직사각형이었지만 완전한 직사각형이 아니었기에 해자(垓字)를 둘러 똑바르게 만들었어요. 해자의 깊이와 너비와 길이는 믿기지 않을 정도였어요. 어떤 인공 구조물이 비슷한 종류의 다른 구조물들에 견주어 그처럼 거대했다는 것은 믿기 어려우니까요. 하지만 나는 들은 대로 말하겠습니다. 해자의 깊이는 1플레
트론이고 너비는 어디서나 1스타디온이었으며, 길이는 평야 둘레를 d
빙 돌아가며 팠기에 1만 스타디온이었어요. 그들은 산에서 흘러내리는 물을 해자로 받아들여 평야를 완전히 한 바퀴 돌고 나서 양쪽에서 도시에 이르게 한 다음, 거기서 바다로 내보냈어요. 또한 해자에서 내륙 쪽으로 평야를 가로질러 100푸스 너비의 수로들을 파서 바다 쪽 해자로 흘러들게 했는데, 이 수로들은 서로 100스타디온만큼씩 떨어져 있었어요. 그들은 이 수로들을 이용해 산중에서 도시로
목재를 떠내려 보냈을뿐더러 산중에서 나는 것들을 철철이 배로 실 e
어 날랐습니다. 그들은 또한 수로들과 직각이 되게 횡단 수로들을 파서[46] 수로들이 다른 수로나 도시와 연결되게 했어요. 그들은 한 해에

45 바다로 연결된 운하가 바닷물 원들과 만나는 곳을 가리키는 듯하다.

46 바둑판에서 가로줄이 세로줄과 만나듯이.

두 번씩 수확했는데, 겨울에는 하늘에서 내리는 빗물을 이용하고,[47] 여름에는 지하수를 끌어올려 농업용수로 썼습니다.

(e) 병역(兵役)(118e~119b)

119a 군인으로 복무할 수 있는 평야 주민들의 수에 관해 말하자면, 지구(地區)마다 장교 한 명씩을 내게 되어 있었어요. 지구는 각각 크기가 10제곱스타디온이고, 다 합쳐 6만 개였어요. 산중과 나라의 다른 부분들에는 헤아릴 수 없을 만큼 많은 남자들이 있었는데, 그들은 지역별로 마을별로 이들 지구와 그곳 장교들에게 배정되었다고 합니다. 모두 합치면 전차 1만 대가 되게끔 장교는 전시에 저마다 전차 한 대를 준비하는 데 필요한 것의 6분의 1을 제공해야 했어요. 말하자
b 면 말 2필과 그것을 탈 기병들, 전차가 딸리지 않은 말 2필, 전차에서 내려 싸우는 경방패병 1명, 말 2필을 몰 마부 1명, 전차를 탄 채 마부 앞에 서 있는 전투병 1명, 중무장보병 2명, 궁수 2명, 투석병 2명, 경무장 투석병 3명과 투창병 3명, 모두 1,200척의 전함에 필요한 인원을 충원할 수 있도록 선원 4명을 제공하게 되어 있었어요. 왕궁이 있는 도시의 군 편제는 그러했습니다. 다른 아홉 도시는 편제가 그와 달랐지만, 그것을 설명하자면 시간이 너무 많이 걸릴 것입니다.

(f) 정치권력과 사법권(119c~120d)

c 그들은 권위와 관직을 처음부터 다음과 같이 배분했습니다. 10명의

왕은 저마다 자기 영역과 도시에서는 시민들에 대해 절대 권력을 갖
고 있었는데, 임의로 벌주고 처형할 수 있다는 점에서 대부분의 법보
다 더 강력했어요. 그러나 그들끼리의 권력 배분과 상호관계는 포세
이돈이 정한 법규들의 지배를 받았고, 그 법규들은 법으로 전승되어
초대 왕들에 의해 오레이칼코스 기둥에 새겨진 채 섬 중앙에 있는 포 d
세이돈 신전에 안치되어 있었습니다. 또한 그들은 홀수와 짝수에 똑
같이 경의를 표하느라 5년째 되는 해와 6년째 되는 해에 번갈아가며
그곳에서 모이곤 했지요. 그리고 그렇게 모였을 때는 공동의 관심사
를 논의했을 뿐 아니라 그들 중 누가 법을 어겼는지 조사해서 재판하
곤 했어요.

재판할 때 그들은 다음과 같이 서약을 주고받았습니다. 포세이돈
의 신전 안에는 황소들이 자유롭게 돌아다녔는데, 10명의 왕은 저들
끼리만 남으면 신의 마음에 드는 제물을 바칠 수 있게 해달라고 신에
게 기원했어요. 그러고 나서 그들은 쇠붙이 무기가 아니라 몽둥이와 e
올가미를 집어 들고 황소들을 추격하기 시작하는데, 일단 그중 한 마
리를 잡으면 기둥 있는 곳으로 끌고 가 기둥 꼭대기에서 목을 베어 피
가 비문(碑文) 위로 흘러내리게 했어요. 기둥에는 그런 법규들 외에
도 법규들을 어기는 자에게 끔찍한 저주를 부르는 서원(誓願)이 새
겨져 있었습니다.

그들은 관습에 따라 황소를 제물로 바치고 나서 그 사지를 모두 불 120a

47 지중해 연안에서는 겨울이 우기(雨期)이다.

에 태워 올린 뒤[48] 포도주 희석용 동이[49]를 준비하여 그들 각자를 위
해 그 안에 핏덩이를 하나씩 던져 넣었어요. 그리고 기둥을 청결하게
한 다음 나머지 피도 불에 부어드렸어요. 그러고 나서 그들은 황금
잔들로 희석용 동이에서 포도주를 조금 떠서 불에다 부어 올리면서
자기들은 기둥에 새겨진 법규들에 맞게 재판할 것이며, 지난날의 위
법도 처벌할 것이며, 앞으로는 어떤 법규도 고의로 어기지 않을 것이
b 며, 자기들 아버지의 법규들과 부합하지 않으면 명령을 내리거나 명
령에 복종하지 않겠다고 맹세했습니다. 그들은 저마다 자신과 자손
들을 위해 그렇게 서약하고 나서 잔을 비우고 그 잔을 신전에 봉헌했
어요. 그런 다음 식사를 하고 다른 용무를 보았습니다. 그리고 어둠
이 깔리고 제물을 태워 올리던 불이 꺼지고 나면 그들은 모두 더없이
아름다운 짙푸른 예복을 걸치고는 밤새도록 다 타고 재만 남은 제물
c 옆에 앉아 있었고, 신전 주위의 불이 모두 꺼지고 나면 그들 중 누가
법규를 어겼다고 고발당할 경우 재판을 하기도 하고 재판을 받기도
했어요. 그리고 판결이 내려지면 그 이튿날 아침 황금 판에 판결문을
새겨서 예복과 함께 기념물로 신전에 봉헌했습니다.

5. 도덕적 타락과 응징(120d~121c)

왕들 개개인의 특권에 관한 다른 법률과 관습도 많았습니다. 그중 가장 중요한 것들은 그들은 어떤 경우에도 서로 전쟁을 해서는 안 된다는 것, 어떤 도시에서 누가 왕권을 전복하려 할 경우 그들은 모두 상부상조해야 한다는 것, 전쟁이나 그 밖의 다른 정책에 관해 어떤 결

정을 내릴 때는 그들은 선조들의 관행에 따라 서로 의논해야 한다는 d
것, 아틀라스의 자손들에게는 종주권을 인정해야 한다는 것, 어떤 왕도 10명 중 다수의 동의를 얻지 못하면 친족 가운데 어느 누구도 처형할 권한이 없다는 것 등이었습니다.

당시 아틀란티스 섬에는 그만큼 강력한 세력이 존재했습니다. 그런데 신[50]은 그 세력이 우리 나라를 공격하게 했는데, 전하는 바에
따르면 그 이유는 다음과 같아요. 그들 안에 포세이돈의 본성이 살 e
아 있는 동안에는 그들은 누대에 걸쳐 법에 복종하며 자신들 안에 있는 신적인 요소를 존중했어요. 그들은 참되고 고매한 원칙들을 고수하며 변화무쌍한 인생에 대해, 그리고 서로에 대해 침착하고 지혜롭게 대했기 때문에, 미덕 외에는 모든 것을 무시하며 자신들의 번영을
하찮게 여겼어요. 그래서 그들은 자신들의 부와 재물의 짐을 말하자 121a
면 가볍게 짊어질 수 있었고, 자신들의 부가 제공하는 사치에 도취되지 않고 자제심을 유지하며 결코 비틀거리지 않았습니다. 그들은 정신이 맑은지라 번영도 우애와 미덕과 함께할 때 증진되며, 부를 지나치게 추구하고 존중하면 부도 줄어들고 그와 더불어 미덕도 사라진다는 것을 분명히 보았던 것이지요.

48 고대 그리스인들은 구수한 냄새가 신들이 사는 하늘로 올라가도록 제물의 내장은 불에 태우고 고기만 먹었다.

49 krater. 고대 그리스인들은 대개 포도주와 물을 초기에는 1:3, 후기에는 2:3의 비율로 희석해서 마셨다.

50 제우스.

그래서 이런 원칙들과 신적인 본성이 그들 안에 고스란히 남아 있는 동안에는 그들은 앞서 말한 번영을 계속 누렸어요. 그러나 필멸의 요소가 계속 대량으로 섞이면서 그들 안의 신적인 부분이 약해지
b 고 그들의 인간으로서의 본성이 우위를 차지하자, 그들은 자신들의 번영을 견디지 못하고 타락하기 시작했지요. 그래서 볼 줄 아는 사람들에게는 그들이 비열해 보일 것입니다. 그들은 값진 것 중에서도 가장 아름다운 것을 잃어가고 있으니까요. 그러나 무엇이 참된 행복인지 제대로 판단할 줄 모르는 사람에게는 불의한 탐욕과 권력을 추구하는 그들이 가장 훌륭하고 가장 행복한 삶을 사는 것으로 보이겠지요.

그리하여 신들 중의 신이며 법으로 다스리는 제우스는 이런 일들을 내려다볼 수 있는지라 이 고상한 종족이 비참한 상태에 있는 것을
c 보고는 그들을 벌해 그들이 다시 올바른 삶을 살게 하기로 결심했어요. 그래서 그는 우주 전체의 중앙에 자리 잡고는 생성의 세계 전체를 굽어보는 자신의 더없이 영광스러운 처소로 모든 신들을 소집했고, 신들이 모이자 말했습니다…….[51]

51 크리티아스의 이야기는 여기에서 중단된다. 만약 플라톤이 이야기를 완성했다면, 제우스의 결정에 따라 아틀란티스 섬 주민들이 당시 미덕의 화신이던 아테나이를 공격하다가 패한 이야기와 그 뒤 아틀란티스 섬이 지진과 대홍수로 바다 속에 가라앉은 이야기 등이 이어졌을 것이다.

P a r m e n i d e s

파르메니데스

형상(形相)에 관하여

파르메니데스 차례

본론Ⅲ 하나[一者]에 대한 가설들

135c~137b 머리말

137c~142a 첫 번째 가설, 첫 번째 연역

142b~155e 첫 번째 가설, 두 번째 연역

155e~157b 첫 번째 가설, 세 번째 연역

157b~159b 두 번째 가설, 첫 번째 연역

159b~160b 두 번째 가설, 두 번째 연역

160b 첫 번째 가설과 두 번째 가설의 결론

160b~163b 세 번째 가설, 첫 번째 연역

163b~164b 세 번째 가설, 두 번째 연역

164b~165e 네 번째 가설, 첫 번째 연역

165e~166b 네 번째 가설, 두 번째 연역

166c 결론

액자 속 대화의 등장인물

케팔로스(Kephalos) 소아시아 이오니아 지방에 있는 클라조메나이 시의 시민.

아데이만토스(Adeimantos), **글라우콘**(Glaukon) 플라톤의 형들로 대화편 『국가』에서는 소크라테스의 주(主) 대담자이다.

안티폰(Antiphon) 플라톤의 어머니가 재혼하여 낳은 플라톤의 이부(異父) 아우.

퓌토도로스(Pythodoros) 제논의 동료.

본대화 대담자

소크라테스(Sokrates 기원전 469 ~ 399년) 아테나이 출신의 철학자. 여기서는 '새파란 젊은이'이다.

파르메니데스(Parmenides 기원전 515년경 ~ 450년 이후) 기원전 6세기 말에 이른바 '엘레아학파'를 창시한 소크라테스 이전 철학자. '존재하는 것'은 불생불멸(不生不滅)이고 불가분(不可分)인 것이며 불변부동(不變不動)의 것으로서 완결된 구상(球狀)의 실체라고 주장했다. 여기서는 예순다섯 살쯤 된 노(老)철학자이다.

제논(Zenon 기원전 490년경 ~ 445년 이후) 파르메니데스의 제자로 그의 일원론(一元論)을 계승했다. 걸음이 잰 아킬레우스도 먼저 출발한 거북이를 따라잡을 수 없다는 '아킬레우스와 거북이'의 역설로 유명한 그는 여기서는 마흔 살쯤 된 훤칠한 미남이다.

아리스토텔레스(Aristoteles) 철학을 공부하는 소년으로 기원전 4세기의 유명 철학자와는 동명이인이다.

케팔로스가 자신이 들었던 대화를 전한다.

머리말로서의 대화(126a~127a)

우리가 고향인 클라조메나이[1]에서 아테나이에 도착했을 때 장터[2]에서 우연히 아데이만토스와 글라우콘을 만났습니다. 그러자 아데이만토스가 내 손을 잡으며 말했습니다. "반갑습니다, 케팔로스. 이곳 아테나이에서 우리가 그대를 위해 해줄 수 있는 것이 있으면 말씀하시오." 126a

"아닌 게 아니라" 하고 내가 말했습니다. "그래서 나는 이곳에 왔

1 Klazomenai. 소아시아 이오니아(Ionia) 지방의 도시이다.

2 agora.

답니다. 그대에게 부탁 좀 드리려고요."

"원하시는 게 뭔지 말씀하시오" 하고 그가 말했습니다.

b 그래서 내가 말했습니다. "그대의 어머니와 재혼하신 분 사이에서 태어난 의붓동생의 이름이 뭐였지요? 기억나지 않는군요. 하긴 내가 지난번에 이곳에 체류하려고 클라조메나이에서 왔을 때 그는 어린 소년이었지요. 그것도 이미 오래전 일이었어요. 그런데 그의 아버지의 이름은 퓌릴람페스[3]였던 것 같아요."

"맞아요" 하고 그가 말했습니다.

"그 자신의 이름은 뭐죠?"

"안티폰입니다. 그런데 그걸 왜 물으세요?"

"여기 이분들은 나의 동료 시민들로 철학에 아주 관심이 많지요.
c 안티폰이 제논의 동료 퓌토도로스와 가까이 지내는 터라 퓌토도로
스한테서 여러 번 전해들은 까닭에 전에 소크라테스와 제논과 파르
메니데스가 나눈 대화를 암송할 수 있다는 말을 들었습니다." 내가
말했습니다.

"그건 사실입니다" 하고 그가 말했습니다.

"그게 우리가 원하는 것이라오. 그 대화를 처음부터 끝까지 듣는 것 말입니다" 하고 내가 말했습니다.

"그건 어렵지 않아요" 하고 그가 말했습니다. "안티폰은 소싯적에 철학 공부에 매진했으니까요. 비록 지금은 할아버지 안티폰[4]처럼 승마(乘馬)로 대부분의 시간을 보내지만 말입니다. 그러니 그게 그대의 소원이라면 그의 집으로 갑시다. 여기서 멀지 않은 멜리테[5] 구역에 사는데, 여기 있다가 방금 집으로 돌아갔으니까요."

등장인물들과 배경(127a~127c)

그렇게 말하고 나서 우리는 걷기 시작했고, 안티폰의 집에 가서 보니 127a
그는 대장장이에게 재갈을 만들라고 지시하고 있었습니다. 그가 대장장이에게 볼일을 다 보고 나자 그의 이부형(異父兄)들[6]이 우리가 왜 그곳에 갔는지 말해주었지요. 그러자 그는 전에 방문한 적이 있는 나를 알아보고 반가이 맞아주었습니다. 우리가 그 대화를 암송해달라고 부탁하자, 그는 처음에는 그건 힘든 일이라며 난색을 보였지만 결국에는 자세히 전해주었습니다.

안티폰이 말하기를, 자기는 제논과 파르메니데스가 한번은 동시에 대(大)판아테나이아제[7]를 찾은 적이 있다는 말을 퓌토도로스한테
들었답니다. 그때 파르메니데스는 예순다섯 살쯤 된 백발노인이었지 b
만 신수가 훤했답니다. 제논은 당시 마흔 살쯤 된 훤칠한 미남이었는

3 Pyrilampes.

4 고대 그리스인들은 손자에게 할아버지의 이름을 붙여주었다.

5 Melite. 아테나이를 포함한 앗티케(Attike) 지방의 174개 구역(區域 demos) 가운데 하나이다.

6 아데이만토스와 글라우콘.

7 판아테나이아(Panathenaia)제는 아테나이(Athenai) 시의 수호여신 아테나(Athena)의 탄생을 기리는 대규모 여름 축제로, 해마다 지금의 7월 말에 개최되었다. 이때 아테나이 시민들은 파르테논(Parthenon) 신전의 프리즈(frieze)에서 볼 수 있듯이 파르테논을 향해 행렬을 지어 올라갔고 황소들을 제물로 바쳤으며 신전 안에 안치된 거대한 여신상에 새 옷(peplos)을 지어 바쳤다. 4년에 한 번씩 대규모로 개최된 대(大)판아테나이아제 때는 각종 경기, 경마, 시가(詩歌) 경연도 곁들여졌다.

데, 소싯적에는 파르메니데스의 연동(戀童)[8]이었답니다. 안티폰이 말
하기를, 이들 두 사람은 성벽 바깥쪽의 케라메이코스[9]에 있는 퓌토
도로스의 집에 묵었는데, 제논이 자신의 저술들을 읽어주는 것을 듣
c 고 싶어서 소크라테스와 여러 사람이 그리로 갔답니다. 그 저술들은
이들이 처음으로 아테나이로 가져온 것이었답니다. 소크라테스는 당
시 새파란 젊은이였답니다.

본론 I. 제논의 역설과 형상(形相) 이론

그러자 제논이 그들에게 직접 읽어주었고, 파르메니데스는 그때 집
에 없었답니다. 퓌토도로스에 따르면, 그 저술들을 거의 다 읽어갈
무렵 퓌토도로스가 파르메니데스와 아리스토텔레스[10]—그는 훗날
d 30인 참주[11] 가운데 한 명이 되었지요—와 함께 집으로 돌아왔답니
다. 그래서 그들은 그 저술들의 조금 남은 끝 부분밖에 듣지 못했답
니다. 정작 퓌토도로스 자신은 듣지 않았는데, 그는 전에 제논이 읽
어주는 것을 들은 적이 있답니다.

제논의 역설(127d~128e)

끝까지 듣고 나서 소크라테스가 첫 번째 논문의 첫 번째 논제를 다시
e 읽어달라고 부탁했답니다. 그래서 제논이 다시 읽어주자 소크라테스
가 물었답니다. "제논님, 그게 무슨 뜻이지요? 존재하는 것들이 여럿
이라면 그것들은 같기도 하고 같지 않기도 해야 하지만, 같지 않은 것

이 같을 수 없고 같은 것이 같지 않을 수 없기 때문에 그것은 불가능하다는 뜻인가요? 그런 뜻 아닌가요?"

"그런 뜻이오" 하고 제논이 대답했답니다.

"같지 않은 것이 같을 수 없고 같은 것이 같지 않을 수 없다면, 존재하는 것들이 여럿일 수도 없지 않을까요? 존재하는 것들이 여럿이면 그것들은 서로 양립할 수 없는 자질들을 내포하는 것이니까요. 그대의 논지는 온갖 통설에 맞서 존재하는 것들은 여럿이 아니라고 주장하시는 것 아닌가요? 또한 그대는 그대의 논문 하나하나가 이를 입증한다고 생각하고는, 존재하는 것들이 여럿이 아니라는 것을 입증하기 위해 그대가 쓴 논문의 편수만큼 많은 증거를 제시하고 있다고 믿으시는 건가요? 그런 뜻인가요, 아니면 내가 오해하고 있나요?" 128a

"아니요" 하고 제논이 말했답니다. "오히려 그대는 내 저술의 전체적인 취지를 제대로 이해했소이다."

그러자 소크라테스가 말했답니다. "파르메니데스님, 나는 여기 있는 제논님이 우정에서뿐만 아니라 자신의 저술에서도 그대와 각별

8 paidika. 남자끼리의 동성애에서 여자 역할을 하는 연하의 미소년.

9 Kerameikos. 아테나이 북서부에 있는 도자기 장터로 성벽에 의해 내(內)케라메이코스와 외(外)케라메이코스로 나뉘었는데, 이 외케라메이코스에 기원전 491년부터 전사한 아테나이인들이 묻혔다. 판아테나이아 축제 행렬은 여기서 출발했다고 한다.

10 기원전 4세기의 위대한 철학자와는 다른 사람이다.

11 기원전 404년 아테나이가 펠로폰네소스(Peloponnesos) 전쟁에서 패하자 아테나이의 민주제를 말살하고 과두제를 도입하도록 스파르테(Sparte)가 후원하던 30인 독재자들을 말한다. 이들은 이듬해에 민주제 지지자들에 의해 대부분 살해당하거나 축출당한다.

한 사이이기를 원하는 것으로 알고 있습니다. 그는 어떤 의미에서는 그대와 같은 것을 썼지만, 그 순서를 뒤바꿈으로써 자기가 뭔가 다른 것을 말하고 있다고 믿게끔 우리를 속이려 하니까요. 그대는 그대의
b 시(詩)에서 만물은 하나[12]라고 말하며 이를 입증할 아름답고 훌륭한 증거들을 제시하고 있는 데 반해, 그는 만물은 여럿이 아니라고 말하며 역시 유력한 증거들을 아주 많이 제시하니 말입니다. 그대는 '하나다'라고 말하고, 그는 '여럿이 아니다'라고 말하는데, 그대들 두 분은 정작 같은 것을 말하면서도 다른 것을 말하는 것으로 여겨집니다. 그러니 우리 같은 사람들은 그대들이 한 말을 제대로 이해할 수 없을 것만 같습니다."

"그렇소, 소크라테스" 하고 제논이 말했답니다. "그러나 그대 비록 스파르테의 사냥개처럼 예리한 후각으로 내가 한 말을 추적하고 있
c 지만 내 저술의 진의를 완전하게 이해하지는 못했소이다. 무엇보다도 그대는 이 점을 간과하고 있소. 내 저술은 스스로 무슨 대단한 업적이기나 한 것처럼 세상 사람들을 속이려고 그대가 말한 것과 같은 의도로 집필되었다고 자만하지 않는다는 것 말이오. 그대가 말한 것은 우발적인 결과라오. 사실 내 저술은 만약 만물이 하나라면 불합리하고 자가당착적인 결과가 많이 생겨날 것이라며 파르메니데스님을 조
d 롱하려는 자들에게 맞서 그분의 논리를 옹호하기 위해 집필되었소. 그래서 나의 이 저술은 여럿의 옹호자들을 논박하며, 그들의 조롱을 이자를 붙여 되갚는 것이라오. 이 저술의 목적은 여럿이 있다는 그들의 가설은 철저히 따지고 보면 하나가 있다는 가설보다 더 가소로운 결과를 초래하리라는 점을 밝히는 것이니까요. 그래서 나는 젊었을

때 투쟁심에서 이 저술을 집필했던 것이라오. 그러나 누가 무단 복사본을 만들자 나는 이를 출간해야 할지 말아야 할지 결정할 수 없었소. 그래서 소크라테스, 그대는 이 점을 간과하고서 이 저술이 젊은 e
이의 투쟁심에서가 아니라 장년의 허영심에서 집필되었다고 생각하는 것이라오. 그렇지만 내가 말했듯이 그대는 다른 점에서는 이 저술의 의미를 제대로 알아맞혔소."

제논의 역설에 대한 소크라테스의 해법(128e~130a)

"받아들일게요" 하고 소크라테스가 말했답니다. "그리고 그대가 설명한 대로라고 믿을게요. 하지만 이 점을 말해주시오. 그대는 같음의 형상(形相)[13]과 그와 상반되는 같지 않음의 형상이 그 자체로 존재하며, 나도 그대도, 그리고 우리가 여럿이라고 부르는 다른 것들도 이 129a
두 형상에 관여한다고 생각하지 않으시오? 또한 같음의 형상에 관여하는 것들은 관여하는 방법과 정도에 따라 같아지고, 같지 않음의 형상에 관여하는 것들은 달라지며, 두 형상 모두에 관여하는 것들은 같기도 하고 같지 않기도 하다고 생각하지 않으시오? 그리고 모든 것이 상반된 이 두 형상에 관여하며, 그렇게 이 두 형상에 관여함으로써 자신과 같을 수도 있고 같지 않을 수도 있다고 해서 뭐가 이상하

12 to pan hen.

13 eidos.

지요?

b 만약 누가 절대로 같은 것이 같지 않은 것이 된다거나, 아니면 절대로 같지 않은 것이 같은 것이 된다는 것을 보여주려 한다면 그것은 놀라운 일이겠지요. 그러나 만약 그가 이 두 형상 모두에 관여하는 것들은 같기도 하고 같지 않기도 하다는 것을 보여준다면 그것은 내가 보기에 조금도 이상할 게 없는 듯해요, 제논님. 아니, 설사 누가 모든 것이 하나에 관여함으로써 하나가 되며 반대로 같은 것들이 여럿에 관여함으로써 여럿이 된다는 것을 보여준다 해도 나는 놀라지 않을 겁니다. 하지만 그가 절대적인 하나가 여럿이고, 절대적인 여럿이 하나라는 것을 보여주려 한다면 그때는 내가 놀라겠지요.

c 다른 것들도 다 마찬가지입니다. 만약 그가 부류[14]나 형상들 자체가 이런 상반된 자질들을 자신 안에 내포하고 있다는 것을 보여줄 수 있다면, 그건 놀라운 일이겠지요. 그렇지만 누가 나는 하나이자 여럿이라는 것을 증명한다면, 그게 뭐가 이상하지요? 내가 여럿이라는 것을 보여주고 싶으면, 그는 내 오른쪽은 왼쪽과 다르고, 앞쪽은 뒤쪽과 다르며, 마찬가지로 내 상체는 하체와 다르다고 말하겠지요. 내 생각에, 나는 여럿에 관여하고 있으니까요. 내가 하나라는 것을 보여
d 주고 싶으면, 그는 내가 여기 있는 일곱 사람 중 한 명이라고 말하겠지요. 나는 하나에도 관여하니까요. 그렇게 그는 둘 다 참이라는 것을 보여줄 수 있겠지요.

그러니 돌이나 지팡이 따위와 관련하여 누가 같은 것이 여럿이자 하나라는 것을 보여주려 한다면, 우리는 그가 하나가 여럿이라거나 여럿이 하나라는 것을 증명한 것이 아니라 어떤 것이 여럿이자 하나

라는 것을 증명하고 있다고, 그리고 그는 놀라운 말을 하는 것이 아니라 누구나 동의할 수 있는 주장만 한다고 말할 것입니다. 그러나 누가 방금 내가 언급한 같음과 같지 않음, 여럿과 하나, 정지와 운동 e
등등의 형상들 자체를 먼저 구별한 뒤 이런 것들이 자체적으로 섞일 수도 있고 분리될 수도 있다는 것을 보여준다면, 제논님, 나는 감탄을 금치 못할 것이오" 하고 소크라테스가 말했답니다. "이런 문제들은 그대의 저술에서 심도 있게 다루어진 것 같습니다. 하지만 단언컨대 나는 더욱더 감탄을 금치 못할 것입니다. 만약 누가 그대와 파르메니데스님이 가시적인 사물들 안에 존재하는 것으로 증명한 것과 같 130a
은 복잡다단한 수수께끼를 추론에 의해 파악되는 형상들 자체에서도 보여줄 수 있다면 말입니다."

본론 Ⅱ. 형상 이론에 대한 파르메니데스의 비판

퓌토도로스에 따르면, 소크라테스가 그렇게 말하는 동안 자기는 파르메니데스와 제논이 그의 말 한 마디 한 마디에 화를 낼 줄 알았답니다. 그러나 그들은 그의 말을 귀담아들었고, 자꾸 눈길을 주고받으며 마치 소크라테스에게 감탄하는 것처럼 미소를 지었답니다. 그리고 소크라테스가 말을 끝내자 실제로 파르메니데스가 다음과 같은 말로 그런 감정을 표현했답니다.

14 genos.

형상의 구분과 범위(130a~130e)

b “소크라테스” 하고 파르메니데스가 말했답니다. “논의에 대한 그대의 열성은 감탄받아 마땅하오. 말해보시오. 형상들 자체를 형상들에 관여하는 사물들과 구분하는 이런 구분법은 그대 자신이 생각해낸 것인가요? 그대는 또한 우리가 갖고 있는 같음과는 별도로 같음 자체 같은 것이 있으며, 그 점에서는 하나와 여럿과 방금 그대가 제논한테서 들은 모든 것이 마찬가지라고 생각하나요?”

“나는 그렇다고 생각합니다”라고 소크라테스가 대답했답니다.

“어때요, 다음과 같은 것들도 존재한다고 생각하나요?” 하고 파르메니데스가 물었답니다. “정의, 아름다움, 좋음 등등의 형상 자체 말이오.”

“네, 존재한다고 생각합니다” 하고 소크라테스가 대답했답니다.

c “어때요, 우리나 다른 모든 사람들과는 별도로 사람의 형상 자체가 존재하며, 불의 형상이나 물의 형상 자체도 존재한다고 생각하나요?”

소크라테스가 대답했답니다. “파르메니데스님, 아닌 게 아니라 나는 그런 것에 대해서도 같은 말을 해야 할지 아니면 다르게 말해야 할지 난처했던 적이 한두 번이 아니었답니다.”

“소크라테스, 다음과 같은 것들은 어떻소? 머리털이나 진흙이나 먼지나 그 밖에 더없이 무가치하고 하찮은 것처럼 가소로워 보이는 것들 말이오. 그대는 그런 것들 하나하나에도 우리가 손으로 만질 수
d 있는 것과 다른 별도의 형상이 존재한다고 말해야 할지 말아야 할지

난처한가요?"

"아니요" 하고 소크라테스가 대답했답니다. "그런 것들은 우리가 보는 그대로이며, 그런 것들의 형상이 있다고 생각하는 것은 매우 불합리하겠지요. 사실 나는 같은 원칙이 모든 경우에 적용되는 것이 아닌가 하는 생각에 때로는 고민했지만, 생각이 거기에 미치면 어리석음의 나락에 떨어져 헤어나지 못할까 두려워 도망치곤 하지요. 그래서 나는 우리가 방금 형상을 가진다고 말한 것들로 되돌아가 그런 것들을 다루면서 시간을 보내는 것이랍니다."

"소크라테스, 하긴 그대는 아직은 젊으니까요" 하고 파르메니데스가 말했답니다. "그러나 훗날 때가 되면 내 예상이 빗나가지 않을 경우 철학이 그대를 움켜잡을 것인데, 그때 그대는 가장 하찮은 것조차도 무시하지 않을 것이오. 비록 지금은 젊은 까닭에 여전히 사람들의 의견[15]에 주목하지만 말이오. e

관여의 딜레마(130e~131b)

자, 이 점을 말해주시오. 그대의 말처럼, 그대는 이들 형상이 있어 여기 있는 다른 것들이 그 형상들에 관여함으로써 그 형상들에서 이름을 따오는 것이라고 생각하시오? 이를테면 같음에 관여하는 것들은 131a
같아지고, 큼에 관여하는 것들을 커지며, 아름다움과 정의에 관여하

15 doxa.

는 것들은 아름답고 올바르듯이 말이오."

"물론입니다" 하고 소크라테스가 말했답니다.

"그런데 관여하는 것이 관여하는 것은 형상 전체인가요, 아니면 일부인가요? 아니면 이런 것들 말고 관여하는 제3의 방법이 있을 수 있나요?"

"어떻게 그럴 수 있겠습니까?" 하고 소크라테스가 대답했답니다.

"그렇다면 그대는 형상 전체는 하나이며, 하나이므로 각각의 여럿 안에 존재한다고 생각하시오? 아니면 어떻게 생각하시오?"

"그러지 말라는 법이 어디 있습니까, 파르메니데스님?" 하고 소크라테스가 말했답니다.

b "그렇다면 그것은 하나이자 같은 것이지만, 그것의 전체는 여러 개의 분리된 개체들 안에 동시에 존재할 것이고, 그러면 그 자체가 그 자체에서 분리될 것이오."

"아니지요" 하고 소크라테스가 말했답니다. "그것은 하나이자 같은 것이고 여러 곳에 동시에 존재하지만 그 자체에서 분리되지 않는 날(日)과 같으니까요. 그처럼 각각의 형상은 하나이자 같은 것으로서 모든 것 안에 동시에 존재할 수 있어요."

"소크라테스" 하고 파르메니데스가 말했답니다. "그대는 솜씨 좋게도 하나이자 같은 것이 동시에 여러 곳에 존재하게 만드는구려. 그것은 마치 그대가 돛 하나를 펼쳐 많은 사람을 덮고 나서 많은 사람들 위에 하나의 전체가 있다고 주장하는 것과도 같아요. 아니면 그대의 말뜻은 그런 게 아닌가요?"

가분성(可分性)의 역설(131c~131d)

“그런 것 같아요” 하고 소크라테스가 말했답니다. c

“그럴 경우 돛 전체가 각자 위에 있나요, 아니면 돛의 특정 부분이 각자 위에 있나요?”

“한 부분이 각자 위에 있겠지요.”

“그렇다면 소크라테스” 하고 파르메니데스가 말했답니다. “형상들 자체는 부분들로 나뉠 수 있고, 형상들에 관여하는 사물들은 부분들에 관여하겠구먼. 그러면 각각의 사물 안에 존재하는 것은 더는 형상 전체가 아니라, 형상의 한 부분에 지나지 않겠지요.”

“그런 것 같아요.”

“그렇다면 소크라테스, 그대는 하나의 형상이 정말로 우리에 의해 나뉘어도 여전히 하나일 것이라고 주장하고 싶은 건가요?”

“결코 그렇지 않아요” 하고 소크라테스가 대답했답니다.

“그렇지 않겠지요” 하고 파르메니데스가 말했답니다. “그도 그럴 것이, 그대가 큼 자체를 나눈다고 가정해보시오. 그럴 경우 수많은 d 큰 것은 저마다 큼 자체보다는 더 작은 큼의 부분에 의해 커질 텐데, 그건 불합리해 보이지 않나요?”

“물론 불합리하지요” 하고 소크라테스가 말했답니다.

“어때요? 어떤 것이 같음의 작은 부분을 가지면, 그것을 가진 것은 같음 자체보다 더 작은 것에 의해 다른 것과 같아질까요?”

“불가능해요.”

큼의 후퇴(131d~132a)

"그렇다면 우리 가운데 한 명이 작음의 일부를 갖고 있다고 가정해보시오. 그것은 작음의 일부이기 때문에 그보다는 작음이 더 클 것이오. 그리하여 작음 자체가 더 큰 것이 될 것이오. 반면 작음의 그 부
e 분이 덧붙여지는 것은 전보다 더 커지는 것이 아니라, 더 작아질 것이오."

"커질 수 없고말고요" 하고 소크라테스가 말했답니다.

"그런데 소크라테스" 하고 파르메니데스가 말했답니다. "다른 것들이 어떻게 그대의 형상들에 관여하지요? 만약 그것들이 부분으로서도 전체로서도 그대의 형상들에 관여할 수 없다면 말이오."

"제우스에 맹세코" 하고 소크라테스가 말했답니다. "그것은 답변하기 쉽지 않은 질문 같군요."

"어때요? 이에 대해서는 어떻게 생각하시오?"

"그게 뭐지요?"

132a "내 생각에, 그대는 이런 이유에서 각각의 형상이 하나라고 생각하는 것 같아요. 여러 사물이 그대에게 커 보이면 그대는 그것들 전체에 하나이자 같은 형상이 적용된다고 생각하는 것 같다는 거예요. 그래서 그대는 큼은 하나라는 결론을 내리는 것이지요."

"옳은 말씀입니다" 하고 소크라테스가 말했답니다.

"큼 자체와 다른 큰 것들은 어때요? 그대가 그것들 모두를 똑같은 방법으로 마음의 눈으로 본다면, 이번에도 필시 그 모든 것을 커 보이게 만드는 다른 큰 것이 모습을 나타내지 않을까요?"

"그럴 것 같아요."

사유로서의 형상(132a~132d)

"그렇다면 큼〔大〕 자체와 그것에 관여하는 사물들 외에 큼의 다른 형상이 모습을 나타낼 것이오. 그리고 이 모든 것에 더하여 이 모든 것을 큰 것으로 만드는 큼의 또 다른 형상이 모습을 나타낼 것이오. 그리하여 그대의 형상들은 저마다 더 이상 하나가 아니라, 무수히 많아질 것이오." b

"그러나 파르메니데스님" 하고 소크라테스가 말했답니다. "이들 형상은 저마다 혼 안에서만 존재할 수 있는 하나의 사유[16]일 수도 있지 않을까요? 그렇다면 그것들은 각각 하나여서 방금 언급하신 것과 같은 어려움은 겪지 않겠지요."

"어때요?" 하고 파르메니데스가 물었답니다. "각각의 사유는 하나이지만 무(無)에 대한 사유인가요?"

"그건 불가능해요"라고 소크라테스가 대답했답니다.

"그렇다면 무엇인가에 대한 사유인가요?"

"네."

"존재하는 무엇인가에 대한 사유인가요, 아니면 존재하지 않는 무엇에 대한 사유인가요?" c

16 noema.

"존재하는 무엇인가에 대한 사유입니다."

"하나의 형상이기에 모든 것에 적용된다고 그 사유가 인정하는 어떤 한 사물에 대한 사유 아닐까요?"

"네, 그래요."

"그렇다면 형상이란 모든 경우에 적용되기에 하나라고 생각되는 바로 그것이 아닐까요?"

"그럴 수밖에 없는 것 같아요."

"어때요?" 하고 파르메니데스가 말했답니다. "만약 그대가 다른 것들은 모두 형상에 관여한다고 주장한다면, 그대는 각각의 사물은 생각으로 이루어져 있어 모든 것은 생각한다고 믿거나, 아니면 모든 것은 생각이지만 생각이 없다고 믿어야 하지 않을까요?"

"그것 역시 말이 안 돼요" 하고 소크라테스가 말했답니다. "그렇지
d 만 파르메니데스님, 내가 보기에 가장 그럴듯한 견해는 이들 형상은
자연에 본보기[17]로서 존재하고 다른 것들은 그것들을 닮고 모방하는
것이며, 다른 것들이 형상들에 관여하는 것은 다름 아니라 형상들에
동화(同化)하는 것이라는 겁니다."

본보기로서의 형상(132d~132e)

"그렇다면 만약 무엇인가가 형상을 닮는다면, 형상이 자기를 닮는 것과 같아지지 않을 수 있을까요? 그것은 형상을 닮게끔 만들어졌는데도 말이오. 아니면 같은 것이 같은 것과 같지 않을 어떤 가능성이 있나요?" 파르메니데스가 물었답니다.

"없어요."

"같은 것은 당연히 자기와 같은 것과 함께 하나이자 같은 형상에 관여해야 하지 않을까요?" e

"그야 당연하지요."

"같은 것들이 어떤 것에 관여함으로써 같아진다면 그 어떤 것은 형상 자체가 아닐까요?"

"물론이지요."

구분과 불가지성(不可知性)(132e~134d)

"그렇다면 어떤 것이 형상과 같아지거나, 형상이 어떤 것과 같아진다는 것은 불가능하오. 그렇지 않다면, 언제나 첫 번째 형상에 더하여
다른 형상이 모습을 나타낼 것이고, 그 형상이 어떤 것과 같아지면 133a
또 다른 형상이 모습을 나타낼 것이오. 그리고 형상이 형상에 관여하는 것과 같아지는 한, 새로운 형상이 끊임없이 계속해서 생겨날 것이오."

"더없이 참된 말씀입니다."

"그렇다면 다른 것들은 같음에 의해 형상에 관여하는 것이 아니오. 우리는 다른 것들이 형상에 관여하는 다른 방법을 찾아야 하오."

"그래야 할 것 같습니다."

17 paradeigma. 문맥에 따라 '모형' 또는 '예'(例)로 번역할 수도 있다.

"그렇다면 소크라테스, 만약 형상들은 별개의 자주 독립체들이라고 주장한다면, 우리가 얼마나 큰 난관에 봉착할지 그대는 보이시오?" 하고 파르메니데스가 말했답니다.

"보이고말고요."

"잘 알아두시오" 하고 파르메니데스가 말했답니다. "만약 각각의
b 형상이 하나이며 구체적인 사물들과는 별개의 것이라고 생각한다면 그런 생각에는 얼마나 큰 난관이 도사리고 있는지, 단언컨대 그대는 아직도 파악하지 못하고 있소."

"어째서 그렇지요?" 하고 소크라테스가 물었답니다.

"여러 가지 이유가 있지만" 하고 파르메니데스가 대답했답니다. "주된 이유는 다음과 같은 것이오. 만약 형상들이 그런 것이어야 한다고 우리가 주장하는 것과 같은 것이라면 알 수조차 없는 것이라고 누가 말한다고 가정해보시오. 누가 그렇게 이의를 제기하면 그대는 그의 말이 거짓이라는 것을 증명할 수 없을 것이오. 그가 요행히 경험이 많고 재능이 없지 않고 길고 힘든 증명의 길을 기꺼이 따라온다
c 면 몰라도. 형상들은 알 수 없는 것이라고 우기는 사람은 결코 설득당하지 않을 것이오."

"파르메니데스님, 그건 왜 그렇지요?" 하고 소크라테스가 물었답니다.

"왜냐하면 소크라테스, 사물마다 절대적인 형상[18]이 존재한다고 주장하는 사람은 그대든 다른 사람이든 첫째, 그런 것은 결코 우리 안에 존재하지 않는다는 데 동의할 것으로 여겨지기 때문이오."

"존재하지 않고말고요. 그렇다면 형상이 어떻게 절대적일 수 있겠

습니까?" 하고 소크라테스가 말했답니다.

"좋은 말이오" 하고 파르메니데스가 말했답니다. "그렇다면 서로
상대적인 이 절대 형상들이 고유한 본성을 갖는 것은 자신들과 관련
해서이지 우리에게 속하는 것들과 관련해서가 아니오. 그리고 누가
우리에게 속하는 것들을 같음으로 가정하든 달리 가정하든 우리는 d
그것들에 관여함으로써 그때그때 이런저런 이름으로 불리지요. 우리
에게 속하는 것들 역시 비록 형상들과 같은 이름을 갖지만 자신들에
게만 관련되고 형상들에 관련되는 것은 아니며, 자신들에게 속하고
이름이 같은 형상에 속하는 것은 아니오."

"무슨 말씀이신지요?" 하고 소크라테스가 물었답니다.

"예를 들어 설명하겠소" 하고 파르메니데스가 대답했답니다. "우
리 가운데 누가 어떤 사람의 주인 또는 노예라면, 그는 물론 주인 자
체의 노예가 아니고, 주인도 노예 자체의 주인이 아니오. 대신 그는 e
사람이므로 어떤 사람의 주인이거나 노예이지요. 하지만 주인 지위
자체는 노예 지위 자체의 주인 지위이며, 마찬가지로 노예 지위 자체
는 주인 지위 자체의 노예 지위이지요. 그러나 우리의 노예들과 주인
들은 형상들에게 힘을 행사할 수도 없고, 형상들도 우리에게 힘을 행
사할 수 없어요. 단언컨대 대신 형상들은 자신들에게 속하고 자신들
끼리 관계가 있으며, 마찬가지로 우리의 노예들과 주인들도 자기들끼 134a
리만 관계가 있는 것이오. 혹시 내 말뜻을 이해하지 못하겠소?"

18 ousia. '실재' '본질'.

"물론 이해하지요" 하고 소크라테스가 대답했답니다.

"그렇다면 지식[19]의 경우에도 지식 자체는 참 자체의 지식이겠지요?" 하고 파르메니데스가 물었답니다.

"물론이지요."

"그렇다면 각각의 영역의 지식 자체도 다 각각의 영역의 존재에 대한 지식일 것이오. 그렇지 않은가요?"

"네, 맞아요."

"그리고 우리 사이의 지식은 우리 사이의 참의 지식이고, 우리 사
b 이의 모든 종류의 지식은 우리 사이에 존재하는 모든 것의 지식이 아닐까요?"

"당연하지요."

"그러나 그대도 동의하다시피, 형상들 자체는 우리가 가질 수도 없고 우리 사이에 존재할 수도 없어요."

"네, 존재할 수 없어요."

"그리고 형상들의 여러 부류는 지식의 형상 자체에 의해 알려져 있겠지요?"

"네."

"그런데 우리는 그 지식의 형상 자체는 갖고 있지 않아요."

"네, 갖고 있지 않아요."

"그렇다면 우리는 어떤 형상도 알 수 없소. 우리는 지식 자체에 관여하지 못하니까."

"알 수 없는 것 같아요."

c "그렇다면 우리는 아름다움 자체도, 좋음 자체도, 우리가 형상 자

체라고 여기는 그 어떤 것도 그것이 무엇인지 알 수 없소."

"그런 것 같아 두려워요."

"이번에는 그보다 더 두려운 것을 살펴보도록 하시오."

"그게 뭐지요?"

"만약 지식의 어떤 종류가 그 자체로 존재한다면, 아마도 그대는 그것은 우리 사이의 지식보다 훨씬 더 정확하며, 아름다움과 다른 모든 것도 그 점은 마찬가지라고 말하겠지요."

"네."

"또한 만약 어떤 것이 지식 자체에 관여한다면, 그대는 다른 누구보다도 신이 이 가장 정확한 지식을 갖고 있음 직하다고 말하지 않을까요?"

"당연하지요."

"그렇다면 신은 지식 자체를 갖고 있으니 인간사도 알 수 있을 d
까요?"

"왜 모른다는 거죠?"

"왜냐하면 소크라테스" 하고 파르메니데스가 말했답니다. "어떤 힘을 갖고 있건 간에 저 형상들은 우리 세계와는 무관하고 우리 세계도 저 형상들과 무관하며, 대신 이 두 집단은 저마다 자신의 영역과 관련해서만 힘을 갖는다는 데 우리가 동의했기 때문이오."

"네, 그렇다는 데 우리는 동의했습니다."

19 episteme.

결론(134d~135c)

“따라서 만약 신이 이 가장 완전한 주인 지위와 가장 완전한 지식을
갖고 있다면, 신들의 주인 지위는 결코 우리를 지배할 수 없고, 신들
e 의 지식은 우리나 또는 인간사를 아무것도 알 수 없소. 마찬가지로
우리는 우리 사이의 권위로는 신들을 지배하지 못하고, 우리의 지식
으로는 신적인 것은 아무것도 알지 못하오. 같은 이유에서 신들은 우
리의 주인들도 아니며 인간사도 알지 못하오. 그들은 신들이니까.”

“신에게서 지식을 빼앗다니” 하고 소크라테스가 말했답니다. “그
것은 참으로 놀라운 말씀이군요.”

“그렇지만 소크라테스” 하고 파르메니데스가 말했답니다. “형상들
135a 에는 이런 문제점들과 그 밖에도 수많은 다른 문제점이 내포될 수밖
에 없소. 만약 사물들의 그런 형상들이 존재하고 누가 각각의 형상
을 ‘어떤 것 자체’로 구별한다면 말이오. 그래서 그런 주장을 듣는 사
람은 난관에 봉착하여 그런 것들은 존재하지 않으며, 설사 존재한다
해도 사람은 본성상 그것을 모를 수밖에 없다고 이의를 제기하지요.
또한 그런 사람은 자기가 일리 있는 말을 한다고 생각하므로, 조금
전에 내가 말했듯이, 사실은 그렇지 않다고 설득하기가 무척 어렵지
요. 큰 재능을 타고난 사람만이 각각의 사물에는 어떤 부류와 실재
b 자체가 존재한다는 것을 이해할 수 있을 것이며, 더 경이로운 사람만
이 그런 문제점들을 모두 알아내어, 그것들을 혼자서 철저히 검토하
도록 다른 사람에게 가르칠 수 있겠지요.”

“파르메니데스님, 나는 그대에게 동의합니다. 그대의 말씀은 내 생

각과 전적으로 일치하니까요." 소크라테스가 말했답니다.

"그러나 소크라테스" 하고 파르메니데스가 말했답니다. "만약 누가 방금 언급한 문제점들이나 그와 같은 다른 문제점들에 주목한 나머지 사물들에는 형상이 있다는 것을 인정하지 않고 개개의 사물을 위해 형상을 구별하지 않는다면, 그에게는 사유가 향할 곳이 어디에도 없을 것이오. 그는 각각의 사물에는 언제나 같은 형상이 있다는
것을 부정하니까요. 그리하여 그는 토론할 능력을 완전히 상실하고 c
말겠지요. 하지만 그대는 그 점을 지나치게 의식하는 것 같아요."

"그건 사실입니다" 하고 소크라테스가 말했답니다.

"그렇다면 철학은 어떻게 되는 거죠? 만약 그런 문제점들이 해결되지 않는다면 그대는 어디로 향할 참이오?"

"지금으로서는 아무것도 보이지 않는 것 같습니다."

본론 III. 하나(一者)에 대한 가설들

머리말(135c~137b)

"그것은 소크라테스" 하고 파르메니데스가 말했답니다. "그대가 제대로 훈련받기도 전에 너무 일찍 아름다움과 정의와 좋음과 그 밖의
모든 형상을 정의하려 하기 때문이오. 나는 그제 그대가 여기 있는 d
아리스토텔레스와 대화하는 것을 듣고 그 점을 알았소. 잘 알아두시오. 대화를 향한 그대의 열정은 아름답고 신적(神的)이오.[20] 하지만 그대는 아직 젊을 때 아무 쓸모없어 보이고 대다수가 수다[21]라고 부

르는 기술을 더 연마하고 단련하도록 하시오. 그러지 않으면 진리가 그대를 피해 달아날 것이오."

"그렇다면 파르메니데스님. 그 기술은 어떤 방법으로 단련합니까?" 하고 소크라테스가 물었답니다.

"그 방법을 그대는 방금 제논한테서 들었소" 하고 파르메니데스가
e 대답했답니다. "하지만 나는 그대가 제논에게 말하는 것을 듣고 마음이 흐뭇했소. 그대는 가시적인 것들 사이에서 또는 가시적인 것들과 관련해서가 아니라, 우리가 지성에 의해 완전하게 파악할 수 있으며 '형상'이라고 일컬어도 좋을 것들과 관련해서만 제논이 이런 문제점을 규명하게 했으니까요."

"그건" 하고 소크라테스가 말했답니다. "그래야만 사물들이 같음이나 같지 않음이나 그 밖의 다른 것을 겪는다는 것을 보여주기가 쉬우리라고 생각하기 때문이지요."

"좋은 말이오" 하고 파르메니데스가 말했답니다. "그렇지만 더 단련되려면 그대는 거기서 한 발짝 더 앞으로 나아가, 어떤 가설이 참일
136a 때 발생하는 결과뿐만 아니라 그 가설이 참이 아닐 때 발생하는 결과도 검토해야 하오."

"무슨 말씀이신지요?" 하고 소크라테스가 물었답니다.

"그대만 괜찮다면" 하고 파르메니데스가 대답했답니다. "'만약 여럿이 존재한다면'이라는 제논의 가설을 예로 들어 설명하겠소. 그대는 그럴 경우 여럿 자체에게 여럿 자체와 관련하여, 그리고 하나와 관련하여 어떤 결과가 발생하는지, 또한 하나에게 하나 자체와 관련하여, 그리고 여럿과 관련하여 어떤 결과가 발생하는지 검토해야 하오.

그대는 또한 만약 여럿이 존재하지 않는다면, 하나와 여럿에게 그 자
체와 관련하여, 그리고 서로와 관련하여 어떤 결과가 발생하는지도
검토해야 하오. 마찬가지로 '만약 같음이 존재한다면' 또는 '만약 같 b
음이 존재하지 않는다면'이라고 가정한다면, 그대는 그렇게 가정할
때마다 가정된 것들과 그 밖의 다른 것들에게 그 자체와 관련하여,
그리고 서로와 관련하여 어떤 결과가 발생하는지 검토해야 하오. 같
지 않음, 운동, 정지, 생성, 소멸, 존재 자체와 존재하지 않음에 대해
서도 같은 말을 할 수 있을 것이오. 간단히 말해, 어떤 것이 존재한다
고 또는 존재하지 않는다고, 그리고 그것이 어떤 방법으로든 영향을
받는다고 가정할 때마다 그대는 그대가 가정한 것에게 그 자체와 관 c
련하여, 그리고 그대가 선택한 다른 것들 각각과 관련하여, 마찬가지
로 그것들 다수와 그것들 모두와 관련하여 어떤 결과가 발생하는지
검토해야 하오. 또한 그대는 이들 다른 것들을, 그대가 가정하는 것
을 존재한다고 가정하든 존재하지 않는다고 가정하든 그 자체와 관
련하여, 그리고 그때그때 그대가 선택하는 다른 것과 관련하여 검토
해야 하오. 그대가 훈련을 다 마치고 나서 참을 완전하게 보려면 말
이오."

"파르메니데스님" 하고 소크라테스가 말했답니다. "그대는 사실
상 불가능한 일을 말씀하시는군요. 게다가 나는 그 말씀을 잘 이해하

20 theia.

21 adoleschia.

지 못하겠어요. 그런데 내가 더 잘 이해할 수 있게끔, 왜 그대 자신은 정작 무엇인가를 가정하고 그것을 철저히 검토하지 않으십니까?"

d "소크라테스" 하고 파르메니데스가 말했답니다. "그대는 내 또래에게는 힘겨운 일을 시키는구려."

"그렇다면 제논님" 하고 소크라테스가 물었답니다. "왜 그대가 우리를 위해 철저히 검토하지 않으시는 겁니까?"

퓌토도로스[22]에 따르면, 그러자 제논이 웃으며 대답했답니다. "소크라테스, 우리가 파르메니데스님에게 부탁드려봅시다. 그분 말씀처럼 그것은 사소한 일이 아니니까요. 아니면 그대는 얼마나 큰일을 요구하는지 모르겠소? 우리가 더 다수라면 그분에게 그런 부탁을 드리는 것은 옳지 못하겠지요. 특히 그분 연배의 사람에게는 다중(多衆)
e 앞에서 그런 것들을 논하는 것이 적절하지 못할 테니까요. 다중은 우리가 이렇게 모든 것을 철저히 두루 검토하지 않으면 우리의 지성[23]이 진리에 이를 수 없다는 것을 모르니까요. 그래서 파르메니데스님, 나는 소크라테스와 함께 그대에게 부탁드립니다. 나도 오랜만에 그 방법을 다시 들으려고 말입니다."

안티폰이 말하기를, 퓌토도로스에 따르면 제논이 그렇게 말하자 퓌토도로스 자신과 아리스토텔레스와 그 밖의 다른 사람들이 파르메니데스에게 그가 권장하는 것을 거절하지 말고 보여달라고 부탁했답니다. 그러자 파르메니데스가 말했답니다. "나는 여러분이 시키는 대로 하지 않을 수 없구려. 그런데 나는 이뷔코스[24]의 시(詩)에 나오
137a 는 말(馬)과 같은 처지에 놓인 것 같군요. 이뷔코스는 자신을 전차 경주에 참가하여 우승한 적이 있기는 하지만 오랜 경험을 통해 무슨 일

이 일어날지 아는지라 두려워 떨고 있는 늙은 경주마에 비기면서, 자신도 늙었지만 마지못해 사랑의 경기에 참가했다고 말하고 있지요. 나도 이 나이에 그토록 광대하고 그토록 무서운 토론의 바다를 헤엄쳐 건넜다고 돌이켜 생각해보면 심한 두려움을 느낀다오. 그럼에도 나는 여러분의 부탁을 들어줘야겠지요. 제논의 말처럼, 우리는 우리끼리니까요.

그렇다면 우리는 어디서 시작하고 먼저 무엇을 가정할까요? 아니 b
면 내가 이 힘겨운 놀이에 참가해야 한다고 여러분이 결정했으니, 내가 먼저 하나에 대한 나의 가설을 논하면서, 만약 하나가 존재한다면 또는 만약 하나가 존재하지 않는다면 과연 어떤 결과가 발생할지 검토할까요?"

"당연히 그러셔야지요" 하고 제논이 말했답니다.

"그렇다면 누가 내 질문에 대답하겠소? 가장 젊은 사람이 어떨까요? 그는 우리를 가장 덜 괴롭히고 십중팔구 생각하는 대로 대답할 테니까요. 동시에 그가 대답하는 동안에는 내가 쉴 수 있을 테니 말이오." 파르메니데스가 물었답니다.

22 또는 안티폰.

23 nous.

24 Ibykos. 기원전 6세기의 남이탈리아 출신 서정시인. 그는 단편만 남아 있는 이 시에서 사랑에 빠진 자신을 한때 우승한 적이 있지만 이제는 늙어서 무슨 불상사가 일어날지 몰라 떨면서 마지못해 전차 경주에 참가하는 경주마에 비기고 있다. Page, 『그리스 서정시인들』(*Poetae Melici Graeci*) Ibycus 287.

첫 번째 가설, 첫 번째 연역(137c~142a)

c “파르메니데스 선생님, 내가 선생님을 위해 그렇게 하겠습니다” 하고 아리스토텔레스가 말했답니다. “선생님께서는 나를 두고 가장 젊은 사람이라고 말씀하시는 것 같으니까요. 질문해주십시오. 내가 대답하겠습니다.”

“좋아” 하고 파르메니데스가 말했대요. “만약 하나〔一者〕가 존재한다면 하나는 결코 여럿〔多者〕일 수 없겠지?”

“어떻게 그럴 수 있겠습니까?”

“그렇다면 하나는 부분을 가질 수도 없고 전체일 수도 없겠지?”

“어째서 그렇습니까?”

“부분은 전체의 부분이니까.”

“네, 그렇습니다.”

“전체는 어떤가? 어떤 부분도 부족하지 않은 것이 전체가 아닐까?”

“물론입니다.”

“따라서 만약 하나가 전체이거나 또는 부분들을 갖는다면, 하나는 부분들로 이루어질 걸세.”

“당연하지요.”

“그렇다면 두 경우 모두 하나는 여럿이지 하나일 수 없네.”

d “맞습니다.”

“하지만 하나는 여럿이 아니라 하나여야 하네.”

“네, 그래야 합니다.”

“따라서 하나가 하나이려면 전체여서도 안 되고 부분을 가져서도 안 되네."

"네, 그래서는 안 됩니다."

"그러므로 만약 하나가 부분을 갖지 않는다면, 하나는 처음도 끝도 중간도 가질 수 없을 걸세. 이런 것들은 하나의 부분들일 테니까."

"옳은 말씀입니다."

"그리고 처음과 끝은 각 사물의 한계[25]일세."

"왜 아니겠습니까?"

"그렇다면 하나는 한정되지 않은[26] 것일세. 만약 하나가 처음도 끝도 갖지 않는다면 말일세."

"네, 한정되지 않은 것입니다."

"또한 하나는 형태도 없네. 하나는 원에도 직선에도 관여하지 않으니까."

"어째서 그렇지요?" e

"원이란 그 끝 부분들이 중심에서 사방으로 같은 거리에 있으니까."

"네, 그래요."

"그리고 직선이란 그 중간이 양 끝 부분 사이에 있는 것일세."

"그렇습니다."

"그러므로 하나는 부분들을 갖게 되고 여럿이 되는 걸세. 만약 하

25 peras.

26 apeiron.

나가 곧은 형태나 둥근 형태에 관여한다면 말일세."

"물론입니다."

"따라서 하나는 곧지도 않고 둥글지도 않네. 하나는 부분들을 갖지 않으니까."

138a "옳은 말씀입니다."

"게다가 하나는 그런 것이므로 어디에도 없네. 하나는 다른 것 안에도 자체 안에도 있을 수 없으니까."

"어째서 그렇습니까?"

"만약 하나가 다른 것 안에 있다면 자기를 에워싸고 있는 것에 빙 둘러싸여 여러 군데에서 여러 부분으로 그것과 접촉하게 될 걸세. 그러나 하나이며 부분들이 없고 원에 관여하지 않는 것은 빙 돌아가며 여러 군데에서 접촉할 수 없네."

"그건 불가능합니다."

"한편, 만약 하나가 자신 안에 있다면, 하나를 에워싸고 있는 것은 다름 아니라 하나 자신일 걸세. 만약 하나가 정말로 자신 안에 있다면 말일세. 어떤 것이 자신을 에워싸고 있지 않은 것 안에 있다는
b 것은 불가능하니까."

"불가능하고말고요."

"그렇다면 에워싸는 것과 에워싸인 것은 서로 다른 것일세. 같은 것이 하나의 전체로서 동시에 행하기도 하고 당하기도 한다는 것은 불가능하니까. 그럴 경우 하나는 더 이상 하나가 아니라 둘일 걸세."

"하나일 수 없겠습니다."

"따라서 하나는 어디에도 없네. 자신 안에도 없고, 다른 것 안에도

없네."

"네, 없습니다."

"그렇다면 하나가 정지하거나 운동할 수 있는지 고찰해보게."

"왜 그럴 수 없지요?"

"하나가 정말로 운동한다면 이동하거나 변할 걸세. 그것만이 유일한 운동이니까."

"네." c

"그렇지만 하나가 변해서 하나이기를 멈춘다면 더는 하나일 수 없네."

"그럴 수 없고말고요."

"그러니 하나는 본성이 변하는 운동은 하지 않네."

"하지 않는 것 같습니다."

"그러나 하나는 장소를 옮기는 운동은 할까?"

"아마도 할 것 같아요."

"그런데 하나가 장소를 옮기는 운동을 한다면 한곳에서 빙글빙글 돌거나, 아니면 한곳에서 다른 곳으로 이동할 걸세."

"당연하지요."

"만약 하나가 자기 주위를 빙글빙글 돈다면, 하나의 중심부는 평형을 유지하고 하나의 부분들은 중심부 주위를 돌 걸세. 하지만 중
심부도 부분들도 갖지 않은 것이 무슨 수로 중심부 주위를 빙글빙글 d
돌 수 있겠는가?"

"그건 불가능합니다."

"그러니 하나의 운동은 장소를 바꾸는 것이고, 그래서 하나는 어

떤 때는 여기 있고 어떤 때는 저기 있겠지?"

"그렇겠지요. 만약 하나가 정말로 운동을 한다면."

"그런데 하나는 어떤 것 안에도 있을 수 없다고 밝혀지지 않았는가?"

"네, 밝혀졌습니다."

"그렇다면 하나가 어떤 것 안으로 들어간다는 것은 더더욱 불가능하지 않을까?"

"왜 그런지 나는 모르겠습니다."

"만약 어떤 것이 어떤 것 안으로 들어간다면, 그것은 필시 들어가고 있으니 아직은 그 안에 없고, 벌써 그 안으로 들어가고 있으니 아직 전적으로 바깥에 있는 것도 아니겠지?"

"당연하지요."

e "어떤 것이 이런 일을 겪는다면, 그것은 부분들을 가진 것일 수밖에 없네. 그것의 일부가 벌써 다른 것 안에 있고, 나머지는 바깥에 있을 수 있으니까. 그러나 부분들을 갖지 않은 것은 전체가 어떤 것 안에 있는 동시에 전체가 어떤 것 밖에 있을 수 없네."

"맞습니다."

"그러나 부분들을 갖지 않고 전체가 아닌 것이 어떤 것 안으로 들어간다는 것은 더더욱 불가능하지 않을까? 그것은 부분으로서도 전체로서도 들어갈 수 없으니까."

"그런 것 같습니다."

"따라서 하나는 어떤 곳으로 가거나 어떤 것 안으로 들어감으로써
139a 이동하지도 않고, 한곳에서 빙글빙글 돌지도 않으며, 성격이 변하는

것도 아닐세."

"그런 것 같습니다."

"그러니 하나는 어떤 방식의 운동도 하지 않네."

"네, 운동하지 않습니다."

"또한 우리는 하나가 어떤 것 안에도 있을 수 없다고 주장하네."

"네, 우리는 그렇게 주장합니다."

"그렇다면 하나는 결코 같은 것 안에도 없네."

"왜 그렇습니까?"

"하나가 같은 것 안에 있다면 이미 어떤 것 안에 있는 거니까."

"물론입니다."

"그러나 하나는 자신 안에도, 다른 것 안에도 있을 수 없네."

"네, 그랬습니다."

"그래서 하나는 결코 같은 것 안에는 없는 것일세."

"없는 것 같습니다."

"그러나 결코 같은 것 안에 있지 않는 것은 가만있지도 않고 정지 b
하지도 않네."

"그럴 수 없습니다."

"따라서 하나는 정지하지도 않고 운동하지도 않는 것 같네."

"확실히 그런 것 같습니다."

"하나는 다른 것이나 자신과 같은 것일 수도 없고, 자신이나 다른 것과 다른 것일 수도 없네."

"어째서 그렇습니까?"

"하나가 자신과 다르다면 하나와 다를 테니 하나가 아닐 걸세."

"맞습니다."

c "한편, 하나가 다른 것과 같다면 다른 것이지 자신이 아닐 걸세. 그러니 그럴 경우에도 하나는 하나의 본성을 유지하지 못하고 하나와 다른 것일 걸세."

"물론입니다."

"그렇다면 하나는 다른 것과 같지도 않고 자신과 다르지도 않을 걸세."

"네, 맞습니다."

"그러나 하나는 하나로 남아 있는 한에는 다른 것과 다르지 않을 걸세. 왜냐하면 하나가 아니라 다른 것만이 다른 것과 다를 수 있고, 그 밖에는 어떤 것도 그럴 수 없기 때문일세."

d "옳은 말씀입니다."

"그렇지만 하나는 자신과 같지도 않을 걸세."

"왜 그렇지요?"

"하나의 본성은 분명 같은 것의 본성과 같은 것이 아닐세."

"어째서 그런가요?"

"어떤 것이 어떤 것과 같으면 하나가 되지 못하기 때문이지."

"그렇다면 무엇이 됩니까?"

"하나가 여럿과 같아지면 하나는 아마도 하나가 아니라 여럿이 될 걸세."

"맞습니다."

"그러나 하나와 같은 것이 조금도 다르지 않다면, 어떤 것이 같은 것이 될 때마다 그것은 언제나 하나가 될 것이고, 하나가 될 때마다 같은 것이 될 걸세."

"물론입니다."

"그러므로 하나가 자신과 같아진다면 자신과 하나가 되지 못할 것 e
이고, 따라서 하나이면서 하나가 아닐 걸세. 하지만 그것은 분명 불가능하네. 그러므로 하나가 다른 것과 달라지거나 자신과 같아진다는 것은 불가능하네."

"불가능합니다."

"그러니 하나는 자신이나 다른 것과 다를 수도 없고 같을 수도 없네."

"그럴 수 없고말고요."

"또한 하나는 그게 자신이든 다른 것이든 어떤 것과 같아지거나 달라지지 않을 걸세."

"왜 그렇습니까?"

"같음이란 같은 것을 경험하는 거니까."

"네, 그렇습니다."

"하지만 하나와 같은 것은 본성이 다르다는 것이 밝혀졌네."

"네, 밝혀졌습니다."

"그러나 만약 하나가 하나라는 것 말고 다른 것을 경험한다면, 그 140a
것은 자신이 하나 이상이라는 것을 경험한 것일세. 그렇지만 그것은 불가능하네."

"네, 그렇습니다."

"그러므로 하나는 다른 것 또는 자신과 같은 것을 경험할 수가 없네."

"없을 것 같습니다."

"그렇다면 하나가 다른 것이나 자신과 같아진다는 것은 불가능하네."

"그런 것 같습니다."

"또한 하나는 자신이 다른 것이라는 것을 경험하지 못했네. 그랬다면 하나는 자신이 하나 이상이라는 것을 경험했을 테니까."

"하나 이상이라는 것을 경험했겠지요."

"그러나 자신이나 다른 것과 다른 것을 경험한 것은 자신이나 다
b 른 것과 달라질 걸세. 만약 같은 것을 경험한 것이 같아진다면 말일세."

"옳은 말씀입니다."

"그렇지만 하나는 결코 다른 것을 경험하지 않으므로 자신이나 다른 것과 결코 달라지지도 않는 듯하네."

"달라지지 않고말고요."

"따라서 하나는 다른 것이나 자신과 같아질 수도 없고 달라질 수도 없네."

"그런 것 같습니다."

"또한 하나는 본성이 그러하므로 자신이나 다른 것과 동등하지도 않고 부동(不同)하지도 않을 걸세."

"어째서 그렇지요?"

"만약 하나가 동등하다면 동등한 것과 같은 자(尺)로 잴 걸세."

"네."

c "따라서 만약 하나가 같은 자로 재는 것들보다 더 크거나 더 작다

면, 더 작은 것들보다는 치수가 더 클 것이고, 더 큰 것들보다는 치수가 더 작을 걸세."

"네."

"그러나 하나는 같은 자로 재지 않는 것들 중 어떤 것들보다는 치수가 더 작고, 다른 것들보다는 치수가 더 클 걸세."

"물론입니다."

"그렇지만 같음에 관여하지 않는 것이 같은 치수나 그 밖의 다른 것들을 공유한다는 것은 불가능하겠지?"

"불가능합니다."

"그렇다면 하나는 같은 치수를 갖지 않을 테니, 자신이나 다른 것과 동등할 수 없을 걸세."

"그럴 것 같습니다."

"또한 하나는 치수가 더 많든 더 적든 간에 치수만큼 많은 부분을
갖게 될 걸세. 그러면 하나는 더는 하나가 아니라 치수만큼 많아질 d
걸세."

"옳은 말씀입니다."

"그런데 하나는 치수와 동등해질 걸세. 그러나 하나는 어떤 것과도 동등할 수 없다고 이미 밝혀졌네."

"밝혀졌고말고요."

"따라서 하나는 하나의 치수나 다수의 치수나 소수의 치수에 관여하지 않으므로, 그리고 하나는 같음에 전혀 관여하지 않으므로, 아마도 자신이나 다른 것과 동등하지 않을 걸세. 하나는 또한 자신이나 다른 것보다 더 크거나 더 작지도 않을 걸세."

"전적으로 동의합니다."

e "어떤가? 자네는 하나가 어떤 것보다 더 늙거나 더 젊거나 나이가 같을 수 있다고 생각하는가?"

"왜 그럴 수 없습니까?"

"만약 하나가 자신이나 다른 것과 나이가 같다면 시간의 동등함과 같음에 관여할 텐데, 우리는 하나가 같음과 동등함에 관여하지 않는다고 이미 말한 바 있기 때문일세."

"아닌 게 아니라 우리는 그렇게 말했습니다."

"우리는 또한 하나가 같지 않음과 동등하지 않음에도 관여한다고도 말한 바 있네."

"물론입니다."

141a "그렇다면 본성이 이러한 것이 어떻게 어떤 것보다 더 늙거나 더 젊거나 나이가 같을 수 있겠는가?"

"결코 그럴 수 없습니다."

"그렇다면 하나는 자신이나 다른 것보다 더 젊거나 더 늙거나 나이가 같을 수 없을 걸세."

"그럴 것 같습니다."

"따라서 하나가 그런 것이라면, 하나가 도대체 시간 안에 존재할 수 있을까? 아니면 어떤 것이 시간 안에 존재한다면 그것은 당연히 계속해서 자신보다 더 늙어가지 않을까?"

"당연하지요."

"더 늙은 것은 더 젊은 것보다 언제나 더 늙었겠지?"

"물론입니다."

"그렇다면 자신보다 더 늙어가는 것은 동시에 자신보다 더 젊어지는 것일세. 만약 그것이 그에 비해 자신이 더 늙어가는 무엇인가를 갖고 있어야 한다면 말일세." b

"무슨 말씀이신지요?"

"내 말은 이런 뜻일세. 사물은 이미 달라진 사물과는 달라질 필요가 없네. 이미 다른 것은 다른 것이고, 달라진 것은 달라진 것이며, 달라질 것은 달라질 것이니까. 그러나 달라지고 있는 것은 달라진 것도 아니고 달라질 것도 아니며 아직은 다른 것도 아닐세. 그것은 달라지고 있으며, 그 외에는 아무것도 아닐세."

"당연하지요." c

"그러나 더 늙은 것은 분명 다름 아니라 더 젊은 것과 다르네."

"그렇고말고요."

"그러므로 자신보다 더 늙어가는 것은 필연적으로 동시에 자신보다 더 젊어질 수밖에 없네."

"그런 것 같습니다."

"하지만 그것은 또한 자신보다 더 오랜 기간이나 더 짧은 기간에 생성될 수 없고, 자신과 같은 기간에 생성되고 존재하고 생성되었고 존재하려고 해야 하네."

"그것 역시 필연적입니다."

"그렇다면 시간 안에 존재하며 시간에 관여하는 모든 것은 필연적으로 자신과 나이가 같으면서 동시에 자신보다 더 늙어가기도 하고 더 젊어지기도 하네." d

"그런 것 같습니다."

"그런데 하나는 분명 그런 경험들에 관여하지 않았네."

"분명 관여하지 않았습니다."

"따라서 하나는 시간에 관여하지 않으며, 시간 안에 존재하지 않네."

"존재하지 않고말고요. 우리의 논의는 그렇다고 증명하고 있습니다."

"어떠한가? '있었다' '되었다' '되고 있었다'는 과거 시간에 관여하는 것을 의미하는 것 같지 않은가?"

"물론입니다."

e "어떠한가? '있을 것이다' '될 것이다' '되었을 것이다'는 미래 시간에 관여하는 것을 의미하지 않을까?"

"네, 그렇습니다."

"그리고 '있다' '되다'는 현재 시간에 관여하는 것을 의미하지 않을까?"

"물론입니다."

"따라서 만약 하나가 어떤 시간에도 관여하지 않는다면, 하나는 과거에도 결코 되었거나 되고 있었거나 존재하지 않았고, 현재에도 되거나 되고 있거나 존재하지 않으며, 미래에도 되게 되거나 되었을 것이거나 존재하게 되지 않을 걸세."

"더없이 참된 말씀입니다."

"그렇다면 어떤 것이 이들 세 가지 방법 말고 다른 방법으로 존재[27]에 관여할 수 있을까?"

"없습니다."

"그렇다면 하나는 결코 존재에 관여하지 않네."

"관여하지 않는 것 같습니다."

"그러므로 하나는 결코 존재하지 않네."

"존재하지 않는 것 같습니다."

"따라서 하나는 하나가 되는 방법으로 존재하지 않네. 그렇다면 하나는 이미 존재하는 것이고 존재에 관여할 테니까. 그러나 하나는 분명 존재하지도 않고 하나도 아닐세. 이런 논의가 믿을 만한 것이라면."

"아마도 그런 것 같습니다." 142a

"그런데 존재하지도 않는 것이 자기에게 속하거나 딸린 것을 가질 수 있을까?"

"어떻게 가질 수 있겠습니까?"

"그렇다면 하나는 이름도 없고 설명될 수도 없으며, 지식이나 감각적 지각[28]이나 의견의 대상이 될 수도 없네."

"없는 것 같습니다."

"그래서 하나는 이름 붙여진 적도, 설명된 적도, 사고된 적도, 알려진 적도 없으며, 존재하는 어떤 것이 하나를 감각적으로 지각한 적도 없네."

"없는 것 같습니다."

27 ousia.

28 aisthesis.

"하지만 이 모든 것이 과연 하나에도 적용될 수 있을까?"

"나는 그렇다고 생각하지 않습니다."

첫 번째 가설, 두 번째 연역(142b~155e)

b "그렇다면 자네는 우리가 가설로 되돌아가 혹시 다른 결론이 나는지 보기 위해 처음부터 다시 검토해보면 좋겠는가?"

"그러면 정말로 좋겠습니다."

"만약 하나가 존재한다면 이에서 결과되는 것들이 어떤 것이든 간에 우리는 그것들을 두고 합의에 도달해야 한다는 것이 우리 주장일세. 그렇지 않은가?"

"네, 그렇습니다."

"그렇다면 처음부터 살펴보게. 만약 하나가 존재한다면, 존재할 수는 있지만 존재에 관여할 수는 없는가?"

"관여할 수 없습니다."

"그렇다면 하나의 존재는 하나와 같지 않을 걸세. 만약 같다면 하나의 존재는 하나의 존재일 수 없고, 하나는 하나의 존재에 관여할
c 수 없을 테니까. 오히려 하나가 존재한다는 말은 '하나는 하나다'라는 말과 같은 뜻이 될 걸세. 그러나 지금 우리의 가설은 '만약 하나가 하나라면' 어떤 결과가 발생하느냐가 아니라, '만약 하나가 존재한다면' 어떤 결과가 발생하느냐일세. 그렇지 않은가?"

"그야 물론입니다."

"그렇다면 '존재하다'와 '하나다'는 다른 뜻이겠지?"

"당연하지요."

"그렇다면 간단히 말해서 누가 '하나가 존재한다'고 말하면, 그것은 '하나가 존재에 관여한다'고 말하는 것과 같은 뜻이겠지?"

"물론입니다."

"만약 하나가 존재한다면 어떤 결과가 발생하는지 다시 묻기로 하세. 이 가설은 필연적으로 하나가 그런 종류의 것이라면 부분들을 갖는다는 것을 의미하는 게 아닌지 살펴보게나."

"어째서 그렇습니까?"

"이래서일세. 만약 존재하는 하나에 대해 '존재다'고 말하고 하나 d
인 존재에 대해 '하나'라고 말한다면, 그리고 하나와 존재가 같은 것은 아니지만 우리가 가정했던 것, 즉 존재하는 하나에 속한다면, 존재하는 하나는 필연적으로 전체이고, 하나와 존재는 전체의 부분들이 아니겠는가?"

"당연하지요."

"그렇다면 우리는 이 두 부분을 각각 부분이라고만 부를 텐가, 아니면 부분은 전체의 부분이라고 불려야 하는가?"

"전체의 부분이라고 불려야 합니다."

"그렇다면 하나인 것은 전체이며 부분을 갖네."

"물론입니다."

"존재하는 하나의 각각의 부분들, 즉 하나와 존재는 어떤가? 하나 e
가 존재의 부분이기를 그만두거나, 아니면 존재가 하나의 부분이기를 그만둘 수 있을까?"

"그럴 수 없습니다."

"또한 두 부분은 각각 하나와 존재를 내포하며, 가장 작은 부분도 두 부분으로 이루어지네. 그리고 같은 논리에 따라, 부분이 되는 것은 어떤 것이든 언제나 두 부분을 내포하네. 하나는 언제나 존재를 내포하고, 존재는 하나를 내포하니까. 그리하여 하나는 언제나 둘이 되기에 결코 하나가 될 수 없는 것이라네."

143a "전적으로 동의합니다."

"따라서 존재하는 하나는 무수히 많겠지?"

"그런 것 같습니다."

"자, 다시 출발하세."

"어디로 말입니까?"

"우리는 하나가 존재에 관여하기에 존재한다고 주장하는가?"

"네."

"그 때문에 존재하는 하나는 많아 보이는 걸세."

"그렇습니다."

"존재에 관여한다고 우리가 주장하는 하나 자체는 어떤가? 만약 그것이 관여한다고 우리가 주장하는 것을 제외하고 그 자체만을 우리가 사고를 통해 파악한다면, 그때는 같은 것이 하나로만 보일까 아니면 여럿으로도 보일까?"

"하나로 보일 것이라고 나는 생각합니다."

b "그렇다면 검토해보세. 하나는 존재가 아니라 하나로서 존재에 관여하므로 하나의 존재는 하나와는 다른 것이어야 하지 않을까?"

"당연하지요."

"만약 하나의 존재와 하나가 별개의 것이라면, 하나가 존재와 다른 것도 하나가 하나이기 때문이 아니며, 존재가 하나와 다른 것도 존재가 존재이기 때문이 아닐세. 그것들이 서로 다른 이유는 서로 다른 별개의 것이기 때문일세."

"물론입니다."

"따라서 다른 것은 하나와도 존재와도 같은 것이 아닐세."

"어떻게 같을 수 있겠습니까?"

"어떤가? 만약 우리가 그중에서 존재와 다른 것을 또는 존재와 하 c
나를 또는 하나와 다른 것을 선택한다면, 우리는 매번 '양자'(兩者)라고 불러 마땅할 한 쌍을 선택하는 것이 아닐까?"

"어째서 그렇습니까?"

"이래서일세. 우리는 '존재'에 관해 말할 수 있겠지?"

"있습니다."

"'하나'에 관해서도 말할 수 있겠지?"

"그럴 수도 있습니다."

"그렇다면 우리는 그 둘의 각각에 관해 말한 것이겠지?"

"네."

"그러나 어떤가? '존재와 하나'라고 말할 때는 양자에 관해 말한 것이 아닐까?"

"물론입니다."

"또한 '존재와 다른 것' 또는 '다른 것과 하나' 등등이라고 말할 때도 나는 매번 양자에 관해 말하는 것이겠지?"

"네."

"그런데 양자라고 불러 마땅한 것들은 양자일 수는 있어도 둘일 d

수는 없는가?"

"없습니다."

"만약 사물이 둘이라면 그 각각이 하나가 아닐 방법은 없을까?"

"전혀 없습니다."

"그렇다면 각 쌍은 합쳐서 둘이니까 각각의 구성원은 하나일 걸세."

"그런 것 같습니다."

"그러나 만약 그것들이 각각 하나라면, 어떤 한 쌍에 어떤 하나가 덧붙여질 때는 합(合)이 셋이 되지 않을까?"

"네, 맞습니다."

"셋은 홀수고 둘은 짝수 아닌가?"

"물론입니다."

e "어떤가? 둘이 있다면 반드시 두 배도 있고, 셋이 있으니 세 배도 있지 않을까? 만약 둘은 하나의 두 배이고, 셋은 하나의 세 배라면 말일세."

"당연하지요."

"둘과 두 배가 있으니 반드시 둘의 두 배도 있고, 셋과 세 배가 있으니 셋의 세 배도 있지 않을까?"

"왜 아니겠습니까?"

"어떤가? 셋과 두 배와 둘과 세 배가 있으니, 필시 셋의 두 배도 있고 둘의 세 배도 있지 않을까?"

"있고말고요."

144a "그렇다면 짝수 배의 짝수도 있고, 홀수 배의 홀수도 있고, 홀수

배의 짝수도 있고, 짝수 배의 홀수도 있을 걸세."

"그렇습니다."

"그게 사실이라면, 자네는 꼭 있을 필요가 없는 어떤 수가 남아 있다고 생각하는가?"

"아니요."

"따라서 하나가 있다면 수도 있어야 하네."

"당연하지요."

"그런데 수가 있다면, 여럿도 있고 무한히 많은 존재도 있어야 하네. 수는 무한히 많기도 하고 존재에 관여하기도 하니까. 그렇지 않은가?"

"물론입니다."

"그러니 만약 모든 수가 존재에 관여한다면, 수의 각 부분도 존재에 관여하겠지?"

"네."

"그렇다면 존재는 존재하는 수많은 사물 모두에게 배분되어 있고, b
가장 큰 것에서 가장 작은 것에 이르기까지 존재가 결여된 사물은 하나도 없겠지? 사실 그것은 어리석은 질문 아닐까? 그도 그럴 것이, 어떻게 존재가 존재하는 것에게 결여될 수 있겠는가?"

"결코 그럴 수는 없습니다."

"그렇다면 존재는 가장 작은 것에서 가장 큰 것에 이르기까지 온갖 종류의 존재로 나뉘어 있네. 그렇게 많이 나뉜 것은 아무것도 없네. 간단히 말해 존재의 부분들은 무한하네."

"그렇고말고요." c

"따라서 존재의 부분들이 가장 수가 많네."

"가장 수가 많고말고요."

"어떤가? 그것들 중에는 존재의 부분이지만 부분이 아닌 것이 있을까?"

"어떻게 그런 게 있을 수 있겠습니까?"

"내 생각에는 오히려 만약 그런 것이 있다면, 있는 동안에는 하나의 사물이며 결코 무(無)[29]일 수는 없을 것 같네."

"당연하지요."

"그렇다면 하나는 존재의 각 부분의 속성이며, 더 작은 부분에도 더 큰 부분에도 그 밖의 다른 부분에도 결여되어 있지 않네."

"그렇습니다."

"그런데 하나가 여러 곳에 동시에 있으면서도 하나의 전체일 수 있

d 을까? 그 점을 검토해보게."

"검토해보니 불가능할 것 같습니다."

"만약 하나가 전체가 아니라면 부분들로 나뉜 걸세. 하나는 부분들로 나뉘지 않고서는 동시에 존재의 모든 부분과 함께할 수 없을 테니까."

"네."

"또한 부분들을 가진 것은 반드시 그 부분들만큼 수가 많네."

"당연하지요."

"그렇다면 존재는 최대한 많은 수의 부분들에 배분되어 있다는 조금 전 우리 주장은 사실이 아닐세. 존재는 하나보다 더 많은 부분들

e 로 나뉘지 않고, 보아하니 하나와 같은 수만큼 나뉘는 듯하니까. 존

재는 하나에 결여되어 있지 않고, 하나는 존재에 결여되어 있지 않으니 말일세. 오히려 이것들은 둘인 만큼 언제나 동등하네."

"전적으로 그런 것 같습니다."

"따라서 하나는 존재에 의해 부분들로 나누어진 만큼 다수이고 그 수가 무한하네."

"그런 것 같습니다."

"그러니 존재하는 하나만이 다수가 아니라, 하나 자체도 존재에 의해 나누어진 만큼 다수일 수밖에 없네."

"전적으로 동의합니다."

"또한 부분들은 전체의 부분들이므로 하나는 전체로서 한정되지 않을까? 아니면 부분들은 전체에 포함되지 않는가?"

"전체로서 한정될 수밖에 없겠지요."

"그러나 포함하는 것은 분명 하나의 한도일 걸세." 145a

"물론입니다."

"그렇다면 존재하는 하나는 분명 하나이자 다수이고, 전체이자 부분들이며, 그 수가 한정되어 있기도 하고 무한하기도 할 걸세."

"그런 것 같습니다."

"만약 존재하는 하나가 한정된 것이라면 끝 부분들도 갖지 않을까?"

"당연하지요."

29 meden.

"어떤가? 만약 존재하는 하나가 전체라면, 시작과 중간과 끝도 갖지 않을까? 아니면 이 셋이 없는 어떤 전체가 있을 수 있을까? 그리고 어떤 것에 이들 가운데 하나가 없다면, 그래도 그것은 여전히 하나의 전체일 수 있을까?"

"없습니다."

"그러니까 하나는 시작과 중간과 끝을 갖고 있는 것 같네."

b "갖고 있습니다."

"그런데 중간은 분명 끝 부분들에서 똑같은 거리만큼 떨어져 있네. 그렇지 않으면 중간은 중간이 아닐 테니까."

"아니고말고요."

"하나는 이런 것이므로 아마도 직선이든 원이든 이 둘이 혼합된 것이든 어떤 형태[30]에 관여할 걸세."

"관여하고말고요."

"사실이 그렇다면 하나는 자신 안에도 있고 다른 것 안에도 있지 않을까?"

"어째서 그렇지요?"

"부분들은 저마다 분명 전체 안에 있고, 전체 밖에 있는 부분은 하나도 없으니까."

"그렇습니다."

"그런데 모든 부분은 전체에 둘러싸여 있겠지?"

c "네."

"또한 하나는 모두 그 자체의 부분들이고, 부분들 전체 이상도 아니고 이하도 아닐세."

"네, 맞아요."

"그렇다면 하나는 또한 전체이기도 하겠지?"

"물론입니다."

"만약 모든 부분이 전체 안에 있고 하나가 모든 부분이자 전체 자체라면, 그리고 모든 부분이 전체에 에워싸여 있다면, 하나는 하나에 에워싸일 걸세. 그리하여 하나 자체는 이미 자신 안에 있을 걸세."

"그런 것 같습니다."

"하지만 전체는 부분들 안에 없으며, 모든 부분 안에도 없고 어떤
부분 안에도 없네. 만약 모든 부분 안에 있다면 틀림없이 한 부분 안 d
에도 있을 테니까. 그도 그럴 것이, 어떤 한 부분 안에 없다면 모든 부분 안에도 있을 수 없기 때문일세. 만약 이 하나가 모든 부분 가운데 하나인데 전체가 이 하나 안에 없다면, 전체가 어떻게 여전히 모든 부분 안에 있을 수 있겠는가?"

"결코 있을 수 없습니다."

"그러나 전체는 어떤 부분 안에도 있을 수 없네. 만약 전체가 어떤 부분 안에 있다면, 더 많은 것이 더 적은 것 안에 있게 될 텐데, 그것은 불가능하기 때문일세."

"불가능합니다."

"그러나 만약 전체가 한 부분 안에도 여러 부분 안에도 모든 부분 안에도 없다면, 전체는 분명 다른 어떤 것 안에 있거나 아니면 어느

30 schema.

곳에도 없지 않을까?"

e "당연하지요."

"만약 전체가 어느 곳에도 없다면 무(無)일 것이네. 그러나 전체는 역시 전체이므로 자신 안에 없다면 반드시 다른 것 안에 있을 걸세. 그렇지 않은가?"

"물론입니다."

"그렇다면 하나는 전체이므로 다른 것 안에 있네. 그러나 하나는 모든 부분이므로 자신 안에 있네. 그리하여 하나는 분명 자신 안에도 있고 다른 것 안에도 있네."

"당연하지요."

"하나는 본성이 이러하므로 필시 움직이기도 하고 정지해 있기도 하지 않을까?"

"왜 그렇지요?"

146a "하나가 자신 안에 있다면 분명 정지해 있는 것일세. 하나가 어떤 것 안에 있고 거기에서 떠나지 않는다면 같은 것 안에, 곧 자신 안에 있을 테니까."

"그렇고말고요."

"그러나 언제나 같은 것 안에 있는 것은 반드시 언제나 정지해 있을 걸세."

"물론입니다."

"어떤가? 반면 언제나 다른 것 안에 있는 것은 결코 같은 것 안에 있지 못할 것이고, 같은 것 안에 있지 못하면 정지해 있지 못할 것이며, 정지해 있지 못하면 움직여야 할 걸세. 그렇지 않은가?"

"그렇습니다."

"따라서 하나는 언제나 자신 안에도 있고 다른 것 안에도 있으므로 언제나 움직이기도 하고 정지해 있기도 해야 할 걸세."

"그런 것 같습니다."

"또한 하나는 자신과 같은 것이기도 하고 다른 것이기도 해야 하며, 마찬가지로 다른 것들과 같은 것이기도 하고 다른 것이기도 해야 b
하네. 만약 하나에 우리가 앞서 말한 자질들이 있다면 말일세."

"어째서 그렇습니까?"

"모든 것은 모든 것과 다음과 같이 관련되네. 모든 것은 모든 것과 같거나 다르며, 같지도 않고 다르지도 않다면, 부분으로서 전체와 관련되거나 아니면 전체로서 부분에 관련되네."

"그런 것 같습니다."

"그렇다면 하나는 자신의 한 부분이겠지?"

"결코 그렇지 않습니다."

"그렇다면 하나는 자신에 관련된 부분이 아니므로 부분으로서 자신과 관련된 전체일 수도 없네."

"그럴 수 없고말고요."

"그런데 하나는 하나와 다른 것인가?" c

"다르지 않습니다."

"그렇다면 하나는 자신과 다를 수 없을 걸세."

"다르지 않고말고요."

"따라서 만약 하나가 자신과 관련하여 다르지도 않고 전체도 아니고 부분도 아니라면 분명 자신과 같은 것이지 않을까?"

"물론이지요."

"어떤가? 자신과 다른 것 안에 있는 것은 같은 것, 즉 자신 안에도 있으므로 다른 것 안에도 있으려면 반드시 자신과 다른 것이지 않을까?"

"나는 그렇다고 생각합니다."

"실제로 하나는 그런 것으로 밝혀졌네. 하나는 동시에 자신 안에도 있고 다른 것 안에도 있으니까."

"네, 밝혀졌습니다."

"그렇게 따지면 하나는 자신과 다른 것인 듯이 보이네."

d "네, 그렇게 보입니다."

"어떤가? 어떤 것이 어떤 것과 다르다면 자신과 다른 것과는 다르지 않을까?"

"당연하지요."

"하나가 아닌 모든 것은 하나와 다르고, 하나는 하나가 아닌 것과는 다르겠지?"

"왜 아니겠습니까?"

"그렇다면 하나는 다른 것들과는 다를 걸세."

"다릅니다."

"살펴보게. 같은 것 자체와 다른 것은 상반된 것들이 아닌가?"

"왜 아니겠습니까?"

"그렇다면 같은 것이 다른 것 안에 있고 싶고, 다른 것이 같은 것 안에 있고 싶을까?"

"있고 싶지 않겠지요."

"따라서 만약 다른 것이 결코 같은 것 안에 있지 못한다면, 잠시라
도 그 안에 있을 다른 것은 아무것도 없을 걸세. 다른 것이 잠시라도 e
그 안에 있게 되면 그동안에는 같은 것이 될 테니까. 그렇지 않은가?"

"그렇습니다."

"그러나 다른 것은 결코 같은 것 안에 없으므로 결코 어떤 존재 안에도 없을 걸세."

"맞습니다."

"그러니 다른 것은 하나가 아닌 것 안에도 없고 하나 안에도 없을 걸세."

"없고말고요."

"그렇다면 하나가 다른 것에 의해서 하나가 아닌 것과 달라지는 것도 아니고, 하나가 아닌 것이 다른 것에 의해 하나와 달라지는 것도 아닐세."

"아니고말고요."

"또한 그것들이 자신들에 의해 서로 달라지는 것도 아닐세. 그것들이 다름에 관여하지 않는다면."

"어떻게 관여하겠습니까?"

"그러나 그것들이 자신들에 의해서도 다른 것에 의해서도 달라지 147a
지 않는다면, 어떻게든 서로 다른 것일 수 있는 가능성은 즉시 사라
질 걸세."

"사라지겠지요."

"또한 하나가 아닌 것들은 하나에 관여할 수 없네. 그러면 그것들은 하나가 아닌 것이 아니라 어떻게든 하나일 테니까."

"맞습니다."

"또한 하나가 아닌 것들은 수(數)일 수도 없네. 그럴 경우 그것들은 수를 가짐으로써 결코 하나가 아닌 것이 아닐 테니까."

"아니고말고요."

"어떤가? 하나가 아닌 것들은 하나의 부분들인가? 아니면 하나가 아닌 것들은 그런 경우에도 하나에 관여하는가?"

"관여합니다."

"따라서 만약 모든 관점에서 하나와 하나가 아닌 것들이 별개의
b 것이라면, 하나는 하나가 아닌 것의 부분이나 전체가 아니고, 하나가
아닌 것들도 하나의 부분이나 전체가 아닐세."

"아니고말고요."

"하지만 우리는 서로의 부분들도 아니고 전체들도 아니며 서로 다르지도 않은 것은 서로 같을 것이라고 말했네."

"네, 그렇게 말했습니다."

"그렇다면 우리는 또한 하나는 하나가 아닌 것들과 이런 식으로 관련될 경우 하나가 아닌 것들과 같다고 말할까?"

"그렇게 말하도록 해요."

"그렇다면 하나는 다른 것들과도 다르고 자신과도 다를뿐더러 다른 것들과도 같고 자신과도 같은 것 같네."

"우리 논의에 따르면 그런 것 같습니다."

c "그렇다면 하나는 자신과 같기도 하고 같지 않기도 할뿐더러 다른
것들과도 같기도 하고 같지 않기도 할까?"

"어쩌면 그럴지도 모르지요."

"아무튼 하나는 다른 것들과 다르다는 게 밝혀졌으니, 다른 것들도 분명 하나와 다를 걸세."

"물론입니다."

"하나는 더도 아니고 덜도 아니고 다른 것들이 하나와 다른 만큼만 다른 것들과 다르겠지?"

"물론입니다."

"더도 아니고 덜도 아니라면 같은 정도일 걸세."

"네."

"그런데 하나는 다른 것들과 다르다는 특성이 있고 마찬가지로 다른 것들도 하나와 다르다는 특성이 있으니, 그 점에서 하나는 다른 것들과 같은 특성을 지녔고 다른 것들은 하나와 같은 특성을 지녔을 걸세."

"무슨 말씀이신지요?"

"이런 말일세. 자네는 사물에 특정한 이름을 부여하지 않는가?" d

"부여합니다."

"어떤가? 자네는 같은 이름을 한 번 또는 여러 번 쓸 수 있는가?"

"네, 쓸 수 있습니다."

"그런데 자네가 이름을 한 번 말하면 그 이름이 속하는 사물을 부르는 것이고, 여러 번 말하면 그 사물을 부르는 것이 아닌가? 아니면 같은 이름을 한 번 말하든 여러 번 말하든 자네가 뜻하는 것은 분명 언제나 같은 것인가?"

"물론입니다."

"그런데 '다르다'는 어떤 것에게 주어진 이름이겠지?"

"물론입니다."

e "그렇다면 그 이름을 한 번 말하든 여러 번 말하든 자네는 그 이름을 가진 것과 다른 것을 말하거나 다른 것을 가리키는 것은 아닐세."

"당연하지요."

"그렇다면 다른 것들은 하나와 다르고 하나는 다른 것들과 다르다고 말할 때 우리는 '다르다'를 두 번 말하지만, 그렇다고 해서 다른 것에 사용하는 것은 아닐세. 우리가 의미하는 것은 언제나 그런 이름을 가진 그 성질이니까."

"물론입니다."

148a "따라서 하나가 다른 것들과 다르고 다른 것들이 하나와 다른 한, 둘 모두에 '다르다'가 사용된다는 점에서 하나와 다른 것들은 다른 상태에 있는 것이 아니라 같은 상태에 있네. 그리고 같은 상태에 있는 것은 같은 것일세. 그렇지 않은가?"

"네, 그렇습니다."

"그렇다면 하나가 다른 것들과 다른 한, 그 점에서 하나는 다른 것들 모두와 전적으로 같네. 하나는 다른 것들 모두와 전적으로 다르니까."

"그런 것 같습니다."

"그러나 같은 것은 같지 않은 것과 상반되네."

"네."

"그렇다면 다른 것도 같은 것과 상반되겠지?"

"그 또한 그렇습니다."

"이 또한 밝혀졌네. 하나는 다른 것들과 같다는 것 말일세."

"네, 밝혀졌습니다." b

"그런데 다른 것들과 같다는 것은 다른 것들과 다르다는 것과는 상반된 것일세."

"물론입니다."

"그런데 하나는 다른 것들과 다른 한 다른 것들과 같다는 것이 밝혀졌네."

"네."

"따라서 다른 것들과 같은 한 하나는 하나를 같은 것으로 만드는 것과 상반된 성질에 의해 같지 않은 것이 될 걸세. 하나를 같은 것으로 만든 것은 분명 다른 것이겠지?"

"네."

"따라서 같은 것은 하나를 같지 않은 것으로 만들 걸세. 그러지 않으면 하나는 다른 것과 상반되지 않을 테니까."

"그런 것 같습니다."

"따라서 하나는 다른 것들과 같기도 하고 같지 않기도 할 텐데, 다 c
른 한 같고, 같은 한 같지 않을 걸세."

"아닌 게 아니라 말씀하신 그대로인 것 같습니다."

"이 또한 마찬가지일세."

"그게 무엇입니까?"

"같은 상태에 있지 않는 한 하나는 다른 상태에 있지 않네. 또한 다른 상태에 있지 않는 것은 같지 않은 것이 아니고, 같지 않은 것이 아닌 것은 같은 것일세. 그러나 다른 상태에 있는 한 하나는 다른 종류의 것이고, 다른 종류의 것이라면 같지 않은 것일세."

"맞는 말씀입니다."

"따라서 하나는 다른 것들과 같기도 하고 다르기도 하므로, 이 두 가지 이유에서 또한 각각의 이유에서 다른 것들과 같기도 하고 같지 않기도 할 걸세."

d "물론입니다."

"마찬가지로 하나는 자신과 다르기도 하고 자신과 같기도 하다는 것이 밝혀졌으니, 이 두 가지 이유에서 또한 각각의 이유에서 자신과 같기도 하고 자신과 같지 않기도 하다는 것이 밝혀지지 않을까?"

"당연하지요."

"어떤가? 하나가 자신과 다른 것들과 접촉하느냐 접촉하지 않느냐 하는 문제를 살펴보게."

"살펴보고 있습니다."

"하나는 분명 전체로서의 자신 안에 있다는 것이 밝혀졌네."

"옳은 말씀입니다."

"하나는 다른 것들 안에도 있지 않는가?"

"네, 그렇습니다."

e "그렇다면 다른 것들 안에 있는 한 하나는 다른 것들과 접촉할 걸세. 그러나 자신 안에 있는 한 하나는 다른 것들과 접촉하지 못하고 자신과 접촉할 걸세. 자신 안에 있으니까."

"그럴 것 같습니다."

"그렇다면 하나는 자신과도 접촉하고 다른 것들과도 접촉할 걸세."

"접촉하겠지요."

"어떤가? 어떤 것과 접촉하려는 것은 무엇이든 자신이 접촉하려는 것의 옆에 앉음으로써 자신이 접촉하는 것의 바로 옆자리를 차지해야 할 걸세."

"당연하지요."

"그러니 하나도 자신과 접촉하려면 자기 바로 옆에 앉음으로써 자신이 접촉하는 것의 바로 옆자리를 차지해야 할 걸세."

"그래야 합니다."

"만약 하나가 둘이라면 그렇게 함으로써 동시에 두 곳에 있게 될 149a
걸세. 그렇지만 하나가 하나인 한 그렇게 할 수 없겠지?"

"없고말고요."

"그렇다면 하나가 둘이 될 가능성은 하나가 자신과 접촉할 가능성보다 더 높지 않네."

"더 높지 않습니다."

"그러나 하나는 다른 것들과도 접촉하지 않을 걸세."

"왜 그렇지요?"

"우리 주장에 따르면, 접촉하려는 것은 자신이 접촉하려는 것과 떨어져 있되 바로 그다음에 있어야 하고, 둘 사이에 제3의 것이 있어서는 안 되기 때문이지."

"맞습니다."

"그런데 접촉이 이루어지려면 적어도 둘이 있어야 하네."

"있어야 합니다."

"그렇지만 두 항(項)에 제3의 항이 곧바로 이어지면 셋이 될 것이
고 그것들의 접촉점은 둘이 될 걸세." b

"네."

"그리고 이처럼 한 항이 추가될 때마다 접촉점이 하나씩 추가될 것이고, 그 결과 접촉점의 수는 언제나 항의 수보다 하나씩 적을 걸세. 항의 수가 연속될 때마다 그것은, 처음 두 항이 자신들의 접촉점의 수를 초과하는 만큼 모든 접촉점의 수를 초과할 테니까. 항들의
c 수에 하나가 추가될 때마다 접촉점들의 수에도 하나의 접촉점이 추가되기 때문이지."

"옳은 말씀입니다."

"따라서 존재들의 수가 아무리 많아도 접촉점들의 수는 언제나 그보다 하나씩 적네."

"맞습니다."

"그러나 정말로 하나만 있고 둘이 없다면, 접촉점은 없을 걸세."

"어떻게 있겠습니까?"

"그런데 우리 주장에 따르면, 하나와 다른 것들은 하나도 아니고 하나에 관여하지도 않네. 만약 그것들이 정말로 다른 것이라면."

"관여하지 않고말고요."

"그렇다면 다른 것들 안에는 수가 없네. 다른 것들 안에는 하나가 없으니까."

"어떻게 있겠습니까?"

"그렇다면 다른 것들은 하나도 아니고 둘도 아니며, 어떤 다른 수의 이름을 갖지도 않네."

d "갖지 않습니다."

"그러니 하나만이 하나이고, 둘은 있을 수 없네."

"없는 것 같습니다."

"그렇다면 접촉도 없네. 두 항이 없으니까."

"네, 없습니다."

"따라서 하나는 다른 것들과 접촉하지 않고, 다른 것들은 하나와 접촉하지 않네. 접촉이 없으니까."

"접촉하지 않고말고요."

"그러니 이 모든 것에 따르면, 하나는 다른 것들이나 자신과 접촉하기도 하고 접촉하지 않기도 하네."

"그런 것 같습니다."

"그런데 하나는 다른 것들이나 자신과 동등하기도 하고 동등하지 않기도 하겠지?"

"무슨 말씀이신지요?"

"만약 하나가 다른 것들보다 더 크거나 더 작다면, 또는 다른 것들 e
이 하나보다 더 크거나 더 작다면, 하나는 하나이기에 다른 것들은 다른 것들이기에, 다시 말해 자신들의 그런 존재에 힘입어 서로보다 더 크거나 더 작거나 하지 않을 걸세. 그러나 자신들의 그런 존재에 더하여 저마다 동등함을 갖는다면 그것들은 서로 동등할 걸세. 그러나 만약 다른 것들이 큼을 갖고 하나가 작음을 갖거나 또는 하나가 큼을 갖고 다른 것들이 작음을 갖는다면, 어느 형상(形相)[31]이든 큼이 덧붙여진 쪽이 더 크고, 어느 형상이든 작음이 덧붙여진 쪽이 더

31 eidos.

작지 않을까?"

"당연하지요."

"그렇다면 큼과 작음이라는 이 두 형상은 존재하겠지? 존재하지 않는다면 그것들은 상반될 수도 없고 존재들 안에 있을 수도 없을 테니까."

150a "어떻게 있을 수 있겠습니까?"

"따라서 만약 작음이 하나 안에 있게 된다면 하나의 전체 안에도 있고 부분 안에도 있을 걸세."

"당연하지요."

"만약 작음이 하나의 전체 안에 있다면 어떨까? 그것은 하나의 전체에 골고루 퍼져 있거나, 아니면 하나의 전체를 에워싸고 있지 않을까?"

"자명합니다."

"만약 작음이 골고루 퍼져 있다면 하나 자체와 같고, 에워싸고 있다면 하나보다 더 크지 않을까?"

"물론입니다."

"작음이 어떤 것과 동등하거나 어떤 것보다 더 클 수 있어서, 큼과 동등함의 기능은 수행해도 제 기능은 수행하지 못할 수 있을까?"

"그건 불가능합니다."

b "그러니 작음은 하나의 전체 안에는 있을 수 없네. 만약 정말로 하나 안에 있다면 하나의 부분 안에 있을 걸세."

"네."

"그러나 작음은 부분의 전체 안에 있을 수 없네. 그러면 작음은 전체와 관련하여 하던 행동을 하게 될 테니까. 작음은 어느 부분 안에 있든 그 부분과 동등하거나 더 클 것이라는 말일세."

"당연하지요."

"그렇다면 작음은 부분 안에도 없고 전체 안에도 없으니 어떤 것 안에도 없을 걸세. 또한 작음 자체 말고는 작은 것은 하나도 없을 걸세."

"없을 것 같습니다."

"그러면 큼도 하나 안에는 없을 걸세. 그렇다면 큼 자체와 다른 별
개의 것이, 다시 말해 큼이 그 안에 있는 것이 더 클 테니까. 하나가 c
큰 것이라면 반드시 초과해야 할 작은 것이 하나 안에 없다 해도 그
점은 마찬가지일세. 그러나 그것은 불가능하네. 작음은 어디에도 없
으니까."

"맞습니다."

"또한 큼 자체는 작음 자체가 아닌 다른 어떤 것보다 더 크지 않고, 작음 자체는 큼 자체가 아닌 다른 어떤 것보다 더 작지 않네."

"옳은 말씀입니다."

"그렇다면 다른 것들은 큼에도 관여하지 않고 작음에도 관여하지
않으니 하나보다 더 크지도 않고 더 작지도 않네. 또한 이 둘은, 즉 큼
과 작음은 하나와 관련해서는 초과하거나 초과당할 힘을 갖고 있지 d
않고, 오직 서로와 관련해서만 그런 힘을 갖고 있네. 또한 하나는 이
둘이나 다른 것들보다 더 크거나 더 작지 않네. 하나는 큼에도 관여
하지 않고 작음에도 관여하지 않으니까."

"관여하지 않는 것 같습니다."

"따라서 만약 하나가 다른 것들보다 더 크지도 않고 더 작지도 않다면 틀림없이 다른 것들을 초과하지도 못하고 다른 것들에 의해 초과당하지도 않겠지?"

"당연하지요."

"그렇다면 초과하지도 초과당하지도 않는 것은 동등한 관계에 있고, 동등한 관계에 있는 것은 동등하네."

"물론입니다."

e "하나 자체도 자신과 그런 관계를 맺고 있네. 하나는 자신 안에 큼도 작음도 갖고 있지 않아 자신을 초과할 수도 자신에게 초과당할 수도 없고, 대신 동등한 관계를 맺고 있어 자신과 동등하니까."

"물론입니다."

"그렇다면 하나는 자신과도 동등하고 다른 것들과도 동등할 걸세."

"그런 것 같습니다."

"또한 하나는 자신 안에 있으므로 바깥에서 자신을 에워쌀 것이
151a 며, 자신을 에워싸고 있으니 자신보다 더 크고, 자신에게 에워싸여 있으니 자신보다 더 작을 것이네. 그리하여 하나는 자신보다 더 크기도 하고 더 작기도 할 걸세."

"그렇겠습니다."

"그렇다면 하나와 다른 것들에 포함되지 않는 것은 분명 아무것도 없겠지?"

"물론입니다."

"그러나 실제로 있는 것은 언제나 어딘가에 있어야 하네."

"네."

"그러나 어떤 것 안에 있는 것은 더 작으므로 더 큰 것 안에 있겠지? 다른 방법으로는 어떤 것이 다른 것 안에 있을 수 없으니까."

"있을 수 없고말고요."

"그렇지만 다른 것들과 하나와 떨어져서는 아무것도 없는데 다른 것들과 하나는 어떤 것 안에 있어야 하니, 서로 안에 있어야 하지 않을까? 그러니까 다른 것들은 하나 안에 있고, 하나는 다른 것들 안에 있어야 하지 않을까? 아니면 아무 데도 없는 것일까?"

"그럴 것 같습니다." b

"그렇다면 하나가 다른 것들 안에 있으니, 다른 것들은 하나를 에워싸고 있는 만큼 하나보다 더 크고, 하나는 다른 것들에 에워싸여 있는 만큼 더 작을 걸세. 그러나 다른 것들이 하나 안에 있으니, 같은 논리에 따라 하나가 다른 것들보다 더 크고, 다른 것들은 하나보다 더 작을 걸세."

"그런 것 같습니다."

"그렇다면 하나는 자신과도 다른 것들과도 동등하기도 하고, 자신과 다른 것들보다 더 크기도 하고 더 작기도 하네."

"그런 것 같습니다."

"또한 실제로 더 크기도 하고 더 작기도 하고 동등하기도 하다면, 하나는 자신이나 다른 것들과 치수가 같기도 하고 더 크기도 하고 더 작기도 할 것이며, 치수가 그러하니 부분들도 그러할 걸세." c

"왜 아니겠습니까?"

"치수가 같기도 하고 더 크기도 하고 더 작기도 하다면, 하나는 수도 자신이나 다른 것들보다 더 많기도 하고 더 적기도 할 것이며, 따라서 자신이나 다른 것들과 동등하기도 할 걸세."

"어째서 그런가요?"

"만약 하나가 어떤 것들보다 더 크다면 그것들보다 치수도 더 클 것이며, 치수만큼 많은 부분들로 이루어질 걸세. 마찬가지로 만약 치수가 더 작거나 동등하다면 부분들의 수도 더 적거나 동등할 걸세."

"그렇습니다."

"따라서 하나는 자신보다 더 크기도 하고 더 작기도 하고 자신과
d 동등하기도 하니, 치수가 자신과 같기도 하고 자신보다 더 크기도 하고 더 작기도 하겠지? 또한 치수들이 그러하니 부분들도 그러하겠지?"

"왜 아니겠습니까?"

"따라서 하나는 자신과 동등한 부분들로 이루어져 있으니, 수가 자신과 동등할 걸세. 그러나 하나는 더 많은 부분들과 더 적은 부분들로 이루어져 있으니, 수가 자신보다 더 많기도 하고 더 적기도 할 걸세."

"그런 것 같습니다."

"다른 것들에 대한 하나의 관계도 마찬가지겠지? 하나는 다른 것들보다 더 크니, 아마도 다른 것들보다 수가 더 많을 걸세. 그러나 하나는 다른 것들보다 더 작으니 수가 더 적을 것이며, 다른 것들과 크기가 동등하니 수도 틀림없이 다른 것들과 동등할 걸세."

"당연하지요."

e "그러니 다시 한 번 하나는 자신이나 다른 것들과 수가 동등하기

도 하고 자신이나 다른 것들보다 수가 더 많기도 하고 더 적기도 할 것 같네."

"그렇겠지요."

"하나는 시간에도 관여하는가? 그리고 시간에 관여함으로써 하나는 자신이나 다른 것들보다 더 젊기도 하고 더 늙기도 하며 더 젊어지기도 하고 더 늙어지기도 하는가 하면, 자신이나 다른 것들보다 더 젊지도 않고 더 늙지도 않으며 더 젊어지지도 않고 더 늙어지지도 않는가?"

"무슨 말씀이신지요?"

"하나가 있다면, 존재는 분명 그 안에 있네."

"네."

"그러나 존재한다는 것은 다름 아니라 과거나 미래에 존재와 함께 152a
했고 함께하게 될 것처럼 현재 존재에 관여하는 것을 의미하네."

"그렇습니다."

"그렇다면 하나는 시간에 관여하네. 하나가 정말로 존재에 관여한다면 말일세."

"물론입니다."

"앞으로 나아가는 시간에 관여하겠지?"

"네."

"시간상으로 앞으로 나아간다면 하나는 언제나 자신보다 더 늙어갈 걸세."

"당연하지요."

"자네는 기억하고 있나? 더 늙은 것은 더 젊어지는 것보다 더 늙어가네."

"네, 기억하고 있습니다."

"그렇다면 하나는 자신보다 더 늙어가므로 더 젊어지는 자신보다 더 늙어가는 것이 아닐까?"

b "당연하지요."

"그렇다면 하나는 자신보다 더 젊어지기도 하고 더 늙어가기도 하네."

"네."

"그러나 하나는 과거와 미래 사이에 있는 현재 안에 있을 때 더 늙어가네. 그렇지 않은가? 과거에서 미래로 나아갈 때 하나는 현재를 뛰어넘을 수 없으니까."

"뛰어넘지 못합니다."

"하나는 현재를 만나면 더 늙어가기를 멈추지 않을까? 그때 하나
c 는 더 늙어가는 것이 아니라, 이미 더 늙어 있네. 그렇지 않은가? 앞으로 나아가는 동안 하나는 결코 현재에 붙잡히지 않을 테니까. 앞으로 나아가는 것은 현재와도 미래와도 접촉하네. 현재와 미래라는 이 둘 사이에 있게 되면 현재는 놓아버리고 미래는 붙잡는 식으로 말일세."

"맞습니다."

"그러나 되어가고 있는 모든 것은 현재를 피해갈 수 없네. 그래서 현재에 이르면 그것은 언제나 되어가기를 멈추고는 곧바로 그것이 무
d 엇이든 되어가고 있던 것이 되어 있네."

"그런 것 같습니다."

"따라서 하나도 더 늙어가다가 현재를 만나면 더 늙어가기를 멈추고 그때는 더 늙어 있네."

"물론입니다."

"그러니 하나도 더 늙어가는 것보다는 더 늙어 있고, 자신보다는 더 늙어가겠지?"

"네."

"그리고 더 늙은 것은 더 젊은 것보다 더 늙었겠지?"

"그렇습니다."

"그렇다면 하나가 더 늙어가다가 현재를 만나면 그때는 자신보다 더 젊을 걸세."

"당연하지요."

"그러나 현재는 하나의 전 존재를 통해 하나 안에 있네. 하나가 존 e
재하는 것은 언제나 현재이니까."

"왜 아니겠습니까?"

"따라서 하나는 언제나 자신보다 더 늙기도 하고 더 젊기도 하며, 자신보다 더 늙어가기도 하고 더 젊어지기도 하네."

"그런 것 같습니다."

"하나는 자신보다 더 오랫동안 존재하거나 생성될까, 아니면 같은 동안 존재하거나 생성될까?"

"같은 동안 그러겠지요."

"하지만 같은 동안 존재하거나 생성되는 것은 나이가 같네."

"왜 아니겠습니까?"

"또한 나이가 같은 것은 더 늙지도 않고 더 젊지도 않네."

"옳은 말씀입니다."

"따라서 하나는 자신과 같은 동안 생성되기도 하고 존재하기도 하므로 자신보다 더 젊지도 더 늙지도 않으며, 자신보다 더 젊어지지도 않고 더 늙어가지도 않네."

"나도 동감입니다."

"다른 것들과 관련해서는 어떤가?"

"말씀드릴 수가 없습니다."

153a "하지만 자네는 하나와 다른 것들이 정말로 다른 것들이고 다른 것이 아니라면 하나보다 더 많다는 것쯤은 분명 말할 수 있을 걸세. 다른 것은 하나이지만, 다른 것들은 하나보다 더 많고 여럿이니까."

"여럿이고말고요."

"또한 다른 것들은 여럿이므로 하나보다 더 많은 수에 관여할 걸세."

"왜 아니겠습니까?"

"우리는 수와 관련하여 더 많은 것들이 먼저 생성되거나 생성되었다고 말할 텐가, 아니면 더 적은 것들이 그렇다고 말할 텐가?"

"더 적은 것들이겠지요."

"그렇다면 가장 적은 것이 첫째인데, 그것은 하나일세. 그렇지 않은가?"

b "네, 그렇습니다."

"그렇다면 수를 가진 모든 것들 중에서 하나가 맨 먼저 생성되었네. 그러나 다른 것들 또한 모두 수를 갖고 있네. 그것들이 정말로 다른 것들이고 또 다른 것이 아니라면 말일세."

"네, 다른 것들도 수를 갖고 있습니다."

"하지만 나는 하나가 맨 먼저 생성되었으므로 하나가 먼저 생성되고 다른 것들은 나중에 생성되었으며, 나중에 생성된 것들은 먼저 생성된 것들보다 더 젊다고 생각하네. 그러니 다른 것들은 하나보다 더 젊고, 하나는 다른 것들보다 더 늙었네."

"그렇겠습니다."

"이 점은 어떤가? 하나가 자신의 본성에 반(反)해 생성되었을 수 있을까, 아니면 그것은 불가능한가?"

"불가능합니다." c

"그렇지만 하나는 부분들을 갖고 있음이 밝혀졌고, 만약 부분들을 갖고 있다면 시작과 끝과 중간도 갖고 있을 걸세."

"네."

"하나 자체든 다른 것들 중 하나든 모든 것은 시작이 맨 먼저 생성되고, 시작 다음에 다른 것들이 모두 오고 마지막으로 끝이 오겠지?"

"물론입니다."

"우리는 또한 이들 다른 것들은 모두 전체와 하나의 부분들이고, 전체와 하나는 끝이 오는 순간에 하나와 전체가 되었다고 말할 걸세."

"네, 우리는 그렇게 말하겠지요."

"아무튼 나는 끝은 맨 마지막으로 생성되고, 하나는 본성상 끝과
동시에 생성된다고 생각하네. 그리고 하나는 본성에 반해 생성될 수 d
없으므로 본성상 끝과 함께, 그러니까 다른 것들 다음에 생성될 수

밖에 없네."

"그런 것 같습니다."

"따라서 하나는 다른 것들보다 더 젊고, 다른 것들은 하나보다 더 늙었네."

"내가 보기에도 그런 것 같습니다."

"어떤가? 하나 또는 다른 것의 시작 또는 다른 부분이 만약 하나의 부분이고 부분들이 아니라면, 하나의 부분이므로 반드시 하나가 아닐까?"

"그럴 수밖에 없겠지요."

"그러니 하나는 첫 번째 부분의 생성과도 동시에, 두 번째 부분의
e 생성과도 동시에 생성될 걸세. 그리고 마지막 부분에 이르러 완전한 하나가 될 때까지는 무엇이 무엇에 덧붙여지든 간에 생성되는 다른 것들 중 어떤 것도 결여되지 않을 걸세. 하나는 그 생성 과정에서 중간도 맨 처음도 맨 마지막도 그 밖의 다른 부분도 결여되지 않을 테니까."

"맞습니다."

"따라서 하나는 모든 다른 것들과 나이가 같네. 그러니 하나가 본성상 본성에 반하지 않는다면 다른 것들보다 먼저 생성된 것도 나중
154a 에 생성된 것도 아니며 동시에 생성된 것일세. 이 이치에 따르면, 하나는 다른 것들보다 더 늙지도 더 젊지도 않으며, 다른 것들은 하나보다 더 늙지도 더 젊지도 않네. 그러나 앞서 말한 이치에 따르면 하나는 다른 것들보다 더 늙기도 하고 더 젊기도 하며, 다른 것들은 하나보다 더 늙기도 하고 더 젊기도 하네."

"물론입니다."

"하나는 이런 상태에 있고 이런 식으로 생성되었네. 그런데 하나가 다른 것들보다 더 젊어지기도 하고 더 늙어가기도 하며 다른 것들이 하나보다 더 젊어지기도 하고 더 늙어가기도 하는 것과, 하나가 다른 것들보다 더 젊어지지도 않고 더 늙어가지도 않으며 다른 것들이 하나보다 더 젊어지지도 않고 더 늙어가지도 않는 것은 어떤가? 생성은 존재와 같은 것인가, 아니면 다른 것인가?"

"나는 대답할 수가 없습니다."

"그렇지만 나는 이쯤은 말할 수 있네. 어떤 것이 다른 것보다 정말 b
로 더 늙었다면, 그것은 처음의 나이 차이보다 훨씬 더 늙어갈 수 없네. 또한 더 젊은 것도 훨씬 더 젊어질 수 없네. 시간이든 그 밖의 다른 것이든 동등하지 않은 것들에 동등한 것이 덧붙여지면 언제나 처음만큼만 차이가 날 테니까."

"물론입니다."

"그러니 더 늙었거나 더 젊은 것은 더 늙었거나 더 젊은 것보다 더
늙어가거나 더 젊어질 수 없네. 만약 정말로 그것들의 나이 차이가 c
언제나 똑같다면 말일세. 오히려 어떤 것은 더 늙었고 더 늙어져버렸으며, 다른 것은 더 젊고 더 젊어져버렸네. 그것들은 그렇게 되고 있는 것이 아닐세."

"맞습니다."

"그러니 더 늙었거나 더 젊은 하나는 더 늙었거나 더 젊은 다른 것들보다 결코 더 늙거나 더 젊어지지 않네."

"물론입니다."

"그런데 그것들이 이렇게 하면 더 늙어가거나 더 젊어지는지 살펴보게."

"어떻게 한다는 것입니까?"

"하나가 다른 것들보다 더 늙었다면 다른 것들보다 더 오랫동안 생성된 것일세."

d "네."

"그렇다면 다시 살펴보게. 만약 더 많은 시간과 더 적은 시간에 동등한 시간을 보태면 더 많은 시간이 더 적은 시간과 같은 부분만큼 다를까, 아니면 더 작은 부분만큼 다를까?"

"더 작은 부분만큼 다릅니다."

"따라서 하나와 다른 것들 사이의 원래 나이 차이는 나중에는 처음처럼 크지 않을 것이며, 하나와 다른 것들에 동등한 시간이 보태지면 그것들의 나이 차이는 계속해서 줄어들 걸세. 그렇지 않을까?"

"네, 그렇습니다."

e "그러나 어떤 것과의 나이 차이가 전보다 더 적게 나는 것은 전에 그것이 더 늙었던 것들과 비교하면 전보다 더 젊어지겠지?"

"네, 더 젊어집니다."

"그런데 하나가 더 젊어진다면 이번에는 다른 것들이 하나에 비해 더 늙어지지 않을까?"

"물론입니다."

"따라서 더 젊어진 것은 먼저 더 늙어졌고 더 늙은 것에 비해 더 늙어가고 있네. 하지만 그것은 실제로 다른 것보다 더 늙지는 않고, 언제나 더 늙어가고 있네. 더 늙은 것은 언제나 더 젊은 것을 지향하고,

더 젊은 것은 더 늙은 것을 지향하니까. 마찬가지로 더 늙은 것은 언제나 더 젊은 것보다 더 젊어지고 있네. 이 둘은 반대 방향으로 움직임으로써 상반된 것이 되어, 더 젊은 것은 더 늙은 것보다 더 늙어지고, 더 늙은 것은 더 젊은 것보다 더 젊어지니까. 그러나 이 둘은 그렇게 될 수 없네. 만약 이미 그렇게 되었다면, 더는 그렇게 되지 않고 되어 있을 테니까. 그런데 이 둘은 서로보다 더 늙어가고 있고 더 젊어지고 있네. 하나가 다른 것들보다 더 젊어지는 까닭은 하나가 분명 더 늙고 먼저 생겨났기 때문이며, 다른 것들이 하나보다 더 늙어가는 까닭은 다른 것들이 나중에 생겨났기 때문일세. 그러나 같은 이치에 따라 다른 것들도 하나와 같은 관계를 맺고 있네. 다른 것들이 하나보다 더 늙고 먼저 생겨났다는 것이 밝혀졌으니까." 155a b

"아닌 게 아니라 그런 것 같습니다."

"따라서 동등한 수만큼 서로 다르기에 어떤 것도 다른 것보다 더 늙거나 더 젊지 않은 한, 하나는 다른 것들보다 더 늙거나 더 젊을 수 없고, 다른 것들은 하나보다 더 늙거나 더 젊을 수 없네. 그러나 먼저 생긴 것이 나중에 생긴 것과 언제나 다른 부분만큼 다르고, 나중에 생긴 것이 먼저 생긴 것과 다른 부분만큼 다른 한, 그때는 분명 둘은 서로보다 더 늙기도 하고 더 젊기도 해서, 다른 것들은 하나보다 더 늙기도 하고 더 젊기도 하며, 하나는 다른 것들보다 더 젊기도 하고 더 늙기도 하겠지?" c

"물론입니다."

"그러니 이 모든 것에 따르면 하나 자체는 자신이나 다른 것들보다 더 늙기도 하고 더 젊기도 하며 더 늙어가기도 하고 더 젊어지기도 하는가 하면, 자신이나 다른 것들보다 더 늙지도 더 젊지도 않으며 더 늙어가지도 더 젊어지지도 않네."

"전적으로 동의합니다."

d "그러나 하나는 시간에 관여하여 더 늙어가기도 하고 더 젊어지기도 하므로 반드시 과거와 미래와 현재에 관여하지 않을까? 하나가 정말로 시간에 관여한다면 말일세."

"당연하지요."

"그렇다면 하나는 존재하고 존재했고 존재할 것이며, 생성되었고 생성되고 있고 생성될 것이네."

"물론입니다."

"그러니 하나와 관련되고 하나에 속하는 것은 존재하고 존재했고 존재하게 될 걸세."

"물론입니다."

"또한 하나에 대한 지식과 의견과 감각적 지각[32]도 있을 걸세. 지금 이 순간에도 우리가 하나와 관련하여 그런 모든 활동을 하고 있다면 말일세."

"옳은 말씀입니다."

"하나에 대한 이름도 있고 설명도 있을 것이며, 하나는 이름 지어
e 지고 표현되었네. 또한 다른 것들에 속하는 많은 것들이 하나에도 속
하네."

"전적으로 맞는 말씀입니다."

첫 번째 가설, 세 번째 연역(155e~157b)

"이제 세 번째로 다시 논의하도록 하세. 만약 하나가 우리가 말했듯이 하나이자 여럿이고 하나도 아니고 여럿도 아니며 시간에 관여한다면, 아마도 어떤 때는 하나이기 때문에 존재에 관여하고 어떤 때는 하나가 아니기 때문에 존재에 관여하지 않겠지?"

"당연하지요."

"그렇다면 하나는 존재에 관여할 때 존재에 관여하지 않을 수 있고, 존재에 관여하지 않을 때 존재에 관여할 수 있을까?"

"그럴 수는 없습니다."

"그렇다면 하나는 어떤 때는 관여하고 다른 때는 관여하지 않네. 그것이 하나가 같은 것에 관여하기도 하고 관여하지 않기도 하는 유일한 방법이니까."

"옳은 말씀입니다."

"그렇다면 하나가 존재에 관여하다가 존재를 포기하는 때도 있을 156a
까? 왜냐하면 하나가 어떤 때는 취하다가 버리지 않는다면 어떻게 같은 것을 어떤 때는 갖고 어떤 때는 갖지 않을 수 있겠는가?"

"그건 불가능합니다."

"그런데 자네는 존재에 관여하는 것을 생성이라고 부르지 않는가?"

"나는 그렇게 부릅니다."

32 episteme, doxa, aisthesis.

"존재를 버리는 것은 소멸이 아닐까?"

"물론입니다."

"그렇다면 하나는 존재를 취하기도 하고 버리기도 함으로써 생성되기도 하고 소멸하기도 하는 것 같네."

b "당연하지요."

"그렇다면 하나는 하나이자 여럿이고 생성되기도 하고 소멸하기도 하므로, 하나가 되면 여럿이기를 멈추고 여럿이 되면 하나이기를 멈추지 않을까?"

"물론입니다."

"그리고 하나는 하나도 되고 여럿도 되므로 반드시 분리되기도 하고 결합되기도 하지 않을까?"

"그야 당연하지요."

"또한 하나는 같지 않은 것이 되고 같은 것이 될 때마다 반드시 같아지기도 하고 같지 않아지기도 하겠지?"

"네."

"또한 하나는 더 큰 것이 되고 더 작은 것이 되며 동등한 것이 될 때마다 반드시 불어나기도 하고 줄어들기도 하고 동등해지기도 하겠지?"

"그렇습니다."

c "또한 하나는 움직이다가 정지하거나 정지해 있다가 움직이게 될 때마다 분명 어떤 시간 안에도 있을 수 없을 걸세."

"어째서 그렇지요?"

"하나가 먼저 정지해 있다가 나중에 움직인다거나 먼저 움직이다가 나중에 정지한다는 것은 변하지 않고는 불가능하네."

"어떻게 가능하겠습니까?"

"하지만 어떤 것이 동시에 움직이지도 않고 정지해 있지도 않을 수 있는 시간이란 없네."

"네, 없습니다."

"그것은 또한 바뀌지 않고는 바뀌지 않네."

"바뀌지 않을 것 같습니다."

"그렇다면 그것은 언제 바뀌는가? 그것은 정지해 있을 때도 움직일 때도 시간 안에 있을 때도 바뀌지 않으니 말일세."

"네, 바뀌지 않습니다." d

"그것이 변할 때 그 안에 있음 직한 이 이상한 것은 과연 존재하는 것일까?"

"그게 어떤 것입니까?"

"찰나[33] 말일세. '찰나'는 거기서부터 두 상태 가운데 어느 한쪽으로 변화가 일어나는 무엇인가를 의미하는 것 같으니까. 어떤 것이 정지해 있는 동안에는 정지해 있는 상태에서 변하지 않고, 움직이는 동안에는 움직이는 상태에서 변하지 않기 때문이지. 대신 찰나라는 이 이상한 성질은 운동과 정지 사이에 잠복해 있고 어떤 시간 안에도 없네. 그래서 그것 안으로, 그리고 그것으로부터 움직이는 것은 정지해 e 있는 상태로 변하고, 정지해 있는 것은 움직이는 상태로 변한다네."

33 to exaiphnes. 또는 '순간'.

"아마도 그런 것 같습니다."

"따라서 하나는 정지해 있기도 하고 움직이기도 하므로 둘 중 어느 쪽으로도 변할 수 있네. 그래야만 하나가 두 가지를 다 할 수 있을 테니까. 그러나 하나는 변할 때는 찰나에 변하고, 변하면 시간 안에 있지 않을 것이며, 또한 그 찰나에는 움직이지도 않고 정지해 있지도 않을 걸세."

"물론입니다."

"다른 변화들과 관련해서도 이 점은 마찬가지여서, 하나는 존재
157a 에서 소멸로 또는 비(非)존재[34]에서 생성으로 변할 때마다 그때는 모종의 운동들과 정지들 사이에 있게 되어 존재하는 것도 아니고 존재하지 않는 것도 아니며, 생성되는 것도 아니고 소멸하는 것도 아니겠지?"

"아닌 게 아니라 그런 것 같습니다."

"이 논리에 따르면, 하나에서 여럿으로 나아가고 여럿에서 하나로 나아갈 때 하나는 하나도 아니고 여럿도 아니며, 분리되지도 않고 결합되지도 않네. 또한 같은 것에서 같지 않은 것으로 나아가고 같지 않은 것에서 같은 것으로 나아갈 때 하나는 같지도 않고 같지 않지도
b 않으며, 같아지지도 않고 같지 않아지지도 않네. 또한 작은 것에서 큰 것과 동등한 것으로 나아가고 그 반대 방향으로 나아갈 때 하나는 작지도 않고 크지도 않고 동등하지도 않으며, 늘지도 않고 줄지도 않고 동등해지지도 않네."

"그런 것 같습니다."

"그렇다면 하나는 이 모든 것을 경험할 걸세. 만약 하나가 존재한

다면 말일세."

"물론입니다."

두 번째 가설, 첫 번째 연역(157b~159b)

"우리는 만약 하나가 존재한다면 다른 것들은 무엇을 경험할 것 같은지 살펴봐야 하지 않을까?"

"당연히 살펴봐야 합니다."

"그렇다면 우리는 만약 하나가 존재한다면 하나와 다른 것들이 무엇을 겪어야 할지 말할까?"

"네, 말하기로 해요."

"정말로 하나와 다르다면 다른 것들은 하나가 아닐세. 그렇지 않다면 다른 것들은 하나와 다르지 않을 테니까."

"옳은 말씀입니다." c

"하지만 다른 것들은 하나가 완전히 결여되지는 않고 어떤 방법으로는 하나에 관여하네."

"어떤 방법으로 관여합니까?"

"다른 것들이 하나와 다른 이유는 분명 부분들을 갖기 때문일세. 부분들을 갖지 않는다면 다른 것들은 전적으로 하나일 걸세."

"옳은 말씀입니다."

34 to me einai. 또는 '존재하지 않음'.

"그러나 우리 주장에 따르면, 부분들은 하나의 전체인 것의 부분들일세."

"네, 우리는 그렇다고 주장합니다."

"그런데 부분들이 그것의 부분이 될 전체는 여럿으로 구성된 하나여야 하네. 각각의 부분은 여럿의 부분이 아니라, 전체의 부분이어야 하니까."

"왜 그렇지요?"

d "만약 어떤 것이 여럿의 한 부분이고 여럿 가운데 하나라면 자신의 한 부분일 텐데, 그것은 불가능하네. 또한 그것이 만약 모든 것의 부분이라면 다른 것들 각각의 부분일 걸세. 만약 그것이 어떤 하나의 부분이 아니라면 그 하나를 제외한 나머지 것들의 부분일 테고, 그러면 각 하나의 부분이 아닐 테고, 각 하나의 부분이 아니라면 여럿 가운데 어떤 것의 부분도 아닐 테니까. 또한 그중 어느 것에도 속하지 않는다면 그것은 자신이 그중 어느 것에도 속하지 않는 이 모든 것의 부분 또는 그 밖의 다른 것일 수 없네."

"그런 것 같습니다."

e "그렇다면 부분은 여럿이나 모든 것의 부분이 아니라, 우리가 '전체'라고 부르는 어떤 한 형상[35]의 부분일세. 이것이야말로 모든 것으로 구성된 완전한 하나이니까. 그러니 부분은 바로 이것의 부분일 걸세."

"전적으로 동의합니다."

"따라서 다른 것들이 부분들을 갖는다면 전체에도 관여하고 하나에도 관여할 걸세."

"물론입니다."

"그렇다면 하나와 다른 것들은 부분들을 갖는 완전한 전체여야 하네."

"당연하지요."

"각각의 부분에 대해서도 같은 말을 할 수 있을 걸세. 부분도 하나에 관여해야 하니까. 각각의 부분이 부분이라면, '각각'이라는 말은 158a
그것이 나머지들과 떨어져서 혼자 존재하는 하나라는 것을 뜻하기 때문일세. 그것이 정말로 '각각'이려면."

"옳은 말씀입니다."

"그러나 그것이 하나에 관여한다는 것은 분명 그것이 하나와 다르다는 것을 의미하네. 그렇지 않다면 그것은 하나에 관여하는 것이 아니라 하나 자체일 테니까. 하지만 하나 자체 말고 어떤 것이 하나이기는 분명 불가능하네."

"불가능합니다."

"그러나 전체도 부분도 반드시 하나에 관여해야 하네. 전체는 부분들이 그것의 부분들인 하나의 전체가 되고, 각각의 부분은 또한 그것이 속하는 전체의 한 부분이 될 테니까."

"그렇습니다." b

"그렇다면 하나에 관여하는 것들은 하나와 다른 동안 하나에 관여하겠지?"

35 idea.

"물론입니다."

"그렇지만 하나와 다른 것들은 분명 여럿일 걸세. 하나와 다른 것들이 하나도 아니고 하나 이상도 아니라면 아무것도 아닐 테니까."

"네, 아무것도 아닙니다."

"그러나 부분으로서의 하나와 전체로서의 하나에 관여하는 것들은 하나 이상이므로, 하나에 관여하는 이런 것들은 아마도 그 수가 무한하지 않을까?"

"어째서 그런가요?"

"문제를 이렇게 살펴보도록 하세. 하나에 관여하기 시작하는 순간에는 그것들이 사실은 하나도 아니고 하나에 관여하는 것도 아니지 않은가?"

"분명히 그렇습니다."

c "그렇다면 그것들은 다수이지만, 그것들 안에는 하나가 없겠지?"

"네, 다수입니다."

"어떤가? 만약 우리가 마음속으로 그런 것들에서 최소한의 것만 추출한다면, 추출된 것 역시 다수이고 하나는 아니겠지? 만약 그것이 정말로 하나에 관여하지 않는다면."

"당연하지요."

"그러니 우리가 이렇게 형상과의 차이점 자체에만 주목한다면 우리가 무엇을 보든 그 수는 언제나 무한하겠지?"

"전적으로 동의합니다."

d "그러나 각각의 부분이 하나의 부분이 될 때마다 부분들은 서로간에, 그리고 전체와 관련하여, 전체는 부분들과 관련하여 이미 한

도를 갖는다네."

"그렇고말고요."

"그 결과 하나와 다른 것들에게는 하나와 그것들의 결합을 통해 그것들 안에 뭔가 다른 것이 생겨나서, 그것이 그것들에게 서로와 관련하여 한도를 부여한다네. 그러나 그것들은 본성상으로는 한도가 없네."

"그런 것 같습니다."

"이처럼 하나와 다른 것들은 전체로서도 부분들과 관련해서도 한도가 없기도 하고 한도에 관여하기도 하네."

"물론입니다."

"따라서 하나와 다른 것들은 서로, 그리고 그 자체가 같기도 하고 e
같지 않기도 하겠지?"

"어째서 그렇습니까?"

"본성적으로 모두 한도가 없는 만큼 그 점에서 그것들은 처지가 같네."

"물론입니다."

"또한 모두 한도에 관여하는 만큼 그 점에서도 그것들은 처지가 같네."

"물론입니다."

"그러나 그것들의 상태는 한도가 있기도 하고 한도가 없기도 한 만큼 그것들의 처지는 상반되네."

"네." 159a

"그런데 상반된 것들은 가장 같지 않네."

"물론입니다."

"그러니 두 처지 가운데 어느 하나와 관련해서는 그것들은 자신들과도 서로 간에도 같을 걸세. 그렇지만 두 처지 모두와 관련해서는 그것들은 자신들과도 서로 간에도 가장 상반되고 가장 같지 않네."

"아마도 그런 것 같습니다."

"그러니 다른 것들은 자신들과도 서로 간에도 같기도 하고 같지 않기도 할 걸세."

"그렇습니다."

"그리고 하나와 다른 것들의 처지들이 그렇다는 점이 밝혀진 만큼 우리는 그것들이 서로 같기도 하고 서로 다르기도 하며, 움직이기도
b 하고 정지해 있기도 하며, 그것들의 처지들이 상반된다는 것을 어렵지 않게 입증할 수 있을 걸세."

"옳은 말씀입니다."

두 번째 가설, 두 번째 연역(159b~160b)

"그렇다면 이 문제들은 이미 밝혀진 것으로 보고, 만약 하나가 있다면 하나와 다른 것들은 우리가 말한 대로인지 아닌지 다시 한 번 살펴볼까?"

"물론 그래야겠지요."

"그럼 만약 하나가 있다면 하나와 다른 것들은 어떤 처지에 있어야 하는지 처음부터 말하기로 하세."

"네, 그러도록 해요."

"하나는 다른 것들과 떨어지지 않고, 다른 것들은 하나와 떨어지지 않겠지?"

"왜 그렇지요?"

"그것들 말고는 하나와도 다르고 다른 것들과도 다른 것은 아무것도 없기 때문이지. '하나이자 다른 것들'이라는 표현은 모든 것들을 c
포함하니까."

"네, 모든 것들을 포함합니다."

"그렇다면 같은 것이 그 안에서 하나이자 다른 것들일 수 있는 것은 그것들 말고는 달리 아무것도 없네."

"네, 없어요."

"그렇다면 하나와 다른 것들은 결코 같은 것 안에 있지 않네."

"있지 않은 것 같습니다."

"그렇다면 그것들은 떨어져 있을까?"

"네."

"또한 우리 주장에 따르면 진정한 하나는 부분들을 갖지 않네."

"어떻게 가질 수 있겠습니까?"

"그렇다면 하나는 전체로서도 부분으로서도 다른 것들 안에 있을 수 없네. 만약 하나가 다른 것들과 떨어져 있고 부분들을 갖지 않는다면 말일세."

"그것은 불가능합니다."

"그렇다면 다른 것들은 어떤 방법으로도 하나에 관여할 수 없을 d
걸세. 부분으로서도 전체로서도 하나에 관여할 수 없다면 말일세."

"관여할 수 없을 것 같습니다."

"그렇다면 다른 것들은 어떤 방법으로도 하나가 아니며, 자신 안에 어떤 하나도 가질 수 없네."

"네, 가질 수 없습니다."

"그렇다면 다른 것들은 여럿도 아닐세. 만약 여럿이라면, 그것들 각각은 전체의 부분일 테니까. 그런데 지금 하나와 다른 것들은 하나도 아니고 여럿도 아니고 전체도 아니고 부분도 아닐세. 그것들은 어떤 방법으로도 하나에 관여하지 않으니까."

"옳은 말씀입니다."

"그렇다면 다른 것들은 그 자체가 둘이나 셋이 아닐뿐더러, 다른
e 것들 안에는 둘이나 셋이 없네. 만약 다른 것들에 하나가 완전히 결
여되어 있다면."

"그렇습니다."

"그렇다면 다른 것들 자체는 하나와 같지도 않고 같지 않지도 않으며, 다른 것들 안에는 같음과 같지 않음이 없네. 만약 다른 것들이 같기도 하고 같지 않기도 하거나 또는 자신 안에 같음과 같지 않음을 갖고 있다면, 하나와 다른 것들은 분명 자신 안에 서로 상반된 두 형상(形相)을 가질 테니까."

"그런 것 같습니다."

"그렇지만 하나에도 관여하지 않는 것이 둘에 관여한다는 것은 불가능하네."

"불가능합니다."

"그렇다면 다른 것들은 같지도 않고 같지 않지도 않으며, 같기도
160a 하고 같지 않기도 하지 않네. 만약 그것들이 같거나 같지 않다면 두

형상 중 하나에 관여할 테고, 같기도 하고 같지 않기도 하다면 상반된 두 형상에 관여할 텐데, 이것은 분명 불가능하기 때문일세."

"맞습니다."

"그렇다면 다른 것들은 같지도 않고 다르지도 않으며, 움직이지도 않고 정지해 있지도 않으며, 더 크지도 않고 더 작지도 않고 동등하지도 않으며, 그 밖에 그런 종류의 다른 성질들을 갖고 있지도 않네. 만약 다른 것들이 그런 성질을 갖고 있다면 하나에도 둘에도 셋에도 홀수에도 짝수에도 관여할 테니까. 그러나 다른 것들에는 모든 방법으로 하나가 완전히 결여되어 있어서, 다른 것들이 그런 것들에 관여한 b
다는 것은 분명 불가능하네."

"참으로 맞는 말씀입니다."

첫 번째 가설과 두 번째 가설의 결론(160b)

"그러니 만약 하나가 존재한다면, 하나는 모든 것이고 자신과 관련해서는 마찬가지로 다른 것들과 관련해서는 하나조차 아닐세."

"전적으로 그렇습니다."

세 번째 가설, 첫 번째 연역(160b~163b)

"좋아. 다음에 우리는 만약 하나가 존재하지 않는다면 반드시 어떤 일이 일어날 것인지 살펴봐야겠지?"

"당연히 살펴봐야겠지요."

"그렇다면 '만약 하나가 존재하지 않는다면'이라는 이 전제는 무슨 뜻인가? 그것은 '만약 하나가 아닌 것이 존재하지 않는다면'이라는 전제와 다른 것인가?"

"네, 다릅니다."

"단지 다르기만 한 것인가, 아니면 '만약 하나가 아닌 것이 존재하지 않는다면'이라고 말하는 것은 '만약 하나가 존재하지 않는다면'이라고 말하는 것과 전적으로 상반된 것인가?"

c

"전적으로 상반됩니다."

"어떤가, 만약 누가 '만약 큼이 존재하지 않는다면' 또는 '만약 작음이 존재하지 않는다면' 등등의 말을 한다면, 그런 표현을 쓸 때마다 그가 존재하지 않는다고 말하는 것은 분명 뭔가 다른 것이라는 뜻이겠지?"

"물론입니다."

"그러니 지금도 '만약 하나가 존재하지 않는다면'이라고 말할 때마다 그가 존재하지 않는다고 말하는 것은 분명 다른 것들과 다른 것이라는 뜻이겠지? 우리는 그의 말뜻을 이해한 거겠지?"

"네, 이해했습니다."

"그렇다면 '하나'라고 말할 때마다 거기에 '존재하다'를 덧붙이든 '존재하지 않다'를 덧붙이든 간에 그는 먼저 알 수 있는 것을 말하고, 그다음에 다른 것들과 다른 것을 말하는 것일세. 그렇지 않은가?"

d

"당연히 그렇지요."

"그러니 우리는 처음부터 만약 하나가 존재하지 않는다면 반드시 어떤 일이 일어날 것인지 물어야 하네. 무엇보다도 하나의 경우에는

그것에 관한 지식이 있는 것 같으니까. 그렇지 않으면 누가 '만약 하
나가 존재하지 않는다면'이라고 말할 때마다 그게 도대체 무슨 뜻인
지조차 알 길이 없을 걸세."

"맞습니다."

"또한 다른 것들은 하나와 달라야겠지? 그렇지 않으면 하나는 다
른 것들과 다르다고 말할 수 없을 테니까."

"물론입니다."

"그렇다면 지식에 더하여 다름도 하나에 속하네. 누가 하나는 다 e
른 것들과 다르다고 말할 때마다, 그가 말하는 것은 다른 것들의 다
름이 아니라 하나의 다름이니까."

"그런 것 같습니다."

"또한 존재하지 않는 하나는 '저것'에도 '어떤 것'에도 '이것'에도,
그리고 '이것들'과의 관계에도 '이것'과의 관계에도 그 밖에 그런 모
든 것에 관여하네. 만약 어떤 것에도 관여하지 않고 이들 다른 것들
에도 관여하지 않는다면, 하나도 하나와 다른 것들도 말해질 수 없
을뿐더러, 아무것도 그것과 관련될 수 없고 어떤 것이라고 불릴 수도
없을 테니까."

"옳은 말씀입니다."

"만약 하나가 정말로 존재하지 않는다면 하나가 존재한다는 것은
불가능하네. 그렇지만 하나가 많은 것들에 관여하는 것을 막을 방법
은 없네. 만약 존재하지 않는 것이 그 하나이고 다른 것이 아니라면, 161a
하나는 오히려 그렇게 해야 하네. 그러나 만약 존재하지 않는 것이 하
나도 아니고 '그것'도 아니라면, 그래서 우리가 뭔가 다른 것에 관해

말하고 있는 것이라면, 우리는 아무 말도 해서는 안 되네. 그러나 만약 존재하지 않는 것이 하나이고 다른 것이 아니라면, 하나는 '그것'과 수많은 다른 것들에 관여해야 하네."

"물론입니다."

"그러니 하나는 다른 것들과 관련하여 같지 않음을 갖게 될 걸세. 하나와 다른 것들은 다른 만큼 종류가 다른 것일 테니까."

"네."

"그리고 종류가 다른 것들은 딴 종류의 것이 아닐까?"

"왜 아니겠습니까?"

"그리고 딴 종류의 것들은 같지 않을 걸세. 그렇지 않을까?"

b "같지 않고말고요."

"그러니 만약 그것들이 정말로 하나와 같지 않다면, 같지 않은 것들은 분명 자신들과 같지 않은 것과는 같지 않을 걸세."

"분명히 그렇습니다."

"그렇다면 하나는 같지 않음을 갖고 있고, 다른 것들은 그것과 관련하여 하나와 같지 않은 걸세."

"그런 것 같습니다."

"그러나 만약 다른 것들과 같지 않은 것이 하나의 속성이라면, 하나는 반드시 자신과는 같아야 하지 않을까?"

"어째서 그렇지요?"

"만약 하나가 하나와 같지 않다면, 우리 논의는 분명 하나와 같은 것에 관한 것이 아닐 테고, 우리의 전제도 하나에 관한 것이 아니라 하나와 다른 것에 관한 것일 테니까."

"물론입니다."

"그러나 그런 일은 있을 수 없네." c

"없고말고요."

"따라서 하나는 하나와 같아야 하네."

"네, 그래야 합니다."

"또한 하나는 다른 것들과 동등하지도 않네. 만약 동등하다면, 하나는 이런 동등함에 의해 곧바로 다른 것들이 되고 다른 것들과 같을 테니까. 그러나 그런 일들은 둘 다 불가능하네. 만약 하나가 존재하지 않는다면 말일세."

"네, 불가능합니다."

"하나가 다른 것들과 등등하지 않으니, 다른 것들도 아마 하나와 동등하지 않을 걸세. 그렇지 않은가?"

"당연하지요."

"동등하지 않은 것들은 부동(不同)하겠지?"

"네."

"부동한 것들은 자신들과 부동한 것과 부동하겠지?"

"물론이지요."

"그렇다면 하나는 부동함에 관여하며, 다른 것들은 그것과 관련하여 하나와 부동한 걸세."

"네, 그렇습니다." d

"그러나 부동함에는 큼도 속하고 작음도 속하네."

"그렇고말고요."

"그렇다면 이런 종류의 하나는 큼도 갖고 작음도 갖겠지?"

"아마 그럴 것 같습니다."

"그러나 큼과 작음은 언제나 서로 가장 멀리 떨어져 있네."

"물론입니다."

"그렇다면 이 둘 사이에는 언제나 무엇인가가 있네."

"네, 있습니다."

"그렇다면 자네는 그 둘 사이에 동등함 말고 다른 것이 있다고 말할 수 있는가?"

"아니, 동등함이 있다고만 말할 수 있어요."

"그렇다면 큼과 작음을 갖는 것은 동등함도 갖네. 동등함은 큼과 작음 사이에 있으니까."

"그런 것 같습니다."

e "그렇다면 존재하지 않는 하나는 동등함과 큼과 작음에 관여하는 것 같네."

"그런 것 같습니다."

"또한 하나는 어떤 의미에서는 틀림없이 존재[36]에도 관여하네."

"어째서 그렇지요?"

"틀림없이 우리가 말한 대로일 걸세. 왜냐하면 그렇지 않다면 하나는 존재하지 않는다고 말할 때 우리는 참말을 하는 게 아니겠지만, 우리가 참말을 하고 있다면 우리가 말하는 것은 분명 존재하는 것들일 테니까. 그렇지 않은가?"

"그렇고말고요."

"그러나 우리는 참말을 하고 있다고 주장하므로 우리가 말하는 것은 존재하는 것들이라고도 주장해야 할 걸세."

"당연하지요." 162a

"그렇다면 존재하지 않는 하나는 존재하는 것 같네. 만약 존재하지 않는 하나가 존재하지 않는 것이 아니라, 존재하지 않는 것이 되기 위해 어떻게든 자기 존재의 일부라도 포기한다면 그것은 곧바로 존재하는 것일 테니까."

"전적으로 동의합니다."

"따라서 하나가 존재하지 않고 계속해서 존재하지 않는 것이려면,
자신이 존재하지 않도록 강제할 존재하지 않음의 존재를 가져야 하
네. 이는 존재하는 것이 완전하게 존재하려면 존재하지 않음의 존재
하지 않음을 가져야 하는 것과 같은 이치일세. 그래야만 존재하는 것
은 무엇보다도 존재하고, 존재하지 않는 것은 무엇보다도 존재하지
않을 걸세. 존재하는 것이 완전하게 존재하려면, 존재하는 것의 존재 b
에 관여하고 존재하지 않는 것의 존재에는 관여하지 않을 테니까. 한
편 존재하지 않는 것이 완전하게 존재하지 않으려면 존재하는 것이
아니기 위해 존재하지 않음에 관여하고, 존재하지 않는 것이기 위해
존재함에 관여할 걸세."

"더없이 맞는 말씀입니다."

"따라서 존재하는 것은 존재하지 않음에 관여하고 존재하지 않는 것은 존재함에 관여하므로, 하나도 존재하지 않는 만큼 존재하지 않기 위해 반드시 존재함에 관여할 걸세."

36 ousia.

"당연하지요."

"그러니 하나도 정말로 존재하지 않는다면 존재함을 갖고 있는 것 같네."

"그런 것 같습니다."

"하나는 또한 존재하지 않음도 갖고 있네. 정말로 존재하지 않는다면 말일세."

"왜 아니겠어요?"

"그런데 어떤 상태에 있는 것이 변하지 않고도 그 상태에 있지 않을 수 있을까?"

"그것은 불가능합니다."

c "그렇다면 그렇기도 하고 그렇지 않기도 한 그런 것은 모두 변화를 뜻하네."

"왜 아니겠습니까?"

"그런데 변화는 운동일세. 아니면 무엇이라고 할까?"

"네, 운동입니다."

"하나는 분명 존재하기도 하고 존재하지 않기도 하겠지?"

"네."

"따라서 하나는 분명 그렇기도 하고 그렇지 않기도 하네."

"그런 것 같습니다."

"또한 존재하지 않는 하나는 존재하는 것에서 존재하지 않는 것으로 변한 만큼 운동한다는 것도 밝혀졌네."

"아마도 그런 것 같습니다."

"그러나 만약 하나가 존재하는 것들 사이 어디에도 없다면 사실은 존재하지 않는 것이므로 한 곳에서 다른 곳으로 옮겨갈 수 없을 걸세."

"어떻게 옮겨갈 수 있겠습니까?"

"그렇다면 하나의 움직임은 장소의 이동일 수 없을 걸세."

"없고말고요." d

"또한 하나는 같은 장소에서 회전할 수도 없네. 하나는 어디서도 같은 것과 접촉할 수 없기 때문일세. 같은 것은 존재하는데, 존재하지 않는 것이 존재하는 것 안에 있다는 것은 불가능하니까."

"네, 불가능합니다."

"그러니 하나가 존재하지 않는다면 자신이 존재하지 않는 것 안에서 회전할 수 없을 걸세."

"네, 없습니다."

"또한 하나는 존재하든 존재하지 않든 자신과 다른 것으로 바뀌지 않네. 만약 정말로 하나가 바뀌어 자신과 다른 것이 된다면, 우리의 논의는 여전히 하나에 관한 것이 아니라 다른 것에 관한 것일 테니까."

"옳은 말씀입니다."

"그런데 만약 하나가 변하지도 않고 같은 장소에서 회전하지도 않고 장소 이동도 하지 않는다면, 그래도 어떻게든 움직일 수 있을까?"

"어떻게 움직일 수 있겠어요?" e

"하지만 움직이지 않는 것은 필시 가만있고, 가만있는 것은 정지해 있을 걸세."

"당연하지요."

"따라서 존재하지 않는 하나는 정지해 있기도 하고 움직이기도 하는 것 같네."

"그런 것 같습니다."

163a "또한 하나는 움직이므로 필연적으로 변하지 않을 수 없네. 움직이는 것은 움직이는 정도만큼 더는 이전 상태에 있지 않고 달라지니까."

"그렇습니다."

"그러니 하나는 움직임으로써 변하기도 하네."

"네."

"그렇지만 하나는 결코 움직이지 않으므로 결코 변하지 않네."

"변하지 않습니다."

"따라서 존재하지 않는 하나는 움직이면 변하고, 움직이지 않으면 변하지 않네."

"물론입니다."

"그렇다면 존재하지 않는 하나는 변하기도 하고 변하지 않기도 하네."

"그런 것 같습니다."

"그러나 변하는 것은 반드시 이전과 달라져 이전 상태에 있기를 그
b 만두고, 변하지 않는 것은 생성되지도 않고 소멸하지도 않겠지?"

"당연하지요."

"따라서 존재하지 않는 하나는 변하므로 생성되기도 하고 변하기도 하며, 변하지 않으므로 생성되지도 않고 소멸하지도 않네. 이렇듯

존재하지 않는 하나는 생성되기도 하고 소멸하기도 하며, 생성되지 않기도 하고 소멸하지 않기도 하네."

"옳은 말씀입니다."

세 번째 가설, 두 번째 연역(163b~164b)

"다시 처음으로 되돌아가 지금과 같은 결론이 나오는지 아니면 다른 결론이 나오는지 살펴보기로 하세."

"그래야겠지요."

"우리는 지금 만약 하나가 존재하지 않는다면 하나와 관련하여 어 c
떤 결론이 날 것인지 묻고 있네. 그렇지 않은가?"

"네, 그렇습니다."

"'존재하지 않는다'는 표현은 우리가 '존재하지 않는다'고 말하는 것 안에 존재가 없다는 것 말고 다른 것을 의미하는가?"

"다른 것을 의미하지 않습니다."

"그렇다면 우리가 어떤 것이 존재하지 않는다고 말할 때 그것이 어떤 방법으로는 존재하지 않고 어떤 방법으로는 존재한다는 뜻인가? 아니면 '존재하지 않는다'는 표현은 무조건, 존재하지 않는 것은 어떤 의미에서도 존재하지 않으며 어떤 방법으로도 존재에 관여하지 않는다는 뜻인가?"

"무조건 그렇다는 뜻입니다."

"그렇다면 존재하지 않는 것은 존재할 수도 없고, 다른 방법으로 존재에 관여할 수도 없겠구먼."

d “없고말고요.”

“그런데 생성과 소멸은 존재에 관여하는 것과 존재를 상실하는 것 외에 다른 것일 수 있을까?”

“다른 것일 수 없습니다.”

“그러나 어떤 것에 관여하지 않는 것은 그것을 취할 수도 없고 잃을 수도 없을 걸세.”

“어떻게 그럴 수 있겠습니까?”

“따라서 하나는 어떤 방법으로도 존재하지 않기 때문에 어떤 방법으로도 존재를 갖거나 잃거나 존재에 관여할 수 없네.”

“없을 것 같습니다.”

e “하나는 결코 변할 수도 없네. 변하면 곧 생성하고 소멸할 테니까.”

“맞습니다.”

“만약 변하지 않는다면 하나는 필시 움직이지도 않겠지?”

“당연하지요.”

“우리는 또한 결코 존재하지 않는 것은 정지해 있다고도 말할 수 없을 걸세. 정지해 있는 것은 항상 같은 것 안에 있어야 하니까.”

“당연히 같은 것 안에 있어야 합니다.”

“그러니 우리는 이번에도 존재하지 않는 것은 정지해 있지도 않고 움직이지도 않는다고 말해야 할 걸세.”

“그렇고말고요.”

“또한 존재하는 것들 가운데 어떤 것도 그것에 속하지 않네. 존재하는 어떤 것에 관여하는 순간 그것은 존재에 관여할 테니까.”

164a “분명 그렇습니다.”

"그렇다면 하나는 큼도 작음도 동등함도 갖지 않네."

"네, 갖지 않습니다."

"하나는 또한 자신이나 다른 것들과 관련하여 같음도 다름도 갖지 않을 걸세."

"갖지 않는 것 같습니다."

"어떤가? 만약 그것이 아무것도 가져서는 안 된다면 다른 것들을 어떻게 가질 수 있지?"

"분명 가질 수 없습니다."

"그렇다면 다른 것들은 그것과 같지도 않고 같지 않지도 않으며 동일하지도 않고 다르지도 않네."

"옳은 말씀입니다."

"어떤가? 존재하지 않는 것은 어떤 것이거나 저것이거나 이것이거나, 이것 또는 저것 또는 다른 것에 관련되거나, 과거이거나 현재이거나 미래이거나, 지식이거나 의견이거나 감각적 지각이거나 설명이거 b
나 이름이거나 그 밖에 존재하는 것들 중 어떤 것일까?"

"아닙니다."

"그렇다면 존재하지 않는 하나는 어떤 상태에도 있지 않네."

"그것은 분명 어떤 상태에도 있지 않는 것 같습니다."

네 번째 가설, 첫 번째 연역(164b~165e)

"그렇다면 만약 하나가 존재하지 않는다면 다른 것들은 어떻게 되는지 한 번 더 말하기로 하세."

"네, 말하기로 해요."

"다른 것들은 틀림없이 존재할 걸세. 만약 다른 것들이 존재하지 않는다면 다른 것들에 관해 아무 말도 할 수 없을 테니까."

"그렇습니다."

"그러나 만약 우리의 이 대화가 다른 것들에 관한 것이라면, 이 다른 것들은 둘 중 하나일세. 아니면 자네는 '다르다'와 '둘 중 하나다'를 동의어로 여기지 않는가?"

c "나는 그렇게 여깁니다."

"그런데 우리는 분명 둘 중 하나는 둘 중 또 다른 하나와 다른 것이고, 다른 것은 다른 것과 다른 것이라고 주장하네."

"네."

"따라서 다른 것들이 다른 것들이려면 그것들이 그것과 다른 무엇인가가 있네."

"당연하지요."

"그게 무얼까? 만약 하나가 존재하지 않는다면 그것들은 하나와 다르지는 않을 테니 말일세."

"네, 다르지 않습니다."

"그렇다면 그것들은 서로 다르네. 그게 그것들에게 남은 유일한 가능성이니까. 아니면 그것들은 어떤 것과도 다르지 않네."

"옳은 말씀입니다."

"그렇다면 그것들은 집단으로서 서로 다르네. 하나가 존재하지 않으니, 그것들은 하나로서는 서로 다를 수 없으니까. 그러나 그것들의
d 각 집단은 무수히 많은 듯하네. 왜냐하면 누가 가장 작아 보이는 것

을 잡으려 해도 마치 꿈속에서처럼 순식간에 하나로 보이던 것 대신 여럿이 나타나고, 가장 작은 것 대신 거기에서 떨어져나온 작은 조각들에 견주면 엄청나게 큰 것이 나타나니까."

"지당한 말씀입니다."

"따라서 다른 것들은 이런 집단들로서 서로 다를 걸세. 만약 하나는 존재하지 않지만 다른 것들은 존재한다면 말일세."

"물론입니다."

"그러면 많은 집단이 존재할 텐데, 각 집단은 하나인 것처럼 보여도 사실은 하나가 아니겠지? 만약 하나가 존재하지 않는다면 말일세."

"그렇습니다."

"그것들은 또한 수(數)를 갖는 것처럼 보일 걸세. 만약 그것들이 e
여럿인데도 그들 각각이 하나인 것처럼 보인다면 말일세."

"물론입니다."

"또한 그것들 가운데 어떤 것들은 홀수로, 어떤 것들은 짝수로 보일 걸세. 그러나 그것들은 사실은 그렇지 않을 걸세. 만약 하나가 존재하지 않는다면 말일세."

"당연하지요."

"또한 단언컨대 그것들 중에는 가장 작은 것도 있는 것처럼 보일 걸세. 그러나 그것도 그 안에 내포된 수많은 작은 조각들보다는 크고 많아 보일 걸세."

"왜 아니겠어요?" 165a

"또한 각 집단은 그것의 수많은 조각들과 동등하다고 생각될 걸세. 왜냐하면 각 집단은 중간 상태로 진입하기 전에는 더 큰 것에서 더 작은 것으로 나아가는 것처럼 보이지 않을 테니까. 그러나 그것은 동등함의 환영(幻影)일세."

"그런 것 같습니다."

"그렇다면 각 집단은 자신과 관련해서는 시작도 한도도 중간도 갖지 않지만, 다른 집단과 관련해서는 한도를 갖겠지?"

"어째서 그런가요?"

"누가 사유를 통해 그것들 중 어떤 것을 존재하는 것으로 파악할
b 때마다, 시작도 하기 전에 다른 시작이 나타나고, 끝나고 나면 다른 끝이 남게 되고, 중간 안에는 더 작긴 하지만 더 중간에 위치한 중간이 있기 때문이지. 하나가 존재하지 않으므로 우리는 그것들 각각을 하나로 파악할 수 없으니까."

"참으로 맞는 말씀입니다."

"그래서 나는 누가 사유를 통해 파악하는 모든 존재는 반드시 작은 조각들로 나뉘어야 한다고 생각하네. 하나가 없다면 모든 존재는 분명 언제나 집단으로 파악될 테니까."

"물론입니다."

"그러니 그런 것은 멀리서 멍청하게 보는 사람에게는 아마도 하나
c 인 것처럼 보이겠지만, 가까이에서 예의주시하는 사람에게는 각각의 하나가 아마도 무수히 많은 것으로 보이지 않을까? 하나는 존재하지 않으므로 그런 것에는 정말로 하나가 없다면 말일세."

"더없이 당연한 일입니다."

"그러니 다른 것들은 각각 필시 한도가 없기도 하고 한도가 있기도

하며, 하나이기도 하고 여럿이기도 한 것처럼 보일 걸세. 만약 하나는 존재하지 않지만 하나와 다른 것들은 존재한다면 말일세.”

“당연하지요.”

“그렇다면 다른 것들은 같게도 보이고 같지 않게도 보이겠지?”

“어째서 그렇습니까?”

“그것은 마치 멀리 떨어져 있는 사람에게는 그림 속에 있는 것들이 모두 하나로 보여 같은 상태에 있고 같아 보이는 것과도 마찬가지일세.”

“물론입니다.”

“그러나 그가 더 가까이 다가가면 그것들은 많고 달라 보일 것이 d
며, 달라 보임으로써 종류가 다르고 자신들과 같지 않은 것으로 보일 걸세.”

“그렇습니다.”

“그러니 이들 집단도 분명 자신들과, 그리고 서로 같아 보이기도 하고 같지 않아 보이기도 할 걸세.”

“물론입니다.”

“따라서 만약 하나는 존재하지 않고 여럿이 존재한다면, 여럿은 반드시 같기도 하고 서로 다르기도 하며, 접촉하기도 하고 서로 떨어져 있기도 하며, 온갖 운동을 하기도 하고 온갖 방법으로 정지해 있기도 하며, 생성되기도 하고 소멸하기도 하며, 생성되지도 않고 소멸하지도 않는 것처럼 보이기도 할 텐데, 그런 것들을 빠짐없이 일일이 열거한다는 것은 이제 우리에게는 쉬운 일일 걸세.”

“참으로 맞는 말씀입니다.” e

네 번째 가설, 두 번째 연역(165e~166b)

"한 번 더 처음으로 되돌아가서, 만약 하나는 존재하지 않고 하나와 다른 것들은 존재한다면 어떻게 될 것인지 말하기로 하세."

"말하기로 해요."

"다른 것들은 하나가 아닐 걸세."

"어떻게 그럴 수 있겠습니까?"

"여럿도 아닐 걸세. 여럿이라면 하나도 거기에 포함될 테니까. 그러나 그것들 가운데 어떤 것도 하나가 아니라면 그것들은 모두 아무것도 아니며, 그러면 그것들은 여럿도 아닐 걸세."

"맞습니다."

"만약 하나가 다른 것들 안에 없다면 다른 것들은 여럿도 아니고 하나도 아닐세."

"아니고말고요."

166a "다른 것들은 하나 또는 여럿으로도 보이지 않네."

"어째서 그렇지요?"

"다른 것들은 존재하지 않는 어떤 것과도 결코 함께하지 못하고, 존재하지 않는 것은 어떤 것도 다른 것들 중 어떤 것에도 속하지 않기 때문이지. 존재하지 않는 것들에는 부분이 없으니까."

"맞습니다."

"그러니 다른 것들 사이에서는 존재하지 않는 것에 대한 의견도 없고 외견(外見)도 없으며, 존재하지 않는 것은 다른 것들에게는 결코 판단의 대상이 아닐세."

"아니고말고요."

"따라서 만약 하나가 존재하지 않는다면, 다른 것들은 어떤 것도 하나라고도 여럿이라고도 판단될 수 없네. 하나가 없다면 여럿이라 b
고 판단하는 것은 불가능하니까."

"네, 불가능합니다."

"따라서 만약 하나가 없다면, 다른 것들은 하나도 여럿도 아니며, 하나라고도 여럿이라고도 판단될 수 없네."

"없을 것 같습니다."

"그렇다면 다른 것들은 같지도 않고 같지 않지도 않네."

"물론입니다."

"같은 것도 아니고 다른 것도 아니며, 접촉하지도 않고 떨어져 있지도 않으며, 우리가 앞서 그런 것 같다고 말한 그 밖의 다른 것도 아닐세. 다른 것들은 그중 어느 것도 아니며, 아닌 것처럼 보이네. 만약 하나가 존재하지 않는다면."

"맞습니다."

결론(166c)

"그렇다면 한마디로 '만약 하나가 존재하지 않는다면, 아무것도 존재 c
하지 않는다'고 말한다면, 우리는 옳은 말을 하는 것이겠지?"

"전적으로 동의합니다."

"그렇다면 그렇다고 말하기로 하고, 이렇게도 말하기로 하세. 하나가 존재하든 존재하지 않든 하나도 다른 것들도 자신들과 관련해서든 서로와 관련해서든 온갖 방법으로 모두 다 존재하기도 하고 존재하지 않기도 하며, 존재하는 것 같기도 하고 존재하지 않는 것 같기도 하다고 말일세."

"참으로 맞는 말씀입니다."